개정 3판

현대 PR론

나남
nanam

최 윤 희

성균관대학교 영문학과 졸업
미국 Texas Tech University 언론학 석사
미국 Ohio University 언론학 박사
〈코리아 헤럴드〉 기자
한국홍보학회 회장 역임
前 수원대학교 언론정보학과 교수

주요 저서로 《여론과 정치설득》, 《사회캠페인론》,
《현대 PR의 이론과 실제》(역), 《국제 PR》,
《PR의 연구와 평가》, 《한국인과 문화 간 커뮤니케이션》 등이 있다.

나남신서 1283

현대 PR론

1992년 4월 15일 발행
1995년 9월 5일 2쇄
1998년 2월 20일 개정판 발행
2002년 3월 5일 개정판 6쇄
2003년 3월 5일 개정증보판 발행
2006년 3월 5일 개정증보판 4쇄
2008년 3월 5일 개정 3판 발행
2018년 9월 5일 개정 3판 8쇄

지은이 최윤희
발행자 趙相浩
발행처 (주) 나남
주소 10881 경기도 파주시 회동길 193
전화 (031) 955-4601 (代)
FAX (031) 955-4555
등록 제 1-71호(1979. 5. 12)
홈페이지 www.nanam.net
전자우편 post@nanam.net

ISBN 978-89-300-8283-9
ISBN 978-89-300-8001-9 (세트)

책값은 뒤표지에 있습니다.

나남신서 · 1283

개정 3판

현대 PR론

최 윤 희 지음

나남
nanam

Modern Public Relations Theory

4th Ed.

by

Yun-hee Choe

nanam

개정 3판 머리말

PR은 지난 20여 년간 학문적으로 많은 발전이 있음은 물론 산업면에서도 크게 성장했다. 이러한 PR의 성장에 영향을 미친 한국사회 또한 여러 면에서 많은 변화가 있었고 지금도 변화하고 있다. 이러한 현상은 물론 한국사회와 국제사회가 서로 영향을 주고받는 가운데 이루어진 것이다. 필자는 이 책을 개정할 때마다 이러한 점을 반영하였으며 이번 개정에서도 PR 자체의 발전은 물론 PR환경의 변화를 반영하려고 노력했다.

제 1부에서는 PR의 정의와 역사를 소개한 다음 PR이론의 바탕이 되는 체계이론, 대인커뮤니케이션, 관계성 관리와 함께 우수 PR이론을 제시했다. 그리고 PR의 발전을 역사적으로 보여주는 PR모형을 소개했다.

제 2부의 PR조직과 환경에서는 조직환경의 변화에 따른 PR환경의 변화를 논의하는 한편 공중에 관한 독자들의 이해를 돕기 위하여 다각적 관점에서 공중을 소개했다.

제 3부 PR의 수행과정에서는 독자들이 수행과정을 익히기 쉽도록 논의의 흐름에 방해가 되지 않는 범위에서 일부 내용을 삭제하였다.

제 4부는 PR의 중심을 이루는 전략에 관한 논의로서 언론과의 관계, 마케팅 PR, 투자자와의 관계, 위기관리 등 다양한 PR전략을 소개하여 독자들이 PR전략을 이해하는 데 도움을 주도록 했다. 이러한 전략을 중심으로 한 논의에서 '사례연구'가 이 논의의 흐름에 적합지 않다고 판

단되어 개정과정에서 삭제했다.

제 5부에서는 지금까지 다룬 PR의 개념, 모형, 이론 및 전략의 내용이 반영되는 상황에 따른 PR의 실제를 다루었다. 즉, 기업 PR, 행정/정치 PR, 국제 PR과 뉴테크놀로지를 이용한 PR의 논의를 통해서 독자들이 PR현상을 피부로 느끼도록 했다.

이 책을 수정·보완하면서 PR현장이나 학계에서 당연시하여 사용해온 용어 중 균형(*symmetry*), 이해당사자(*stakeholders*), 공중의 상황이론, 사전(*proactive*)·사후(*reactive*) PR, boundary spanning, spin doctor, 혼합동기(*mixed motives*) 등이 PR맥락에서 갖는 의미를 명확히 했다.

현장에서 바쁜 가운데 이전에 기고했던 글을 수정·보완하여 주신 제일기획의 김주호 수석, KPR의 신성인 사장, 유한킴벌리의 이은욱 부사장에게 고마움을 표한다.

이외에도 SK, 현대그룹, 코리아나화장품, 태평양화학, 코오롱, 공익광고협의회 등이 자료를 제공했다. 이들의 도움에 감사한다. 그리고 마지막으로 이 책이 나오기까지 애쓴 나남의 여러분께 고마운 마음을 전한다.

2008년 2월

최 윤 희

초 판 머리말

기업을 포함한 각종 조직은 여러 가지 환경요인과 더불어 존재하며 환경과 상호의존적 관계를 유지한다. 다시 말해서 조직은 사회에서 독자적으로 존재하는 것이 아니라 개인이나 집단 또는 여타 조직 및 사회와 관련을 맺고 서로 영향을 주고받는다.

오늘날 조직은 환경과의 상호작용 과정에서 그 환경의 급속한 변화, 조직에 대한 공중의 인식변화 및 소비자운동 등 많은 요인들에 직면하고 적응해야 하며 그 요인들을 극복해 내야 한다. 이와 같이 빠른 속도로 변화하는 사회 · 정치 · 경제환경에서 조직은 늘 환경에 대한 주의 깊은 분석작업을 통하여 환경의 변화에 적응하고 능동적으로 대응해야 한다는 사실은 이제 조직의 생존에 절대적인 원리가 되었다.

PR(*Public Relations*)은 이러한 환경과의 상호작용을 위한 기업과 조직의 커뮤니케이션 및 경영관리로서 그 필요성이 증대되고 있다. 이런 현상은 각종 기업, 정부기관, 심지어 비영리기관에서 PR 부서의 신설 및 확장과 PR 실무자의 증원 등에서 잘 반영된다. 또한 대학에서 PR 강의 및 연구에 관한 관심이 증대되는 것도 이를 뒷받침하는 현상이라고 하겠다.

이 책은 지금까지 축적된 연구와 이론을 토대로 하여 PR의 여러 측면을 논의했다. 또한 국내외에서 발생된 PR 문제들을 사례로 다루어 PR의 제반기능과 기법에 관한 이해를 돕고 실제 적용을 돕고자 했다.

제 I 부 "PR의 역사와 발전"에서는 PR의 본질과 개념에 대하여 상세히 논의했으며, PR의 역사와 한국 PR의 현황을 살핀 다음 PR의 이론틀을 제시했다.

제 II부는 PR 환경의 변화와 이에 대처하는 PR 실무자의 역할에 관하여 논하며, 제 III부 "PR의 과정"에서는 PR의 수행과정을 순환과정임을 전제로 조사연구, 계획과 목표의 설정, 커뮤니케이션 및 평가의 순으로 논의했다.

제 IV부의 "PR 전략과 테크닉"은 조직 내·외 매체를 통해서 대 공중관계를 다루는 데 필요한 전략과 기법을 중심으로 살펴봤다. 특히 지금까지 조직내 공중을 소홀히 취급해 온 점을 감안하여 조직내 미디어의 중요성과 구성원 공중과의 관계를 다루었으며, 대 매체관계를 포함한 외부 공중관계도 상세히 논의했다.

제 V부는 기업 커뮤니케이션, 정부 PR과 국제 PR 등 PR의 실질적인 측면을 다루었으며, 특히 기업 PR을 중심으로 기업과 PR의 여러 측면들을 상세히 다루려고 노력했다. 그리고 새로이 대두되고 있는 기업의 쟁점관리와 긴급상황에서 PR의 역할에 관하여도 논의했다.

제 VI부에서는 뉴 커뮤니케이션 테크놀러지의 발전과 더불어 PR의 기능 및 전략이 변화되는 현상, 그리고 앞으로의 변화를 예측하는 장을 마련했다.

비록 내용이 부족하나 이 책이 PR에 관한 관심을 지니고 있는 학생들과 PR 실무자들에게 조금이라도 보탬이 된다면 더할 나위 없겠다.

이 책을 준비하는 과정에서 학계에 계신 분들은 물론 현업에 종사하는 실무자들께서 좋은 조언 및 자료를 제공해 주셨는데 이 분들께 이 자리를 빌려 감사한다. 그리고 이 책의 출판을 독려하고 지원해 주신 나남출판의 조상호 사장과 편집진 여러분께 감사한다.

1992년 4월
잠실동 서재에서
최 윤 희

나남신서 · 1283

개정 3판

현대 PR론

차 례

제 2 부 PR 환경, 공중과 실무자

제 3 부 PR의 수행과정

제 4 부 PR 전략과 관리

1

PR의 역사와 발전

인간은 그들이 필요로 하는 것과 원하는 것을 채우기 위해서 개개인과 사회 각 부문은 다른 개개인 및 사회부문과 관계를 맺고 이를 유지하려고 노력한다. 이러한 관계는 다양한 상호작용과 상호의존 그리고 여러 차원의 사회 · 경제적 상호교환의 특징을 지닌다. 더욱이 현대사회는 갈등과 변화과정을 겪으면서 점점 더 상호의존적이고 복잡한 관계로 변화하고 있다.

제 1 부에서는 이러한 사회적 변화를 전제로 PR의 개념과 역사를 고찰한 다음 PR의 이론적 토대를 소개한다.

제 1 장

PR이란 무엇인가

1. PR 개념의 정의

PR은 20세기의 현상으로서 그 뿌리는 인간의 커뮤니케이션 역사와 궤를 같이한다. 하지만 언제부터 누구에 의하여 'public'과 'relations'가 public relations로 합쳐져 한 개의 단어로 쓰이기 시작되었는지는 확실치 않다. 한 가지 분명한 사실은 1882년 도만 이튼(Dorman Eaton)이 public relations라는 용어를 미국 예일 대학교 졸업식 축사에서 처음으로 사용했다는 것이다. 당시에는 PR을 '선(善)의 베풂'의 의미로 썼다. 그러다가 1897년 미국 철도협회 연감에 쓰임으로써 비즈니스 용어로 사용되기 시작했다고 한다.[1)]

PR(*Public Relations*)[2)]은 19세기 후반부터 미국을 중심으로 설득 커뮤니케이션의 한 유형으로 활용되기 시작했다. 조지 크릴을 위원장으로 하는 공공정보위원회는 전국적 선전 캠페인을 통하여 제 1차 세계대전의 참전을 지지하는 여론형성을 책임지고 있었다. 이 기간 PR은 사람

---

1) D. Newsom & A. Scott, *This is PR*(Belmont, CA : Wadsworth Publishing Co., 1993), p. 32.

2) 국내에서 'PR'과 일본에서 유래된 것으로 알려진 '홍보'가 구분 없이 사용되고 있지만 이 책에서는 PR을 주로 사용하기로 한다. '홍보'의 유래에 관한 논의는 다음을 참조. 신인섭, "홍보(弘報)라는 낱말에 대한 고찰", 홍보학회 봄철 정기 학술대회 발표논문(2007).

들에게 영향을 미치기 위한 퍼블리시티(*publicity*) 활동으로 이해되었다.

설득적 퍼블리시티로서의 PR 개념은 아직도 PR을 규정할 때 많이 사용된다. 이러한 설득적 PR 개념은 또한 에드워드 버네이스(Edward L. Bernays)가 저술한 《동의의 획득》에서도 잘 반영되고 있다.[3] 여기서 동의의 획득은 사람들을 그들의 의사와는 상관없이 설득함을 의미한다. 결과적으로 오늘날 많은 PR 실무자들은 이러한 PR 기능 개념을 견지한 채 PR 업무를 수행하고 있다.

제2차 세계대전이 끝난 후 수십 년 동안 PR은 이와 같은 초기의 개념으로 시작하여 쌍방 커뮤니케이션, 상호관계 및 조직행동의 개념들을 수용하게 되었다. 그래서 PR 정의들은 일방적 영향작용 개념에서 PR의 상호작용성을 강조하는 변화를 시사하면서 '상호'(*mutual*), '사이'(*between*)와 같은 단어들을 포함시켰다.

이러한 상호작용적 개념은 PR을 "상호이해와 호의를 개발하는 기술(*art*) 또는 과학"으로 규정한 《웹스터 사전》의 정의에서도 나타난다. 영국 PR 협회에서 PR은 "조직과 그 공중 간의 상호이해를 넓히고 유지하기 위한 노력"으로 규정한 데서도 상호작용 개념이 잘 나타나 있다.

PR은 조직과 그 공중사이에 상호 커뮤니케이션, 이해, 용인(*acceptance*)과 협력을 도모하고 유지하는 데 도움을 주는 특수한 경영기능이다. PR은 문제나 쟁점을 관리하고, 경영진으로 하여금 여론을 인지하고 이에 반응을 보이도록 돕는다. PR은 또한 조기 경고체계로 작용하면서 경영자로 하여금 주위환경의 변화를 관찰하고 그 변화를 효과적으로 이용하도록 도우며, 건실하고 윤리적인 커뮤니케이션을 주요 도구로서 사용한다.

다른 학자들도 그들 나름대로 PR의 정의를 내리고 있다. 독 뉴솜(Doug Newsom)과 알란 스코트(Alan Scott)는 "PR은 단지 좋은 것들을 말하는 것이 아니라 선행을 제공하는 것"이라고 했다.[4] 스코트 커틀립

3) E. L. Bernays, *The Engineering of Consent*(Norman : University of Oklahoma Press, 1955).

4) *Ibid.*

(Scott Cutlip)과 알렌 센터(Allen H. Center)는 그들의 저서(*Effective Public Relations*)에서 PR은 "상호 만족할 만한 쌍방 커뮤니케이션을 기초로 사회적으로 책임 있고 수용될 수 있는 행동을 통해 여론에 영향을 미치기 위한 계획된 노력"으로 정의를 내리고 있다.[5] 그루닉(Grunig)과 헌트(Hunt)는 PR을 "조직과 그 공중 간의 커뮤니케이션 관리"로 규정한다(〈그림 1-1〉 참조).[6]

〈그림 1-1〉 PR, 조직과 공중

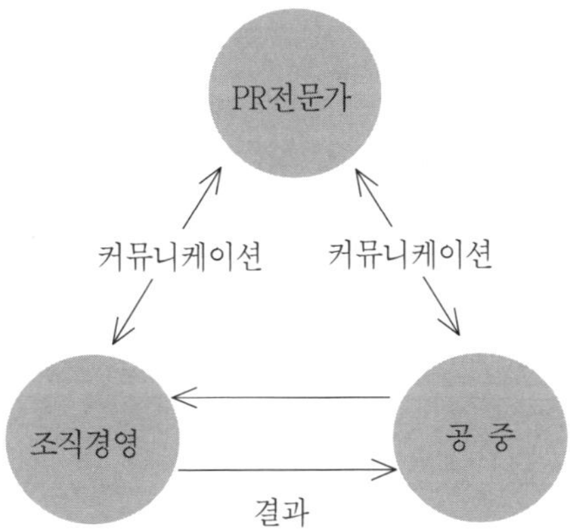

* 조직과 공중 간의 관계는 어느 한쪽이 다른 쪽에 어떤 결과(*consequences*) 또는 영향을 미칠 때 형성된다. 그 예로 어떤 조직의 활동이 어떤 집단에 영향을 미칠 때 그 집단은 그 조직에 대한 공중에 해당된다. 이와 마찬가지로 어떤 집단이 어떤 조직에 영향을 미치면 그 집단은 그 조직의 공중이 된다. 이와 같이 어떤 결과가 발생되면 조직과 공중은 서로 커뮤니케이션을 해야 한다. 경영자는 이러한 기능을 PR 전문가에게 맡기게 되며, PR 전문가는 경영자와의 커뮤니케이션을 통하여 경영자의 결정사항을 공중에게 설명하며 공중의 여론을 경영자에게 설명하게 된다.

---

5) S. M. Cutlip & A. H. Center, *Effective Public Relations*(Englewood Cliffs, NJ : Prentice Hall, Inc., 1994).

6) J. E. Grunig & T. Hunt, *Managing Public Relations*(New York : Holt, Rinehart and Winston, 1984).

로렌스 롱(L. W. Long)과 빈센트 하젤톤(V. Hazelton)은 PR을 "조직들이 조직의 목표를 달성하기 위하여 환경에 적응하고 환경을 변화시키거나 유지하는 경영의 커뮤니케이션 기능"으로 규정한다. 이 정의는 PR은 설득 이상의 것이라는 점을 의미한다. 조직은 또한 목표 수용자가 아닌 조직 자체의 태도와 행위를 변화시킨다는 인식을 갖고 공개적 쌍방 커뮤니케이션과 상호이해를 진작시켜야 한다.7)

많은 학자들이 PR은 상호 호혜적 관계를 유지하기 위하여 조직과 다양한 공중 사이의 커뮤니케이션을 구축하고 유지하는 역할을 한다는 점에 대해서는 동의한다. 하지만 어느 누구도 '관계'라는 개념을 명확하게 규정하지 않았다. 최근에는 조직과 주요 공중의 관계에 대한 관심이 늘어나면서 이 관계를 명확하게 규명하고 분석단위로서 논증하는 작업이 진행되고 있다.8)

국제 PR 기관들은 세계 어느 곳에서도 적용될 수 있을 만큼 넓은 의미로 PR에 대한 정의를 내리고 있다.

> PR은 조직과 그 공중 간의 상호이해를 넓히고 유지하기 위해 의도적으로 계획된 지속적인 노력이다(영국 여론연구소).

> PR은 체계적 연구를 기반으로 공중간의 이해를 얻고 신뢰를 넓히고 유지하기 위한 의식적이고 합리적인 노력이다(독일 PR 대행사).

> PR은 경향을 분석하고, 그 경향의 결과를 예측하며, 조직의 지도자를 카운슬링하고 조직과 공중에게 이익이 되는 계획된 사업을 수행하는 기술이며 사회과학이다(1978년 멕시코에서 개최된 세계 PR 대회에서 채택된 정의임).

---

7) L. W. Long & V. Hazelton, "Public Relations : A Theoretical & Practical Response", *Public Relations Review* 13(1987), pp. 3~13.

8) 최윤희, 《PR의 새로운 패러다임 : 관계성의 관리》(커뮤니케이션북스, 2001); J. Ledingham & S. Bruning, *Public Relations as Relationship Management* (Mahwah, NJ : Lawrence Erlbaum, 2000).

미국 스탠퍼드 대학 렉스 할로(Rex Harlow) 교수는 무려 500개나 되는 PR 정의를 수집한 적이 있다.[9] 이렇게 PR의 정의가 많은 것은 PR의 의미가 포괄적이고 보는 사람의 입장에 따라 견해를 달리하기 때문이다. 이와 같이 여러 학자 및 PR 기관에서 제시한 PR의 정의를 살펴볼 때 다음과 같은 단어들이 공통적으로 쓰이고 있음을 발견할 수 있다.

- **사려깊은**(*deliberate*) : PR 활동은 사려깊은 작업이다. 이것은 공중(公衆)에게 영향을 미치고, 이해를 구하며, 정보를 제공하고 피드백을 얻도록 설계된 노력이다.
- **계획된**(*planned*) : PR은 일정 기간에 이루어지는 조직화된 활동이다. 문제의 해결안을 제시하고 지원계획이 수립된다. PR은 연구와 분석을 필요로 하는 체계적 활동인 것이다.
- **성과**(*performance*) : 효율적 PR은 개인이나 조직의 실질적 정책의 시행과 행동에 그 기초를 둔다. 만일 조직이 저질의 고용기관이거나 지역사회의 관심사에 반응을 보이지 않는다면 아무리 많은 PR사업을 해도 호의(*good will*)와 지지를 얻어낼 수 없다.
- **공중의 이익**(*public interest*) : PR 활동의 논리적 근거는 공중의 이익에 기여하는 것이지 단지 조직의 이익만을 구하는 것은 아니다. PR 활동은 조직과 공중 모두에게 상호이익을 제공한다. PR은 조직 자체의 이익과 공중의 관심사와 이익을 서로 공유하게 한다.
- **쌍방 커뮤니케이션**(*two-way communication*) : 사전에 실린 정의를 보면 PR은 마치 정보를 배포하는 것이 주 기능이라는 인상을 준다. 그러나 그 정의에 수용자로부터의 피드백을 포함시켜야 하는 것도 중요하다. 들을 줄 아는 것은 커뮤니케이션의 필수 부분이다.

---

9) Rex F. Harlow, "Building a Public Relations Definition", *Public Relations Review* (Winter, 1976), pp. 40~46.

- 경영기능(*management function*) : PR은 최고 경영자의 의사결정의 한 부분이 될 때 가장 효율적이다. PR은 어떤 결정이 이루어진 후 그 정보를 전달하는 것에 그치는 것이 아니라 최고 경영진을 위한 자문과 문제해결에 관여한다. PR은 공중의 태도를 평가하고, 조직의 정책과 이의 실시 절차를 공중의 이익에 입각하여 확인하고 공중의 이해와 용인(*acceptance*)을 얻기 위하여 사업을 수행하는 경영기능이라고 할 수 있다.

여기서 PR을 얘기할 때 자주 혼동하는 용어인 퍼블리시티를 생각해 보자. 퍼블리시티(*publicity*)는 PR의 한 도구로서 뉴스미디어, 즉 신문, 방송, 기업 사보(社報)나 뉴스레터와 같은 매체를 통하여 조직(또는 개인)의 정보를 배포하는 것을 의미한다. 퍼블리시티 담당자는 PR 부서나 PR 대행사에 소속되어 활동한다. 뉴스원은 미디어 시간 또는 지면에 대한 돈을 지불하지 않기 때문에 기사의 발송자는 밝혀지거나 밝혀지지 않을 수도 있으며 기사내용이 애초에 매체에 제공한 그것과 동일하지 않을 수도 있다. 퍼블리시티의 가장 일반적인 방법은 보도자료(*news release*)를 통해서 이루어진다.

지금까지 PR에 대한 정의들을 살펴보았는데 이러한 PR의 정의에 대한 비판적 견해도 대두되고 있다. 우선 PR을 정의하는 데 '훌륭한 캐릭터'란 단어를 흔히 쓰는데 이 단어는 모호하며 부적합하다는 것이다. 일반적으로 '캐릭터'는 조직보다는 개인과 연관하여 사용된다. 또한 많은 PR 정의들이 PR을 통하여 얻는 결과 중에서 '호의, 이해와 용인'을 강조한다. 이러한 것들이 PR의 바람직하고 올바른 목표가 되겠지만 이들로 충분한지에 대해서는 의문을 제기하지 않을 수 없다. PR의 목표로서 이러한 것들만으로는 충분치 못하다는 것이다.

PR의 의미 또한 실무자들, 그들을 고용하고 있는 조직들, 비평가들과 일반공중 간에 혼동과 오해를 불러일으킨다. 이러한 문제는 PR이 지난 80여 년 동안 이론적 틀을 갖추지 못한 채 수행되었으며, PR 환경 및 PR 자체에 일어난 변화의 속도에 부응하지 못한 사실에서 비롯된 것이다. 따라서 PR은 피상적이고, 모호하며 변화에 민감하지 못하다는 비판을 받고 있다. 의학분야가 2,400년 전 히포크라테스 선서를 솔선하여 채택한 것과 마찬가지로 전문분야로의 성장을 가로막는 혼동과 오해를 없애기 위해서 PR 학도들은 그 자체의 독특한 지식체계와 철학을 확보하기 위한 노력을 아끼지 말아야 한다. 의학분야에 학문적 심오함을 부여한 그 선서의 독특한 원칙은 의학분야의 과학적 이론과 전문성을 갖기 위한 기초가 되었다.

PR은 오로지 PR이 어떻게 작용하느냐를 규정함으로써만 학문적 깊이를 성취할 수는 없다. PR적 히포크라테스 선서는 PR이 지속적 인간행위 과정의 한 부분으로서 PR이 무엇이며 누가 그 임무를 수행하느냐를 명확히 규정해 줄 수 있을 것이다. 마치 히포크라테스 선서의 중심 개념이 환자를 치료해야 하는 것이 의사의 책임이듯이 PR 이론의 중심 개념은 점점 더 상호의존적인 세계를 관리하는 책임이어야 된다는 것이다.

2. PR과 인접한 분야

1) 광고

PR은 주로 공중과의 우호적 관계를 구축하고 유지하는 역할을 수행한다. 광고는 주로 제품이나 서비스 판매와 관련되며 돈을 내고 구입한 미디어 지면 또는 방송시간을 일컫는다. 광고가 PR 수행과정에서 사용되면 이는 조직의 제품을 판매하기 위해서가 아니고 조직의 이해를 돕기 위하여 사용되는 것이다. 이러한 광고는 보통 '공공서비스 광고' 혹은 '기업광고'로 불린다. 기업광고는 공중에게 기업활동의 구체적 면모를 알리고 이들의 지지를 얻기 위한 커뮤니케이션 활동이다.

2) 마케팅

마케팅은 PR과 기능 면에서 같은 부분이 있지만 여러 가지 면에서 다르다. 그 예로 두 분야 모두 조직과 외부공중(마케팅의 경우는 소비자) 의 관계를 다루고 유사한 커뮤니케이션 도구를 이용한다. 하지만 PR의 기능은 주로 조직과 공중 간의 관계를 구축하는 데 모아지고, 마케팅의 기능은 주로 고객관리, 제품과 서비스의 판매에 모아진다. 마케팅과 광고 전문가들은 목표시장, 소비자 및 고객에 관한 이야기를 하지만 PR 실무자들은 공중, 수용자 및 이해당사자(*stakeholders*)를 이야기한다. 그리고 우수 PR은 설득보다는 상호이해와 협력을 강조하지만 마케팅의 의도와 목적은 설득이다.

3) 선전

선전은 기호나 상징을 조작하여 대중의 태도에 영향을 미치는 기술이다. 선전은 주로 종교단체, 자선단체, 정치단체가 그들의 주장이나 이념을 목표집단에 심기 위해 널리 사용한다. 선전은 설득적 커뮤니케이션이라는 시각에서 볼 때 PR과 공통점을 지니지만, 선전은 수단방법을 가리지 않고 정보를 유포하여 여론을 조작한다는 점에서 PR과 구별된다. 선전과 PR은 여론에 영향을 미치는 공통점을 지니고 있으나 전자는 선전 주체 측에 유리한 정보만을 제공하는 일방성이 짙은 반면, 후자는 공중과의 우호적 관계형성을 위하여 양측이 서로 정보의 교환을 강조한다.[10)]

---

10) 선전에 관한 구체적인 논의는 다음 책을 참조. 방정배·최윤희, 《여론과 정치설득》(나남출판, 1989).

제 2 장

PR의 역사와 한국 PR

1. PR의 역사

이 장에서는 PR은 어떻게 유래되었으며 PR의 기능, 이용 및 전략은 시대적으로 사회에 어떻게 영향을 미쳤고 또한 PR은 어떻게 사회의 영향을 받았는지를 살펴본다. 그 다음으로 PR이 어떻게 20세기 초에 그 자체의 위상을 형성할 수 있었으며, 이후 중요한 전문분야로 발전되었는지를 살펴보기로 한다.

PR은 사회과학자들과 PR을 신뢰하지 못하는 일반 공중들로부터 많은 비판을 받았다. PR 역사를 잠시 들여다보면 그러한 비판에 대한 역사적 근거를 찾을 수 있다. 바넘(P. T. Barnum)의 선전술(*hucksterism*)과 언론대행술, 추문폭로 시대의 자기방어를 위한 눈속임, 워터게이트 사건 당시 공중을 조작하려는 시도 등은 모두 PR 기능에 대한 비판을 일게 했다.

1) 미국의 성장과 PR

PR은 초기부터 그 기능, 이용과 전술이 미국 정치에 큰 영향을 미쳤다. 미국은 독립전쟁을 치른 후 헌법 초안을 마련하여 이 초안을 미국민에게 널리 알려 지지를 얻기 위한 PR 캠페인을 집중적으로 수행했다. 해밀턴과 매디슨 등이 이 초안을 선전하는 85편의 편지를 신문사에 전달하여 게재했는데 이 편지는 그 당시 미국의 여론을 형성하는 데 크게 기여했다.[1] 미국이 성장하면서 신문기자 출신인 아모스 켄달은 앤드류 잭슨 대통령의 대변인으로서 연설문을 작성하고, 소책자를 제작했으며 여론조사를 수행하면서 대통령의 이미지를 관리했다.[2]

미국의 초기 퍼블리시티는 주로 진기(*stunts*)를 이용한 속임수(*hoaxes*)였으며 특히 19세기 후반과 20세기 초에 이러한 진기를 통한 속임수는 더욱 두드러졌다.[3] 이 시대는 신문 자체가 기자들을 거리에 내보내 기삿거리를 만들게 하는 등의 속임수를 저질렀던 때였다.

이 당시 가장 유명한 저널리즘 진기로는 〈뉴욕저널〉(*New York Journal*)에 허스트가 벌인 것이었다. 허스트는 신문부수를 늘리려고 진기 연재물을 통하여 스페인과 미국의 전쟁을 부추겼다는 비난을 받고 있다.[4] 1896년 허스트는 화가인 레밍턴을 쿠바에 급파하여 "스페인의 잔악행위"를 스케치할 것을 지시했다. 며칠 후 레밍턴은 허스트에게 "모든 것은 조용하다. 이곳에는 아무 문제도 발생하지 않고 있다. 전쟁의 기미도 전혀 없다. 신문사로 돌아가고 싶다"라는 내용의 전보를 쳤다. 허스트는 다시, "그곳에 남아 있게. 자네가 사진을 찍어 보내면 나는 전쟁에 대한 준비를 할 테니"라는 전보를 쳤다.

1페니짜리 신문들은 부수를 늘리기 위한 일이라면 그것이 아무리 괴상하거나 악명 높은 일이라도 마다하지 않았다. 19세기에 이러한 진기

---

1) D. Newsom, A. Scott, & J. V. Turk, *This is PR : The Realities of Public Relations* (Belmont : Wadsworth Publishing Co., 1989), p. 36.

2) F. L. Mott, *American Journalism* (New York : Macmillan, 1950), pp. 26~28.

3) 버네이스(E. Bernays)는 퍼블리시티 진기를 공공연한 행동(*overt act*)으로 불렀다. 그로부터 40년 후 역사학자인 다니엘 부스틴(Daniel Boorstin)은 그러한 행동을 의사사건(擬似事件, *pseudo-event*)이라고 불렀다. 오늘날 우리는 아마도 이러한 것을 미디어 이벤트라고 부를 수도 있겠다. 이 모든 용어는 제임스 레스톤(James Reston)이 포괄적으로 규정한 뉴스 관리라는 용어의 정의에 포함된다고 하겠다.

4) C. J. Fuhrman, *Publicity Stunt : Great Staged Events That Made the News* (San Francisco : Chronicle Books, 1989), p. 15.

연출가로 가장 유명한 사람은 바넘(P. T. Barnum)이었다. 바넘은 1870년대에 서커스를 운영하기 시작했는데 그 당시 모든 서커스단은 말(馬)을 이용하여 여행했지만 바넘은 기차로 이동했으며, 특출한 광고와 퍼블리시티 테크닉을 이용했다. 초기의 서커스 언론대행업자들은 서커스가 공연되는 장소에 미리 도착하여 술집과 상점에 광고지를 뿌렸으며 때로는 동네어귀에 서서 종을 울려 사람들을 모은 다음 구경꾼들에게 서커스에서 보일 묘기를 과장하여 설명했다. 바넘은 여러 차례에 걸쳐 미디어를 통해서 공중을 바보 취급한 것을 자랑으로 여겼다. 그의 끊임없는 속임수와 언론조작은 그 당시 미국과 유럽신문에서도 논란의 대상이 되었다. 그러나 많은 사람들은 바넘을 비판했지만 어느 누구도 그의 상상력을 거부하지는 않았다.

교육분야에서도 PR의 가치가 미국 혁명 전에 인정되어 혁명 후에도 이러한 경향이 계속되었다. 일례로 1899년에 예일 대학교는 PR 및 동창회 사무실을 열었다. 1900년에는 하버드 대학이 보스턴 시에 최초로 개설된 PR 대행사인 퍼블리시티 뷰로(Publicity Bureau)를 고용하기도 했다.[5)]

2) 산업발전

산업발전은 PR의 역사에 가장 획기적인 변화를 가져왔다. 산업혁명을 통한 테크놀러지의 발달이 PR의 전술과 테크닉을 변화시켰다. 그 예로 신문을 진정으로 민주적이고 전국적인 매스미디어로 만든 증기기관과 라이노타이프를 들 수 있겠다.

초창기 산업주의자들은 제품과 서비스를 팔기 위하여 광고를 이용하긴 했어도 PR의 기능에 대해서는 별 관심을 두지 않았다. 그 당시 PR에 대한 태도는 뉴욕 중앙철도 사장인 밴더빌트의 말로 잘 요약된다. "제기랄, 공중이 다 뭐야"(*The public be damned*).[6)] 또 다른 철도회사 사

5) Newsom, Scott, & Turk, p. 38에서 재인용.

장인 모건도 밴더빌트의 말에 동조하여 “나는 공중에게 한 푼도 빚진 것이 없다”라고까지 했다.

한편 몇몇 대기업들은 기업이 살아남기 위해서는 결국 공중의 호의를 얻어야 한다는 점을 깨닫기 시작했다. 1858년 낙농제품 회사인 보덴 사는 주주들에게 손익계산서를 발행함으로써 PR의 전례를 남겼다. 또 1883년 미국 벨 전화회사의 부장인 베일은 각 지역 교환소에서 제공하는 서비스와 전화를 통해 청구업무를 잘 점검할 것을 독려하는 서신을 각 지역 교환소 소장들에게 발송함으로써 소비자에 대한 관심을 표명하였는데 이는 전화회사와 공중 간의 관계를 증진시키려는 관심을 보인 중요한 PR 전례라고 할 수 있다. 1888년 뮤추얼 생명보험회사는 퍼블리시티를 담당할 외부 컨설턴트를 고용했으며 그 다음 해에는 웨스팅하우스 사가 회사 내에 PR부를 설치했다.

3) 추문폭로시대

순풍에 돛단 배 같은 산업성장의 시대도 끝났다. 20세기는 자본주의 정부의 부패와 연관된 추문을 들추어 내는 탐사적 저널리스트인 ‘추문 폭로자들’(*muckrakers*)[7]의 외침과 함께 시작되었다. 추문 폭로자들 중 첫 번째를 꼽으라면 조셉 퓰리처라고 하겠는데, 퓰리처는 1892년 카네기 제철소 홈스텟 공장 파업 당시 노동자를 지지하는 사설을 쓴 장본인이다.

아이다 타벨은 “스탠더드 정유회사의 역사”를 저술하는 과정에서 그 회사의 부패와 소규모 회사들과의 불공평한 경쟁을 폭로했다. 1906년

---

6) R. Butterfield, *American Past* (New York : Simon and Shuster, 1947), p. 476.

7) Muckraker라는 용어는 존 번얀(John Bunyan)의 소설 *Pilgrim's Progress*에서 얻어낸 은유적 표현이다. 이 용어를 오늘날의 의미로 제일 처음 이용한 사람은 루스벨트(Theodore Roosevelt) 대통령이었다. 루스벨트는 이 단어를 1897년 뉴욕 경찰서를 공격한 저널리스트들을 묘사하면서 경멸적으로 사용했지만 후에 추문 폭로자들의 가치를 인정하게 되었다.

업튼 싱클레어는 그의 소설 《정글》(*Jungle*)에서 쇠고기 포장회사의 비위생적 작업조건을 폭로했다. 대규모 기업 또한 정부의 공격대상이 되었다. 루즈벨트 대통령은 경영자, 노동자와 소비자 간의 갈등에서 공중의 이익을 지키는 것은 연방정부의 책임이라는 판단을 내려 대기업들에게 공중의 비우호적 태도에 반응하도록 촉구했다.

산업계는 더 이상 공중과 언론을 무시할 수 없게 되었다. 언론의 부정적 보도를 보고 광고를 철회하겠다는 위협만으로는 부족했다. 탄광업자들이 다시 비난을 받게 되자 그들은 선전과 수사적 표현에 의지하기보다는 신문기자 출신인 아이비 리(Ivy Lee)의 재능을 이용하기에 이르렀다.

아이비 리는 그의 생애 동안 많은 기업인을 위하여 퍼블리시티 대행업무를 했다. 가장 두드러진 것은 1900년대 초 파업에 직면한 무연탄 업자들, 펜실베이니아 철도, 그리고 록펠러 가(家)의 퍼블리시티 활동이었다. 그들은 아이비 리를 고용하여 무연탄 광산업자들의 입장을 옹호하는 퍼블리시티 활동을 전개했다. 아이비 리는 기존의 공중을 무시하는 "빌어먹을 공중"이라는 퍼블리시티 정책 대신에 "공중은 알아야 한다"라는 퍼블리시티 정책을 개발해 냈다.

퍼블리시티(*publicity*)라는 용어는 '공표하다'(*to make public*)에서 유래되었는데, 이는 아이비 리가 그의 고객들에게 행한 바로 그것이다. 펜실베이니아 철도회사를 대행하는 동안, 아이비 리는 펜실베이니아 주의 캡 시(市) 근처에서 그 회사의 기차 한 대가 사고를 냈을 때 그 회사의 경직성을 비판하고 나섰다. 경영자는 그 사건에 관한 모든 뉴스를 원래 그렇게 해왔듯이 묵살해 버리기를 원했다. 그러나 아이비 리는 이에 반대하여 모든 신문기자들을 사건 현장에 초청하여 자유로이 취재할 수 있도록 도왔다.

PR이 신속하게 성장하는 과정에서 퍼블리시티는 많은 기업, 개인과 조직을 위한 필수적 도구가 되었다. 철도와 자동차 회사와 같은 대기업들은 퍼블리시티 대행사와 기업 내 퍼블리시티 부서가 공중과 정부와의 관계를 진작시키는 데 도움이 됨을 깨닫게 되었다.

20세기 초에 PR에 관한 전술과 테크닉이 개발되었다. 포드 자동차 회사는 PR 기능에 관한 관심을 확대하는 데 기여한 회사 중 하나다. 포드사는 1908년 사보 〈포드타임스〉(*Ford Times*)를 간행하기 시작하여 오늘날까지 〈타임스〉(*Times*)를 발행하고 있다. 1912년 포드사는 시장조사를 위해서 여론조사 기법을 도입했다.

4) 세계대전

제 1차 세계대전이 끝나자 미국 정부에서 일한 경험이 있는 사람들이 전시에 사용하던 기법을 평화시에도 계속하여 이용했다. 그 중에 에드워드 버네이스는 'PR 카운슬'이라는 용어를 지어냈다.

버네이스는 많은 이들이 대중 설득의 위력을 믿고 있을 때 PR을 시작했다. 당시에 많은 사람들은, 공중은 선전가가 원하는 방향이 무엇이든 그 방향으로 설득될 수 있다고 믿고 있었다. 그러나 버네이스는 이런 여론을 반박하면서 공중은 자기들에게 이익이 될 때에만 설득이 될 수 있다는 점을 강조했다. 그는 또한 공중을 설득하기 이전에 경영자를 설득하여 공중의 기대에 부응할 것을 역설하기도 하였다. 그는 또한 공중, 경영 및 고용인을 대상으로 비공식적 서베이를 실시하기도 했다. 버네이스는 그 당시의 사회과학 이론을 적용하여 '설득'하려고 노력했으며, 이를 수행하는 노력이야말로 PR의 의무라고 피력했다. 그러나 그의 사회과학에 대한 접근법은 직관적 수준이었다.

1920년대에 접어들면서 PR에 관한 책이 나오고 대학에 교과과정이 생겼으며 사회과학자들도 PR을 주목하기 시작했다. 이들 중 윌슨 대통령의 자문위원이었던 월터 리프만(Walter Lippmann)은 특히 여론형성이 주는 함축적 의미에 많은 관심을 가졌다. 그는 저서(*Public Opinion*)에서 공중은 더 이상 정부정책에 관한 자신의 의견을 형성하지 못하며 그들의 의견은 매스미디어를 통해서 슬로건과 스테레오타입의 형태로 떠먹히는 것이라고 우려했다.[8]

사회는 수많은 크고 작은 기업과 기관, 각종 협회, 국가 및 지역 집단들로 구성된다. 사회과학자들이 여론에 대하여 관심을 갖듯이 산업도 여론에 대하여 관심을 갖게 되었다. 전신전화사를 포함한 많은 기업들이 제 1차 세계대전을 치르면서 사회적 책임의 이행에 PR이 필요하며 기업에도 좋은 것임을 깨닫게 되었다. 그래서 기업들이 주주들과 고객이 원하는 것이 무엇인지 파악하기 위한 전술을 개발하면서 여론조사는 점점 더 성장하게 되었다.

1927년 아더 페이지(Arthur Page)가 전신전화사의 부사장으로 참여하면서 현대 PR에 많은 영향을 미친 여러 가지 견해를 제시했다.[9)]

> 기업은 공중의 용인(*permission*)과 함께 시작되며 공중의 용인 때문에 생존한다. 기업에는 최고 경영자에게 영향을 미칠 수 있는 PR 부서가 있어야 한다. 기업은 공중이 원하는 것이 무엇인지 발견해야 하며 PR은 퍼블리시티가 아닌 성과(*performance*)에 의해 평가된다.

PR은 1930년대에도 전문분야로서 발전을 계속했다. 이 기간에 PR 카운슬 협회를 비롯한 여러 가지 PR 실무자들의 협력단체가 형성되었다. 갤럽 여론조사연구소가 등장하여 여론조사의 수준과 신뢰도를 높였다.

1940년대를 맞이해서 미국내 분위기에 많은 변화가 있었다. 미국은 전쟁에 참여했고 제 1차 세계대전에서와 마찬가지로 PR은 전쟁에 직접적으로 기여했거나 전시경제의 부산물이었다. 또한 PR 대행회사가 자리를 잡는 계기가 되었다. 일례로 힐 앤 놀튼(Hill and Knowlton) 대행사는 미국 항공회사와 미국 조선협회와 같은 산업체를 대행함으로써 대행사로서의 기반을 확보했다. 따라서 PR이 명실상부한 전문직으로 발전하게 된 계기는 제 2차 세계대전이라고 할 수 있겠다. 1947년 보스턴 대학교에서 최초로 PR 학부를 설치한 것을 필두로 1949년까지 100여 개 대학들이 PR 과목을 개설했다.

---

8) W. Lippmann, *Public Opinion*(New York : Free Press, 1922).

9) G. Griswold, "How AT&T Public Relations Policies Developed", *Public Relations Quarterly* 12(1967), pp. 20~26.

1960년대와 1970년대는 위기와 변혁의 시기였다. 과거 어느 때보다도 PR이 요구된 시기였다. PR 실무자들은 커뮤니케이션 기술과 관리기술은 물론 폭넓은 사회과학 지식을 필요로 했다. 게다가 마케팅의 문제점, 전 세계적 소비자 운동, 기업과 정부와의 관계에 중점을 두었으며 기업 내에서의 PR 실무자의 책임, 다국적 기업의 PR 역할이 증대되는 현상이 두드러진 시기였다. 통신위성, 핵무기의 위력, 컴퓨터에 의한 데이터 처리 등은 지구를 축소시켰지만 지구상에서 발생되는 문제만큼은 감소시키지 못했다.

제2차 세계대전 이후인 1950년 미국 PR 실무자의 수는 약 2만 명에 달했다. 그러다가 1987년에는 7배가 넘는 14만 2천 명으로 늘어났다. 수백 개의 새로운 PR 대행회사가 생겼으며, 이 중 87%는 제2차 세계대전 이후에 설립된 것들이다.

5) 글로벌 정보화시대

세계적으로 볼 때 1990년대 초 경제불황으로 잠시 영향을 받았으나 그 이후 세계화의 흐름 속에 뉴커뮤니케이션 테크놀러지의 확산, 24시간 열려 있는 금융시장, 낮아진 무역장벽이 PR 산업의 지속적 성장의 바탕이 되고 있다. 특히 컴퓨터 테크놀러지는 PR 산업의 변화는 물론 PR 연구를 활성화시키고 있다. 특히 글로벌 시장의 출현으로 기업경영은 물론 제품에 대한 문화적 쟁점과 차이의 고려가 PR의 전략적 요소가 되고 있다.

2. 한국 PR의 발전과 현황

한국에 PR의 이념과 기술이 처음 도입된 것은 8·15 광복 이후인 미군정시대이며, 본격적으로 PR이 정치와 행정 및 기업에 도입된 것은 5·16 군사쿠데타 이후부터라고 하겠다. 매스 커뮤니케이션의 한 부문으로서 PR이 연구의 대상이 된 것도 1960년대 이후이다. 그러나 PR이 국내에 도입된 이후 신문방송 학계를 비롯한 관련 학과에서 다소 편협한 PR연구 및 교육자세를 보인 것과는 대조적으로 우리 사회 각 분야에서 PR에 대한 관심은 급격히 높아졌다. 최근 국내 대기업에서는 PR직이 전문화되어 가는 추세이며 각종 사회단체를 포함한 정부기관에서도 PR에 대한 관심은 어느 때보다도 높다.

경제·산업 규모의 급속한 발전, 정치적 민주화와 지방자치제의 정착, 언론산업의 다양화와 비대화, 소비자주의의 발달 등으로 PR의 필요성과 기능이 확대되고 있다. PR 산업이 본격적 확대 및 성숙단계에 이르렀다고 보기에는 다소 시기상조이지만 머지않아 다른 서비스 분야에 못지 않게 그 규모와 영역이 커질 것이라는 점에서는 이견이 없다.

1970년대 초만 해도 PR을 담당하는 독립부서를 가진 회사는 거의 없었으며 PR 전담자 또한 없었다. 그러나 1990년대 중반 이후부터는 상황이 매우 달라져 PR 업무의 중요성과 실무자의 위상이 높아졌다. 그러나 모든 종류의 회사가 전부 PR에 관한 위상을 높인 것은 아니며 회사의 성격이나 형태에 따라 차이가 있다. 전자, 자동차, 화학(생활용품 위주) 등 일반 소비자와 직접적 관련이 있는 회사들은 규모에 관계없이 PR 부서의 위상이 높은 편이다. 반면 건설, 중공업, 해운 등 소비자와 직접적 접촉이 없는 회사는 구성원의 수나 매출액이 커도 PR의 위상이 매우 낮은 편이다. 물론 같은 업종의 회사 내에서는 매출액과 구성원의 수와 비례하여 PR 부서의 비중이 높은 것으로 보인다.

대부분의 국내 그룹 소속 대기업들은 홍보실이나 홍보부 혹은 홍보팀 등으로 PR 전담부서를 두고 있는데 독립부서가 없는 경우에는 기획, 마케팅 등의 실무부서에서 겸임하는 경우가 대부분이다. 특히 최근에는

'홍보팀'이란 이름으로 기동대와 같은 성격의 직제로 운영하는 경우가 많다.

PR 활동 중에서 비용이 가장 많이 발생하는 부문은 기업광고다. 기업광고는 회사의 정책이나 방침을 고지(告知), 설명하거나 이미지 개선, 사회적 이슈에 대한 주장 등 다양한 목적을 가지고 있다. 최근 국내 기업들은 과거의 상품위주 광고 일변도에서 벗어나 기업 전반의 국내외 이미지 제고를 위한 전략은 물론 환경, 봉사, 사회적 책임 등 다양한 이슈를 강조하는 경향이 강해지고 있다. 그러나 이러한 PR용 기업광고는 국내에서는 대기업 위주로 행해지고 있으며 특히 그룹사에 의한 것이 대부분이다. 이는 우리나라의 경제구조가 재벌 중심으로 이루어졌기 때문인 것으로 보인다.

우리나라 PR 전문대행사들의 설립시기는 불과 30년 전으로 역사가 짧다. 이들 중 많은 대행사가 해외 PR 회사와 제휴관계를 맺고 있으며 인원은 많게는 60여 명에서 적게는 10여 명을 두고 있다. 주요 고객으로는 아직도 외국회사들이 많은데, 이는 국내 PR 회사들이 대부분 국내에 진출한 외국회사들의 PR 업무대행을 주요 업무로 하고 있으며 국내 고객사들의 PR 서비스 주문이 적다는 사실을 말해 준다. 국내 또는 외국고객을 위해 PR 전문대행사들이 외국에서 영업활동을 하는 경우는 거의 없는데 이는 이들 PR 전문대행사의 업무활동이 국내에 국한되어 있어 국제화의 정도가 매우 약하기 때문이다.

PR 전문대행사의 주요 서비스는 퍼블리시티 대행과 언론매체 내용분석 및 요약 등 대 언론 서비스와 PR 컨설팅이 가장 큰 부분을 차지하고 있다. 정치 및 선거 커뮤니케이션, 주주관리 등의 분야는 매우 빠르게 성장하고 있다. 최근에는 미디어 훈련, 위기관리, 이벤트 기획 및 집행 또한 PR 전문회사들의 주요 업무로 부상하고 있다.

PR의 교육과 연구를 중심으로 살펴보면 1960년대부터 광고와 PR의 이론적 추구가 대학에서의 신문방송학 강좌와 더불어 시작되었다. 1970년대에는 각 대학의 신문방송학과 학부 및 대학원 과정을 비롯한 몇 개 대학의 행정대학원에서 PR을 전문적으로 교육하고 연구하게 되었으며 PR을 주제로 한 석사논문과 교수 연구논문이 나오기 시작했다. 1980년대에 들어 학계 및 학생들의 PR에 관한 관심의 증대로 학문적 연구가 활발해졌으며, 특히 여러 대학에 광고홍보학과가 독립된 학과로 설치되어 본격적으로 PR 교육이 시작되었다.

또한 한국언론학회 안에 설치된 PR 분과위원회에서 논문 발표는 물론 체계적인 PR의 연구가 수행되고 있다. 한국홍보학회의 PR을 전공하는 교수들이 PR 연구 및 발표활동은 물론 학술지를 발행하고 있다. 또한 업계의 PR 실무자들을 중심으로 한국 PR 협회와 PR 기업협의회가 구성되어 PR인들의 친목도모와 정보교환을 비롯하여 산학협력 차원에서 학계와 공동으로 논문발표회 및 강좌를 통해 PR에 관한 이해의 폭을 넓히고 있다.

여러 학자들이 각각 저서를 통해서 PR에 관한 학문적 관심을 확산시키고 업계의 PR에 관한 실무적 욕구를 채우는 데 크게 기여하고 있다.[10] 최근에는 PR의 특정 영역을 심도 있게 논의하는 각론서가 출판되어 논의의 깊이를 더하고 있다.[11]

그렇지만 PR을 좀더 학문적 또는 실무적으로 발전시키려면 다음과 같은 점을 극복해야 한다.

첫째, 더 많은 커뮤니케이션 학자들의 PR에 관한 관심을 이끌어내어 이들의 참여를 넓혀야 한다. 또한 학계의 학자들과 현장의 PR전문가들 간의 교류 및 연구작업의 확대가 요망된다. 이러한 노력을 통해서 PR관련 전문서적의 출판이 늘어나야 한다.

---

10) 윤희중, 《PR론》(이화여자대학교 출판부, 1977) ; 김정기, 《새 PR론》(탐구당, 1981) ; 오두범, 《PR 커뮤니케이션론》(나남출판, 1989) ;김영욱, PR커뮤니케이션(이화여자대학교출판부, 2003).

11) 그 예로 윤희중·신호창, 《PR 전략론》(책과길, 2000) ; 박기순 외, 《PR 캠페인》(한울아카데미, 2001) ; 신호창. 이두원, 행정PR원론(이화여자대학교출판부, 2002) ; 최윤희, 《기업의 위기관리와 PR전략》(한국경제신문사, 1994) ; 최윤희, 《사회 캠페인론》(나남출판, 1996) ; 최윤희, 《인터컬처럴 PR》(책과길, 1996) ; 최윤희, 《국제 PR》(커뮤니케이션북스, 2003) ; 최윤희, 《PR의 연구와 평가》(커뮤니케이션북스, 2007) 를 들 수 있다.

지금까지 발표된 PR 논문들을 살펴보면 PR 연구 접근법의 확대가 요구됨을 알 수 있다. 즉 대인 커뮤니케이션, 조직 커뮤니케이션, 수사학적 접근의 연구를 통해서 PR 현상에 관한 이해의 폭을 넓혀야 한다. 또한 기본적 연구를 통하여 미국을 중심으로 발달된 PR의 본질, 직업성 및 구조가 한국적 상황에 어떻게 적용되는지에 관한 검증 및 한국적 PR모형의 개발이 요청된다.[12] PR의 기본 연구는 학계 연구자들의 영역이며 책임인 것이다. PR 연구가들은 의과대학 교수들이 연구를 통하여 환자의 치료를 위한 기본적 지식체계를 정립하듯이 PR에 관한 기본적 지식체계를 정립해 나아가야 한다.

PR을 사회과학의 한 분야로서 인간행태를 이해하려는 시도로 볼 때, 이는 다학문적(多學問的) 접근(*interdisciplinary*)의 시각에서 사회과학 이론을 PR 연구에 원용함을 의미한다. 그 예로 개방체계 이론을 적용하거나 생태학적 이론으로 PR 기능을 설명하려는 시도는 다양한 시각에서 PR을 연구하려는 한 예가 되겠다. 또한 비판적 연구를 통하여 PR이 범하는 오류 및 사회적으로 미치는 부정적 영향도 검증할 필요가 있다. 이 비판적 연구는 PR의 사회적 역할 또는 기능을 검증하는 차원을 넘어 PR 직업을 증진시키기 위한 길잡이로서 필요한 것이다.

---

12) J. E. Grunig, "Basic Research Provides Knowledge That Makes Evaluation Possible", *Public Relations Quarterly* 28(1983), pp. 28~32.

제 3 장

PR의 이론적 배경과 모형

어떤 일이 일어나고 작용하는 방식을 설명하고 예측하는 데 여러 이론이 적용된다. PR의 이론적 배경은 다양한 학문 분야를 바탕으로 한다. PR이 경영기능이고 조직환경에서 작용하기 때문에 조직이론과 경영이론이 이용된다. PR이 대인간 또는 집단 안에서 작용하기 때문에 대인커뮤니케이션이 적용된다. 설득커뮤니케이션도 PR에서 널리 활용되고 있다. 이러한 이론들을 좀더 넓은 맥락으로 확대해 보면 이 이론들의 뿌리는 주로 심리학과 사회학에 두고 있음을 알게 된다. 이 장에서는 PR의 작용을 이해하는 데 도움이 되는 몇 가지 이론과 모형을 살피기로 한다.

1. 체계이론 접근법

조직에 대한 변화와 영향의 논의는 PR을 체계적 관점에서 생각하게 했으며, 더 나아가 조직과 공중 사이의 상호의존적 관계는 체계이론이 적용되는 바탕이 되었다. 여기서 체계(*system*)는 어떤 경계선 안에서 목표를 달성하고 유지하기 위하여 환경의 압력에 대응하고 적응하는 상호작용단위의 세트로 규정된다.[1] PR의 경우 상호작용하는 단위는 서

---

1) S. M. Cutlip, A. H. Center, & G. M. Broom, *Effective Public Relations*

로 관계를 맺고 있는 조직과 공중으로서 서로 영향을 미치고 관여한다.

체계이론가들은 체계의 행태를 설명하기 위하여 투입(*input*), 산출(*output*), 처리과정(*throughput*)과 피드백을 사용한다. 체계는 환경으로부터 투입을 정보나 물질적 에너지 형태로 받는다. 체계는 처리과정을 통하여 환경으로부터의 투입을 처리한다. 즉, 체계는 투입된 정보를 조직화하여 그 투입을 창출한 문제에 대한 해결점을 찾아낸다. 체계는 그 다음 상호작용체계의 평형을 회복하기 위하여 환경으로 산출을 내보낸다. 이러한 산출이 환경에 영향을 미친 후 체계는 문제를 해결했는지를 알기 위하여 환경으로부터 피드백을 추구한다. 이 과정은 체계가 평형을 되찾을 때까지 계속된다. 환경은 체계에 변화압력을 가하는 어떤 것으로 규정된다. 한 예로 어떤 기업의 최고 책임자에 대한 비행이 언론에 보도된다면 그 보도는 일반 시민은 물론 그 기업이 공중들과 맺고 있는 관계에 영향을 미친다. 체계이론의 관점에서 PR 부서는 체계 안에 있는 하나의 하부체계로 볼 수 있다. 서로 다른 하부체계들과 상호연관되어 있으며 어느 정도 그들의 행동에 의해 통제되기도 하고 영향을 받기도 한다.

모든 체계는 그것이 기계적 체계, 유기적 체계 또는 사회체계이든 환경과의 상호교환의 성격과 양에 의하여 구분될 수 있다. 이 구분을 양극으로 하여 볼 때 한쪽은 '폐쇄체계', 다른 한쪽은 '개방체계'로 구분된다. 폐쇄체계는 경직된 경계를 지녀서 환경과 물질, 에너지 또는 정보가 교환되지 않는다. 한편 개방체계는 경계를 통하여 투입과 산출을 교환하는 체계이다. 물론 어떤 사회체계도 완전히 폐쇄적이거나 완전히 개방적일 수는 없어서 체계는 비교적 개방적 또는 비교적 폐쇄적이다.

하나의 체계가 '폐쇄되어 있다'는 것은 체계가 환경에 민감하지 못하다는 뜻이다. 폐쇄체계는 새로운 물질, 에너지 또는 정보를 취할 수 없는 체계를 의미한다. 다시 말해서 폐쇄체계는 외부의 변화에 적응하지 못하지만 개방체계는 환경의 변화에 따라 변화한다. 개방체계의 생존

(Englewood Cliffs, NJ : Prentice-Hall, 1994).

과 성장은 환경과의 상호교환에 따라 좌우된다. 개방체계는 환경의 변화에 대응하거나 수용하기 위하여 그 자체가 조정하고 적응한다. 일상적인 보도자료의 배포와 전통적인 사후반응적(*reactive*) PR은 폐쇄체계적 사고의 산물이다. 이와 같은 접근법은 PR의 목적이 환경의 변화를 꾀하는 것으로 국한되어 있다는 철학에 토대를 둔 것이다. 한편 개방체계적 접근법은 PR을 환경과 조직 자체의 변화를 유발시키는 과정의 중간에 위치한다.

폐쇄체계는 조직이 호감을 얻으면 공중은 그 조직의 산출(제품)을 계속하여 수용할 것이라는 가정아래 PR의 주요 기능은 지역사회에서 우호적인 조직 이미지를 제고하고 유지하는 일에 모아진다. 이 경우 PR은 조직에 관한 정보를 환경에 보급하는 것에만 관심을 두지, 환경에 관한 정보를 조직에게 제공하는 일에는 인색하다. 이 경우 PR 실무자는 피드백을 공급하지 않기 때문에 조직에게 이들은 환경에 관련된 의사결정 기능이나 자문역할은 하지 못한다. 이러한 접근법에서 PR은 공중의 변화를 꾀하는 한편 조직의 현상 유지를 강조한다. 조직과 그 공중의 관계는 공중이 조직의 정책에 호응하는 범위에 따라 유지 또는 변화될 뿐이다.

이에 반하여 개방체계에 기반을 둔 PR은 투입과 산출 모두를 이용하여 조직과 환경 모두의 변화를 추구한다. 경영관리가 큰 바퀴라면 PR은 작은 바퀴로서 때로는 큰 바퀴에 영향력을 행사할 수도 있다. 내·외부 환경에 대한 관찰 결과 지금 취하고 있는 정책과 관행이 조직, 더 나아가 사회의 이익에 저해가 된다면 경영진은 조정을 요구받는다.

PR에 개방체계 접근법을 적용한다 함은 조직과 공중과의 관계에 영향을 미치는 변화를 예견하고 발견해 내기 위하여 환경의 감지를 최우선으로 하는 것을 의미한다. 개방체계 접근법에 따라 PR은 조직의 정책이행 절차와 조치에 영향을 받거나 관련된 공중들에 대하여 민감해야 한다. 이 점은 구체적으로 세분화된 공중에 관한 지식을 요구할 뿐만 아니라 조직과 공중을 관찰하는 연구기술도 필요로 한다. 또한 개방체계 PR은 조직 내에서 조직 스스로의 수정조치 능력을 지니며 공중에 관한 지식, 선유경향과 행태에 영향을 미칠 능력을 지닌다. 이 모형에서 얻어진 효과는 조직과 공중의 상호 호혜적 목표의 유지 또는 성취가 된다. 상호이익에 위배되는 효과는 변화되거나 제거된다. 결국 이 모형에서 PR 실무자는 정보관리자(*boundary spanners*)[2] 역할을 하게 된다.

PR의 사전반응적(*proactive*) 수정조치는 PR의 개방체계모형 중에서 가장 중요하고 유용한 측면이 된다.[3] 사전에 취해진 조치는 위기를 맞이해서 처리하는 사후반응적 PR에 필요한 노력의 양을 줄이고 그 충격을 줄인다. 이처럼 개방시스템 PR을 채택하는 조직들은 늘 변화하는 사회, 정치, 경제적 환경에 조직 자체와 그 공중들을 조정하고 적응시킴으로써 관계를 유지한다.[4]

2. 대인 커뮤니케이션 접근법

역사적으로 PR은 매스 커뮤니케이션을 바탕으로 발전되었다. 초기에 PR 실무자들은 (특히 미국의 경우) 저널리즘에서 훈련받았고 PR 실무는 대 언론관계를 강조했기 때문에 매스 커뮤니케이션은 PR이 발전하는 터전이 되었다. 하지만 PR이 성장하고 진화하면서 매스 커뮤니케이션 이론만이 PR 현상의 바탕이 된다는 견해에 다른 의견이 생기게 되었다. 학자 중에는 세련되지 못한 PR 실무자만이 대중매체를 통해서 활동적인

---

2) 조직과 이해당사자(*stakeholders*)의 관계를 관리하기 위하여 PR 실무자들이 이용하는 전략적 기술을 boundary spanning이라고 부르는데 여기서 실무자들은 환경에 적응하는 과정에서 이해당사자들을 자세히 관찰한다. Boundary spanners는 조직의 환경과 수시로 접촉하여 환경의 정보를 수집, 선별하고 그 정보를 조직의 의사결정자들에게 전달하는 PR실무자 또는 조직 내 구성원들이다.

3) 조직의 PR이 사전반응적 또는 사후반응적이냐는 다음 세 가지 요인의 영향을 받는다. ① 조직의 체계가 개방적이냐 아니면 폐쇄적이냐, ② 최고 경영자가 PR의 기능을 어떻게 이해하고 있나 ③ PR실무자들의 업무수행 능력.

4) A. Theaker, *The Public Relations Handbook* (London : Routledge, 2001), p. 36.

공중과 커뮤니케이션을 하려한다고 지적한 이도 있다.[5] 그렇다면 PR은 연구와 이론정립을 위하여 어디로 눈을 돌려야 하나? 이 장에서는 대인 커뮤니케이션을 PR의 연구를 위한 중요한 자원으로 생각해본다.

오래 전부터 학자들은 대인 커뮤니케이션 이론을 PR 연구에 적용했다. 그 예로 공동지향성(*coorientation*)을 PR에 적용하는 연구를 한 이가 있는가 하면[6] PR 연구에 대인 커뮤니케이션 이론의 적용을 강조한 이도 있다.[7]

PR에 대인 커뮤니케이션을 적용한 예는 오래전 공익 커뮤니케이션 캠페인 문헌에서 발견된다. 카트라이트(Cartwright)[8]는 캠페인에서 대인 커뮤니케이션 채널은 행위 변화를 일으키는 데 중요하다는 점을 제시했다. 초기의 캠페인 연구자들은 대인 채널이 미디어믹스에 중요한 요소가 된다는 점을 발견해 냈다. 그 이후에도 PR 지향적 캠페인 연구에서 대인 커뮤니케이션 채널의 중요성이 확인되었다.

대인 커뮤니케이션 변인을 이용해서 PR을 설명하기 위한 연구도 진행되었는데 그 한 예가 쟁점이나 토픽에 대한 개인의 관심의 표시인 관여(*involvement*)가 되겠다. 관여는 수용자 세분화, 쟁점관리 및 위험 커뮤니케이션과 같은 PR 연구에서 사용되었다. 관여는 또한 상황이론(*situational theory*)을 이루는 세 개의 변인 중 하나이며 공중을 능동적, 수용적 커뮤니케이터로 구분하는 데 사용된 변인들 중 하나이다. 관여도가 높은 사람들은 메시지 출처보다 내용에 더 주목하는 한편 관여도가 낮은 사람들은 메시지의 내용보다 메시지 출처에 더 주목한다. 사람

---

5) J. Grunig, "Theory and Practice of Interactive Media Relations", *Public Relations Quarterly* 35(1990), pp. 18~23.

6) G. Broom, "Coorientational Measurement of Public Issues", *Public Relations Review* 3(1977), pp. 110~119.

7) M. Ferguson, "Building Theory in Public Relations : Interorganizational Relationships as a Public Relations Paradigm", Paper presented at the meeting of the AEJMC, Gainesville, FL(1984).

8) D. Cartwright, "Some Principles of Mass Persuasion", *Human Relations* 2(1949), pp. 253~267.

들이 정책에 보이는 관여도를 알게 되면 PR 실무자들이 쟁점을 관리하는 과정에 많은 도움을 얻을 수 있다. 연구자들 중에는 게임이론(*game theory*)을 PR에 적용하기도 했다.[9] 게임이론은 갈등관계를 분석하기 위한 틀을 제공하여 무엇이 잘못인지를 판단하고 왜 그렇게 잘못되었는지를 설명하는 데 도움을 준다.

학자들은 대인관계 차원을 조직과 이해관계 당사자의 관계를 규명하는 데 적용하여 17개의 관계성 차원을 밝혀냈다.[10] 이처럼 관계성의 단계를 파악하게 되면 PR 실무자들은 그 관계를 회복해야 할지 아니면 그 관계를 지속해야 할지, 또는 더 발전된 단계로 끌어 올려야 할지를 판단하는 데 도움을 얻는다.

변인들이 이해관계 당사자들에게 어떻게 영향을 미치는가를 설명하는 이론이라면 PR을 계획할 때 값진 도구가 될 것이다. 이론은 직관과 짐작 대신에 이성적 행위를 제공한다. 몇몇 연구에서 PR에 대인 커뮤니케이션 이론을 적용하는 시도를 했다. 이 중에서 자아효력이론(*self-efficacy theory*)과 귀인이론(*attribution theory*)의 적용은 돋보이는 시도였다. 앤더슨(Anderson)[11]은 자아효력이론을 사용하여 보건 캠페인에서 메시지 설계의 효과를 설명했다. 자아효력은 위험한 상황을 처리할 능력을 다루며 이 능력은 개인이 위험상황을 성공적으로 처리할 능력을 인지한 데서 비롯된다. 앤더슨에 따르면 자아효력을 북돋워 줄 수 있도록 설계된 캠페인 메시지는 강한 효력의 인식을 갖게 하고 노력을 증대한다고 한다.

쿰스(Coombs)[12]는 귀인이론을 이용하여 사람들의 위기인식과 위기

---

9) P. Murphy, "The Limits of Symmetry", In L. A. Grunig & J. Grunig(eds.), *Public Relations Research Annual*(Hillsdale, NJ : Lawrence Erlbaum, 1991)

10) J. Ledingham & S. Bruning, "Relationship Management in Public Relations", *Public Relations Review* 24(1998), pp. 55~65.

11) R. Anderson, "Cognitive Appraisal of Performance Capability in the Prevention of Drunken Driving", *Journal of Public Relations Research* 7(1995), pp. 205~229.

상황이 조직의 평판에 미치는 영향을 설명했다. 귀인이론에 의하면 사람들은 사건이 일어나면 그 사건의 원인을 어떤 사람, 집단 또는 상황으로 돌린다. 그 예로 배구경기에서 지면 그 원인을 팀의 경기력 또는 비오는 날씨 탓으로 돌린다. 이처럼 대인 커뮤니케이션 이론은 조직과 이해관계 당사자들의 조치가 그들의 관계에 미치는 영향을 설명하는 데 사용되고 있다.

3. 관계성 관리

PR이 하나의 학문 분야로 등장한 이후 PR을 연구하는 학자들과 실무자들은 광고, 마케팅, 또는 저널리즘과 차별화된 PR의 정체성을 갖기 위해 노력하고 있다. 역사적으로 볼 때 PR은 저널리즘적 접근법에 그 바탕을 두었고 초기에는 언론대행술을 이용하여 거의 전적으로 퍼블리시티에 의존하였다. PR은 영역이 확대되면서 퍼블리시티는 물론 광고, 대정부 관계, 쟁점 관리, 대주주 관계 등을 포함하게 되었다.

많은 학자들과 실무자들이 PR의 개념을 직관적으로 조직과 공중의 관계성의 관리(*relationship management*)로서 받아들이지만 많은 이들은 아직도 커뮤니케이션 메시지(보도자료, 사보 등)의 생산과 배포가 PR의 주기능이라는 인식을 갖고 있다. 즉, 대언론 관계의 결과로 인해서 형성되는 행위적 관계성(*behavioral relationships*)에 관한 관심보다는 상징적 관계에 더 많은 관심을 보였다.

하지만 지난 20여 년간 PR 연구에서 한 가지 두드러진 주제는 가장 윤리적 접근법으로서 제임스 그루닉의 쌍방 균형 PR 모형을 지지하느냐 아니면 도전하느냐에 그 초점이 모아졌다. 그러나 학자들은 서서히 과거의 가정들(*assumptions*)에 관한 비판적 의문들을 제기하면서 새로운

12) W. Coombs, "Choosing the Right Words", *Management Communication Quarterly* 8(1995), pp. 447~476.

방향을 제시하는 여러 대안적 틀을 제시했다. 그 중 하나는 조직이 공중을 포용할 수 있는 관계성 관리 접근법이다.

1980년대 중반 퍼거슨(M. Ferguson)[13]이 미국언론학회에서 처음으로 관계성(*relationships*)이 PR 연구와 실제의 요체가 되어야 한다고 주장한 이후 이러한 관점이 커틀립, 센터와 브룸(Cutlip, Center & Broom)[14]이 펴낸 교재에서 채택한 것을 계기로 신속하게 보급되기 시작하였다. 거의 비슷한 시점에 조직 커뮤니케이션, 경영연구 및 PR에서 사용되는 개념들을 통합해야 한다는 주장도 제기되었다.[15]

관계성 관리는 PR이 조직의 이익을 앞세워 커뮤니케이션 메시지로 여론을 형성하고 조작하는 것에서 상호 호혜적 조직과 공중의 관계성을 구축하고 발전시키며 유지하는 접근으로 전환되는 것을 의미한다.[16] 메시지의 조작에서 상호이익을 위한 관계성 구축으로의 이동은 PR의 근본적 임무의 변화를 의미한다. 이러한 변화는 PR 프로그램의 초점이 커뮤니케이션 메시지의 배포를 측정하는 것에서 조직이 주요 공중에게 미친 영향은 물론 공중이 조직-공중의 관계에 미치는 영향을 측정하는 것으로의 이동이기 때문에 중요한 것이다.

브루닝과 레딩함(Bruning & Ledingham)[17]은 PR의 효율성을 극대화

---

13) M. Ferguson, "Building Theory in Public Relations : Interorganizational Relationships", Paper presented at the Annual Conference of the AEJMC, Gainsville, FL(1984).

14) S. Cutlip, A. Center, & G. Broom, *Effective Public Relations*(Englewood Cliffs, NJ : Prentice-Hall, 1987).

15) E. Toth & N. Trujillo, "Reinventing Corporate Communications", *Public Relations Review* 13(1987), pp. 42~53.

16) 이에 관한 좀더 상세한 논의는 다음 자료를 참조. 최윤희, 《PR의 새로운 패러다임 : 관계성의 관리》(커뮤니케이션북스, 2001); J. Ledingham & S. Bruning, *Public Relations as Relationship Management*(Mahwah, NJ : Lawrence Erlbaum, 2000).

17) S. Bruning & J. Ledingham, "Relationships between Organizations and Publics : Development of a Multi-dimensional Organization-Public Rela-

하기 위해서는 조직과 공중 사이의 관계에 여러 가지 유형의 관계성이 있음을 인식하고 이에 대한 전략을 개발해야 한다고 말한다. 즉, 전문적, 개인적, 그리고 지역사회 관계에 관한 전략들이다. 그 예로 조직이 전문적 관계성을 관리한다고 말할 때 조직의 서비스가 비즈니스다운 매너로 제공되어야 하고 이러한 서비스는 고객의 욕구를 충족시켜야 하며 조직은 공중과의 관계성 관리에 투자를 아끼지 않겠다는 의지를 보여주어야 한다. 조직이 개인적 관계성을 관리한다고 할 때 조직의 최고 책임자는 조직과 주요 공중들 사이의 신뢰를 구축하는 행동을 하고 이들과의 상호작용에 책임자의 시간, 에너지, 그리고 생각을 쏟겠다는 의지를 보이며 각 주요 공중 구성원들에 대한 개인적 관심을 보이는 일이 중요하다. 그리고 조직이 지역사회 관계를 관리할 때 조직은 지역사회 구성원들에 대하여 개방적이고 지역사회가 관심을 보이는 행사를 지원하는 일이 중요하다. 조직은 또한 지역사회 개발에 적극적으로 참여하여 한 몫을 담당하는 일이 중요하다.

PR은 조직과 공중의 관계성을 구축하고 그 관계성을 유지하는 기능이 주를 이룬다고 했다. 그러나 PR 문헌들을 살펴볼 때 그러한 관계성을 명확하게 정의해 놓은 문헌을 찾기는 어렵다. 그 대신 학자들은 PR을 연구하는 과정에서 사람들이 '관계성'이라는 개념의 의미와 측정 방법을 알고 있는 것으로 전제한다. 그렇지만 이러한 전제는 입증되지 않고 있다.

브룸과 도지어(Broom & Dogier)[18] 도 개념적으로 PR 프로그램은 조직과 공중의 관계에 영향을 미치지만 이러한 관계의 영향을 측정한 연구는 극히 드물다는 점을 지적한다. 그루닉(Grunig)과 그의 동료들은 조직과 이해당사자들(*stakeholders*)의 관계는 PR 이론과 조직의 효율성의 핵심적 개념이라고 주장한다.[19] 그러나 이들도 관계성을 측정하는 데

---

tionship Scale", *Public Relations Review* 25(1999), pp. 157~170.

18) G. Broom & D. Dozier, *Using Research in Public Relations* (Englewood Cliffs, NJ : Prentice Hall, 1990).

19) L. Grunig, J. Grunig, & W. Ehling(eds.), *Excellence in Public Relations*

도움이 되는 정의를 내리지는 않았다. 패블릭(Pavlik)[20] 도 PR이 주로 공중과의 관계에 초점을 맞추지만 그 관계성에 관한 연구는 수행되지 않고 있는 점을 지적했다. 실제로 어느 PR 연구에서도 '관계성'을 분석 단위로 이용한 연구는 보이지 않는다. 그 대신 관계성에 관한 연구에서 개인을 분석 단위로 이용한 서베이 연구가 고작이다. 즉, PR을 정의할 때 관계성(*relationships*)과, 상호관계(*mutual relations*)와 같은 용어가 사용되지만 실제로는 여론을 측정하고 분석하며 여론에 미친 영향을 다루는 데서 그쳤다는 것이다.

관계성의 관리 패러다임이 등장하면서 최근에 조직과 공중의 관계성이 공중에게 미친 영향을 관찰하는 질적 연구방법보다는 조직과 공중의 관계성이 주요 공중의 인식과 행위에 미친 영향을 계량적으로 검증하는 경험적 연구가 늘고 있다.[21] 이러한 계량적 연구방법은 연구자와 실무자 모두에게 조직과 공중의 관계성이 주요 공중에게 미친 영향을 질적 및 양적으로 설명할 수 있도록 해준다.

---

and Communication Management(Hillsdale, NJ : LEA, 1992).

20) J. Pavlik, *Public Relations : What Research Tells*(Newbury Park, CA : Sage, 1987).

21) Ledingham & Bruning, 같은 책 ; Y. Huang, "Public Relations Strategies, Relational Outcomes, and Conflict Management Strategies", unpublished doctoral dissertation, University of Maryland, College Park, MD, 1997; 한정호, "방송사의 공중관계성 측정 지수 개발에 관한 연구", 한국홍보학회 2000년 가을 정기학술대회 발표논문.

4. 우수 PR 이론

우수 PR 이론은 제임스 그루닉(James Grunig)[22]을 포함한 6명의 PR 학자들이 여러 해 동안 국제 기업 커뮤니케이터 협회(IABC)의 연구기금으로 수행한 연구결과를 바탕으로 하여 제시한 이론으로서 PR이 경영기능으로서 어떻게 조직의 전반적인 효율성에 기여하는가를 설명한다. 이들은 3백여 개의 조직에서 5천 명에 이르는 기업의 최고 경영책임자와 커뮤니케이션 관리자 등을 대상으로 서베이를 실시했다. 그 연구에서 학자들은 다음의 세 가지 질문을 중심으로 자료를 수집하여 분석했다.

① PR이 어떻게 조직의 효율성에 기여하는가?
② 그 기여는 어떠한 가치가 있는 것인가?
③ 우수 PR 부서의 특징은 무엇인가?

여기서 효율적 조직은 조직의 목표와 전략적 공중의 기대감과 균형을 이루는 조직을 의미한다. 이 학자들이 제시한 우수 PR 이론의 요지는 다음과 같다.

1) 전략적 관리

조직은 PR을 전략적으로 수행할 수 있어야 한다. 여기서 전략적이란 어떠한 특별한 의미를 가지는 것은 아니다. 상황, 공중의 성격, 조직의 크기 등에 따라서 PR 활동에 유동적 변화를 주면서 수행하는 것을 의미한다. 이러한 전략적 운영을 통해서 PR은 조직의 운영에 방해되는 소송, 법적 규제, 법제정, 스트라이크 또는 활동공중의 압력캠페인을 사

---

22) J. Grunig(ed.), *Excellence in Public Relations and Communication Management*(Hillsdale, NJ : Lawrence Erlbaum Associates, 1992).

전 예방할 수 있도록 돕는다. 공중과의 갈등을 전략적으로 관리하게 되면 그들과의 마찰에서 발생되는 비용을 줄여 준다. 전략적 수행은 전통적인 사후반응적 PR에서 사전반응적이며 적극적인 PR로 한층 높이는 것을 의미한다. 이와는 대조적으로 경직된 PR 프로그램을 수행하는 관리자는 PR 부서 목표를 조직의 전반적 목표와 연결시키지 못한다. 결과적으로 이러한 경직된 PR이 전반적 조직의 효율성에 미치는 영향은 미미한 것이 된다.

2) 마케팅과 PR 기능의 분리

PR과 마케팅은 모든 조직에서 빼놓을 수 없는 요소이다. 제품 프로모션과 같은 경우 PR과 마케팅은 상호보완적이다. 그러나 PR이든 마케팅이든 한쪽이 다른 쪽에 통합될 때 그 조직은 이 두 기능의 가치를 잃게 된다. 조직은 한 가지 목소리밖에는 낼 수 없게 되며(흔히 마케팅, 광고 및 PR을 통합한다는 논리 하에) 한쪽 귀로만 들을 수밖에 없게 된다. 즉, PR과 마케팅은 조직에 각기 다른 관점(*perspective*)을 제공한다. PR은 모든 분야의 생각들을 공유하는 과정을 거치기 때문에 독특한 가치를 부여한다. 마케팅은 주로 소비자 또는 고객의 견해를 반영한다. PR은 고객과의 관계를 개발하는 책임을 진 더 넓은 영역이며 또한 정부기관, 언론, 투자자, 지역사회, 종업원, 유통업체 및 경쟁기업 그리고 행동주의 집단과의 관계를 개발하는 기능을 수행한다. 그루닉 교수와 그의 연구팀은 PR과 마케팅을 통합하는 것보다는 상호보완적 기능으로 조화를 이루는 것이 이 두 영역을 제일 효율적 관계로 만드는 것이 된다고 주장한다.

3) 최고 경영진에 대한 직접보고 체계

PR의 전략적 경영은 전반적 조직경영의 근간이 된다. 조직과 관련된 다양한 공중의 시각이 최고 경영진의 의사결정에 고려되도록 하기 위해서는 PR 책임자가 핵심임원(*dominant coalition*)의 일부분이 되거나 최고 의사결정자에 대한 접근이 자유로워야 한다. 그러나 의사결정집단의 일부가 되는 것은 중요한 요소이지만 우수 커뮤니케이션을 위해서 반드시 필요한 요소는 아니다.

4) 하나로 통합된 PR 부서

많은 조직의 PR은 타 부서(주로 마케팅, 재정 또는 인사부)를 지원하는 기능으로 편성되거나 여러 부서에 흩어져서 대 언론관계 PR 책임자, 인력관리 책임자 및 지역사회 PR 책임자 등으로 편성된다. 이렇게 흩어진 구조로는 조직이 전략적 공중에 대응하는 데 비효율적이다. 이와는 반대로 PR 부서는 통합된(*integrated*) 부서로 운영되어야 한다. 즉, PR 부서는 모든 커뮤니케이션 기능을 관장하고 오늘날의 역동적 환경에 대응하기 위한 자원의 활용에 융통성이 부여되어야 한다.

5) 쌍방 균형 커뮤니케이션

우수 커뮤니케이션 프로그램은 전략적 공중과의 쌍방 상호작용을 강조한다. 이러한 모형을 수행하는 PR 실무자들은 조직의 눈과 귀가 된다. 이들은 연구결과를 이용하고 주주들과의 대화를 갖는다. 결과적으로 이들은 조직정보체계로서 작용하여 전략적 공중과의 갈등을 조직이 미연에 대응할 수 있도록 돕는다. 쌍방 균형 PR은 좀더 효율적 접근방법으로서 공중과의 갈등을 관리하고 협상하고 공중과의 이해를 증진시키기 위하여 연구결과를 활용한다.

6) PR 책임자의 경영자 역할

PR 실무자들의 역할은 크게 두 가지로 나누어 설명할 수 있다. 커뮤니케이션 프로그램을 계획하고 감독하는 관리자와 각종 인쇄물을 집필

하고, 편집하며, 특별 이벤트를 수행하는 기술자로 나뉜다. PR 부서장은 부서만을 감독하는 것이 아니라 핵심임원이 되거나 최고 경영자에 대한 접근이 자유로워 전반적 기업경영 정책에 영향을 미칠 수 있는 위치에 있어야 한다. 우수 PR 프로그램을 수행하기 위해서는 전문지식을 지닌 실무자가 필요하다. 전략적 관리자가 갖추어야 할 전문지식을 갖고 있다는 것은 PR 수행의 우수성을 결정하는 가장 중요한 요인이 된다.

7) PR의 세계관

PR 실무자들과 최고 경영진은 모두 자신들이 수행하는 PR의 모형에 관한 견해를 갖고 있다. 불균형적 세계관을 지닌 실무자와 경영자는 공중들에 관한 정보(지식)를 이용하여 그들을 설득하려 하고, 내외 공중들을 지배하려 든다. 균형적 세계관을 지닌 실무자와 경영자는 조직과 공중 양측의 공통적 문제나 쟁점에 대한 양측이 모두 승리하는 해결방법을 찾기 위한 노력으로 공중들과 정보를 교환한다. 불균형 세계관은 PR의 효율성을 제한한다. 만일 PR에 관한 세계관이 기술적 기능이라면 전략적 관리자가 PR 부서장이 될 수 없다.

8) 외부 이해당사자 집단에 대한 능동적 대응

조직의 자율적 경영에 대한 위협은 강력한 정부기관은 물론 소규모 집단으로부터 올 수 있다. 복잡한 환경에 대응한다는 것은 세련되고 전략적 쌍방 PR을 필요로 한다. 각종 사회압력단체들은 조직에 압박을 가한다. 이러한 집단들과 공개적으로 커뮤니케이션하며 그들을 지배하려하기보다는 이해를 창출해 내고 조직을 변화(개선)하겠다는 의지를 보이는 것이 신뢰도를 확보하고 유지하는 결과를 가져온다.

9) 최고 경영과 조직의 지원

PR에 높은 가치를 두는 최고 경영진은 그렇지 못한 경영진보다 외부 커뮤니케이션에 더 많은 시간을 사용한다. 우수 PR에 관한 이들의 견해는 쌍방이며 균형적이다. 이들은 PR 부서책임자는 전략적 관리자가 되어야 한다고 믿는다. 그루닉의 연구결과에 의하면 가장 효과적인 프로그램은 최고 경영자의 PR에 대한 기대와 PR 부서의 잠재력 사이에 평형상태를 유지할 때 이루어진다는 것이다. 그러나 PR 책임자가 최고 경영진의 요구나 시각을 이해하지 못하면 실망과 커뮤니케이션의 장애로 우수 커뮤니케이션은 기대하기 어렵게 된다. 우수조직은 종업원들에게 자율성을 제공하는 균형적 내부 커뮤니케이션 체계와 분산된, 유기적 관리구조를 지닌다. 우수하지 못한 조직은 종업원과 불균형적으로 커뮤니케이션하며 양측 모두 기계적이고 중앙집중적이다. 모든 결정은 최고 경영층에서 이루어지고 종업원들에게는 의사결정의 기회가 주어지지 않는다. 우수한 조직의 문화는 참여적인 반면 우수하지 못한 조직의 문화는 권위주의적이다. 열쇠가 되는 것은 권력을 분산한다는 점이다. 특히 PR의 중요성은 효율적인 쌍방 프로그램을 수행하기 위한 충분한 권한이 주어질 때 드러난다.

요약하면 우수 PR 이론은 세 가지 넓은 영역으로 정리할 수 있는데 그것은 전문성(*expertise*), 의사결정집단과 PR 부서 사이의 상호 기대감, 그리고 조직의 참여문화이다. PR 부서의 전문성과 조직의 핵심집단과의 커뮤니케이션에 대한 기대감을 공유하게 될 때 참여문화는 우수 PR 프로그램을 위한 환경을 조성해 준다.

5. PR의 네 모형

그루닉과 헌트는 PR이 발전해 온 과정을 네 개의 모형을 통해 설명하고 있다.[23] 이들에 따르면 역사적으로 PR과 유사한 활동은 오래 전부터 있었지만, 19세기 중엽의 언론대행업자들(*press agents*)이 PR을 수행한 첫 번째 전문가들이라고 한다. 이 언론대행업자들은 당시의 미국 영웅들을 부각시키기 위해 PR의 언론대행술(퍼블리시티) 모형을 수행했다. 이 모형에서 커뮤니케이션의 주목적은 수용자를 설득하여 그들의 행위와 신념을 바꾸는 것이었다. 실무자들은 사실을 사실대로 말하는 것을 별로 중요하게 여기지 않았다. 이 모형에서 자주 사용되는 방법들은 꾸며낸 이벤트, 퍼블리시티 진기, 과대선전으로서 이해보다는 주목을 끌기 위한 것이었다(〈그림 3-1〉).

20세기 초에 추문폭로 언론인들이 대기업과 정부를 공격한 데 대한 대응책으로 두 번째 모형인 공공정보모형(*public information model*)이 개발되었다(〈그림 3-2〉). 기업 경영자들은 자신들에 대한 언론의 공격에 대응하기 위해 언론대행업자들의 선전 이상의 것이 필요하다는 사실을 실감하게 되었다. 그들은 언론인들을 PR 실무자로 채용하여 기업의 활동을 설명하는 보도자료를 작성케 하였다. 공공정보모형 실무자들은 설득보다는 기업에 관한 사실을 있는 그대로 알리는 데 초점을 두었다. 실무자들은 사실을 말하는 것을 가장 중요시했다.

아이비 리(Ivy Lee)는 공공정보모형에 입각한 PR을 수행한 당대의 대표적 인물이다. 아이비 리는 금융계와 기업을 취재하는 신문기자로 사회에 첫발을 디뎠다. 그는 기업으로 직장을 옮긴 후(신문기자로서 쌓은 경험을 바탕으로) 기업경영의 복잡하고 잘못 알려진 사실들을 일반 수용자에게 바로 알리고 설명하여 기업을 방어하는 데 활용할 수 있었다. 언론대행술과 공공정보모형은 주로 매체를 통하여 조직에서 공중에게

---

23) 제임스 그루닉·토드 헌트, *Managing Public Relations*, 박기순·박정순·최윤희 역, 《현대 PR의 이론과 실제》(커뮤니케이션북스, 2005).

〈그림 3-1〉 언론대행모형

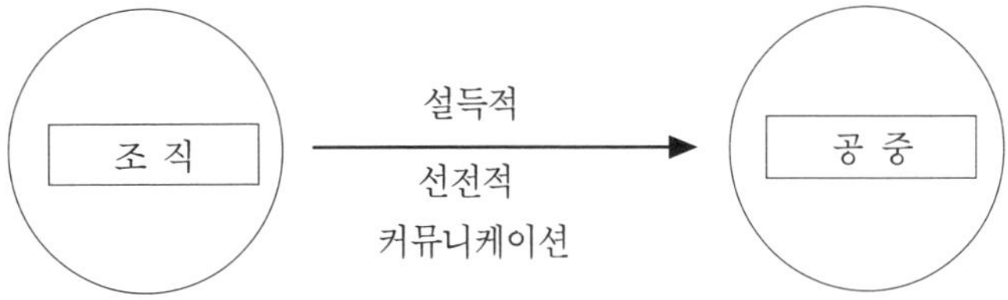

〈그림 3-2〉 공공정보모형

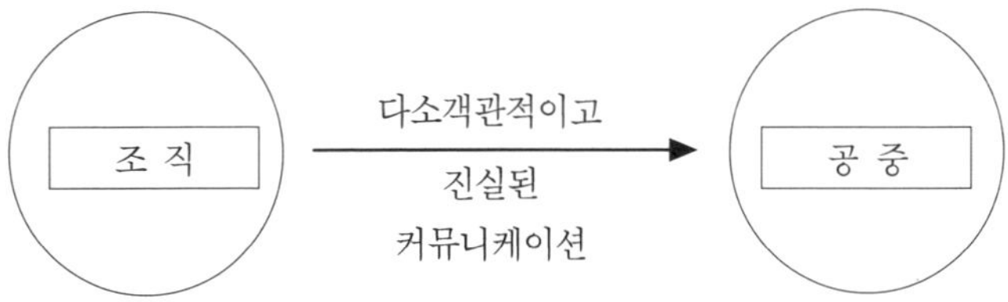

〈그림 3-3〉 쌍방 불균형모형

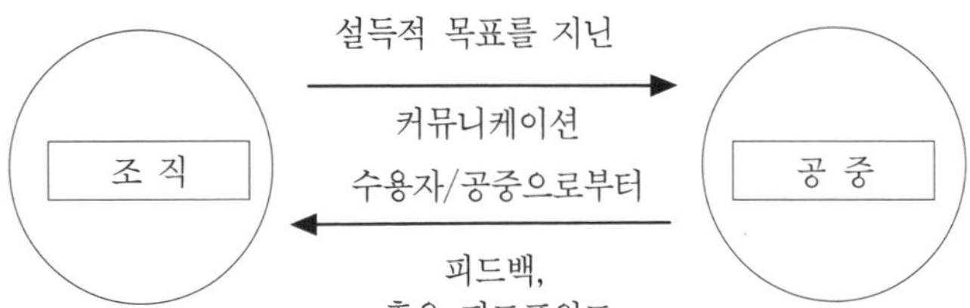

〈그림 3-4〉 쌍방 균형모형

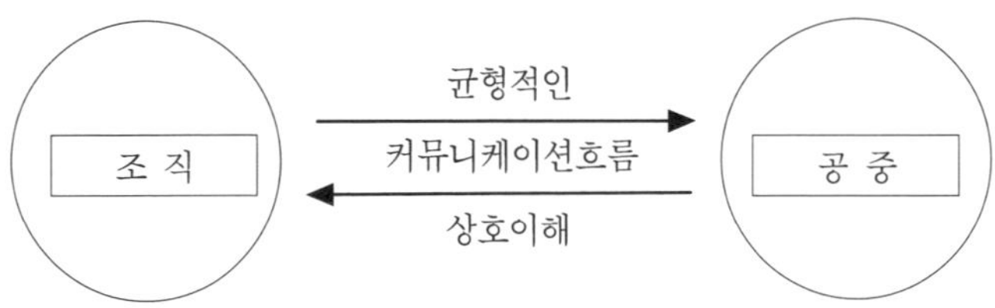

정보를 배포하는 PR의 일방적 접근법이다. 이 두 모형에서 실무자의 역할은 조직의 정당성을 공중에게 알리고 확신시키는 것이었다.[24)]

제1차 세계대전을 계기로 PR 실무자들은 행동과학과 사회과학을 적용하여 PR을 수행하기 시작하였다. 과학적 접근법의 도입으로 PR은 쌍방 커뮤니케이션이 되었다. 즉, PR 실무자들은 공중으로부터 정보를 추구하고 공중에게 제공하는 역할로 발전했다. 다시 말해 피드백 개념이 적용된 것이다. 그 당시 대표적 실무자는 에드워드 버네이스로서 그가 적용한 이론은 주로 설득이론이었다. 우리는 이 모형을 쌍방 불균형모형(*two-way asymmetrical model*)이라고 부른다(〈그림 3-3〉). 버네이스는 제2차 세계대전 당시 나치 선전가들의 성공에서 확인했듯이 인간은 조종 가능한 대상이라고 믿었다. 그러나 그는 인간이 사악한 목적으로 조종될 수 있다면 선의의 목적으로도 조종될 수 있을 것이라는 주장을 편다. 성공적 조종의 비밀은 사람들의 동기를 이해하고 연구결과를 바탕으로 조직이 바라는 대로 사람들의 태도와 행태를 유발시킬 메시지를 찾아내는 데 있었다.

1960년대에 네 번째 PR 모형인 쌍방 균형모형(*two-way symmetrical model*)이 사용되기 시작했다(〈그림 3-4〉). 이 모형은 진실을 말하고 조직과 공중 간의 상호이해를 넓히는 것이 PR의 기본 목표이다. 쌍방 균형모형은 쌍방 불균형모형의 경우처럼 공중에게 동기를 부여하고 설득하기 위한 메시지를 찾아내기보다는 연구를 통하여 이해를 돈독히 하고 대화를 중요시한다.

그루닉은 네 가지 모형의 바탕을 이루는 두 변인인 방향과 목적을 제시했는데, 여기서 '방향'이란 모형이 일방이냐 아니면 쌍방이냐를 말한다. 일방 커뮤니케이션은 정보를 배포하는 것이 주요 목적이며 피드백이 없는 독백에 해당된다. 쌍방 커뮤니케이션은 정보의 교환을 의미하

---

24) 1930년대에 미국에서는 일부 공중과 언론인들이 PR실무자들의 역할을 flaks(대공포화) 또는 flacks(신문담당)로 부르기도 했는데 이러한 단어는 그 당시 보도자료를 끊임없이 언론인들에게 보내는 언론대행업자들 또는 PR 실무자들을 빗대는 말이다.

며 대화에 해당된다. '목적'은 모형이 불균형이냐 아니면 균형이냐의 여부를 말한다. 여기서 불균형 커뮤니케이션은 조직이 자체의 변화는 시도하지 않은 채 공중을 변화시키려 한다는 의미에서 균형을 잃은 커뮤니케이션이다. PR에서 균형(*symmetry*) 개념은 균등한 분할을 암시한다. 여기서 분할은 조직과 공중 간 통제, 권한과 권리와 같은 영향력 요인들의 분할이다. 균형적 관계에서 이 요인들은 조직과 그 공중에 의해 균등하게 점유된다. 균형은 조직과 공중 간 공생관계를 유도한다. 즉 양측은 상호 이해에 도달하기 위하여 정보를 공유하는 동등한 파트너가 된다.[25] 따라서 그루닉과 헌트는 언론대행모형과 공공정보모형을 일방 불균형모형으로, 그리고 쌍방 불균형모형과 쌍방 균형모형을 이름 그대로 개념화하였다.

그루닉과 헌트가 이 네 가지 모형을 PR의 발전단계로 제시했지만 이 모형들이 PR의 현실세계를 그대로 반영하는 것은 아니다. 조직들은 조직의 특성과 환경에 따라 보통 한 가지 이상의 모형을 배합하여 사용하고 공중과 PR 문제에 적합한 모형을 적용한다.

조직의 구조 및 환경과 조직이 채택하는 PR 모형간에는 논리적 상관

---

25) PR에서 균형(*symmetry*)이라는 개념은 그루닉이 타이어(L. Thayer)의 동시적(*synchronic*) 커뮤니케이션과 통시적(*diachronic*) 커뮤니케이션의 개념들을 PR에 적용하기 위한 시도에서 생긴 것이다. 그루닉은 이 개념들을 PR의 4개 모형에 적용했는데 이 모형은 ① 언론대행, ② 공중정보, ③ 쌍방불균형과 ④ 쌍방균형이다. 균형은 쌍방균형 모형의 기초를 이룬 개념이다. PR에서 균형은 평형을 의미하며 완전한 균등분할을 함축한다. 이 분할은 조직과 공중 간의 분배이며 통제, 힘과 권위와 같은 관계에 영향을 미치는 요인들에 관한 분배이다. 균형관계에서 이러한 요인들은 조직과 공중사이에 균등하게 배분된다. 균형은 조직과 공중간의 공생관계를 유도한다. 즉 이들은 동등한 파트너이고 상호이해를 위하여 정보를 상호의존적으로 공유한다. 하지만 균형은 정적이지는 않으며 평형상태가 유지되도록 조정, 재조정된다. 이러한 조정은 조직과 공중이 논의 중인 쟁점에 관하여 양측이 어떻게 느끼느냐에 따라 수용에서 경쟁에 이르는 접근법을 달리할 때 이루어진다. 균형은 협력과 타협은 물론 쟁점의 모든 면을 이해하며 해결점에 도달하기 위하여 대화를 이용한다는 특징을 지닌다.

관계가 있을 것이다. 그루닉[26]이 제시한 이론에 따르면 조직의 환경이 복잡하고 변화가 심하면 이러한 조직들은 쌍방 균형 커뮤니케이션을 수행해야 한다고 생각되지만 그러한 환경을 지닌 많은 조직이 이론이 예측한 대로 PR을 수행하는 것은 아니다. 따라서 PR의 모형과 조직의 환경 및 구조의 이론적 관계는 실증적(*positive*)이기보다는 규범적(*normative*)이라는 견해가 지배적이다.

지금까지 위에서 제시한 그루닉의 모형이 PR의 모든 유형을 설명할 수 있는가? 대부분의 한국기업 및 PR 대행사는 쌍방 모형보다는 일방적 모형을 택한다. 특히 PR 실무자들은 그 대상이 언론이든 정부관료이든 전략적으로 그들과 개인적으로 우호관계를 형성하는 것을 우선시한다. PR 실무자들은 그들에게 각종 편의를 제공하거나 식사를 함께 하거나 심지어 선물을 제공하여 친교를 맺는다. 또한 그들은 지연, 학연, 혈연 등 각종 연줄을 동원하여 PR 대상자와 관계를 맺고 그 관계를 돈독히 한다. 부지런한 실무자라면 우선 도움을 줄 수 있는 사람들은 물론 도움을 필요로 하는 사람들을 확인한다. 따라서 PR 실무자들은 이 두 유형의 사람들을 도울 준비가 되어 있어야 한다. 이러한 개인과의 관계를 통해 기업은 정부 또는 PR 대상집단(또는 기관)의 주요 인물에게 접근하고, 정부의 각종 규제를 미리 막으며 관료적인 번거로운 절차를 단축시킨다.

한국 PR의 특성을 분석한 최근의 연구에서 연구자들은 유교문화권인 한국의 특성을 반영하듯 기자와 PR 실무자의 관계에서 두드러지게 나타나는 인간관계중심 PR, 인맥을 통해 서로 돌아가면서 봐주기식 공생형 PR, 기자와 PR 실무자의 주종관계에서 보이는 권력형 PR, 조직 내 상호갈등 없이 조화를 이루는 내부 조화형 PR을 제시하여 위의 주장을 뒷받침했다.[27] 즉, 그루닉 모형으로는 한국 PR 업계에서 흔히 이용되는 인맥을 통한 영향(*personal influence*)을 설명하지 못하고 있다.

---

26) *Ibid*.

27) 김영욱·차희원, "문화와 변화의 충돌 : 한국형 PR의 모색", 한국언론학회 봄철정기학술대회 발표논문(2002).

관련 문헌들을 살펴보면 인맥모형에서는 일방 커뮤니케이션이 주로 사용되는 점을 발견할 수 있다. PR 실무자들은 주요 인물들과의 관계를 주도하며 그들에게 조직의 이익에 도움을 줄 것을 요청한다. 때로는 그들이 요청에 응하지만 때로는 응하지 않는다. 그러나 대개의 경우 그들이 조직에게 경영정책이나 절차의 변화에 큰 영향을 미치지는 못한다. 특히 언론인들은 조직의 변화에 직접적 영향을 미치는 인물은 못된다. 오히려 조직의 변화를 요구할 수 있는 사람은 정부관료들이다. 이러한 정부관료와의 상호작용 과정에서 쌍방 커뮤니케이션이 이루어질 수 있으나 PR 실무자가 이와 같은 높은 수준의 상호작용에 참여하는 경우는 극히 드물다. 따라서 PR 실무자가 펼치는 인맥을 통한 활동은 일방 커뮤니케이션인 것이다. 인맥모형은 순전히 개인과의 상호작용에 토대를 두기 때문에 그루닉의 언론대행이나 공공정보모형에서 강조하는 조직(PR 실무자로 대표되는)과 공중과의 상호작용이 되지 못한다. 인맥모형은 또한 구체적 목표 공중을 대상으로 하지 않기 때문에 언론대행모형에 포함시킬 수 없다. 그루닉의 모형이 주요 공중을 대상으로 하는 반면 인맥모형은 개인간의 커뮤니케이션을 통하여 수행된다.

2

PR 환경, 공중과 실무자

제 4 장

PR과 조직환경

1. 조직환경의 변화

조직은 여러 가지 환경요인과 더불어 존재하며 또한 환경과 상호의존적 관계를 유지한다. 즉, 조직은 사회에서 독자적으로 존재하는 것이 아니라 다른 개인이나 집단 또는 조직, 그리고 전체로서의 사회와 연관성을 맺고 서로 영향을 주고받는다. 조직이 환경의 변화에 적응하고 능동적으로 대응해야 한다는 사실은 이제 조직의 생존에 절대적 원리가 되었다. 조직이 생존하고 특정 목표를 달성하기 위해서는 사회환경에 적응해야 할 뿐만 아니라 환경조건을 조직에 유리한 방향으로 변화시키기도 한다.

사회가 앞으로 어떻게 변화할 것인가는 항상 우리의 관심대상이 되고 있다. 특히 조직과 관련된 사회환경의 변화는 조직의 책임과 역할의 범위를 결정짓는 중요한 요소가 되므로, 기업환경에 대한 예측은 미래의 PR 활동에 대한 예측이기도 하다. 조직을 둘러싼 환경은 앞으로도 계속 변화할 것이고 그에 대한 예측의 중요성도 더욱 증가하게 될 것이다. 1990년대 초부터 시작된 기업의 합병과 인수, 구조조정, 커뮤니케이션 기술의 가속적 발전, 공해의 심화, NGO를 포함한 각종 사회운동의 대두, 세계화, 사회구성원 가치관의 다원화 등과 같은 많은 당면 문제들이 조직의 주요 환경 변화요인이 되고 있다. 이러한 환경의 변화에 대처하기 위하여 조직은 자체적으로 미래의 불확실성을 제거하기 위하여 노력해야 한다.

특히 제3의 물결이 도래하게 됨에 따라 기업을 비롯한 조직에 대한 각종 환경의 압력도 더욱 증가될 것이다. 토플러는 기업에 대한 환경 변화의 압력을 다음과 같이 설명하고 있다.[1)]

우선 생물계를 포함한 물리적 환경의 변화를 들 수 있다. 시간이 흐를수록 자원에 대한 수요가 점차 증가하여 자원고갈, 사막화 현상, 해양오염, 기후의 미묘한 변화 등의 현상이 나타나고 있다. 둘째, 사회의 여러 세력간의 역학관계의 변화이다. 기업과 같은 조직의 주변환경은 이전에 비하여 훨씬 조직화되고 있다. 대학, 종교단체, 사회단체, 환경보호단체, 소비자집단, 정치단체, 문화집단을 포함한 수많은 단체들이 조직화되어 각자의 이익을 추구한다. 셋째, 사회의 다양화가 추진됨에 따라 여러 사회집단의 균형관계를 유지하기 위한 상호간의 정보교환이 점점 더 증가하고 있다. 또한 사회의 다양한 현상과 급속한 변화를 통하여 행정기구는 복잡하게 되었고, 사회가 갖가지 집단으로 분화됨에 따라 행정기구도 전문화되었다. 이는 제2의 물결이 쇠퇴하고 그 가치체계가 붕괴함에 따라 종래에는 '정상적'이라고 생각되던 행위가 극히 부패한 혹은 부도덕한 것으로 간주된 것이다.

위와 같은 여러 압력은 더욱 가중될 것이며, 그에 따라 기업을 포함한 각종 조직도 새롭고 다면적이며 다목적적인 형태의 조직으로 변화하게 된다는 것이다. 따라서 조직활동도 환경·사회·정보·도덕 등 각 분야가 고려된 상황에서 이루어져야 하며 조직의 목적도 경제적 이익의 추구뿐만 아니라 환경·사회·정보·정치·도덕이라는 분야의 이익까지 고려되어야 한다는 것이다.

드러커는 현대문명 사회는 일상적 변화를 뛰어넘은 불연속적 변화를 겪고 있으며, 이러한 불연속적인 정치, 경제, 그리고 사회의 구조와 의의를 '단절의 시대'(*the age of discontinuity*)로 지칭하면서 다음과 같은 미

---

1) A. Toffler, *The Third Wave*(New York : William Morrow and Company, Inc., 1980).

래의 중요한 불연속적 변화를 예견한다.[2)]

첫째, 새로운 기술이 급속히 발전되고 그 기술로 인해 새로운 산업이 탄생하고 기업이 생겨나며, 기존의 주요 산업과 기업은 시대에 뒤떨어지게 될 것이다. 또한 세계경제는 국경과 언어를 초월하고, 심지어는 정치적 이데올로기까지도 초월하게 되어, 세계는 '하나의 시장'이 될 것이다.

둘째, 사람들은 여러 조직 중에서 가장 크고, 가장 빠르게 성장한 현대 정부에 대해서도 도처에서 환멸을 느끼고 있을 뿐만 아니라 정부의 기능에 대해서까지 회의를 품고 있다. 정부 이외의 조직에 대해서도 비판의 소리가 높아지고 있다. 그러나 현대사회의 가장 중요한 변화는 위의 것들보다 오히려 지식혁명에서 찾을 수 있다. 과거 몇 십년 동안 지식은 자본, 비용의 가장 중요한 원천, 경제의 핵심적 자원이 되고 있다.

이와 같이 조직의 정치, 사회, 경제적 환경이 변화됨에 따라 PR의 필요성과 조직의 목적 및 행동에 대한 공중의 수용태도와 해석 또한 환경의 변화에 의하여 많은 영향을 받는다. 조직이 오늘날과 같이 빠른 속도로 변화하는 사회경제적 환경에서 순조롭게 활동하기 위해서는 늘 변화하는 환경에 대한 주의 깊은 분석작업이 필수적이다. 다시 말해서 조직이라는 배가 그 목적지를 향하여 순항하기 위해서는 여론을 관찰하고, 분석하며, 또한 이에 영향을 미치는 작업이 필요하다. 여론은 개인들의 사회환경과의 상호작용을 통해서 형성된다. 각 기관과 산업은 생존을 위해서 급속도로 진행되는 변화에 끊임없이 조정하고 적응해야 한다.

커틀립(S. Cutlip)과 센터(A. H. Center)는 일찍이 조직과 환경과의 상호의존적 관계를 생태학(*ecology*)을 통해서 설명한 바 있다.[3)] 사이먼

---

2) P. F. Drucker, *The Age of Discontinuity : Guidelines to Our Changing Society* (New York : Harper & Row, 1968).

3) S. M. Cutlip & A. H. Center, *Effective Public Relations* (Englewood Cliffs, NJ : Prentice-Hall, 1952).

(Simon)도 그의 저서(*Public Relations : Concepts & Practices*)에서 생태학적 시각으로 PR을 이해하고 있다.[4] 이들에 의하면 모든 생물적 유기체나 인간 및 조직체 등은 그의 생존·존속을 위해 그를 둘러싸고 있는 환경과 상호의존의 관계를 갖지 않을 수 없다. 사실 어떠한 유기체든지 환경과 아무런 관련을 갖지 않고 독자적으로 존립할 수 있는 자족적(*self-sufficient*)인 것은 있을 수 없다. 이러한 모든 것은 환경으로부터 그들의 생존·존속에 필요한 것을 얻는 대신 그것과 교환할 그 무엇을 가지고 있어야만 한다. 사실상 생태적 측면에서 볼 때 조직체는 환경과의 관련 없이는 존속할 수 없으며, 환경과 교환관계를 유지함으로써 존속하고 있는 것이다. 그런데 여기서 말하는 교환이란 기업을 포함하는 여러 조직체와 환경 사이에서 이루어지는 상호작용의 한 과정으로서 양자는 생태시스템(*ecosystem*)이라 할 수 있는 동태적 상호작용의 패턴을 통해 기능적으로 작용함을 의미한다.

어떠한 조직이든 여러 가지 면에서 환경에 의존적 성격을 지닌다. 이러한 조직과 환경의 의존성은 조직의 운영에 대한 제약과 자율성의 상실을 불러온다. 이러한 의존성을 줄이고 자율성을 확보하기 위해서 조직은 PR을 통하여 조직에 대한 공중의 우호적 여론을 진작시키고 유지해야 하는 것이다.

이윤을 추구하는 조직이든 비영리 조직이든 지속적 성장을 위해서 ① 사회가 부여한 공공책임을 수용해야 하고, ② 여러 장벽을 넘어 물리적으로 멀리 떨어져 있고, 심리적으로 다양한 공중들과 커뮤니케이션해야 하며, ③ 그 조직은 조직의 봉사대상인 지역사회로 통합되어야 한다. 공중의 행태를 분석하는 데 적용된 이러한 생태학적 접근법은 PR 활동을 조직이 그 환경에 적응하는 한 방식으로 보는 것이다. 여론의 변화를 관찰하여 이러한 상황을 조직 경영자 또는 PR주에게 설명하고 해석하는 것이 PR 실무자의 책임이다. 그래서 지속적으로 환경을

---

4) R. Simon, *Public Relations : Concepts and Practices*(Columbus, OH : Grid Publishing Co., 1980), pp. 29~30.

관찰하고 파악하는 작업은 PR 실무자에게 매우 중요한 일이다.

1) PR 환경의 중요한 변화요인들

지금까지 조직과 환경과의 관계를 살펴보았다. 그러면 조직의 PR 수행에 영향을 미치는 요인들은 어떠한 것이 있는지 구체적으로 살펴보기로 한다.

(1) 교육수준의 향상

사람들의 교육수준이 점점 더 높아지고 있다. 이러한 현상은 사람들에게 무엇보다도 더 많은 것을 관찰하게 하고, 식별력이 높아지며 더 많은 것을 요구하게 한다. 거의 모든 주제에 관한 지식의 양은 폭증하고 커뮤니케이션과 교통의 발달은 활동의 폭과 관심영역을 확대시키고 있다.

여러 다양한 연구분야간의 상호관계는 점점 더 중요해지고 있다. 비록 많은 사람들의 교육수준이 높아지지만 그들이 지닌 지식은 문제를 이해하는 데에는 아직도 피상적이고 불충분한 상태이다. 그들이 지닌 지식은 아마도 다른 분야와의 중요한 상호관계는 알지 못한 채 주어진 분야에만 초점을 맞춘 지식일 것이다. 그들에게는 아주 간단하게 여겨지는 상황과 해결방안이 사실은 매우 복잡한 것일 수도 있다. 그러므로 그들의 능력으로는 해결할 수 없는 일들이 더 많을 것이다. 레슬리(P. Lesly)의 말대로 지금은 기대감의 상승시대가 아니라 이룰 수 없는 기대감으로 가득 찬 시대라고 하겠다.[5)]

5) P. Lesly, "Public Relations in the Turbulent New Human Climate", *Public Relations Review* 17(1991), pp. 1~8.

(2) 커뮤니케이션 테크놀러지

오늘날 라디오, 텔레비전, 신문, 잡지 및 책, 전화와 컴퓨터를 포함한 커뮤니케이션 테크놀러지는 각종 정보를 신속하고도 완벽하게 확산시켜서 인간의 인지와 접촉범위를 훨씬 더 넓혔다. 이러한 커뮤니케이션 테크놀러지의 발달로 인하여 조직 측의 좋고 나쁜 행태는 더 쉽게 사람들의 눈에 띄게 마련이고 조직의 불법행위는 더 쉽게 노출된다. 따라서 조직은 공공의 이익에 대한 기여와 사회적 책임의 완수에 대한 요구를 받고 있으며 이러한 요구에 부응하지 못할 경우 사회적 비판의 대상이 된다.

(3) 비개인성

비개인성(*impersonality*)은 많은 사람들이 구체적으로 인식하지 못하는 환경의 한 부분이 되었다. 대개의 조직들과 사람들간의 관계는 극도로 비개인적 관계가 되어버렸다. 이러한 비개인성은 서비스 부족, 불충분한 공급, 구성원들의 무관심 등 기업 측의 많은 악습을 낳게 했다. 규모가 큰 기업, 정부 및 그 외의 조직에서 비개인성은 또한 원활한 구성원 관계에 대한 장애요인이 되고 있다.

(4) 조직의 대형화

조직의 대규모화(*bigness*)는 PR 환경에서 주요 요인이 되고 있다. 비개인성의 원인 중 하나로 대규모화를 들 수 있다. 대형화에는 많은 유리한 점이 있으나 PR 실무자들이 극복해야 할 많은 불리한 점들이 있기도 하다. 대형화 현상은 의사결정을 지체시키고, 협력의 부족, 사람들을 개개인으로 간주하지 못하며, 동기화를 감소시키며 오만을 낳는다. 이러한 조직의 대형화는 외적으로 사회에 대한 위협적 요인이 될 수 있으며 기업조직은 사회로부터 더 많은 책임과 윤리성을 주문받게 된다.

(5) 다양한 이익집단의 대두

정치적 민주화와 더불어 사회가 다양해짐에 따라 영향력을 행사하는 많은 조직들이 대두되고 있다. 다원화된 사회에서는 사회문제에 관심을 가진 사람들이 스스로 조직을 만들거나, 특정 문제에 그들의 이익이 관련되어 있을 경우 기존에 존재했던 조직에 가입한다. 이러한 이익집단을 크게 두 가지 종류로 분류하면 첫째, 이익집단 구성원들의 경제적 이익을 촉진시키기 위해 만들어진 경제적 이익집단을 들 수 있다. 이들은 근본적으로 정치적 활동을 위하여 형성되지는 않았지만 그들의 이익을 보호하고 촉진하기 위하여 점차적으로 정치적 활동에 개입하고 있다. 둘째, 환경보호단체 또는 소비자보호단체 등 공공이익집단과 같은 비경제적 이익을 촉진하는 집단을 들 수 있다. 위의 두 가지 집단은 여러 가지 활동을 통하여 기업을 포함한 조직의 생존과 번영에 상당한 영향력을 발휘한다.

(6) 세계화

1994년 4월, 세계 111개국 각료들은 모로코의 마라케시에서 UR 최종협정에 서명하였다. 이에 따라 지난 47년 동안 세계 무역질서를 지배한 관세 및 무역에 관한 일반협정(GATT) 체제가 퇴조하고 더욱 자유로운 무역질서를 근간으로 하는 세계무역기구(WTO) 체제가 출범하게 되었다. 우선 WTO는 어느 한 국가에 부여한 혜택은 서비스 협정 가입국 모두에게 동등하게 적용하는 최혜국대우 원칙과 각국이 서비스 협정문과 관련 있거나 협정운영에 영향을 미치는 모든 법률, 행정지침, 결정, 규칙 및 조치들을 공개하도록 하는 공개주의 원칙을 일반적 의무로 규정하고 있다. WTO의 출범으로 국가라는 단일시장 개념이 약해지고 전세계가 하나의 시장으로 전환되는 국제경쟁시대가 도래하게 된 것이다. 최근에는 자유무역협정(FTA)을 통해 국가간 무역에 큰 변화가 일고 있다. 즉, 세계가 하나의 경제무대가 되고 있다. 이러한 세계적 경제질서의 재편과 함께 개방화는 하나의 돌이킬 수 없는 역사의 흐름이 되었고, 이와 같은 국제환경의 변화는 기업의 세계화를 요구하고 있다. 세계화는 한국의 비영리조직을 포함한 기업들과 세계기업들의 경쟁을 의미한다.

2. PR 산업의 운영구조

PR 산업의 운영구조는 일반적으로 두 가지 기본적 운영 유형으로서 기업(또는 각종 조직) PR 부서와 PR 대행사로 구분된다. 여기서는 이 두 운영구조가 어떻게 조직되며 그 기능은 어떻게 수행되는지 살펴보기로 하자.

1) 기업(또는 조직) PR 부서

기업 또는 일반조직의 PR 목표는 그 기업 경영관리나 조직경영의 목표를 반영해야 한다. 기업이나 조직의 목표가 변함에 따라 PR의 목표도 조정되며 많은 경우 PR 부서의 조직도 조정된다(이하 기업 또는 각종 조직을 조직으로 부른다). 이처럼 조직의 PR은 경영목표에 의하여 영향을 받을 뿐 아니라 그 조직의 제품이나 서비스에 의해서도 영향을 받는다. 자동차 생산은 인스턴트 식품 제조와 다르다. 자동차를 생산하는 회사는 자동차 수요를 검토하여 그러한 수요를 충족시킬 자동차를 설계함과 동시에 다양한 공중에게 적합한 이미지를 심기 위한 PR 노력을 편다. 자동차 회사보다는 훨씬 더 소비자 지향적인 식품회사는 마케팅을 지원하는 PR 부서를 설치하게 된다. 소비재 생산기업들은 산업재 생산기업들보다 제품 퍼블리시티에 더 많은 관심을 기울인다.

기업 PR 조직에 영향을 미치는 또 다른 요인으로는 기업이 택한 기업운영 형태이다. 공중들의 감정을 자극시킬 우려가 있는 기업들은 각 공중들과 효과적으로 커뮤니케이션할 수 있도록 조직화되어야 한다.

그 기업의 이미지 또한 기업 PR 조직에 영향을 미친다. 기업의 이미지는 주로 기업 밖에서 영향력을 행사하는 집단들이 기업에 대해 갖는 인식이다. 그 기업의 운영규모가 커지고 시장점유율이 많으면 많을수록 그 기업은 총체적이고 체계적인 PR 운영을 필요로 한다.

이상은 PR 프로그램을 수행하는 기관의 종류에 토대를 두고 PR 조직을 설명한 것이지만 이외에도 조직이론을 적용하여 PR 구조를 설명한다. 그루닉은 PR 구조에 가장 큰 영향을 미치는 요인들로 행태적 요인,

PR 실무자들의 전문성과 커뮤니케이션 행태를 지적한다.[6] 예컨대 PR 구조는 주로 방어하는 일과 위기가 발생된 후 이에 대응하는 데 중점을 두는 '폐쇄체계'이거나 PR 수행상 제약이 없는 '문제해결 체계'로 구분된다. 폐쇄 PR 조직은 현상을 유지하기 위하여 위기 발생시에만 방어자세를 취한다. 이러한 조직의 PR 실무자들은 문제가 발생되었을 때만 보도자료로써 대응하기 때문에 그루닉은 이들을 PR 전문가로 간주할 수 있는지에 대한 의문을 제기한다. 한편 문제해결 조직의 PR 실무자는 진정한 의미에서 PR 전문가가 될 잠재력을 지닌다(여기서 PR 실무자는 조직의 PR 부서에 배치된 PR 관리자 및 담당자와 PR 대행사의 전문가를 모두 말한다).

(1) PR 부서의 기능

전통적 경영 관리이론에서 조직은 라인과 스태프 기능으로 구분된다(〈그림 4-1〉 참조). 일례로 라인 맨은 제조담당 부사장의 경우처럼 퍼스널 컴퓨터의 생산 및 판매와 같은 조직의 목적달성을 책임진다. 라인 매니저는 위임받은 권한, 프로젝트의 할당 및 구성원들의 감독을 통하여 이 목표를 달성한다. 이에 반하여 스태프는 제언 권고와 조언을 통하여 다른 사람의 작업에 간접적으로 영향을 미친다. 이 경영관리 이론에 의하면 PR은 스태프 기능에 속한다.[7] PR 실무자는 커뮤니케이션 전문가이다. 기업의 사장을 비롯해서 라인 매니저들은 PR 실무자들의 도움을 받으면서 데이터를 준비하고 처리하며 조직의 정책을 수행하기 위한 커뮤니케이션 프로그램을 집행한다. 그 예로 PR 실무자는 지역주민들을 대상으로 한 서베이를 통하여 이 지역주민들이 그 회사가 무엇을 제조하는지 희미하게만 알고 있다는 점을 발견하게 되면 지역주민들의 이해를 고양시키고 협조를 얻기 위하여 PR 부서는 최고 경영진에게

---

6) J. E. Grunig, "Organizations and Public Relations : Testing a Communication Theory", *Journalism Monographs* 46(November, 1976).

7) D. L. Wilcox, P. H. Ault, & W. K. Agee, *Public Relations : Strategies and Tactics*(New York : Harper & Row, 1986), p. 64.

제품전시 및 공장방문 등으로 구성된 지역사회 오픈하우스를 제의할 수 있다.

〈그림 4-1〉 PR 부서의 위치를 보여주는 기업 조직

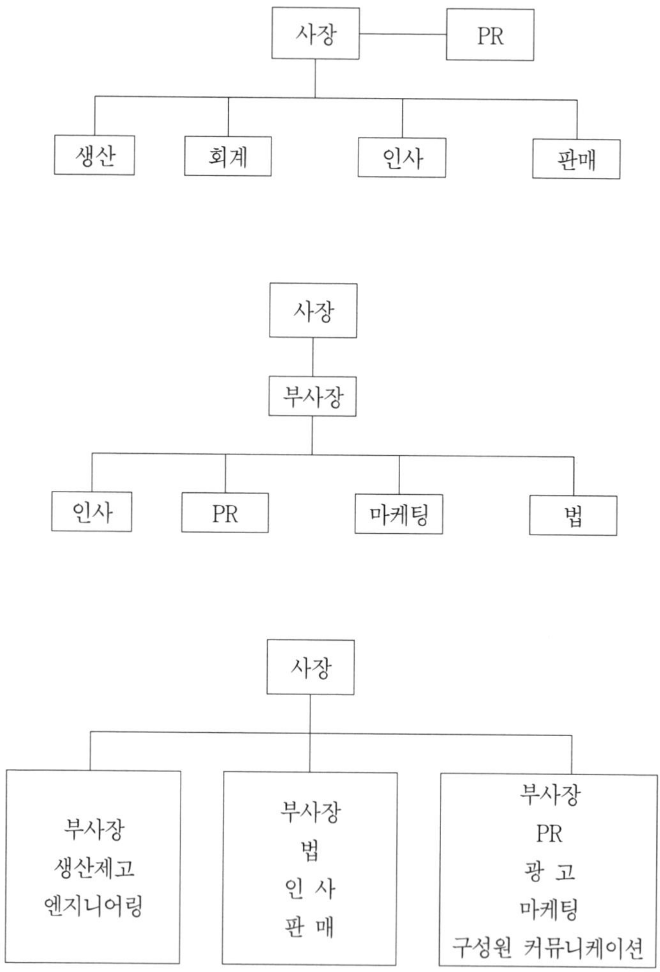

여기서 주목해야 할 점은 PR 부서가 이러한 조치를 권고한다는 점이다. PR 부서는 오픈하우스의 개최 여부를 직접 결정하고 여러 부서에 지시할 직접적 권한을 갖지 못한다. 만일 최고 경영자가 그 제안을 승인한다면 PR 부서는 그 행사를 계획할 책임을 부여받게 된다. 라인 매니저로서 최고 경영진은 모든 부서에게 그 행사에 협조할 것을 지시하게 된다.

(2) PR 부서의 장 · 단점

조직 내에 설치하는 PR 부서는 단지 한 사람에서부터 수십 명의 스태프로 구성되기도 한다. 조직 내에서 PR 부서의 규모, 역할, 위치는 조직의 성격과 규모에 따라 좌우된다. 조직의 PR 부서는 다음과 같은 장점과 단점을 지닌다.

장 점

① 팀 멤버십을 들 수 있다. 동료들과의 신뢰감과 지원이 PR 기능에 대한 반목을 극복시킨다. 동시에 조직의 각 기능, 각 부서 및 중역간 밀접한 연계가 주요 멤버십을 제공한다.

② 조직에 관한 지식을 들 수 있다. 스태프는 조직 구성원들간의 관계를 잘 알고 있다. 이들은 조직 내에서 영향력의 흐름, 주요 인사 및 구성원들의 성향을 파악하고 있다.

③ PR 실무자의 유용성을 들 수 있다. 조직 내 · 외에 어떤 문제가 발생하여 PR 실무자의 조언이 필요할 경우 경영자는 그들과의 접촉이 언제든지 가능하다. 그리고 PR 실무자는 언제든지 각 부서의 협조요청에 응할 수 있으며 언론과 신뢰를 유지한다.

④ 외부 PR 대행사를 고용하는 것에 비하여 자체 PR 부서를 두는 데서 오는 경제성을 들 수 있다.

단 점

① PR 실무자에게는 객관성을 잃을 위험이 있다. 조직을 지원하고 지원을 받는 과정에서 PR 실무자는 집단의 견해에 흡수될 위험을 지닌다. 또한 PR 실무자는 공중을 소홀히 하는 조직의 협력자가 되는 경향이 많다.

② 실무자는 공중에게 가치 있고 도움이 되는 서비스의 제공과 조직에 대한 충성 사이에서 줄타기를 해야 할 경우도 많다. 따라서 이에 대한 대안으로 실무자 개인의 개성과 객관성을 수렴한 팀플레이를 생각할 수 있다.

2) PR 대행회사

PR 대행사는 미국에서 시작되었다. 미국 기업들이 제 2차 세계대전 후 국내외 시장으로 확장됨에 따라 커뮤니케이션의 전문적 지식과 기술을 제공할 수 있는 PR 대행사의 필요를 느끼게 되었다. 여기에 점점 증대되는 도시화, 정부의 관료적 사무절차와 각종 법규의 확대, 점점 더 증대되는 매스미디어 체계, 소비자 보호주의의 부상, 미국 국민들의 정보에 대한 욕구의 증대 등이 PR 대행사의 성장을 자극했다.

어떤 학자들은 PR 서비스는 갈등이 팽배된 환경에서 가장 잘 성장하는 것 같다고 지적하면서 대기업에 대한 미국 국민들의 신뢰감이 떨어졌고 국민들이 점점 더 많은 기업의 사회적 책임을 요구하면서 PR 대행사의 수가 급증했다고 말하기도 한다.

대행사의 규모가 크든, 작든 대행사들은 동일한 목적을 수행한다. 즉, PR주를 위한 상담역을 수행하며 PR주와 계약된 범위 내에서 프로그램을 수행하는 데 필요한 기술적 서비스를 제공하는 것이다. 제 2장에서 언급했듯이 국내에서도 많은 PR 대행사들이 국내 기업과 각종 조직은 물론 국내에 진출한 외국기업들을 위해 PR을 수행하고 있다.

(1) PR 대행사를 이용하는 이유

가장 중요한 이유로는 PR 대행사를 고용하면 PR주로서 다양한 전문가와 접근이 가능하다는 점이다. 이러한 전문가들로는 아주 숙련된 필자, 예술가, 편집자, 재정분석가, 이벤트 전문가, 대담프로 전문가 등을 꼽을 수 있다. 외국의 경우 대행사들 중에는 의료분야, 농업 혹은 금융분야만을 전문으로 하는 대행사들도 있다.

두 번째 이유는 객관적인 외부의 견해를 얻기 위함이다. 조직 내부에 문제가 반복하여 발생되거나 구성원들간 잦은 충돌을 겪는 조직은 어떤 편견 없이 그 자체의 문제를 분석하여 대안적 해결방안을 찾아내는 데 어려움이 따른다.

세 번째 이유는 PR주 측에 비용절감의 가능성을 제공한다. 그 예로 조직은 대행사를 프로젝트 단위로 고용할 수 있으나 회사 내의 전문가들을 해고했다가 필요할 때만 다시 고용할 수는 없는 것이다. 좋은 예로 파업이나 공장폐쇄의 경우에는 외부 전문가를 임시로 고용할 수 있다.

이와 같은 유리한 점 뒤에는 PR주에게 불리한 점도 따를 수 있다. 즉, PR 대행사 직원은 오랫동안 함께 근무해 온 조직 구성원들보다 조직의 문제를 자세히 알지 못할 가능성이 있다. 또 다른 불리한 점은 경우에 따라서는 비용이 많이 드는 점을 생각할 수 있다.

(2) PR 대행사의 서비스

PR주가 대행사를 고용하게 될 때 기대할 수 있는 서비스는 어떠한 것들인가? 이것은 PR주가 필요로 하는 것과 예산의 규모에 따라 많이 좌우되지만 대체로 다음과 같은 대행사의 기능을 기대할 수 있다.[8]

① 기 획

PR주는 대행사가 PR 목표를 달성하는 데 필요한 전략과 이에 필요한

---

8) S. W. Dunn, *Public Relations : A Contemporary Approach* (Homewood, IL : Irwin, 1986), p. 52.

예산의 규모에 관한 제언을 기대한다.

② 연구

필요한 정보를 캐내고 다양한 목표 공중을 진단하고 필요한 경우 공식적 연구 프로젝트를 수행할 것을 기대한다.

③ 크리에이티브

크리에이티브 기능은 주로 PR 메시지의 준비로 구성된다. 이것은 PR 목표를 수행하는 데 필요한 메시지 작성, 예술작업, 기타 구두 또는 시각물의 제작을 의미한다.

④ 금융 서비스

대개의 기업 PR주들은 비즈니스 담당 언론인, 금융 분석가, 은행가 등과 같은 금융 공중을 다루는 특별한 도움을 기대한다.

⑤ 정부와의 관계

PR주가 국회의원과 정부관료들 등을 다루는 데 필요한 도움을 기대한다.

⑥ 언론과의 관계

미디어의 수적 증가와 테크놀러지의 영향력이 증대됨에 따라 PR주는 미디어에 대한 이해와 미디어에 배포하기 위한 보도자료의 준비와 그 보도자료를 미디어에 실리도록 하는 데 필요한 대행사의 도움을 기대한다.

(3) 수수료의 유형

PR 대행사가 서비스 대금으로 청구하는 방식은 여러 가지 유형이 있는 데 가장 널리 이용되는 유형은 다음과 같다.

① **활동경비**(*out-of-pocket expenses*)

월 단위로 PR주를 위해 사용한 시간의 수를 바탕으로 PR주에게 청구한다. PR 대행사 직원의 일에 대한 수수료는 일정하지 않고 시간 요율에 따라 달라진다. 택시비, 자동차 빌린 비용, 비행기 표, 식사비와 같은 경비도 포함하여 청구한다.

② **고정수수료**(*retainer fee*)

월 단위로 PR주에게 청구하는 고용수수료는 일상적 행정비용과 PR주가 주문한 사항을 처리하는 데 드는 모든 경비로 구성된다. PR 대행사는 매월 PR주를 위해 소비한 시간 수를 구체적으로 표시한다. 그 외에 추가되는 일에 대한 수수료는 시간단위로 계산하고 잡비는 별도로 청구한다.

③ **프로젝트 수수료**(*fixed project fee*)

PR 회사는 일정 수수료를 받고 프로젝트를 수행한다. 그 예로 PR 대행사는 매년 5백만 원을 받고 분기별 뉴스레터를 제작해 줄 수 있다. 이 수수료는 모든 일과 비용을 사전에 정확하게 계산해 내기가 어려워 세 가지 방법 중에서 가장 덜 선호되는 수수료 유형이다. 대행사가 프로젝트 비용을 어림할 때 여러 가지 변인들이 고려된다. 프로젝트의 규모, 수행기간, 지리적 위치, 그리고 PR주의 유형 등이 고려 대상이다. 이 중 PR주에게 서비스를 제공한 PR 대행사의 직원에 대한 청구비용이 가장 큰 부분을 이룬다.

제 5 장

공중에 관한 이해

1. 외부공중

1) 공중의 진화과정

(1) 이해당사자 단계

외부공중을 논의할 때 공중으로 발전되기 이전 단계인 이해당사자(*stakeholders*)[1]를 생각해 봐야 한다. 공중과 이해당사자는 종종 동의어

1) 조직은 생존하기 위해서 지속적으로 자원을 필요로 하고 이 자원을 제공하는 환경과 교류를 지속한다. 이 교류관계에서 자원은 조직과 환경 사이의 지속적인 협상 과정의 어떤 것(*stake*)으로 이해된다. 구체적으로 stake는 실체적(*tangible*) 또는 비실체적 물질(*material*) 또는 비 물질로서 어떤 한 사람 또는 집단이 또 다른 사람 또는 집단과 그 가치를 공유한다. 그 예로 원자력 발전소의 건설은 전기를 필요로 하는 주민들에게 이익을 주는 동시에 방사능 누출의 위협이 되는 실체적 stake이며 대언론관계와 대 시민단체관계는 비실체적 stake에 해당된다. 이러한 stake의 교환 또는 확보는 조직과 이해 당사자들 간에 영향력의 수단을 제공한다. PR의 관점에서 조직은 주로 stake를 파악하고, 유용성을 개발하여 외부공중들에 의한 조작 가능성을 모니터링하고 분석해낸다. 이해 당사자 관리를 처음으로 주창한 사람은 R. Freeman으로서 이해당사자를 조직의 전략적 기획과정의 한 부분으로 관리할 것을 제안했다. 이해당사자에 관한 구체적 논의를 위해서는 다음을 참조. R. L. Heath(1997), *Strategic Issues Management: Organizations and Public Policy Challenges*(Thousand Oaks, CA: Sage, 1997), p. 28; R. E. Freeman, *Stra-*

로 쓰인다. 그렇지만 PR을 전략적으로 계획할 때는 구분하여 사용한다. 조직의 의사결정으로 영향을 받는 집단이거나 그 집단의 의사결정이 조직에 영향을 미치면 이들은 이해당사자에 해당된다. 이해당사자 집단과 조직은 서로 결과를 제공하기 때문에 서로 연관을 맺고 있다. 따라서 이해당사자는 조직의 행동, 의사결정, 정책, 관행 또는 목표에 영향을 미치거나 아니면 영향을 받는 개인 또는 집단을 일컫는다. 기업의 구성원이나 지역사회 주민과 같은 이해당사자들은 다분히 수동적인데 그들이 좀더 높은 인지도를 갖게 되고 능동적으로 변하면 공중이 된다.

따라서 PR의 전략적 관리의 첫 단계는 조직과 연관되어 있거나 이해관계를 지닌 사람들을 파악하는 일로서 이를 조직의 이해당사자 지도(地圖)라고도 부른다. 기업의 전형적 이해당사자 지도에는 기업소유자, 소비자보호집단, 고객, 경쟁기업, 매체, 구성원, 환경보호주의자, 협력업체, 정부, 지방자치단체가 포함된다. PR 실무자들은 조직이 사람들에게 미치는 영향과 사람들이 조직에 부여하는 영향을 고려하여 이해당사자 지도를 그릴 수 있다.

이러한 영향은 환경을 분석하여 확인할 수 있다. 실무자들은 여론조사 또는 여론조사 자료의 이용, 언론보도 분석, 학술지 구독, 정치 또는 지역사회 지도자와의 의논, 전문가의 자문 등을 통하여 환경을 살필 수 있다.

이해당사자들을 면밀히 연구한 다음 PR 관리자는 조직에 미칠 것으로 예상되는 정도에 따라 순위를 매긴다. 그 다음 가장 중요한—가장 전략적—이해당사자들을 대상으로 커뮤니케이션 프로그램을 계획해야 한다. 갈등상황이 일어나기 전인 이해당사자 단계의 커뮤니케이션은 이해당사자의 지원을 얻어내고 갈등이 발생할 때 이를 관리하는 데 필요한 안정적이고 장기적인 관계를 개발하는 것에 도움을 주기 때문에 중요하다. PR의 이해당사자 접근법은 PR은 곧 대 언론관계라는 인식하의 전통적 접근과는 아주 다른 접근법이다.

---

tegic Management: A Stakeholder Approach (Marshfield, MA: Pitman, 1984).

〈그림 5-1〉 이해당사자 집단

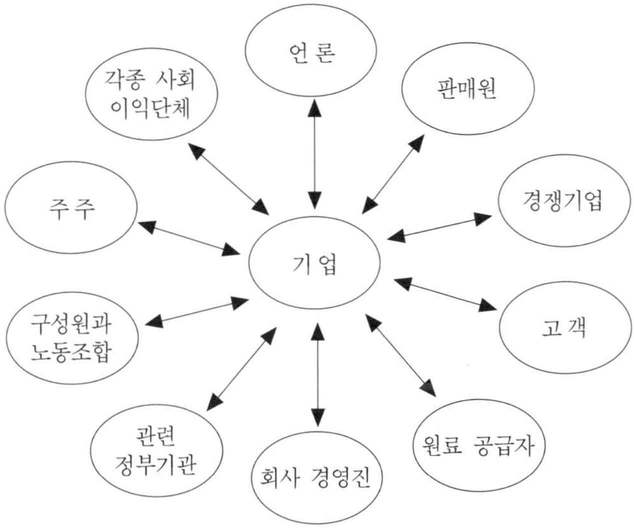

(2) 공중단계

PR에서 공중과의 관계, 이 관계의 창출 및 유지를 중요시하고 있지만 공중(*public*)이란 용어는 가장 모호한 개념 중 하나이다. PR 분야에서만 이 용어에 관하여 혼선을 빚는 것이 아니라 정치학, 심리학, 마케팅과 광고를 포함한 여러 분야에서도 이 용어를 좀더 잘 규정하여 적용하려고 노력한다. 프라이스(Price)[2]가 지적하듯이 어느 다른 개념도 공중만큼 사회적 관심, 학문적 관심 또는 지적 논의의 대상이 되지 못한다.

Public이란 단어는 '사람들'을 의미하는 라틴어 poplicus 또는 populus 에서 유래된 말이다. 그 예로 정치학, 역사, 민주주의, 철학에서 공중의 개념은 시민으로서 해야 할 일에 참여한 사람들을 일컫는다. 그러나 사회심리학, 마케팅 및 PR에서 이 용어는 어떤 문제에 대한 반응으로

2) V. Price, *Public Opinion* (Newbury Park, CA : Sage, 1992).

등장하여 조직화한 상황적 집단을 일컫는다.

공중이론을 처음으로 제시한 학자는 듀이(Dewey)와 블루머(Blumer)이다.[3] 이 두 학자는 공중들은 그들에게 어떤 영향을 미치는 문제나 쟁점을 중심으로 형성된다고 보았다. 따라서 공중들이 쟁점을 규정하기보다는 쟁점들이 공중을 규정한다고 해야겠다. 공중은 언제나 특정 상황 또는 쟁점에 따라 독특한 속성을 지닌다. 듀이에 의하면 어떤 문제가 공중들에게 영향을 미친다는 점을 깨닫게 되면 공중들은 그 문제를 야기하거나 조직체에 압력을 가하기 위한 쟁점집단(*issue groups*)으로 조직되어 조직의 자율성을 위협한다. 이러한 사회학자들의 공중에 관한 개념을 전제로 제임스 그루닉 교수가 조직-공중의 관계를 다루는 PR에 적용했다.

PR 공중은 흔히 외부공중(*external publics*)과 내부공중(*internal publics*)으로 나뉜다. 외부공중은 조직 밖의 공중으로서 이들은 조직의 일부분은 아니지만 조직과 관련을 맺고 있으며 조직에 영향을 미칠 수 있는 집단이다. 여기에는 정부, 재계, 업계를 비롯해서 언론기관, 교육기관, 각종 시민단체, 지역사회가 포함된다. 내부공중은 조직이나 기업이 가장 긴밀한 관계를 맺고 있는 집단으로서 경영진, 구성원, 투자자 등과 같이 조직의 실체를 공유한다. 그러나 PR에서 내부공중은 흔히 기업의(또는 조직의) 구성원을 지칭하는 용어로 쓰인다.

외부공중이든 내부공중이든 어떤 특정공중은 PR의 대상이 된다. 이 경우 주목의 대상으로 선정된 공중을 PR의 '목표 수용자'(*target audience*)라고 부른다. 이에 비하면 '일반 수용자'(*mass audience*)라는 개념은 정말로 하나의 오류이며 이를 겨냥한 산탄접근법은 무모하며 비경제적이다.

공중을 대상으로 한 커뮤니케이션 프로그램을 개발할 때 이들을 세분화하여 전략적으로 커뮤니케이션 할 수 있는 가능성을 높일 수 있다.

---

3) J. Dewey, *The Public and its Problems* (Chicago : Swallow, 1927) ; M. Blumer, "The Mass, the Public and Public Opinion", in B. Berelson & M. Janowitz (eds.), *Reader in Public Opinion and Communication* (New York : Free Press, 1966), pp. 43~50.

마케팅 이론가들은 많은 세분화이론을 개발했고 이를 마케팅 연구회사들이 고객들에게 활용하고 있다. 그런데 매스 커뮤니케이션 학자들 중 세분화이론을 구축한 이는 극히 드물며 몇 안 되는 이론이나마 체계적이지 못하다. 그루닉이 제시한 공중의 상황이론(*situational theory of public*)[4]이 PR에서 광범위하게 적용되는 세분화이론이다.

여기서 잠시 공중과 마켓을 생각해보자. 공중과 마켓의 구분은 공중의 성격을 이해하고 PR과 마케팅의 차이를 명확히 하는 데 매우 중요하다. 조직들은 마켓을 선택할 수 있으나 공중은 스스로 형성되고 조직을 선별하여 주목한다. 비즈니스의 목적은 고객을 창출하고 유지하는 일이다. 조직은 그 임무를 달성하는 데 도움을 주기 위하여 마켓을 선별한다. 반면에 공중은 정보를 수집하고, 불만을 해소하며, 조직에 압력을 가하거나 정부에 법규를 제정할 것을 요구하기 위하여 쟁점(*issues*)을 중심으로 집단을 이룬다.

공중은 그들이 어떤 쟁점에 관하여 수동적으로 커뮤니케이션하느냐, 능동적으로 커뮤니케이션하느냐, 조직의 경영철학을 지원하느냐 아니면 제약하느냐를 토대로 구분된다. 공중은 조직이 하는 일이 자신들에게 관련된다는 사실을 지각하고(관여도: *level of involvement*), 조직이 하

---

4) 상황이론은 사람들이 왜 커뮤니케이션하고 언제 가장 많이 커뮤니케이션하는지를 설명해준다. 이 이론은 능동적 커뮤니케이션과 수동적 커뮤니케이션 행위의 두 개념을 이용하여 일반 사람들을 조직과 관련된 문제에 관하여 커뮤니케이션할 가능성이 높은 공중으로 세분화한다. 이 이론은 조직에 의한 문제를 경험하는 사람들에게만 관련되기 때문에 상황적(*situational*)인 것이다. 결과적으로 공중은 이러한 상황이 변함에 따라 발생하고 사라진다. 따라서 조직은 영원한 공중을 가질 수 없는 것이다. 이 이론은 또한 커뮤니케이션 프로그램이 언제 가장 효과적인가를 설명해준다. 즉 상이한 공중들의 인지, 태도 및 행위에 관한 단기효과와 이 공중들과의 장기적 관계에 관한 효과가 그것이다. 마지막으로 이 이론은 공중들이 언제 엉성한 개인들의 집합체에서 조직화된 행동주의 집단으로 발전되는지를 설명해준다. 좀더 구체적 논의를 위해서는 다음을 참조. J. E. Grunig, "Communication Behaviors and Attitudes of Environmental Publics", *Journalism Monographs* 81(1983).

는 일의 결과(문제인식: *problem recognition*)를 인식하며, 그 문제에 관련된 어떤 일을 하는 데 제약을 받지 않으면(제약인식: *constraint recognition*) 능동적이 될 가능성이 높아진다.

만일 이 조건들 중에 어느 것에도 해당되지 않으면 이 사람들은 비공중(*nonpublic*)이다. 이들은 조직에 관심이 없는 이들이다. 조직이 사람들에게 어떤 결과를 제공하면 사람들은 그 조직에 관여하고 있음을 알게 되고 문제를 인식하게 된다. 따라서 이러한 결과는 지금은 수동적이지만 능동적으로 변할 수 있는 잠재적 공중(*latent public*)을 형성케 한다. 잠재적 공중은 관여수준과 문제인식이 증대되면 제약인식이 감소되면서 인지공중(*aware public*)으로 발전하고 더 나아가 능동적 공중(*active public*)으로 발전하게 된다. 공중은 일반적으로 잠재적 단계에서 인지단계와 능동적 단계로 발전하기 때문에 전략적 PR 관리는 이 첫 세 단계에서 수행되어야 한다.

공중이 잠재적 단계에서 능동적 단계로 발전하게 되면 조직은 그들과 커뮤니케이션하는 일밖에는 선택의 여지가 없다. 따라서 PR 실무자들은 조직의 경영철학을 위협하거나 그 경영철학과 관련된 문제를 제기하는 공중들과 커뮤니케이션해야 한다.

반면에 마케팅 실무자들은 자사(自社)의 제품이나 서비스를 사용할 수 있는 마켓을 창출하기 위해 노력한다. 소비자들은 PR과 마케팅의 차이를 보여주는 좋은 예가 된다. 이들은 마케팅 커뮤니케이터들에게 세분화된 시장이 되지만, 결함 있는 제품이 쟁점이 될 때 PR 실무자들에게는 공중이 된다. 결과적으로 보면 마켓이 공중으로 되는 것이다.

그루닉은 또 다른 관점에서 상황이론을 적용하여 네 가지 유형의 공중(公衆)을 다음과 같이 제시했다.

① 모든 쟁점에 대하여 행동적인 공중들

이에 해당되는 공중들은 쟁점에 대한 관련도가 높고 쟁점을 문제시하여 대응하는 유형의 공중이다. 이와 같은 공중들은 여타 쟁점에서 조직에 도전하는 행동주의 공중(*activists*)이 될 수 있다.

② **모든 쟁점에 대하여 무관심한 공중들**

모든 쟁점에 대하여 관련도가 낮고 숙명적 태도를 보이는 비공중이다. 조직은 이들에게 주의를 기울이지 않는다.

③ **거의 모든 사람들에게 관련되는 쟁점에 관해서만 행동적인 공중**

거의 모든 사람들에게 영향을 미치는 쟁점에 대해서만 활동적인 공중이다. 즉, 가솔린 부족에 관한 문제에 대해서 모든 사람들이 활동적 공중의 성원으로 간주되면 이들은 이와 같은 유형의 공중에 참여한다.

④ **단일쟁점 공중**

일부의 사람들에게만 관련되는 한 쟁점을 위해서 행동하고 그 쟁점을 끈질기게 추구하나 다른 쟁점에 대해서는 무관심하다. 이러한 쟁점으로는 제 3세계에서의 유아식 판매에 관한 쟁점을 그 예로 들 수 있다.

PR 실무자는 여러 중요한 수용자들의 태도에 대하여 민감해지기 위해서 마치 연극배우가 맡은 배역을 연구하며 자기 자신을 그 배역에 투영해 보듯이 공중의 성격을 연구하면서 감정이입(*empathy*)을 개발해야 한다. 그러한 감정이입을 개발하면서 그 공중이 어떻게 반응할 것인가를 상상해 내는 실무자의 노력은 구체적 상황에 대처한 계획을 세우는데 도움이 될 뿐만 아니라 매체 선정에도 많은 도움이 된다. 어느 때건 이러한 주요 공중들은 기업(또는 기관)의 주목대상인 목표 수용자가 될 수 있는 것이다.

(3) 행동주의 공중

행동주의(*activism*)는 공중의 일부 구성원들이 어떤 문제가 되는 상황을 인식할 때 생긴다. PR의 관점에서 문제상황은 사람들이 조직의 행위나 정책이 자신들에게 나쁜 영향을 미친다고 인식할 때 발생한다. 그 예로 어떤 조직이 공중에게 해로운 어떤 행위에 대한 책임이 있다고 판단될 때 행동주의자들(또는 시민단체)은 그 행위의 시정을 요구한다.

일부 행동주의자들은 이념적으로 동기가 부여되는 반면 또 다른 행동주의자들은 조직이 부과하는 부담에 대한 반응으로 생긴다(예로 NIMBY 현상의 경우처럼).

행동주의자들은 능동적 공중의 속성들을 공유한다. 이들은 문제를 인식하고 어떤 행동을 취할 필요를 느끼고 정보를 추구하고 서로 커뮤니케이션하며 문제에 대한 책임이 있다고 여기는 조직(또는 기관)과 커뮤니케이션하며 그 문제를 다루기 위하여 조직화한다.

기업이나 조직이 행동주의에 대하여 택하는 대응형태는 공격과 저항에서 협력적 관계의 형성에 이르기까지 다양하다. 올리버(Oliver)는 조직이 행동주의자들에게 대응하는 전략을 다음과 같이 제시한다. ① 행동주의자의 요구에 굴복하는 어쩔 수 없는 동의, ② 문제를 해결하기 위한 조직과 행동주의자들의 협상을 통한 타협, ③ 문제를 감추어 회피하거나 조직과 외부 압력사이에 장애물 세우기, ④ 조직행위의 개선을 위한 새로운 법규를 제안하거나 반대자들을 적극적으로 참여시키는 도전, ⑤ 조직의 관행에 대한 실질적 변화없이 외면적 변화만을 꾀하는 조작.[5)]

행동주의자들은 일반적으로 두 가지 목표를 추구하기 위하여 PR 전략을 이용한다.[6)] 첫째는 문제점이 있다고 여기는 상황을 개선하기 위하여 여론에 영향을 미치는 목표다. 둘째는 조직화되고, 구조화된 노력을 창출하고 유지하기 위한 것이다. 이러한 목표는 전략적인 목표를 추구하고 조직을 유지하기 위하여 PR을 활용하는 다른 조직들의 그것과 다르지 않다.

행동주의자들의 활동은 여러 발전단계를 거친다. 각 단계에서 조직은 다양한 커뮤니케이션과 도전을 경험한다. 그 예로 히스(Heath)는 다

5) C. Oliver, "Strategic Responses to Institutional Processes", *Academy of Management Review* 16(1991), pp. 145~179.

6) 행동주의자들의 전략과 전술 및 이에 대한 조직의 대응에 관한 구체적 논의는 다음을 참조. 데니스 디건, *Managing Activism*, 최윤희 역, 《시민단체 다루기: 행동주의자들과 압력단체를 어떻게 다룰 것인가?》(커뮤니케이션북스, 2006).

음과 같은 단계를 제시한다.[7] 첫 단계인 긴장은 행동주의 집단이 형성되기 이전에도 발생하며 쟁점을 인지하고 규정하는 공중들로 구성된다. 일단 쟁점이 확인되면 행동주의자들은 동원단계로 발전하여 행동주의 집단이 형성되고 쟁점이 널리 확산되며 이때 이들은 자원을 동원하여 쟁점의 잘못된 점을 지적한다. 그 다음 이들은 문제를 해결하기 위하여 기업 또는 정부와 맞선다. 그 다음 단계는 협상인데 이 협상을 통해서 관련된 당사자들(또는 기관들)이 합의한 내용을 교환한다. 마지막으로 행동주의자들은 종결단계에 진입하는 데 이 단계에서 논쟁은 (잠정적이나마) 종결된다.

(4) 비능동적 공중에 대한 관심

지금까지 우리는 주로 조직의 활동에 관심이 있는 공중에 초점을 맞추어 논의했다. PR이 쌍방 균형적 커뮤니케이션으로 수행된다는 규범적 모형들은 공중이 능동적 참여자이고 협력활동을 통해서 관심을 갖도록 동기가 부여된 집단임을 전제로 한다. 하지만 조직의 행위에 영향을 미치고, 이야기하거나 참여할 동기, 능력 또는 기회가 별로 없는 집단의 중요성은 소홀히 취급되고 있다. 이처럼 잊혀진 집단을 앞에서 소개한 비공중 또는 비능동적 공중(*inactive public*)[8]이라고 말할 수 있다.

일반적으로 비능동적 공중은 조직과의 관계가 그들의 욕구를 충족시키기 때문에 그 관계에 대하여 만족할는지 모른다. 어쩌면 비활동적 공중은 그런 관계에 도전하는 것을 바람직하지 못하다고 생각할는지 모르며 그런 관계를 당연한 것으로 여길지도 모른다. 그리고 일부는 그러한 상황을 변화시키는 데 아무것도 할 수 없다는 운명론적 입장을 취할는지도 모른다.

이처럼 낮은 수준의 지식과 관여도를 지닌 비능동적 공중과의 커뮤니케이션은 PR 실무자들에게 특별한 도전이 된다. 일반적으로 PR을 수

---

7) R. Heath, *Strategic Issues Management* (Thousand Oaks, CA: Sage, 1997).

8) K. Hallahan, "Inactive Publics: The Forgotten Publics in Public Relations", *Public Relations Review* 26(2000), pp. 499~515.

행하는 이상적 방법은 쌍방, 균형적 커뮤니케이션을 통해서 이루어진다. 이러한 접근법은 조직이 사회운동이나 특별 이익집단의 리더가 이끄는 능동적 공중에 대하여 반응을 보일 때 적합하다. 하지만 쌍방, 균형적 커뮤니케이션은 실제로 조직과 공중 사이의 관계에서 일어나는 현상을 설명하기에는 적절치 못할 수도 있다. 그 이유는 일반적으로 조직들이 많은 자원을 갖고 있고, 공중과의 관계가 형성되는 여러 조건을 좌지우지하며 상호작용에 관한 정보의 많은 부분을 통제하여 균형이 깨진 커뮤니케이션을 수행할 가능성이 높기 때문이다.

커뮤니케이션 전략은 공중의 유형에 따라 상당히 다를 수 있다. 즉, 높은 수준의 지식과 관여도를 보이는 능동적 공중은 공식적 구조와 지도자를 갖는 조직화된 집단들이다. 이 능동적 공중들은 조직보다 먼저 다가와 스스로 커뮤니케이션할 기회를 만들어 낼 것이다.[9]

한편, 인지공중은 조직화할 가능성이 적다. 이러한 공중들을 다루는 조직은 공중을 구성하는 각 개인에게 반응을 보일 필요가 있다. 실무자는 인지공중 구성원들에게 모니터링 과정의 일부로서 또는 정보의 추구 또는 개선추구의 한 부분으로서 전화를 하거나 편지를 쓰고 또는 직접 방문을 할 수도 있다. 이 단계에서 조직이 놓치지 말아야 할 일은 그들의 질의에 반드시 반응을 보이고 따라서 그들과의 관계를 구축할 기회를 잡거나 나중에 확대될지도 모를 문제를 사전에 차단하는 것이다. 또한 조직들은 이러한 집단들을 찾아 나설 수 있고 교육을 하거나 그들의 흥분을 가라앉힐 수 있다.

이와는 대조적으로 비능동적 공중(비공중을 포함해서)은 일상적인 개인적 욕구를 채우는 것 외에는 정보를 적극적으로 찾는 노력을 하지 않는다. 따라서 조직은 이러한 집단을 찾아내야 한다. 능동적이지 못한 비능동적 공중과 커뮤니케이션을 통하여 그들의 주목을 이끌어 내는 일은 조직에게는 부담이 될 수 있다. 이때에는 언론대행업 모형을 바탕으로 한 기술을 사용할 수 있고, 때로는 공공정보 및 일방적 불균형 커뮤

---

9) *Ibid.*

니케이션을 사용하는 것이 바람직하다. 대화나 협상과 같은 높은 수준의 커뮤니케이션을 시작하기 전 우선적으로 필요한 것은 주의력이 없는 공중을 포용하는 일이다. 이를 위해서는 그들에게 조직과 조직의 메시지에 주의를 기울일 동기와 능력을 높이고 그들에게 그렇게 할 적절한 기회를 제공하는 일이 따라야 한다(공중과의 커뮤니케이션을 위한 매체 활용에 관한 논의는 제 13장 참조).

2. 조직 구성원 공중

1) 구성원 공중의 특성

우리는 경영자와 구성원 사이에 서로 상이한 가치관 속에서 헤매는 경우를 자주 볼 수 있다. 우리 사회의 전통문화는 급속히 와해 또는 약화되며 새로운 문화 역시 완전히 제자리를 잡지 못하고 있다. 이것은 새로운 가치관과 옛 가치관이 엉거주춤하게 혼재한다는 것을 의미한다. 그러므로 새로운 세대는 새 가치관 중에서도 좋은 것보다는 나쁜 것부터 먼저 받아들이게 되고 주류문화의 정통적인 것 이외에는 낡은 것이라며 막연히 부정하게 되는 것이다.

한편 기성세대 역시 전통적 가치관에서 동양의 전통적 문화의 장점을 지킨다는 명분 하에 오로지 자기에게 유리한 권리만을 주장하며 지켜야 할 책임을 도외시하는 경향을 볼 수 있다. 이는 또한 옹고집적이며 폐쇄적인 생각에서 벗어나지 못하고 있음을 보여주는 것이다. 이와 같이 쌍곡점에 처해 있는 가치관은 쌍방의 인정보다는 오히려 무시의 태도를 취하는 경우를 자주 볼 수 있다. 즉, 유리할 때는 이쪽, 불리할 때는 저쪽을 찾는 표류적 태도를 취하고 있다는 것이다. 이를테면 대부분의 기성세대 상급자는 전통적인 가족적 종속주의에 따라 아랫사람에게 충이나 효의 개념에 따른 복종을 강조하는 권리적 측면만을 생각하고 있다. 아랫사람에게 은혜를 베풀고 희생하며 온정적으로 돌봐주는 권리와 대조적인 책임은 소홀히 다루고 있는 것이다.

생각건대 우리의 전통사회에서는 윗사람에게 인(仁), 용서, 자비와 같은 개념이 충, 효에 못지않게 구비되어 있었던 것이다. 그런데 오늘날에 와서는 윗사람이 베풀어야 하는 의무성은 사라지고 오로지 아랫사람의 일방적 복종과 충성만을 요구하는 풍조만 남게 되었다. 따라서 아랫사람은 윗사람을 받드는 것보다는 오히려 무조건 부정하는 태도로 변하는 수가 많다는 것을 간과해서는 안 된다.

다른 한편 대부분의 젊은 세대는 서구의 합리주의의 한쪽 면에만 치우쳐 그곳을 헤어나지 못하고 있다. 즉, 수평적 상호작용 과정에서 각자가 행해야 할 의무 및 책임은 한쪽으로 빼돌려 놓고서 오로지 동등하다는 권리만을 생각한다는 것이다. 말하자면 조직의 목표나 사회적 규범은 생각지도 않고, 오로지 자기 개인의 욕구만을 생각한 나머지 지켜야 할 의무와 책임감은 도외시하고 비약적 권리만을 주장하는 경향을 자주 볼 수 있다.

이러한 조직 내·외 상황 하에서 구성원 관계를 담당하는 PR인들의 역할은 무엇인가? PR인들의 역할에 관한 한 조직의 규모와 구조에 따라 많은 차이가 있지만 PR이 구성원 커뮤니케이션에 대한 책임을 진다는 점에 대해서는 이의가 없다.

조직에서의 독특한 기능과 커뮤니케이션 기술 때문에 PR은 ① 전반적인 PR 프로그램과 부합되는 범위 내에서 내부공중에 대하여 경영정책과 인사정책을 정확하게 해석·전달하며, ② 조직 밖에서 수행되는 사항에 대한 구성원들의 인지도를 높이고 의견과 태도를 형성하는 데 도움을 주며, ③ 인적 자원개발과 같은 스태프의 기능을 위한 환경을 조성하고, ④ 조직문화의 일부분으로서 상향 커뮤니케이션을 진작시키는 통로역할을 할 수 있다.

구성원을 위한 커뮤니케이션에서 가장 흔한 결함은 경영자의 견해를 하향으로 전달하는 데만 바쁘지 다른 구성원들의 견해를 상향으로 흐르도록 자극하는 것은 소홀히 하는 데서 온다. 결과적으로 구성원들에게 그들이 알고 싶어하는 것이 무엇인지 알려주지 못하거나 경영자들에게 구성원들의 애로사항을 확인시키지 못한다. PR은 경영진에게 구성원들의 관심사를 객관적 입장에서 알리는 임무를 지닌다. PR은 쌍방 커뮤니케이션을 제공함으로써 다른 스태프들을 도와 그들의 임무를 수행하도록 하는 것이다.

2) 구성원 공중과의 관계

PR 기능의 한 부분으로서 구성원을 위한 커뮤니케이션의 목표는 조직과 그 조직의 성패에 모든 것을 의지하는 구성원 사이의 호혜적 관계를 밝혀 내고, 수립하며 유지하는 데 있다. 오늘날 기업 내 구성원 커뮤니케이션의 중요성은 그리 새삼스러운 것은 아니다. 기업체가 인간집단으로 구성된 이상 커뮤니케이션의 효율적 관리 또는 인간관계의 관리는 경영관리 활동의 가장 기본적 기능으로써 큰 비중을 차지하고 있다(제 13장 조직 내 매체 참조).

오늘날 기업조직이 점점 거대해지고 기업 안에 흐르는 정보가 양적으로나 질적으로 다양해지고 있으며 그 조직을 둘러싼 환경과의 관계가 더욱 복잡해짐에 따라 기업 내 커뮤니케이션은 환경의 영향을 더 많이 받게 되었다. 복잡하고 거대한 조직체, 특히 공익성이 강한 기업조직일수록 그 기업의 경영철학 및 경영계획에 관하여 그와 관계하는 모든 사람들에게 알리고 그들로부터 이해와 협조를 얻는 일이 중요하게 되었다. 즉, 상호이해의 기반을 확립하고 기업에 대한 신뢰감을 획득해야 기업경영이 가능하게 되는데 이것이 기업 PR의 존재의의인 것이다.

기업 내 커뮤니케이션 담당자는 그 기업이 택하고 있는 경영이론을 통하여 그 기업의 커뮤니케이션 유형과 기능을 분석할 수 있다. 경영이론은 그 역사적 과정으로 보아 기계이론, 인간관계 이론, 인간자원 이론, 그리고 체계이론으로 구분된다.[10]

---

10) E. M. Rogers & R. A. Rogers, *Communication in Organizations* (New York: Free Press, 1976).

조직 내 커뮤니케이션이 발전된 시각으로 볼 때 기계이론에서 커뮤니케이션이 설 자리는 별로 없다. 여기서 커뮤니케이션은 구성원에게 어떻게 일할 것인가를 지시하고, 명령에 따르지 않을 경우 처벌을 받게 된다는 점을 알리기 위해 필요할 뿐이다. 모든 커뮤니케이션은 불균형적으로 경영자가 구성원을 통제하기 위해 계획된 것이 주를 이룬다. 기계적 경영방식의 조직에서 조직의 간행물은 구성원들에 대한 경영인의 통제를 보강시켜 주는 정보를 제공하는 데 이용될 뿐이다.

1930년대의 경영자들은 기계이론만으로는 조직을 통제할 수 없으며 구성원들의 직업 만족도와 생산성을 높일 수 없음을 알게 되었다. 그 결과로 조직 내에서의 사회적 관계의 중요성을 강조하는 인간관계 이론이 등장하였다. 인간관계 이론의 주창자 체스터 버나드(Chester Barnard)는 커뮤니케이션을 경영의 최첨단에 놓고 경영의 제1기능을 효과적 커뮤니케이션 시스템을 세우는 일이라고 했다.[11] 버나드가 생각한 것은 '도구적'(*instrumental*) 커뮤니케이션보다는 '표현적'(*expressive*) 커뮤니케이션으로써 직원들을 기분 좋게 만들어 협조의 미덕을 보이도록 하는 것이었다. 그러나 경영방식은 하향 커뮤니케이션을 강조한다.

따라서 구성원을 위안하는 내용의 간행물을 제작하여 구성원들이 행복한 가족처럼 느끼도록 한다. 그리고 건의함, 개방정책, 경영자의 작업장 방문, 회사소풍 등과 같은 장치를 통한 피상적 상향 커뮤니케이션의 중요성을 강조하였다. 기계이론과 마찬가지로 인간관계 이론은 비공식 채널을 통한 계획되지 않은 수평적 커뮤니케이션을 인정하지 않는다. 공식적 커뮤니케이션은 이성적이고 비공식적 커뮤니케이션은 비이성적으로 간주된다. 오늘날 기계이론과 인간관계 이론은 모든 경영모형과 고도로 구조화된 조직에서 전형적으로 나타나는 내부 커뮤니케이션의 모형이다.

그러나 좀더 덜 구조화된 체계에서의 커뮤니케이션 시스템은 상당히

---

11) C. Barnard, *The Functions of the Executive* (Cambridge, Mass : Harvard University Press, 1938).

다른 면을 보인다. 인적 자원이론은 심리학자 매슬로(A. Maslow)의 욕구의 위계성(*hierarchy of needs*)에 그 근거를 둔다.[12] 대개의 인적 자원 이론들은 구성원들에게 자기성취의 필요를 느끼게 하고 자신의 일에 만족하도록 만드는 자율성을 주는 경영방식을 옹호한다. 이 이론은 조직의 의사결정에 대한 공개적 커뮤니케이션을 경영의 필수적 부분으로 본다. 인적 자원이론에 입각하여 경영되는 조직에서 상향 커뮤니케이션과 하향 커뮤니케이션을 분리시키기는 어렵다. 왜냐하면 여기서는 상급자와 하급자 사이의 평형적 '주고받기'를 독려하기 때문이다. 또한 인적 자원이론은 한 부서의 전문가들과 다른 부서의 전문가들끼리 갖는 수평적 커뮤니케이션의 가치를 인정한다. 그리고 이 이론은 전체 조직에 있는 서로 다른 계층의 구성원들 사이에 교차적 커뮤니케이션을 독려한다.

인간자원 이론은 개방적이고 균형적인 커뮤니케이션 시스템을 갖는 비구조화된 조직에서 사람들이 더욱 열심히 일하고 더욱 만족한다는 점을 강조한다. 그러나 자율성과 개방적 커뮤니케이션이 모든 조직에서 최선의 방법이라는 증거는 별로 없다.[13] 사실상 어떤 연구는 많은 구성원들이 불확실성이 적은 엄격하고 표준화된 일을 선호하고 있음을 보여주고 있다.[14]

이제까지 논의한 세 가지 모두 공통적 결함을 지니고 있다. 모두 '전부 아니면 전무(全無)'한 이론들이다. 이에 반하여 체계이론은 모든 종류의 조직체에 알맞은 구조나 커뮤니케이션 시스템은 있을 수 없음을

---

12) A. Maslow, *Motivation and Personality*(New York : Harper & Row, 1970). 매슬로의 이론에 의하면 사람들은 우선 음식, 거처할 집, 안전과 같은 기본적 욕구에 주목하게 된다. 이러한 욕구들은 기계이론의 경제적 교환을 통하여 충족될 수 있다. 그러나 일단 이러한 욕구가 채워지면 사람들은 자긍심 및 자아실현과 같은 좀더 높은 수준의 욕구가 충족되지 않으면 만족하지 않는다는 것이 그 이론의 골자이다.

13) C. Perrow, *Complex Organization : A Critical Essay*(Glenview, Ill : Scott, Foresman, 1979).

14) M. Crozier, *The Bureaucratic Phenomenon*(Chicago : University of Chicago Press, 1964).

강조한다.[15] 모든 것은 각 조직체 환경과 테크놀러지에 달려 있다고 본다. 체계이론은 조직을 하나의 체계로 보며 그것이 생존할 수 있게 하는 환경과의 상호작용을 강조한다. 여기서 커뮤니케이션은 전체 체계에서 부분간의 상호의존성을 촉진시키는 기본 과정이다. 체계론자들에게 정보는 조직을 결속시키는 접착제처럼 보인다. 조직체계는 바로 커뮤니케이션 체계라는 것이다. 커뮤니케이션은 조직 내에서 상향 또는 하향으로 흐르고 위계를 가로지르기도 하고 환경과 조직의 경계를 관통하기도 한다(내부 구성원과의 커뮤니케이션 매체 활용에 관한 논의는 제 13장 참조).

---

15) D. Katz & R. L. Kahn, *The Social Psychology of Organizations*(New York: Wiley, 1978).

제 6 장

PR 실무자의 역할과 윤리

1. PR 실무자의 역할

PR 실무자들이 수행하는 PR 업무는 그 실무자가 기업이나 비영리 기관의 PR 스태프인가, 아니면 PR 대행사 직원이냐에 따라 업무영역이 구체화된다. PR 대행사의 경우는 그 규모에 따라 차이가 있지만 대행사의 구조가 실무자들의 업무영역을 결정짓는다.

대행사에 따라서는 PR을 전담하는 실무자 외에 퍼블리시티 전문가, 광고 또는 그래픽 전문가, 아티스트 등을 고용하기도 하며 규모가 큰 대행사라면 카피 편집자, 미디어 전문가, 여러 명의 아티스트를 비롯해서 제작시설까지 갖춘다.

PR은 수행 과정에서 '중재' 또는 '유대 관리인'(*linking agent*)으로서 뚜렷이 구분되는 두 가지 역할을 한다. 첫째, PR은 공중, 미디어, 또는 정부를 비롯하여 각종 외부 정보원과 직접적으로 상호작용하여 여기서 얻은 각종 정보(*inputs*)를 자문과 함께 경영진에 중계한다. 둘째, PR은 경영진이 공중에게 도달하는 통로가 된다. PR 전문가인 레슬리(P. Lesly)는 다음과 같이 설명한다.

> PR 실무자들은 PR주(또는 고용주)와 공중 사이에서 역할을 수행한다. PR주(또는 자신들이 속한 조직)의 생각과 욕구를 조율해야 하며 그렇지 못하면 생존할 수가 없다. 실무자들은 PR주를 공중에게 해설하고

공중을 PR주에 해설하여 공중의 역동성과 욕구를 조율해야 한다.[1)]

제 3장에서 언급했듯이 이러한 PR 실무자들은 조직과 환경의 경계선에서 정보를 관리하는 사람(*boundary spanners*)으로 불린다. 여기서 경계는 체계와 다른 체계 사이의 영역을 의미한다. 그 예로 방과 방 사이의 벽, 조직과 환경, 이웃 나라들과의 경계선 등이 이에 해당한다. 미국 PR협회(PRSA)가 1982년에 채택한 PR에 관한 공식 성명서에서도 "PR 실무자는 각종 전문적 커뮤니케이션 기술을 이용하며 조직에 그리고 조직과 외부환경 사이에서 통합적 역할을 수행한다"라고 천명한 바 있다.

오늘날 최고 경영자는 PR부로부터 단순한 보도자료 제공이나 대 언론 활동 이상의 것을 기대한다. 최고 경영진은 다음과 같은 것을 기대한다.

① 정보분석: PR 실무자들은 정보 분석가와 정보 중개인 역할을 해야 한다. PR 실무자들은 세상에서 일어나는 일을 기업에, 기업을 세상에 설명할 수 있어야 한다.

② 쟁점관리: PR 실무자는 세상 관심사가 논쟁의 대상이 되기 전에 이러한 동향과 공중의 관심사를 파악해야 한다. 1980년 미국 PR 협회는 다음과 같이 지적한 바 있다.

> PR 실무자의 진가(眞價)는 이미 결정된 사항을 보고하거나 대처하는 데 있는 것이 아니라 일어날 일을 예견하고 판단하는 데 있다. 조직이 확고한 태도를 지닌 공중들과 맞닥뜨릴 때쯤 되면 PR 사고(思考)가 그들에게 영향을 미치기에는 너무 늦다. 기존의 태도를 다루는 일도 중요하지만 미래의 태도를 형성하고 방향을 설정하는 것을 돕는 일이 더 가치 있는 일이다.

③ 교육: PR 실무자는 경영진에게 언론기관이 어떻게 운영되며 그

1) P. Lesly, "Winning Public Opinion", *Public Relations Review* 12(1984), pp. 3~9.

역할은 무엇인지 이해하도록 돕는 중요한 역할을 한다.

④ 훈련: PR 실무자는 경영진에게 어떻게 조직의 입장을 공중에게 효과적으로 커뮤니케이션하는지에 대한 상담역을 해야 한다.

⑤ 경영관리에 관한 전문지식: 조직에서 임원이 되기를 꿈꾸는 PR 실무자라면 경영관리 기술을 터득해야 한다. 이들은 자원의 배분, 인사관리, 효율적 커뮤니케이션 도구의 이용 등 전문적 지식을 습득해야 한다. 모든 PR 전략과 프로그램은 조직의 종합적 목적과 직접적으로 연관되어야 한다.

한편 도지어(D. M. Dogier) 교수는 PR 실무자를 그 기능에 따라 다음과 같이 구분한다.[2)]

① 커뮤니케이션 관리자: 이 역할을 수행하는 실무자들은 조직의 PR 전문가들로 간주된다. 이들은 커뮤니케이션 정책을 결정하고 커뮤니케이션 프로그램의 성패에 대한 책임을 진다. 이러한 관리자는 다음과 같은 세 가지 역할로 구분된다.

- **처방 전문**: PR 관리자는 때때로 PR 문제를 찾아내고 규정하며 프로그램을 개발하고 프로그램 실시에 대한 책임을 진다.
- **커뮤니케이션 촉진**: PR 실무자는 조직과 공중 사이에 쌍방 커뮤니케이션이 이루어지도록 중개인 역할을 한다.
- **문제해결 촉진**: PR 실무자는 조직의 하부체계 성원들과 협력하여 PR 문제를 합리적으로 기획하고 수행하는 일을 돕는다.

② 커뮤니케이션 연락 담당자: 이 역할을 수행하는 실무자들은 공적 회의에서 조직을 대표하며 경영자들로 하여금 외부공중들의 견해

---

2) 제임스 그루닉 · 토드 헌트, *Managing Public Relations*, 박기순 · 박정순 · 최윤희 역, 《현대 PR의 이론과 실제》(커뮤니케이션북스, 2005), pp. 157~159에서 재인용.

를 들을 기회를 갖게 한다. 주로 커뮤니케이션을 진작시키는 일과 조직의 문제에 대한 대안적 해결안을 찾아내기도 한다. 여러 가지 면에서 커뮤니케이션 관리자와 유사하지만 이들은 정책결정은 하지 않으며 프로그램의 성공여부에 대한 책임은 지지 않는다.

③ 언론 관계 전문가: 이 역할을 수행하는 실무자들은 조직에 관한 메시지가 언론에 보도되도록 적극적으로 추구한다. 동시에 이들은 조직 구성원들에게 언론에 보도된 조직에 관한 사항과 조직에 중요한 쟁점을 알리는 기능을 한다. 이들은 정책을 결정하지 않으며 프로그램 결과에 대한 책임도 지지 않는다.

④ 커뮤니케이션 기술자: 이 역할을 수행하는 실무자들은 다른 사람이 내린 의사결정을 이행하면서 커뮤니케이션 자료를 생산해 낸다. 이들은 사진을 찍고, 소책자, 보도자료를 제작 및 작성하며 각종 PR 자료를 제작한다. 이들은 정책결정 과정에 참여하지 않으며 결과에 대한 책임을 지지 않는다.

윤희중·신호창 두 교수가 한국 PR 협회 회원을 대상으로 수행한 한국 PR 실무자들의 역할과 전문화에 관한 연구에 의하면 조사대상자 67명 중 48명(72.7%)은 광고업무와 언론사 경력을 가지고 있는 것으로 나타났다. 실무자들은 보도자료 작성, 기자들과의 비정규적 접촉, 사보·소식지 제작 등 홍보측면의 활동을 주로 수행하는 한편 서베이 연구, 주주관리, 정부관리와의 접촉, 과학적이며 적극적인 PR 활동은 드문 것으로 나타났다. 한국 PR 실무자들의 역할은 대체로 경영진과의 의사결정에 가담하여 영향력을 발휘하거나 PR 프로그램 계획에 참여하는 문제해결 역할과, PR 기술자 역할, 언론과의 접촉을 유지하고 보도자료를 제작·배포하는 언론관리 역할 등 세 가지로 나타났다.[3]

이러한 다양한 기능을 지닌 PR 실무자들이 당면하는 첫 도전은 경영

3) 윤희중·신호창, "한국 PR 실무자들의 역할과 전문화 : 현황과 전망", 한국언론학회(1991).

자로 하여금 PR의 전문성을 수용하도록 하는 일이다. 따라서 경영자야말로 PR이 대상으로 삼아야 할 제 1의 공중인 것이다. 그러나 기업 경영자들은 커뮤니케이션 문제를 야기할지도 모르는 공중에 관한 통찰력을 위해서가 아니라 커뮤니케이션에 관한 조언만을 위해서 PR 스태프를 고용한다는 사실이 여러모로 입증되고 있다. 어떠한 상황에서도 PR이 효율적 도구가 되기 위해서는 경영자는 단지 커뮤니케이션의 범주를 넘어 카운슬링·조사연구와 계획과 같은 PR의 역할에 관한 명확한 개념을 지녀야 하며 실무자는 그런 역할을 해낼 준비가 되어 있어야 한다.

미국 PR 전문가를 대상으로 조사한 한 서베이에 의하면 전문가들은 다음과 같은 점들을 PR 분야에서 일하고자 하는 사람들이 필요로 하는 성공의 요인으로 지적하고 있다.

① 기술: 효율적 집필 능력, 설득적 언변.
② 지식: 각종 미디어에 관한 지식, 기업 경영과정의 이해, 비즈니스, 재정에 관한 식견.
③ 능력: 문제해결, 의사결정, 사람을 신뢰감 있게 다룰 능력, 책임감.
④ 자질: 안정감과 상식, 추진력과 정열, 다방면에 관한 관심과 지적 호기심, 경청하는 습관, 실망을 참을 줄 아는 인내.

만일 경영자가 단지 커뮤니케이션 기술자만을 원한다면 정책결정 과정에 참여하며 고도의 기술을 겸비한 PR 전문가를 고용할 아무런 이유가 없는 것이다. 그러나 거의 모든 정책결정은 PR적 함의를 수반하기 때문에 경영자는 단지 커뮤니케이션 기술자보다는 비용은 많이 들지만 자격을 갖춘 PR 실무자를 고용함으로써 더 많은 혜택을 보게 된다.

2. PR의 윤리와 책임

1) 윤리의 의미

윤리는 사람이 옳은 것과 옳지 않은 것, 공평하고 공평하지 않은 것, 정당하고 정당하지 못한 것을 판별하는 가치체계를 일컫는다.[4] 이러한 가치체계는 구체적 상황에서 도덕적 행태로 표현된다. 개인의 행동은 그 자신의 양심을 토대로 측정될 뿐만 아니라 사회적, 직업상 또는 조직에 의해서 판별되는 어떤 수용된 규범을 토대로 측정된다. 어떤 행동이 윤리적이냐의 여부를 밝히는 데는 언제나 어려움이 따르는데 그것은 행동의 규범들이 개인마다 차이가 있고 더욱이 문화마다 다르기 때문이다.

윤리에 관한 연구는 크게 사회과학자들의 시각인 비교윤리(*comparative ethics*)와 철학자 및 신학자들의 영역인 규범적 윤리(*normative ethics*)의 두 카테고리로 나뉜다.[5] 때로는 기술적 윤리(*descriptive ethics*)로 불리는 비교윤리는 상이한 문화권들이 각각 다른 윤리기준을 어떻게 보느냐에 관한 연구이다. 윤리기준의 다양성과 유사성이 사회과학자들의 관심의 대상이 된다. 그러나 사회과학자들은 입증된 근거를 찾으려 노력하며 윤리적 행위가 인간 본성의 한 부분인지의 여부와 같은 의문점은 신학이나 철학과 같은 타 분야로 파급되기도 한다.

2) 윤리적 판단기준

기업경영자는 책임감을 지녀야 하며 조직 내·외 환경에 반응적이어야 한다. 그렇지 않으면 사나운 환경과 맞서 싸워야 한다. 그러나 경영

4) D. L. Wilcox, P. H. Ault, & W. K. Agee, *Public Relations : Strategies and Tactics*(New York : Harper & Row, 1986), p. 108.

5) D. Newsom, A. Scott, & J. V. Turk, *This is PR : The Realities of Public Relations*(Belmont, CA : Wadsworth Publishing Co., 1989), p. 226.

자의 행동패턴은 이와는 정반대인 경우가 많다. 사회과학자 하젤 헨더슨(Hazel Henderson)의 사회적 쟁점에 대한 기업의 반응에 관한 연구에 의하면 경영자는 일반적으로 다음과 같은 특징이 있다.[6]

- 문제를 묵살하는 경향이 있다.
- 많은 공중이 문제에 대하여 주목하게 되면 그러한 문제가 있음을 인정하지만 기업을 어쩔 수 없는 환경의 희생자로 등장시킨다.
- 공중이 그 문제를 입법자들에게 의뢰하게 되면 로비를 벌이고 공청회를 통해서 증언하며 의견 지도자들로 하여금 제안된 해결안이 개인기업 경영활동에 대한 정부의 간섭이란 점을 믿도록 널리 알린다.
- 새로운 규제안이 통과된 후에는 기업은 새로운 법을 준수할 수 있다고 발표한다.

결과적으로 이러한 기업의 행태는 정부의 간섭을 끌어내기 위한 공중의 압력을 정당화할 뿐 아니라 기업의 신뢰도에 손상을 입힌다.

PR인들은 그들이 필연적으로 맞이하는 다양한 윤리적 문제를 놓고 어떻게 다루어야 할지 고심하게 된다. 이러한 경우 체스터 버거(Chester Burger)가 지적했듯이 첫째, 많은 문제가 흑백으로 가릴 수 없는 것들이어서 합리화하는 경향이 높다. 둘째, PR 실무자가 수용자의 신뢰를 얻으려 해도 수용자에 관하여 많은 정보를 갖고 있지 못한 경우가 많다. 셋째, PR 실무자로 하여금 윤리지향적이지 못하게 하는 집단이나 조직의 압력이 늘 따라다닌다.[7]

윤리는 대개의 경우 어떤 특정 행동이 옳은지의 여부에 관한 개인적 판단이 수반된다. 결과적으로 PR 실무자들은 윤리에 대한 결정을 위한

---

6) W. A. Durbin, "Managing Issues is Public Relations Responsibility", *PR Reporter* (May 15, 1978), pp. 1~2에서 재인용.

7) S. W. Dunn, *Public Relations : A Contemporary Approach* (Homewood, IL : Irwin, 1986), p. 144에서 재인용.

몇 가지 근거를 필요로 하는데 이에 대해서는 킴 라촐(Kim Rotzoll)이 제시한 윤리에 대한 세 가지 철학적 접근법이 도움이 되겠다.[8)]

① 독일 철학자 임마누엘 칸트의 절대주의(*absolutism*)로서, 칸트는 사람에게 그 사람이 지켜야 할 불변의 진리가 있다고 주장했다.
② 영국 철학자 제레미 벤담(Jeremy Bentham)이 제시한 실용주의(*utilitarianism*)로서, 옳고 그름은 궁극적으로 인지된 가치의 양을 토대로 판단된다.
③ 하버드 대학교 존 롤스(John Rawls) 교수의 접근법인 '무지의 가면'(*veil of ignorance*)으로서, PR인들은 설득자의 역할을 잊은 채 아무것도 모르는 메시지 소비자 역할을 하게 된다.

또한 어떤 사람들은 다른 사람의 행동을 절대적 기독교 원칙을 토대로 판단한다. 어떤 이들은 종교와 관계가 없는 세속적 휴머니즘에 입각한 사회적 관습이 가치를 결정한다는 실증주의(*positivism*)에 의지한다.

컬벗슨(Culbertson) 교수는 판단을 위해서는 윤리기준을 불변의 것으로 보기보다는 구체적인 경우 또는 상황에 따라 융통성 있게 적용되는 상황적 윤리로 보는 또 다른 기준을 제시한다.[9)]

하들리 캔트릴(Hadley Cantril) 교수는 윤리적 행동 기준에 대해서 "어떤 행동의 도덕성이나 윤리성은 그 행동이 목적을 동반하고 그 목적이 다른 사람들에게 미치는 영향의 정도에 따라서 판단되어야 한다"[10)]고 말한다.

이러한 여러 가지 윤리에 관한 접근법을 놓고 볼 때 PR인들이 취할 수 있는 가장 좋은 접근방법은 이 여러 가지 접근법들이 지닌 장점을

---

8) *Ibid.*

9) H. M. Culbertson, "How Public Relations Textbooks Handle Honesty and Lying", *Public Relations Review* 9(2) (1983), pp. 65~73.

10) H. Cantril, *Understanding Man's Social Behavior* (Princeton, NJ : Office of Public Opinion Research, 1947), p. 60.

취하는 것이라고 하겠다. 다시 말해서 칸트의 절대주의의 중요성, 벤담의 실용주의적 시장철학, 그리고 소비자 입장이 되어 봄으로써 PR인들은 윤리문제를 효율적으로 다룰 수 있을 것이다.

3) 공중에 대한 윤리적 책임

PR의 윤리를 논할 때 흔히 공중에 대한 윤리적 쟁점을 중심으로 생각하게 된다. PR 실무자는 그가 속한 조직(또는 대행사의)이 관리하는 모든 공중에 대해 윤리적 책임을 진다. 기업의 경우 다음과 같은 다양한 공중을 생각할 수 있다.

우선 PR주(또는 조직 최고 책임자)와 관련된 윤리적 문제를 생각할 수 있다. 즉, PR주가 항상 옳은 것은 아닌 이상 항상 "예"를 말하지는 않는다는 것을 의미한다. PR주가 옳지 못하면 조사연구를 통하여 확인된 사실에 입각하여 그 점을 지적해 주어야 한다. PR 실무자로서 PR주 또는 경영진에게 공중과의 건전한 관계를 위해서 무엇이 꼭 필요한 일인지를 설득하는 데 많은 시간을 들여야 될 경우도 있다.

언론매체 또한 PR의 중요한 공중이다. PR 실무자들은 정직한 태도로 매체를 이용해야 된다. 즉, PR인들은 언론인에게 거짓말을 해서는 안 되는 것은 물론 불완전한 정보를 제공해서도 안 된다. 실무자의 책임은 언론매체로 하여금 부정적 뉴스에 주목하게 하는 것이 아니라 매체가 부정적 내용의 보도를 할 때 사실에 근거한 자료로써 대응해야 한다.

PR 실무자는 공중인 정부기관에 대하여 정보원(*source*)이 되어야 하는데 이것은 사실을 제공하는 것이지 환상을 제공하는 것을 의미하는 것은 아니다.

이외에도 PR 실무자들은 교육기관, 소비자, 주주, 지역사회, 경쟁사, 비평가들, PR 실무자 자신들에 대한 윤리적 책임을 염두에 두어야 한다.

조직이 공중과 상호작용하는 과정에서 윤리적 행태를 유지하는 데 가장 좋은 지침으로는 아마도 일리노이즈 벨 회사의 부사장 존 코텐의

지침이라 하겠는데 그 원칙들은 다음과 같다.[11)]

① 공중을 주목하라.
② 정직해라.
③ 말보다는 행동으로 보여줘라.
④ 미래를 위해서 경영해라.
⑤ 공중이 기업의 운명을 좌지우지한다는 점을 회사로 하여금 인식하게 하라.
⑥ 기업의 캐릭터에 개인의 캐릭터를 심도록 해라.

4) 윤리적 쟁점

PR 실무자는 프로그램을 수행하는 과정에서 발생되는 윤리적 문제를 예상하게 되는데 그러한 문제를 평가하는 데는 언제나 주관적 요소가 개입된다. 어떤 실무자에게 비윤리적 문제는, 다른 실무자에게 윤리적 문제가 아닐 수도 있다. 이러한 점을 염두에 두고 오늘날 PR에서 자주 발생하는 윤리적 문제 중 몇 가지만 간략하게 살펴보기로 한다.

(1) PR의 진실성

비평가와 PR 전문가 모두가 PR은 진실에 입각하여 수행되어야 한다는 데 입을 모은다. 그러나 이들도 구체적 사항을 논하게 되면 어려운 점에 부딪친다. PR주에게 불리한 사실을 감추는 것은 거짓말에 해당하는가? 그래서 미국 PR 협회의 윤리강령에 회원은 "의도적으로 거짓 또는 현혹시키는 정보를 커뮤니케이션해서는 안 된다"는 조항을 두고 있다.

PR 메시지 작성자에게 문제가 되는 윤리적 의문점은 사실을 꾸미는 데서 비롯된다. PR 메시지 작성자가 조직, 제품 또는 이벤트의 좋은 점만을 강조하는 것은 윤리적인가? 좋은 점과 함께 있는 그대로의 모든

11) J. Koten, "IRS Use of Mail-order Lists Concerns Market Researchers", *Wall Street Journal* (March 8, 1984), p. 29.

것이 포함되어야 하나? 심지어 '과장된 표현'(*puffery*)이 윤리적이냐에 대해서도 전문가들간에 의견이 분분하다. 위스콘신 대학교의 아이번 프레스톤(Ivan Preston) 교수는 "과장된 표현은 사람을 속이는 일이며 그것을 합법화한 법규도 잘못된 것"이라고 주장한다.[12]

한편 하버드 대학교 레빗(T. Levitt) 교수는 "세상은 사람들의 희망과 욕구에 따라 진행되는 것이다. 초탈한 비평가의 심오함이나 도덕적 논리에 따라 진행되는 것이 아니다"라는 견해를 편다.[13]

(2) PR이 언론매체에 미치는 영향

어떤 비평가는 우리가 매체를 통해서 듣고, 읽고 보는 것 중 많은 부분은 조직이 제공한 보도자료에 의한 것이라는 주장을 편다. 이러한 주장이 보도자료를 제공하는 PR인들에 대한 고발인지 아니면 신문 지면을 메우거나 방송시간을 채우는 손쉬운 방법을 따르는 언론인들에 대한 고발인지 분명하지는 않다. 또한 큰 광고주들 중에는 긍정적 면은 잘 보도해 주고 부정적 면은 축소하여 보도해 주기를 기대한다는 비난도 있다. 재정적으로 튼튼치 못한 소규모의 매체는 재정적으로 튼튼한 매체보다 대기업이나 정부의 비위를 맞추는 경향이 더 많다는 연구보고가 있다. 이에 반하여 대규모의 평판이 높은 신문, 잡지 및 방송국이 큰 광고주에 대하여 비판적 보도를 주저하며 광고주에게 호의적 보도를 하려고 혈안이 된다는 연구보고는 별로 없다.

(3) 정치 PR

19세기 초엽 이후 정치 후보자들이 PR을 이용하긴 했어도 정치 PR이 비판의 대상이 된 것은 1980년대 미국 대통령 선거가 있은 후부터였다. 대통령 후보들은 여러 명의 일류급 커뮤니케이션 전문가들을 고용

12) I. Preston, *The Great American Blow-up* (Madison : University of Wisconsin Press, 1975), p. 247.

13) T. Levitt, "The Morality of Advertising", *Harvard Business Review* (July/August, 1970), p. 91.

했고 텔레비전 광고에 전례 없는 돈을 썼다. 이 과정에서 정치 PR 전문가들은 보도자료, 연설 또는 광고 메시지에 복잡한 쟁점들을 지나치게 단순화한다는 비난을 받고 있다. 정치 PR 전문가들도 이러한 점을 인정한다(이러한 전문가들을 spin doctor로 부르기도 한다[14]). 이들은 또한 후보자의 인간성을 지나치게 강조한다는 비판도 받고 있다. 게다가 비평가들은 투표결과를 선별적으로 공개하고 개표가 진행되는 과정에 방송을 통한 당선자와 낙선자를 예측하는 것은 비윤리적이라고 주장한다.

(4) 자신과의 씨름

PR 실무자들은 흔히 경영진이 공중들에게 사회적으로 책임 있는 행동을 취하도록 설득한다. 그러나 공중집단들이 서로의 이해관계로 충돌하고 기업은 이윤을 놓고 어떤 공중집단과 마찰을 빚는다. 여기서 경영자의 결정이 반드시 PR 실무자가 권고하는 것과 부합되지 않는 경우가 많다. 그러면 실무자는 어떻게 해야 하나? PR 실무자는 우선 타협점을 찾기 위하여 노력할 수 있다. 이것이 제대로 작용하지 않으면 그 충돌이 PR인에게 얼마나 심각한 것인가에 대한 의문이 생긴다.

PR 실무자들 중에는 자기 자신을 '팀 플레이어'(*team players*)라고 칭하며 경영자의 결정이 마치 자신들이 결정한 것인 양 처리한다. 어떤 실무자들은 기업의 결정사항을 마지못해 처리한다. 이러한 행태는 모두 그 자체의 윤리적 문제를 불러온다. 여기서 대안이 있다면 그것은 윤리가 적용되는 다른 직장으로 옮기는 방법이 있겠다.

이외에도 PR인들에게는 조사연구 결과를 남용하는 경향이 있는데 이를 최소화하는 노력이 필요하다. 그리고 PR인들이 외국정부를 대행하

---

14) 여기서 spin은 조직이나 개인에게 유리하도록 사실을 왜곡하는 것으로 이러한 홍보기법을 사용하는 컨설턴트를 비하하는 단어로 spin doctor가 사용된다. 이 용어는 1984년 뉴욕타임스가 레이건 대통령의 선거운동에 관한 보도에서 사용하기 시작했으며 선거 컨설턴트들의 비윤리적 활동과 전술에 국한해서 사용하다가 1990년대 중반부터 이벤트나 쟁점에 긍정적 이미지를 주기 위한 PR 실무자들의 역할을 묘사하는 용어로 쓰이게 되었다.

는 경우 또는 외국에서 업무를 수행하는 경우 상이한 문화와 윤리기준 때문에 겪는 어려움도 PR인들에게는 힘든 영역이다.

뉴욕에서 개최된 국제 기업 커뮤니케이터 협회 대회에 참석한 PR 전문가들은 윤리적 수행을 위한 수칙을 다음과 같이 제시했다.

① 언제나 정직하라.
② 여러분 자신과 사회 기준을 토대로 비즈니스 윤리감각을 전달하라.
③ 상대방과 수용자의 입장을 존경하라.
④ 하찮은 일보다는 본질적인 것을 강조함으로써 신뢰를 쌓아라.
⑤ 쟁점의 양면을 제공하라.
⑥ 조직에 대한 충성심과 공중에 대한 의무 사이의 균형을 유지하도록 노력하라.
⑦ 단기간의 이익을 위해서 장기적 목적을 희생하지 말라.[15]

(5) PR의 전문성

이미 제 1장에서 논의한 것처럼 PR이 의학이나 법처럼 전문성을 갖추지는 못했어도 미국 및 유럽에서는 PR 전문가들이 PR의 이론 연구작업 및 학술지 발간 등 전문성을 갖기 위한 많은 노력을 쏟고 있다. PR 전문가들과 미국 PR 협회는 PR 실무자들에게 가장 중요한 것은 PR 분야의 전문가다운 행동을 하는 것이란 점을 다음과 같이 강조하고 있다.

① PR 실무자들은 독립심을 지녀야 하며
② 사회와 공익에 대한 책임감을 지녀야 하며
③ PR직의 역량과 명예를 위한 관심을 표명하며
④ 고용주보다는 PR직과 동료 전문가들의 기준에 더 많은 성실성을 가져야 한다. PR 활동의 참고 점은 PR직의 표준이어야지 PR주 또는 고용주의 그것이어서는 안 된다.

---

15) Wilcox, Ault, & Agee, *op. cit.*, p. 118.

미국에서는 PR직의 보호를 위해서 면허제도의 도입 여부를 놓고 찬반의 논쟁이 계속되고 있다. PR의 표준과 전문성을 증진시키기 위한 노력으로 미국 PR 협회(PRSA)는 1995년부터 PR 실무자를 대상으로 인증제도(*accreditation programs*)를 실시하고 있다. PR 협회의 인증을 받으려면 적어도 5년의 PR 실무경험을 가진 사람으로서 필기시험과 구두시험에 합격해야 한다. 또한 국제 기업 커뮤니케이터 협회(IABC)도 인증제도를 실시하여 서류검사 후 필기시험과 구두시험을 통과한 회원들에게 ABC(*Accredited Business Communicator*) 칭호를 부여한다. 국내에서도 한국PR 협회 주관으로 매년 필기시험에 합격한 실무자들을 인증해주는 인증제도를 시행하고 있다.

3

PR의 수행과정

짐작, 배짱과 개인의 경험만으로는 더 이상 PR 프로그램의 수행을 위한 적합한 토대가 되지 못한다. PR은 이제 실무자가 보나 그 외의 사람들이 보나 조직의 문제해결 과정의 한 부분이자 과학적으로 운영되는 경영기능으로서 실무자들에겐 사회과학 이론과 입증된 연구결과의 적용이 요구된다. PR의 수행은 하나의 과정, 즉 결과를 가져오기 위한 일련의 행동, 변화 또는 기능으로 규정할 수 있다. PR의 수행은 조사연구, 목표의 설정, 커뮤니케이션 및 평가의 연속적 과정으로 구성된다.

제7장

PR 문제의 규정

PR 수행과정에서 연구는 PR이 시작되는 바로 그 첫 단계에 해당된다. 연구는 PR 프로그램을 운영하는 데 필요한 기본적 정보를 제공한다. PR실무자들은 청진기가 의사에게 중요하듯이 연구를 중요한 도구로 생각해야 한다. 그러나 PR 과정의 첫 단계에서만 조사연구를 필요로 하는 것이 아니라 PR 수행과정 중 모든 단계에서 다양한 수준의 연구분석을 필요로 한다는 점을 잊어서는 안 된다(〈그림 7-1〉 참조).

PR적 상황에서 조사연구는 상황을 기술하고 이해하기 위하여 정보를 체계적으로 수집하고 공중과의 PR 수행결과를 추정하는 것으로 규정된다. 조사연구는 아집(我執), 권위(權威)와 직관(直觀)에 대한 과학적 대안이라고 할 수 있다. 조사연구의 목적은 의사결정 과정의 불확실성

〈그림 7-1〉 PR의 순환적 과정

을 줄이자는 것이다. 조사연구는 모든 의문점에 대한 답을 제공하지는 못해도 효과적 PR의 기초가 되는 것이다.[16)]

1. 조사연구의 필요성

PR 문제를 규정하기 위해서는 조사연구가 바탕이 되어야 한다. 연구는 일종의 주의를 기울여 듣는 행동에 해당된다. 어떤 조직이든 PR 프로그램을 수행하기 이전에 PR 문제에 관한 정보를 수집해야 하며 데이터를 모으고 사실을 수집해야 한다. PR 과정에서 조직체는 이 첫 단계의 수행을 기초로 해서 정책결정과 효율적 커뮤니케이션 프로그램을 위한 전략을 세울 수 있다.

조사연구는 오늘날과 같이 복잡한 조직환경에서 다음과 같은 이유로 그 필요성이 증대되고 있다.

첫째, 수용자가 점점 더 구체적 이해관계와 관심을 지닌 집단으로 세분되는 점을 들 수 있다. 이러한 집단과 효율적으로 커뮤니케이션하기 위해서는 이들에 관한 구체적 지식이 필요하다. 수용자들의 태도, 희망상태, 두려움, 관심거리, 실망감을 이해하는 PR 실무자라면 그들을 대상으로 효율적 메시지를 작성할 수 있을 것이다.

둘째, 최고 경영진과 공중과의 개인적 접촉이 부족한 데서 오는 공중들의 소외감을 들 수 있다. 최고 경영자와 특수 전문분야에 종사하는 사람들은 자기들끼리만 어울리는 경향이 있다. 그 예로 회사 중역의 경우 직접 쇼핑을 하는 경우가 적어서 일반 소비자들이 그 회사의 제품이나 서비스를 어떻게 여기고 있는지 잘 모를 수 있다. 고객과 소비자에 관한 체계적이고 주기적인 조사는 이러한 틈을 메우는 데 도움이 되며 중역들에게 필요한 피드백을 제공한다.

---

16) PR의 연구방법과 효과측정에 관한 좀더 구체적 논의는 다음을 참조. 최윤희, 《PR의 연구와 평가》(커뮤니케이션북스, 2007).

셋째, 조사는 조직체로 하여금 실제로 있지도 않은 문제에 허비하는 시간, 노력 및 돈을 절약해 줄 수 있다. 미국 낙농협회는 몇 년 전 미국 사람들에게 우유는 식품 중에서 콜레스테롤을 많이 함유하는 식품이 아니라는 점을 알리기 위한 수백만 달러짜리 캠페인을 계획했다. 그러나 조사결과 대개의 미국인들은 우유를 높은 콜레스테롤과 연관시키지 않는다는 점을 확인할 수 있었다. 조사는 이렇게 공중의 지각상태를 단지 추측하는 것이 아니고 밝혀 냄으로써 엄청난 비용을 들여야 하는 실수를 사전에 막아 줄 수 있다.

넷째, 조사는 PR 프로그램의 기초가 되는 사실들을 제공할 수 있다. 여론조사를 통하여 몇몇의 개인과 가족이 미국 정유회사들을 소유하고 있다는 공중의 인식을 바꾸어 놓을 수 있었다. 이러한 고정관념은 물론 록펠러 시절부터 있던 것이다. 그러나 정유산업계는 기업 소유에 관한 데이터가 없었기 때문에 이 문제를 조사할 필요가 있었다. 이에 대한 조사결과, 대형 정유회사 중 6개 회사가 2백만 명이 넘는 주주와 천 백만 명이 넘는 간접 주주를 갖고 있었다. 정유업계는 이러한 조사결과를 통하여 정유회사의 소유형태에 관한 일반 공중의 고정관념을 바꾸어 놓을 수 있었다.

다섯째, 조사는 조사결과의 배포를 통하여 퍼블리시티 효과를 얻을 수 있다. 조사결과를 신문이나 방송사에 배포하여 보도 될 경우 수용자들에게 널리 알려지게 되며 이는 퍼블리시티 역할을 하게 되는 것이다.

2. PR 문제의 규정

1) 문제의 진술

PR 문제의 규정은 어떤 일이 잘못되었거나 조만간 잘못될 것 같다는 판단과 함께 시작된다. 여기서 조직의 목표는 그러한 판단을 내리는 기준이 된다는 점을 함축하고 있는 것이다. 그래서 목표는 만일, 언제, 실질적 또는 잠재적 문제가 존재할지를 결정하는 데 필요한 토대역할을 한다. 그러나 일단 문제가 확인되면 이 조사과정은 문제의 속성, 그 문제의 발생원인, 문제와 결부되거나 영향을 받은 공중들에 대한 객관적이고 체계적인 연구를 위한 과정이 된다. 간단히 말해서 연구는 "지금 무슨 일이 일어나고 있나"를 판별하는 작업이라고 하겠다.

조사연구의 첫 산물은 문제에 관하여 밝혀진 것을 요약하여 다음과 같은 사항을 서면(書面)으로 진술하는 것이다.

- 문제의 근원은 무엇인가?
- 문제는 어디에서 발생되었나?
- 문제는 언제 발생되었나?
- 누가 관여되었거나 영향을 받았나?
- 그들은 어떻게 관여되었거나 영향을 받았나?
- 이 문제는 왜 조직과 그 공중에게 관심의 대상이 되었나?

2) 상황분석

상황분석은 조사연구를 통해서 얻은 문제 그 자체의 범위를 확대하여 살펴보는 일로써 그 상황에 관하여 알려진 모든 것, 그 상황에 작용하는 제반 요인들, 조직 내·외적으로 관련되거나 영향을 받고 있는 사람들에 관한 정보의 집합을 의미한다.[1]

상황분석에서 조직의 내부요인 분석에는 조직의 주요 구성원의 지각과 행동에 대한 철저한 검토, 문제와 연관된 조직의 구조와 과정, 조직의 역사가 포함된다. 조직의 입장에서 본 PR 문제를 이해한 다음에는 조직 외적인 긍정적 및 부정적 요소들의 분석이 뒤따라야 한다. 이러한 분석작업은 조직 밖에서 발생한 상황을 체계적으로 검토하는 것으로 시작된다.

또한 상황분석은 지금 누가 관여되거나 영향을 받는지, 그리고 어떻게 영향을 받는지에 대한 구체적 연구를 필요로 한다. 이러한 외부공중에 관한 연구가 PR 분야에서 증대되고 있으며 이러한 유형의 연구는 PR 계획과 커뮤니케이션 단계의 중요한 요소가 된다. PR 대행회사의 경우 상황분석은 PR주(*client*) 또는 PR 프로그램을 수행하는 조직(조직의 PR 실무자에게는 자신이 속한 기업), PR 문제의 판단, PR 프로그램이 목표로 하는 수용자에 관한 분석으로 구성된다.

3. 조사연구 방법

1) 비공식적 조사방법

조사연구는 반드시 과학적 서베이나 실험실 연구를 통해서 얻은 통계분석으로 이루어지는 것은 아니다. 사회과학 조사방법이 많이 발전되었지만 격식을 갖추지 않은 비공식적 조사방법(*informal methods*)도 PR 조사연구 방법으로 많이 쓰이고 있다. 우리가 평상시에 친구에게 전화를 걸어 필요한 정보를 요청하는 경우도 비공식 조사에 해당된다. PR 담당자가 신문을 훑어보고 자기 회사에 관련된 기사들을 오려내는 일도 조사에 해당된다.

따라서 필요한 조사방법이란 주제와 상황에 따라 많이 좌우된다. 다

---

1) S. M. Cutlip, A. H. Center, & G. M. Broom, *Effective Public Relations* (Englewood Cliffs, NJ : Prentice-Hall Inc., 1985), p. 206.

음은 일반적으로 조사설계를 하기 전에 점검해야 할 사항들이다.

① 무엇이 문제인가?
② 어떤 종류의 정보가 필요한가?
③ 조사결과가 어떻게 이용될 것인가?
④ 어떤 공중이 조사의 대상이 되는가?
⑤ 비공식적 방법, 문헌고찰, 우편, 전화, 면 대 면 인터뷰 중 어느 조사기법이 사용되어야 하나?
⑥ 개방식 또는 폐쇄식 중 어떤 설문형태를 사용할 것인가?
⑦ 조사를 조직체 자체에서 수행할 것인가, 아니면 외부 컨설턴트를 고용할 것인가?
⑧ 조사 데이터는 어떻게 분석하여 보고하고 적용할 것인가?
⑨ 그 결과는 언제 필요한 것인가?
⑩ 조사에 드는 비용은 얼마나 되나?

이러한 질문은 PR 실무자가 조사의 방법과 범위를 결정짓는 데 도움이 될 것이다. 그리고 비공식 조사에는 다음과 같은 방법들이 이용된다.[2)]

(1) 내용분석

내용분석은 메시지 내용을 체계적으로 분석하는 작업이다. 그 예로 실무자들이 어떤 이벤트에 관한 언론의 보도를 분석하고 싶으면 이 이벤트에 관한 기사를 수집하여 측정할 수 있다. 그 기사가 신문의 어느 면에, 어느 위치에 그리고 어떠한 어조로 (긍정적 또는 부정적) 처리되었는지를 분석 할 수 있다.

---

2) 아래에 소개한 연구방법에 관한 구체적인 논의는 다음을 참조. 최윤희, 《PR의 연구와 평가》(커뮤니케이션북스, 2007).

(2) 사례연구

실무자는 사례연구를 통해서 특정 사례를 구체적이고 완벽하게 이해할 수 있다. 연구자의 관심은 그러한 일이 왜 그리고 어떻게 일어났고 진행되었는지를 아는 일이다. 사례연구는 연구자가 특정 상황의 PR 커뮤니케이션에 관한 여러 요인들을 밝혀내는 데 도움을 준다.

(3) 포커스 그룹

포커스 그룹 연구는 다양한 쟁점과 전략을 알고자 하는 PR 연구자에게 도움을 준다. 연구자는 짧은 시간에 주제에 관한 풍부하고 다양한 자료를 얻을 수 있다.

이 외에도 체계적 조사는 아니지만 조직과 기업의 자료, 개인적 접촉, 뉴스기사, 여론조사결과, 도서관, 우편과 전화, 온라인 네트워크 등을 이용하여 연구에 필요한 자료를 얻을 수 있다.

2) 공식적 조사방법

서베이는 PR 실무자들에게 가장 과학적이고 흔히 쓰이는 조사방법이다. 조직에 따라서 그 조직의 PR 부서에서 직접 조사를 수행하기도 하지만 더 흔한 예는 PR 부서와 PR 대행사가 계약을 체결하여 PR 대행사의 주도로 조사연구를 수행한다.

공식적 조사방법에는 여러 가지가 있으나 심층면접과 서베이로 나누어 생각해 볼 수 있다.

(1) 심층면접

심층면접(*depth interview*)은 가장 일반적이고 널리 이용되는 비구조화된 서베이로서 그 성격으로 보아 비공식적이다. 면접자는 보통 사전에 조사하고 싶은 점을 준비하지만 면밀하게 설계된 설문지 형태로 준비하는 것이 아니라 일반적 영역을 탐색하기 위해 준비한다.

심층면접의 기본적 목적은 면접 대상자의 어떤 주제에 관한 생각,

태도, 의견, 지식과 전문성을 구체적으로 탐색하고자 하는 것이다. 심층면접은 긍정적 요소와 부정적 요소를 지닌다. 긍정적 측면에서 볼 때 심층면접을 통해 조사자는 설문에 의한 면접에 비해 응답자의 마음과 생각을 더 집중적으로 읽을 수 있다. 심층면접의 자연스런 분위기는 연구자가 예기치 못했던 정보, 생각, 의견을 제공하기도 한다. 응답자가 구체적으로 설계된 질문으로 제한을 받지 않기 때문에 응답자는 솔직한 생각, 태도, 의견 및 느낌을 표출할 수 있다.

그러나 심층면접을 택할 경우 기술을 갖춘 면접자를 찾기가 어려우며 시간과 재능을 필요로 하기 때문에 비용이 많이 든다. 더욱이 조사결과를 분류하고, 코드화하며 분석하여 보고하는 일은 아주 힘든 작업이다. 조사결과를 보고하기 위한 목적으로 응답자의 대답을 압축하여 분석한 후 보고해야 하기 때문에 이 과정에서 연구자의 주관적 해석이 개입될 위험이 따른다.

(2) 서베이

가장 흔한 형태의 조사는 서베이로서 기본적 도구로 설문지를 이용한다. 이러한 서베이는 일반적으로 개인면접, 우편에 의한 면접, 전화에 의한 면접을 통해서 이루어진다. 어느 방법을 택할 것인지는 다양한 요인들, 즉 서베이의 주제, 서베이 대상 인구, 인구의 지역적 위치, 설문의 길이와 복잡성, 연구에 드는 시간과 돈에 의하여 좌우된다.

① 개인면접조사

면접이란 면접자가 피면접자를 직접 대면해서 연구문제에 관계된 정보를 구두질문을 통해 수집하는 것이다. 면접은 구두로 하므로 문맹자, 지식이 한정된 사람, 어린이 등과 같이 질문서에 직접 대답을 기재하지 못하는 사람에게도 적용 가능하여 표본의 폭을 넓힐 수 있다. 면접은 조사대상자의 응답을 구하는 과정에 제 3자의 개입을 방지할 수 있어서 진정한 본인의 의견만을 수집할 수 있다. 면접에 응하도록 분위기를 조성하면 피면접자로부터 면접 이외에서 얻기 어려운 기밀에 속하는 정보 및 솔직한 답을 구할 수 있다.

그러나 질문지 조사에 비해 면접은 조사대상자를 직접 찾아가 만나야 하며 그의 편리한 시간과 형편에 맞추어 행동해야 하는 불편함과 이에 따른 인력과 시간, 비용이 많이 든다. 면접이란 면접자와 피면접자가 상호작용하는 과정이기 때문에 조사원의 편견이 작용해서 수집된 자료의 객관성과 정확성이 상실될 우려가 있다.

② 전화조사

전화를 사용하여 응답자로부터 자료를 수집하는 방법인데 간편하고 시간과 비용을 절약할 수 있는 점과 면 대 면 면접에서 면접자의 언행이 응답자에게 반작용을 일으켜 편견의 원인이 되는 점을 배제할 수 있다.

그러나 전화가 없는 계층이나 전화번호를 공개하지 않는 사람들이 조사에서 제외되므로 이를 표본추출에 고려해야 한다. 전화를 통한 응답자와의 상호작용이어서 질문도 단순하고 알아듣기 쉬운 것으로 한정시켜야 하기 때문에 심층적 정보를 얻기가 어렵다. 그러나 한국에서는 높은 전화보급률 덕택에 여론조사에서 이 방법이 보편화되어 있다.

③ 우편 조사

연구하고자 하는 문제에 관한 질문지를 작성하여 조사대상자에게 우편으로 배포해서 자답·반송하게 하여 자료를 수집하는 방법을 말한다. 이 방법은 간편하고 비용이 적게 든다는 장점이 있다. 그리고 응답자는 자신의 신분이 밝혀지지 않고 익명성이 보장되어 안심하고, 자신에 관한 사실 및 의견을 솔직하게 표명할 수 있는 이점이 있다. 또한 시간적 제한 없이 편한 시간에 질문을 잘 생각한 뒤에 응답할 수 있으므로 확실한 응답 자료를 얻을 수 있다.

그러나 독해력이 있는 사람만을 대상으로 해야 되는 제약성과 독해력이 있더라도 응답자가 질문을 제대로 이해하지 못하면 올바른 응답을 할 수 없는 단점도 있다. 답안지의 반송률이 낮은 점과 설문지의 길이에 제약을 받는 점 또한 제한점으로 지적되며, 무엇보다도 누가 대답을 하는지에 대한 통제를 할 수 없는 점 등이 우편조사의 취약점이다. 그러나 위에서 말했듯이 연구상황으로 보아 우편조사가 적합하고 높은 수준의 반송을 기대할 수 있다면, 저렴한 비용으로도 여론조사를 할 수 있는 방법이 되겠다.

④ 웹과 전자우편 조사

응답자들에게 도달하기 위한 최신 방법으로 인터넷을 이용하는 것이다. 한 가지 방법은 조직의 웹사이트에 설문지를 올리고 방문자들에게 온라인으로 답변을 요청하는 것이다. 이 방법을 이용하면 즉각적 응답과 결과를 바로 표로 작성할 수 있는 점이 장점이다. 그러나 누구든지 웹사이트에 접근 가능하기 때문에 원하는 응답자들만을 어떻게 확보하느냐가 문제가 될 수 있다. 목표 수용자에게 도달하는 일이 중요하다면 알려진 응답자들에게 전자우편 서베이를 실시할 수 있다.

제 8 장

계획과 목표의 설정

1. 계 획

일단 PR 문제가 조사연구를 통해서 확인되면 이 문제를 해결할 방법이 고안되어야 한다. 이를 위해서 실무자는 기본적인 전략적 결정과 행동계획을 구체화한 PR 프로그램 계획을 세워야 한다. 세 번째 단계인 커뮤니케이션과 집행의 효과는 전략적 계획에 따라 좌우된다. 여기서 전략적 사고(思考)와 계획이 부족하면 문제를 해결하기보다는 문제에 대한 논란을 가중시키는 커뮤니케이션 프로그램이 될 수도 있다.

PR 활동에 대한 계획을 세운다는 것은 해야 할 일과 일을 처리하는 방법에 대한 청사진과 같은 것이다. 실무자는 그러한 계획을 통해서 — 그것이 대강의 아웃라인이든, 구체적으로 작성되었든 — 모든 요소들을 고려하여 관련된 모든 사람들에게 수행절차가 무엇인지 확실히 알도록 해야 한다.

2. 목표의 설정

목표의 설정은 PR 관리과정 중 가장 중요한 요소라고 하겠다. 목표는 공중과의 커뮤니케이션에서 PR 실무자가 기대하는 결과를 의미하며 PR 프로그램의 존재 이유가 된다.

PR 목표는 넓은 의미의 철학적 목적과는 달리 구체적으로 명시된 목적을 의미한다. 조직을 둘러싼 환경변화의 속도가 빨라지고 새로운 상황이 늘어남으로써 PR이 철학적 목적을 토대로 운영되던 시절은 지나갔다. '사업보국'(事業報國), '합리추구'(合理追求), '인화단결'(人和團結) 등과 같은 철학적 목적은 구체적이지 못하며 이에 대한 결과를 측정하기가 어렵다. 이러한 목적을 달성하기 위하여 진행되는 진척상황을 측정한다는 것도 어려운 일이다. 그래서 구체적이고 측정 가능한 PR 목표를 사용하는 것이 성공률을 훨씬 높이는 지름길이 된다.

펜실베이니아 주립대학교의 아니타 티스(Anita H. Thies) 교수는 목적과 목표의 차이점을 다음과 같이 설명한다.[1)]

> 목표는 목적에서 도출된 진술(*statement*)로서 구체적이고 측정 가능하며 정해진 시간 안에 달성될 수 있도록 설정되어야 한다. 목표는 목적을 달성하기 위한 진로를 결정하는 데 도움이 된다. 목적은 넓고 일반적 진술이며 보통 수량화하거나 시간의 틀로 설정하기 어려우며 진술된 대로 달성하기도 어렵다.

오늘날 많은 조직들이 일반적 조직의 목표를 포함하여 PR 부서와 같은 각 직능단위의 목표를 세우기 위하여 '목표관리'(MBO)를 적용하고 있다. 목표에 의한 관리는 조직 내에서 상급자와 하급자들이 협력하여 목표를 설정하는 절차이다. 예컨대 PR 이사(理事)는 경영진을 대신하고 보도자료 작성담당자, 그래픽 전문가와 그 외의 스태프는 MBO 과정의

1) R. Simon, *Public Relations*(Columbus, OH : Grid Publishing, Inc., 1980) p. 232에서 재인용.

하위급 PR인들이다. 이들은 함께 단기적이고 장기적인 목표를 세우고 작업 단위별 평가절차와 특정 프로그램에 대한 평가절차를 세운다. 그 다음 이러한 절차를 이용하여 이들 상급자와 하급자들이 협조하여 PR 활동을 평가한다. 이들은 또한 평가절차를 수시로 검토하고 수정한다.

그러면 MBO 개념을 PR의 목표설정에 적용했을 때 얻을 수 있는 유리한 점을 살핀 다음 목표설정을 구체적으로 논의하기로 한다.

첫째, MBO에 의한 목적설정을 통해서 얻을 수 있는 유리한 점으로는 우선 문제가 지닌 증상보다는 밑에 깔려 있는 문제의 원인을 밝혀 낼 수 있다는 것이다.[2] 사람들은 문제의 증상과 겉으로 나타난 현상만을 다루는 경향이 있다. 구체적 목표를 이용한다는 것은 문제에 대한 사려 깊은 정의가 필요하다는 것을 의미한다. 구체적 목표가 아닌 광범위한 목적에 토대를 둔 노력은 효과적일 수 없다.

둘째, 구체적 목표는 가시적 PR의 방향을 제공한다. 그래서 이 목표는 조직의 모든 구성원이 무엇을 달성해야 하는지를 이해하며 적절한 시간에 동일 방향으로 힘을 모으는 것을 쉽게 만든다.

셋째, MBO는 적절히 이용되면 최고 경영자의 참여와 문제해결의 우선순위에 대한 합의를 도출해 내는 데 큰 도움이 된다. 각 관리계층은

〈그림 8-1〉 목적과 목표

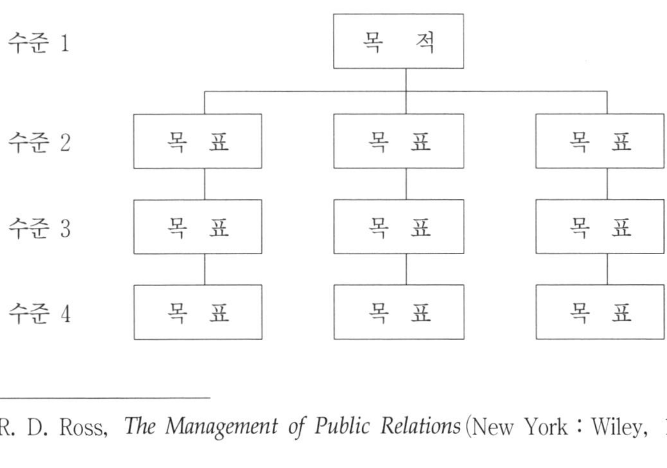

---

2) R. D. Ross, *The Management of Public Relations* (New York : Wiley, 1977).

상위 관리계층의 목표를 토대로 해야 하기 때문에 MBO는 기업의 경영자를 포함한 모든 관리계층의 협조를 내포한다. 만일 높은 계층이 구체적으로 설정된 목표를 갖지 못하면 체제 전체가 허물어지게 된다.

넷째, 사람들은 구체적 목표아래 자신들이 무엇을 해야 하는지 그리고 조직이 달성하려는 것이 무엇인지 알기 때문에 더 열심히 노력하게 된다. 게다가 구체적 목표를 설정하는 데 직접 참여하기 때문에 그들에게 목표를 달성하기 위한 동기가 부여된다.

다섯째, 구체적 목표는 결과의 측정을 쉽게 만든다.

3. 목표의 유형

PR 프로그램의 목표는 대체로 제작물의 양(*output*)을 의미하는 목표와 영향을 의미하는 효과(*outcome*) 목표로 나뉜다.[3] 이 두 유형을 놓고 볼 때 후자가 전자보다 더 중요하다고 하겠다.

1) 제작물 산출목표

제작물 위주의 측정은 프로그램 자료의 제작과 유포를 수량화한 것을 의미하며 낮은 수준의 목표에 해당된다. 이러한 목표는 쉽게 구체화하며 수량화할 수 있다. 그 예로 주요 언론기관에 발송된 보도자료의 수를 들 수 있다. 일부 PR 실무자들 중에는 PR 프로그램의 양적 목표만을 이용하는 실무자들도 있다. 이 경우 유리한 점은 양적 목표는 측정이 쉽다는 것이다. 일단 이러한 목표가 달성되면 실무자는 성공을 주장할 수 있지만 유감스럽게도 프로그램을 통해서 목표 수용자에게 가(加)할 수 있는 실질적 영향력을 알 수가 없다. 따라서 우리는 PR 목표의

---

3) J. Hendrix, *Public Relations Cases* (Belmont : Wadsworth Publishing Co., 1988).

좀더 중요한 수준을 생각해야 한다.

2) 효과목표

효과목표에는 정보, 태도 및 행위 목표의 세 가지 종류가 있다. 이 목표들은 수용자에 대하여 PR 프로그램이 의도하는 효과를 의미한다.

(1) 정보목표

정보목표는 공중에 대한 메시지 노출, 공중의 메시지 이해, 메시지의 수용으로 구성된다. 이러한 목표는 PR 실무자가 어떤 행사나 이벤트를 널리 알릴 때, 지침 또는 운영절차를 알리려 할 때, 또는 어떤 주제에 관하여 수용자를 교육시키고자 할 때 적합하다. 예를 들면,

① (5월 한 달 동안에) 지역사회 주민들에게 회사 현장견학을 실시한다는 계획을 알리는 것(10%).
② 구성원을 대상으로 새로운 공장 안전수칙의 인지도를 높이는 것(3개월 안전 캠페인 기간에 50%를 높임).

(2) 태도목표

태도목표는 수용자가 PR주 또는 조직과 그 조직의 제품이나 서비스에 관하여 느끼고 있는 태도의 변화를 그 목표로 한다. 태도의 변용은 없었던 태도를 새로이 형성시키고, 기존 태도를 보강하거나 기존 태도를 변화시키는 것으로 구성된다. 예를 들면,

① 새로 개점한 백화점에 대한 소비자의 호의적 태도를 창출하는 것(개점 축하 기간 쇼핑하는 25%의 고객을 대상으로).
② 기업이 새로 설치한 정년퇴직 정책에 대한 호의적 태도를 진작시키는 것(한 해 동안 현 구성원의 80%를 대상으로).

위의 예에서 보여준 첫 번째 태도목표는 수용자의 태도가 미처 형성

되지 않은 조직과 행동에만 적용된다. 두 번째 태도목표는 기존 태도의 보강 및 강화에 두고 있다. 어떤 수용자 집단은 어떤 조직에 대하여 비교적 호의적이지만 비판적 태도를 지닌다. 이런 경우 PR은 여러 다양한 행동, 행사 또는 커뮤니케이션을 통하여 호의적 태도를 강화하게 된다.

세 번째 유형의 태도목표는 (보통 부정적) 기존 태도를 변화시키는 것을 말한다. 태도를 바꾸어 놓는 일은 PR 임무 중 가장 힘든 일이다. 기존 태도나 행위를 변화시킨다는 것은 많은 시간을 요하는 작업이며 일반적으로 단기적 PR 캠페인으로서는 달성키 어려운 일이다.

PR의 아버지 격인 아이비 리(Ivy Lee)가 존 록펠러의 이미지를 바꾸어 놓는 데 수년이 걸렸다. 아이비 리는 콜로라도 광부와 그 가족의 죽음에 대한 책임을 지게 된 록펠러의 악마 이미지를 존경받는 박애주의자의 이미지로 바꾸어 놓는 데 성공했다. 많은 PR 실무자들은 개인이나 조직이 지닌 제한된 자원을 생각해 보면 이러한 어마어마한 작업을 '패배할 전투'로 여길 것이다. 그러나 록펠러의 무제한적인 돈으로 마침내 그 임무는 달성되고 만 것이다.

(3) 행위목표

행위목표는 PR주 또는 조직의 행동에 미치는 변화를 의미한다. 태도의 변화와 마찬가지로 행동의 변화는 새로운 행동의 창출, 자극 또는 기존의 호의적 행위의 강화로 구성된다.

① 새로운 행위의 창출

- 새로운 안전 절차의 채택을 확대시키는 것(조직 구성원의 75%를 대상으로 함).
- 50세가 넘은 성인 중 60%를 목표로 정기적 결장암 검사를 받도록 설득하는 것.

② 기존의 긍정적 행위의 강화
- 자동차 안전벨트의 이용을 확대시키는 것(30%).
- 협회 회의에 회원들의 참석률을 높이는 것(50%).

여기서 소개된 목표들은 PR 과정의 첫 단계에서 행한 조사연구 결과를 토대로 설정된다. 앞에서도 언급했듯이 조사연구는 수용자의 정보수준, 태도, 행위 그리고 미디어 이용습관을 토대로 수행되어야 한다. 만일 PR주 또는 관련된 사항에 관한 정보가 빈약하다면 PR 프로그램에서 정보목표가 설정되어야 한다. 만일 PR주에 대한 수용자 태도가 전혀 형성되어 있지 않거나, 약하거나 부정적이라면 PR 실무자는 어떤 유형의 태도 목표를 세울 것인가를 판단해야 한다.

마지막으로 수용자의 행위가 약하거나 부정적일 때 실무자는 적합한 행위목표를 개발하기 위한 틀을 찾아내야 한다. 수용자의 미디어 이용습관에 관한 자료는 프로그램 목표를 설정하는 데 직접적으로 기여하는 것은 아니지만 PR 수행과정 중 커뮤니케이션 단계에서 적절한 미디어 이용도를 판정하는 데 유용할 것이다.

4. 목표를 정할 때 생각해야 할 사항들

1) 커뮤니케이션 효과

우리는 PR의 목표를 설정하는 과정에서 거의 모든 PR 프로그램들이 커뮤니케이션 프로그램이란 점을 명심해야 된다. 따라서 측정해야 할 효과는 커뮤니케이션 효과인 것이다.

일반적으로 PR 실무자와 커뮤니케이션 학자들 사이에는 커뮤니케이션 효과에 관한 커다란 시각의 차이가 있다. PR 실무자들은 일반적으로 매스미디어가 태도와 행위를 변화시키는 커다란 힘을 발휘한다고 믿는다. 그래서 PR 실무자들은 매스미디어의 강한 효과를 전제로 PR 목표를 설정하는 경향을 보인다. 반면에 커뮤니케이션 학자들은 미디어의 효과는 많은 경우에 제한적이며 주로 사람들이 이미 믿고 있는 신념을 강화하는 역할을 한다고 주장한다.[4)]

커뮤니케이션 과학은 물리학이나 화학처럼 순수한 기초과학이 되어본 적이 결코 없었다는 점을 인식해야 한다. 커뮤니케이션 과학은 항상 응용과학이었다. 커뮤니케이션 연구가 가장 깊고 활발한 미국의 경우 연구비는 주로 군대를 지원하고, 사람들에게 금연을 권하며, 텔레비전의 폭력 프로그램이 미치는 효과를 알고 싶어하는 정부 기관들로부터 나왔다. 또한 연구자금은 미디어 자체, 광고 및 PR 기관들, 기업체 그리고 시민집단으로부터 나왔다. 이 연구비 지원단체들은 커뮤니케이션으로 사람들을 설득할 수 있다고 거의 믿고 있었으며 그 설득방법을 발견하기 위해 연구비를 제공했다. 그래서 다년간 커뮤니케이션 학자들은 오로지 커뮤니케이션의 설득적 효과만을 찾았다. 그것은 그들이 발견한 모든 것이었다.[5)]

그러나 1940년대 후반과 1950년대에 매스 커뮤니케이션은 설득효과가 매우 적다는 증거가 나오기 시작했다.[6)] 연구자들은 미디어가 왜 그와 같이 제한적 효과를 내는지를 설명하기 위해서 선별적 노출과 선별적 수용이라는 개념들을 개발했다. 또한 심리학자인 레온 페스틴저(Leon Festinger)는 인지적 부조화이론을 제시했다.[7)] 기존 이론들의 정

---

4) J. T. Klapper, *The Effects of Mass Communication*(New York : The Free Press, 1960).

5) 제임스 그루닉 · 토드 헌트, *Managing Public Relations*, 박기순 · 박정순 · 최윤희 역, 《현대 PR의 이론과 실제》(커뮤니케이션북스, 2005), p. 211에서 재인용.

6) 이러한 연구결과를 보고한 가장 중요한 저서들로는 P. K. Lazarsfeld, B. Berelson, & H. Gaudet, *The Peoples Choice*(New York : Columbia University Press, 1948) ; E. Katz & P. F. Lazarsfeld, *Personal Influence*(Glencoe, IL : Free Press, 1955) 등을 들 수 있다.

7) L. Festinger, *The Theory of Cognitive Dissonance*(Stanford, CA : Stanford University Press, 1957).

보원 → 메시지 → 수용자라는 관계는 페스틴저의 이론을 통하여, 커뮤니케이션은 수용자가 정보원으로부터 메시지를 추구할 때 시작된다는 관계로 바뀌게 되었다.

최근의 커뮤니케이션 연구는 커뮤니케이션 효과가 과거의 그것보다 더 현실적이고 1950년대의 제한효과 이론이 규정한 커뮤니케이션 효과보다 더 강력하다는 사실을 밝혀 냈다. 따라서 실무자는 PR 목표를 설정하는 과정에서 이러한 커뮤니케이션의 효과현상을 고려해야 한다.

커뮤니케이션 효과는 인지적이거나, 태도적이거나 혹은 행동적일 수 있다. 이러한 효과의 대부분은 공중의 특성에 따라서 좌우된다. PR 실무자는 프로그램의 목적을 설정하는 과정에서, 커뮤니케이션에서 행위의 변화에 이르기까지 모든 것을 달성하겠다는 결정을 성급하게 내릴는지 모른다. 혹은 PR 프로그램이 태도나 행동의 변화 없이는 성공할 수 없을 것이라고 믿고 있을는지 모른다.

그러나 커뮤니케이션 효과가 태도에서 행위의 변화로 옮겨감에 따라 그 효과가 점점 더 감소한다는 것을 기억해야 한다. PR 실무자가 목표로 하는 수용자 중 많은 사람이 메시지를 기억하고 인지하며 태도를 갖게 될 것이다. 그러나 그와 같은 인지들은 긍정적일 수도 있고 부정적일 수도 있다. 연구결과에 의하면 캠페인 메시지에 노출된 목표공중 가운데, 행동으로 옮기는 사람은 20%를 넘지 못한다고 한다. 그와 같은 행동들은 긍정적일 수도 있고 부정적일 수도 있다.[8] 따라서 실무자는 PR 목표에 관한 한 현실적이어야 한다. 태도나 행동의 변용을 PR 목표로 선택한다면 더욱 현실적이어야 한다는 말이다.

2) 예산의 고려

목표를 설정하는 데 실무자들은 사용 가능한 돈의 양을 생각해야 한

8) J. E. Grunig, "The Message, Attitude, Behavior Relationship : Communication Behaviors of Organizations", *Communication Research* 9(1982), pp. 163~200.

다. 물론 예산과 성과가 반드시 직접적으로 관련된 것은 아니어서 어떤 상황에서는 작은 규모의 예산이라도 현명하게 쓴다면 놀랄 만한 성과를 올릴 수도 있다.

3) 시간적 요인

시간 또한 목표를 설정하는 데 고려되어야 할 중요한 요소이다. 캠페인에 필요한 시간의 양은 캠페인의 목적과 성격에 좌우된다. 어떤 프로그램은 신속히 총력을 집중하여 비교적 짧은 기간, 즉 구체적으로 정해진 기간 내에 수행되어야 한다. 이와는 달리 전시회나 이벤트를 위한 퍼블리시티라면 시간적 제한이 따른다. 이벤트는 끝나자마자 성공여부가 판가름 나기 때문이다.

그러나 부정적 시각을 바꾸기 위하여 설계된 사업(*project*)이거나 새로운 개념을 널리 홍보하기 위한 사업은 오랜 기간을 필요로 한다. 부정적 태도를 바꾸는 데는 많은 시간이 필요한 것이다. 비호의적 공중의 시각을 바꾸어 놓기 위한 신속한 처방은 찾기 어렵다. 이러한 프로그램을 수행하는 모든 사람은 인내심을 가져야 한다.

사 례

다음은 뉴욕 심장협회가 목적과 구체적 목표에 의거하여 PR 프로그램을 작성한 것이다.

:: 목적 1 심장병에 대한 일반공중의 지식을 높이기 위함

목표 ① 회기년도 말까지 라디오와 텔레비전 방송시간을 25% 증가시키는 것.
목표 ② 회기년도 기간에 영화관의 스폿광고 시간을 100% 증가시키는 것.
목표 ③ 회기년도 기간에 공중과 기업 간행물에 심장병의 여러 측면에 관한 기사를 정기적으로 제공하기 시작함.

:: 목적 2 뉴욕 심장협회의 모든 부서에 프로모션과 퍼블리시티를 지원

목표 ① 회기년도 기간에 지역사회 프로그램의 각 프로그램 담당자에게 최소한 두 개의 퍼블리시티를 지원함.
목표 ② 기금모금 지역에서 모금활동을 위한 서면 프로모션의 지원과 모금활동에 관한 보도자료 작성.
목표 ③ 회사 구성원들의 인지도를 높이기 위한 두 가지 프로젝트를 개발함.

:: 목적 3 뉴욕 심장협회의 목표와 목적에 대한 공중의 지식을 증대시킴

목표 ① 스태프와 자원봉사자들에게 배포할 뉴욕 심장협회에 관한 소책자와 사진첩 제작.
목표 ② 10월 19일에 개최되는 연례회의에서 심장협회의 기금관리에 관한 보고.
목표 ③ 일 년에 6회에 걸친 뉴욕 시내 병원 PR 책임자들과의 정기적 서면 커뮤니케이션의 실시.

:: 목적 4 심장협회의 목표와 목적을 진전시키기 위하여 미디어와 심장협회 간의 협력을 증진시킴

목표 ① 협조적 관계를 진작시키기 위하여 회기년도 기간에 모든 미디어 대표들을 개인적으로 접촉.
목표 ② 9월까지 공공정보 자문위원회를 구성하여 매년 적어도 3회에 걸쳐 회의를 개최함.

제 9 장

커뮤니케이션

1. 집행과 커뮤니케이션

조사연구를 통해 문제가 확인되고 이 문제해결을 위한 목표가 설정된 후의 다음 단계는 집행(*action*)으로 공중에게 알리고 설득하여, 공중의 행동변화를 꾀하기 위한 커뮤니케이션이 필요하다. 따라서 PR에서 커뮤니케이션은 결정된 사항의 실행으로서 PR 목표가 달성되는 과정과 수단을 의미한다. 커뮤니케이션은 보도자료, 기업광고, 기자회견, 특별행사, 사보, 강연, 뉴스레터, 포스터 등과 같은 다양한 형태를 통하여 수행된다.

효과적인 PR 커뮤니케이터가 되기 위해서 PR 실무자는 프로그램의 집행에 필요한 지식은 물론 이의 수행에 동원되는 커뮤니케이션은 무엇으로 구성되며 사람들은 어떻게 메시지를 수용하는가에 관한 충분한 지식을 갖추어야 한다. 또한 실무자로서 사람들이 새로운 아이디어를 채택하는 과정을 이해해야 하며 효율적 커뮤니케이션을 제약하는 장애물로는 어떤 것들이 있는지에 관한 지식도 필요하다.

네이거(Nager)와 알렌(Allen)은 PR 프로그램의 집행을 "PR 부서 또는 PR 부서의 지원을 받은 타 부서가 취한 사회적으로 책임 있는 행동"으로 규정한다.[1] 단순한 PR 프로그램의 커뮤니케이션 측면과는 구별되는

---

1) N. R. Nager & T. H. Allen, *Public Relations Management by Objectives* (New

의미로서 프로그램의 집행은 조직과 공중의 상호이익을 증진시키기 위하여 조직의 정책, 경영절차, 제품, 서비스 및 행동을 변화시키기 위하여 취해진 절차를 의미한다.

그러면 커뮤니케이션이란 무엇인가? 커뮤니케이션은 단어, 문자 또는 메시지에 의한 교환 및 생각과 의견의 상호교환을 의미한다. 다시 말해서 아이디어나 정보의 해석, 전달 및 수용과 같은 상호교환을 커뮤니케이션이라고 한다.

커뮤니케이션을 효과적으로 수행하기 위해서는 송신자와 수신자 모두가 사용하는 상징을 이해해야 하며 그 상징에 유사한 의미를 부여해야 한다. 효율적 커뮤니케이션 현상이 일어날 것인지의 여부에는 여러 요인들이 작용하지만 대부분 송신자와 수신자 사이에 동질성의 정도에 따라 좌우된다.

송신자와 수신자 모두가 나름대로 '경험분야'를 갖고 있다. 이 경험분야는 개인의 태도, 경험, 지식, 환경과 사회·문화적 배경으로 구성된다. 결과적으로 송신자와 수신자의 두 경험분야가 겹치는 부분, 즉 공통성(*commonness*)이 크면 클수록 성공적 커뮤니케이션의 확률이 커진다. 따라서 서로 다른 배경을 지닌 사람들이 성공적 커뮤니케이션을 하기 위해서는 더 많이 노력해야 한다.

목표 수용자에게 영향을 미치기 위해서 메시지는 ① 수용자와 '심리적인 근접성'을 지녀야 하며, ② 연관성이 있어야 한다. 즉, 수용자가 대안들을 평가할 때 그 사람이 내리는 결정과 관련이 있어야 한다. 또한 메시지는 수용자의 관심을 불러일으키고 그로 하여금 반응하도록 해야 한다. 현명한 커뮤니케이터라면 수용자를 단지 수동적 대상으로만 보는 것이 아니라 자신의 목적을 위해서 정보를 선별적으로 이용하는 능동적 대상으로도 본다.

PR 커뮤니케이션은 어떤 행동을 수용하고 이행하기 위한 분위기를 마련해 주는 기능을 수행하는데 이것은 단지 한 요소에 불과한 것이다. 일

York : Longman, 1984).

례로 금연, 안전운전, 마약퇴치 등에 관한 공공 캠페인은 적절한 조치(*engineering*), 법규의 적용(*enforcement*)과 대인적 지원이 수반되어야 한다. 이 모든 요소들이 다 필요한 것이다. 또한 메시지에 반응하기 위해서 사람은 그 반응을 막거나 제한하는 제약으로부터 자유로워야 한다.

송신자에게서 수신자로 전달되는 일방 커뮤니케이션은 단지 정보를 전달할 뿐이다. 이러한 독백은 송신자와 수신자사이의 대화를 형성하는 쌍방 커뮤니케이션에 비해 비효과적이다. 이상적 PR 모형은 쌍방 균형적 커뮤니케이션이다.[2] 즉, 커뮤니케이션이 송신자와 수신자 사이에서 균형을 유지하는 상태이다. 균형모형에서는 설득보다는 이해가 PR 제 1의 목표가 된다. 그렇지만 연구결과를 보면 현실적으로 대부분의 조직들은 목표 수용자와 쌍방 커뮤니케이션을 수행할 때 혼합동기(*mixed motives*)를 갖는 것으로 나타난다.[3] 다시 말해서 조직은 대화를 통하여 어떻게 수용자의 욕구를 충족시킬 수 있을지 알고는 있지만 대화과정에서 흔히 수용자에게 조직의 견해와 입장을 확인시키려는 불균형적(*asymmetrical*) 자세를 보인다는 것이다. 즉 PR의 목표가 쌍방균형을 지향하는 한 이 과정에서 설득을 사용하는 전략이 수용될 수 있다고 본 것이다.

---

2) J. E. Grunig & T. Hunt, *Managing Public Relations*(New York : Holt, Rinehart and Winston, 1984)

3) J. E. Grunig & L. Grunig, Models of Public Relations and Communication. In J. Grunig (ed.), *Excellence in Public Relations and Communication Management* (Hillsdale, NJ: Lawrence Erlbaum Associates, 1992)

2. 커뮤니케이션의 기본 요소

효과적 커뮤니케이션을 원하는 사람이면 과정 중의 여러 가지 기본적 요소들을 고려해야 한다. 이들 중 가장 중요하다고 생각되는 요소들로는 커뮤니케이터, 메시지, 수용자 및 채널을 들 수 있다. 이들을 간략하게 살펴보기로 한다.

1) 커뮤니케이터

커뮤니케이터(PR주)의 신뢰도는 목표 수용자가 지각하는 의도, 믿음성과 전문성에 의하여 결정된다. 높은 신뢰도는 우호적 태도변화를 증대시키고 낮은 신뢰도는 태도변화를 감소시킨다. 커뮤니케이터가 수용자에 의해서 더 많이 알려지고 마음에 들면 들수록 수용자는 커뮤니케이터가 주장하는 방향으로 그의 신념을 바꾸게 된다. 커뮤니케이션과 설득에 관한 미국 예일대학의 실험연구에서 "정보원의 신뢰도는 즉각적 의견변화를 불러오는 중요한 요인이다. 그러나 이러한 커뮤니케이터의 신뢰도 효과는 시간이 경과됨에 따라 감소된다"는 사실을 발견했다.[4] 개인에 의한 커뮤니케이션이 비개인적 정보원보다 훨씬 강력한 영향력을 미친다. 즉, 커뮤니케이터의 이름이 밝혀진 커뮤니케이션이 신문, 잡지 또는 방송에 의한 커뮤니케이션보다 더 강력하다는 것이다.

2) 메시지

클래퍼(J. Klapper)에 의하면 '사실'만으로는 의견의 변화에 영향을 미치지 못하지만 그 사실은 성공적으로 전달될 수 있다.[5] 정보의 전달은

---

4) S. Lowery & M. L. DeFleur, *Milestones in Mass Communication Research* (New York : Longman, 1983), p. 172.

5) S. M. Cutlip, A. H. Center, & G. M. Broom, *Effective Public Relations* (Englewood Cliffs, NJ : Prentice-Hall, Inc., 1985), p. 263에서 재인용.

태도변화에는 한계가 있지만 행동을 진작시키는 데 큰 잠재력을 지닌다. 여러 연구결과에 의하면 커뮤니케이션은 커뮤니케이터의 확실한 입장을 표현하는 진술을 포함할 때, 정보에 대한 욕구가 이미 유발되었을 때, 동의하는 자료와 동의하지 않는 자료가 동시에 제공될 때 그리고 원하고 있던 자료가 제일 먼저 제시될 때 훨씬 더 효과적이라고 한다. 메시지의 반복은 그 메시지의 수용가능성을 높이지만 그 반복의 횟수는 세네 번 정도일 때 최대의 수용가능성을 지닌다.

3) 수용자

사람들이 어떤 쟁점에 대하여 흥미를 느끼면 느낄수록 그들은 그 쟁점에 대하여 일관성 있는 입장을 취하는 경향이 있다. PR에서는 이런 사람들을 공중으로 부른다고 했다. 사람이 어떤 입장을 견지하면 이러한 입장은 태도나 행위변화의 장애물이 된다.

어떤 쟁점에 관심이 적은 사람들은 약한 의견과 신념을 지니게 되어 그 신념이 변화될 가능성이 높다. 사람이 압력을 받게 되면 그럴수록 그 사람의 의견은 '설득적 캠페인' 동안 안정성을 잃게 된다. 압력을 받은 사람은 그 사람이 좋아하는 집단의 태도를 수용하여 그 태도를 취하는 경향이 있어 '침묵의 소용돌이' 현상이 발생된다.[6]

사람들은 자신의 선유경향과 부합되는 메시지를 더 선호하는 경향을 지닌다. 베렐손(Berelson)과 스타이너(Steiner)는 "사람들이 어떤 주제에 관심이 크면 클수록 그 주제에 주목한다"고 주장한다.[7] 메시지는 수용자의 선유경향, 희망, 태도, 욕구, 기대와 부합될 때 그 수용자에 의해

---

6) 침묵의 소용돌이 이론은 1974년 독일학자 엘리자베스 노엘노이만(Elisabeth Noelle-Neumann)이 발표한 이론으로 매스미디어가 어떤 의견을 지배적인 것으로 내세우면 그와 반대의 의견을 가진 사람들은 침묵을 지키게 됨으로써 매스미디어의 의견이 지배적 여론으로 형성된다는 것이 이 이론의 요체이다.

7) B. Berelson & G. Steiner, *Human Behavior : An Inventory of Scientific Findings* (New York : Harcourt Brace Jovanovich, 1964).

서 지각된다는 것이다.

또 다른 결론 중 하나는 시청자나 독자의 커뮤니케이션 상황이 메시지 내용보다 훨씬 더 중요한 커뮤니케이션 결정요인이라는 점이다. 그 예로 그루닉은 과학기사의 내용이 그 독자가 지각한 상황과 얼마나 연관성이 있느냐의 여부가 기사의 스타일보다 훨씬 더 중요하다는 사실을 밝혀 냈다.[8] 오늘날의 수용자는 설득적 커뮤니케이션 앞에 수동적이지도 않으며 무기력하지도 않다. 메시지 수용은 수용자의 통제권 안에 있는 것이다.

4) 채널

커뮤니케이션 채널은 메시지가 전달되는 통로이며 공적 매체 또는 사적 매체일 수 있으며 조직 내 매체 또는 조직 외 매체일 수 있다. PR 실무자는 목표 수용자와 메시지를 파악함으로써 적절한 채널을 선택할 수 있다. 외부 수용자를 위한 커뮤니케이션 채널은 신문과 잡지, 텔레비전과 라디오가 주를 이루며 이외에도 포스터, 게시판, 전단, 영화, 무역박람회, 전시회 등도 이에 포함된다. 한편 내부 수용자를 위한 채널은 사보와 뉴스레터, 폐쇄회로 텔레비전 프로그램, 비디오테이프, 연설, 회의, 조직 내 전시회, 포스터, 전단, 메모 등이 이에 해당된다. 이처럼 다양한 커뮤니케이션 채널은 PR의 기능상 전자를 비통제 매체(*uncontrolled media*), 후자를 통제된 매체(*controlled media*)로 구분할 수 있다.

비통제 매체를 이용한다 함은 PR주 또는 조직에 관한 뉴스를 대중매체나 특수 매체를 통해서 커뮤니케이션하는 것을 의미한다. 구체적으로 이러한 매체의 편집자들은 비통제 매체를 이용한 PR 실무자들에게 목표공중이 된다. 이러한 형태의 커뮤니케이션을 이용하는 목적은 PR

---

8) J. E. Grunig, "Three Stopping Experiments on the Communication of Science", *Journalism Quarterly* 51(1974), p. 399.

주의 활동과 행사에 관한 우호적 뉴스보도를 위한 것이다. PR주의 뉴스를 매체에 전달하는 데 이용되는 기본적 포맷으로는 보도자료, 피처스토리, 사진, 기자회견 등이 해당된다.

그러면 미디어를 어떻게 선택할 것인가? 여러분은 PR 실무자로서 통제 미디어 혹은 비통제 미디어를 선택하는 과정에서 시간, 창의력, 돈을 투자하기 전에 각 매체의 장단점을 측정해 봐야 한다. 퍼블리시티나 광고의 목표가 되는 수용자가 그 퍼블리시티나 광고에 반드시 주목하거나 반응을 보일 것이라는 보증은 없는 것이다. 그러나 프로그램을 계획하는 과정에 주의를 기울이면 기울일수록 성공률은 높아질 수 있다. 적합한 매체를 선택하는 과정에서는 다음과 같은 사항들을 점검해야 한다.

(1) 어떤 수용자를 목표로 하고, 그 수용자가 이용하는 매체에 관한 연구결과는 어떠하며, 각 매체의 신뢰도는 어떠한가?
(2) 어느 매체가 가장 적은 비용으로 목표 수용자를 가장 광범위하게 도달하는가?
(3) 언제 이 수용자에게 도달하기 원하며, 언제 이 수용자로부터 메시지에 대한 반응을 필요로 하나?
(4) 비용이 얼마나 필요하며 여러분이 사용할 수 있는 비용의 범위는 어느 정도인가?
(5) 하나의 매체만 사용해야 하나, 그렇지 않다면 어느 매체를 서로 보완적으로 사용할 것인가, 필요하다면 매체의 배합(*media mix*)이 바람직한가?(매체 전략에 관한 구체적 논의는 제 13장 참조).

사 례

캠벨 수프(Campbell Soup)의 미디어 이벤트 '수프의 달'(*national soup month*)은 캠벨 수프사의 커뮤니케이션 센터가 계획하여 시행한 특별 이벤트였다.

1. 조사연구

조사의 목표는 추운 기후가 계속되고 모든 수프 판매고가 최고조에 달하는 수개월 동안 캠벨 수프(Campbell Soup)에 관한 소비자의 관심을 높이고 구매량을 늘리기 위한 방법을 찾는 것이다.

이 수프의 시장 점유율은 50%를 넘고 있지만 겨울 판매고는 몇 년 동안 답보상태였다. 조사연구에 의하면 목표 소비자는 여성이고 연령분포는 18~80세로, 젊은 엄마에서 할머니에 이르는 분포였다. 또한 그 연구를 통해서 목표 소비자는 수프를 기본적 건강식품으로 생각하는 것으로 나타났다.

게다가 커뮤니케이션 센터는 기존 마케팅 연구결과를 점검하여 PR 계획을 설정하는 데 도움이 될 데이터를 발견할 수 있었다. 첫째, 1월은 전통적으로 수프의 소비가 가장 많은 달이다. 둘째, 모든 소비자들은 건강에 좋다고 생각되는 식품에 가장 높은 관심이 있다. 마지막으로 미국 전역에 걸쳐서 지역적으로 특징적인 요리에 대한 관심이 점점 늘어나고 있다.

미디어에 상표를 부각시킬 기회를 찾아보았다. 두 가지 가능성이 나타났다. 그 회사의 건강한 인상을 제공하는 상징이다. 아직도 널리 인정받고 있는 캠벨 아이들(Campbell Kids)이 1984년에 80살이 되었다. 그리고 판매고가 가장 높은 두 가지 수프인 버섯크림과 닭국물 국수가 1984년에 50살이 되었다.

2. 계 획

위에 제시한 정보를 이용하여 커뮤니케이션 센터는 주요 목표를 다음과 같이 설정했다. ① 겨울 동안 최대의 자극을 유발하기 위하여 이 모든 정보를 통합할 이벤트를 찾는다. ② 판매고가 높은 기간에 이러한 반복된 자극과 상품의 배치를 통하여 목표 마켓에 접근한다. ③ '널리 알려진 수프는 좋은 식품'이라는 광고 캠페인과 연구결과를 기초로 한 수프의 혜택을 강조하는 퍼블리시티와 접목한다. 이러한 목표로부터 개발된 계획인 전국 수프의 달(*national soup month*)의 탄생은 PR·퍼블리시티 노력에 토대를 두고 광고와 프로모션의 지원을 받는 것으로 구성되었다. 이 계획은 소비자의 인지를 높이고 구매행위를 자극하기 위하여 각 부분마다 서로 보완하는 통합적 접근방법으로서 수프 사업본부로 넘어갔다. 전체예산은 20만 달러인데 이 중 15만 달러가 PR에 할당되었다.

3. 시행

1월 수프의 달을 전국적으로 널리 알리기 위하여 7월에 홍보활동을 시작했다. 홍보활동은 주로 라디오, 텔레비전과 신문을 이용하였고 잡지는 별로 이용하지 않았다. 라디오, 텔레비전과 신문을 통하여 그러한 이벤트에서 상품의 언급이 더 쉬울 것이라고 생각되었다. 일반 잡지가 수프에 관한 보도를 하도록 커뮤니케이션 센터는 캠벨 아이들을 뉴욕으로 데려가 여러 날 동안 1월이 전국 수프의 달임을 알리는 통조림통을 이용한 장난감 초청장을 나누어주었고, 1984년 1월 11일 주요 식품잡지 편집자들을 캠벨 아이들 생일파티에 초대했다. 겨울호에 사용할 수 있도록 특별하게 발표된 요리법을 여러 잡지사에 제공했다.

1월을 전국 수프의 달로 지정하기 위하여 커뮤니케이션 센터는 두 가지 일을 했다. 캠벨 수프 사가 스폰서가 되어 1월을 이벤트의 달로 등록했으며, 50개 주지사들에게 수프 사업본부장의 인사장을 발송했는데 이 인사장에는 캠벨사가 각 주의 경제를 위해서 한 일에 대한 정보가 들어 있고 각 주의 역사와 농업을 고려하여 개발된 수프 요리법을 포함시켰다. 11월에 이 요리법은 또한 지역신문에 보도자료로서 배포되었다.

전국에 흩어져 있는 계열회사의 지원을 북돋기 위하여 수프의 달 우표를 발행하여 모든 영업부서에서 사용하도록 했다. 수프의 달 깃발을 26개 캠벨 공장에 게양토록 했으며 수프의 달 단추를 고객용으로 만들었다.

캠벨 아이들과 80주년의 역사를 강조하는 비디오 릴리스를 만들어 텔레비전 방송국에 배포했다. 그리고 그 회사와 아이들에 관하여 소개하는 〈Hour Magazine〉 프로그램을 이용하기로 했다. 이미 1월 행사에 참여하기로 되어 있는 두 명의 미디어 대변인을 고용하여 그들에게 수프의 역사적 사실과 과학적 연구결과를 포함한 전국 수프의 달 행사에 관한 정보를 넘겨주어 방송에 이용하도록 했다. 그리고 추수감사절 퍼레이드에 등장하는 동안 생일과 전국 수프의 달에 관한 소식이 방송되도록 주선했다.

커뮤니케이션 센터는 겨울철의 수프와 캠벨 아이들에 관한 정보를 개발하여 NBC 〈Today Show〉 프로그램 담당자에게 보내서 방영하게 했다. 라디오 스크립트에는 전국 수프의 달에 관한 멘트를 포함시켰고 "50년 전 미국에서 일어난 일" 시리즈 프로그램이 개발되었는데 그 프로그램에 수프 행사에 관한 멘트를 포함시킬 수 있었다. ABC 라디오 방송국과 수프에 관한 '재미있는 사실'에 대해 인터뷰할 기회를 얻어냈다. 주요 신문사 식품 편집자 및 라이프 스타일 편집자에게 캠벨 아이들의 라이프 스타일에 관한 기사를 발송했으며 주요 신문사 식품 편집자에게 생일기념 수프요리법을 배포했다. 그리고 1월 11일 캠벨 아이들 생일에 실릴 두 페이지 광고를 USA Today에 내기로 했다.

일곱 개 주에서 11월과 1월에 특별 지역행사들을 치르기로 했다. 뉴욕 캠벨 아이들 생일파티에 약 백 명의 언론인들이 참석했고 본사에서 개최된 캠벨 아이들 생일파티에 천 2백 명의 구성원이 참석했다. 다섯 개 방송국과 AP와 UPI 통신사가 이 행사를 기사로 다루었다.

4. 평 가

수프의 매상이 가장 높은 계절에 판매고를 높이기 위하여 행사를 마련하는 것은 매우 성공률이 높은 것이다. 여러 해만에 처음으로 판매고가 거의 10% 증가되었고 벌써 다음 해의 수프의 달 축하행사가 계획되고 있다. 40개 주를 대표하는 주지사들이 수프의 달 선언서에 서명했다. 행사에 관한 기사를 취급한 신문의 부수는 총 3천 622만 1,631에 달하는데, 이 중 약 50%는 상표의 이름을 언급하였다. 텔레비전 보도는 841만 5천 명 시청자에게 도달되었는데 상표의 이름이 100% 언급되었고 라디오 수용자는 2억 8천 926만 2천 명이었다.

제10장

평가

1. 평가의 적용

PR의 효과는 입증할 수 있는 대상인가? 이러한 의문은 PR 분야의 가장 큰 문제 중 하나였다. 최초의 전문적 PR 대행사를 설립한 바 있는 아이비 리는 한때 자기가 하고 있는 일을 규정할 수 없는 것이며 측정 불가능한 일이라고 믿었다.

그러나 PR의 개척자인 버네이스는 PR은 응용 사회과학의 한 분야이며 모든 다른 과학과 마찬가지로 그 결과를 정확하게 평가할 수 있다고 굳게 믿었다. 만일 공중의 태도를 정확히 파악하고 PR 문제를 주의 깊게 조사하고, 목표를 구체적으로 설정하여 커뮤니케이션을 적절히 수행한다면 이에 대한 결과는 정확하게 측정될 수 있다는 것이다.

평가는 설정된 목표의 수행결과에 대한 측정이다. 평가는 실무자들로 하여금 어떤 문제가 심각한 것으로 발전되기 전에 위험신호를 포착하도록 도와주며 실무자들의 가치를 입증해 준다. 또한 평가는 실무자들에 대한 PR주의 신뢰감을 갖도록 해준다.

미국 PR 협회 회장을 지낸 바 있는 프랭크 와일리(Frank W. Wylie)는 '평가'에 관하여 다음과 같이 기술한다.

> 우리는 구체적 PR 목표의 달성과정을 순서대로 평가하는 것을 말하고 있는 것이다. 우리는 수행과정에서 우리가 올바르게 한 것, 우리가

잘못한 것, 우리가 진척시킨 것 그리고 우리가 다음에 어떻게 해야 하는가를 파악하려 하는 것이다.[1]

이와 같이 다음 기회에 더 나은 PR을 해야겠다는 희망이 PR 활동을 평가하는 가장 큰 이유가 된다. 그러나 이에 못지않게 중요한 이유는 PR주와 PR 실무자들에 의하여 널리 채택되는 목표관리(MBO) 접근법 때문이다. 그들은 PR에 들어간 돈, 시간, 노력이 잘 쓰여져 조직이 정한 목표의 실현에 얼마나 기여했는지 알고 싶어한다.

평가과정은 별개의 단계로 취급되어서는 안 된다. 평가는 PR 과정 중 여러 단계, 즉 계획 단계, 중간점검 단계 및 결과에 대한 분석 등 어느 단계에서나 적용되는 과정으로 생각하는 것이 더 정확하며 유용한 것이다(〈그림 10-1〉). 다시 말해서 최종결과를 평가하는 것 외에 필요하다면 프로그램 설계, 집행 및 프로그램 목표설정 단계에서 평가가 적용되는 것이다. 이처럼 평가과정은 PR 프로그램의 모든 단계에 지속적으로 적용된다.

〈그림 10-1〉 PR 수행과정의 평가적용

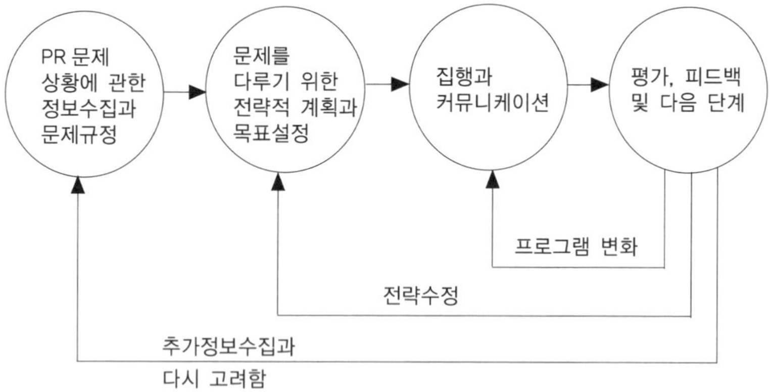

1) D. L. Wilcox, P. H. Ault, & W. K. Agee, *Public Relations : Strategies & Tactics*(New York : Harper & Row, 1986), p. 188.

2. 평가의 선행조건

어떤 PR 프로그램이든 평가를 받기 전에 우선 명확하고 측정 가능하게 설정된 목표가 있어야 한다. 이것은 앞에서 말한 대로 프로그램 계획의 일부분이 되어야 한다. 구체적 목표가 없는 프로그램을 평가한다는 것은 비실용적인 일이다.

PR 프로그램의 목표와 평가기준은 서로 부합되어야 한다. 만일 PR 목표가 '~의 인지도를 높이는 것', '~에 관하여 소비자를 교육시키는 것', 또는 '~에 대하여 수용자에게 알리는 것'이라면, 이의 측정을 통하여 정보가 얼마나 성공적으로 목표 수용자에게 전달되었는지를 보여주어야 한다. 만일 PR 목표가 '~의 참가자 수를 늘이는 것' 또는 '~에 관한 태도를 변용시키는 것'이라면 측정은 좀 어려워진다. 일례로 PR 목표가 태도의 변용이라면 태도의 변화를 측정하기 위하여 PR이 시행되기 전과 후에 조사연구가 행해져야 한다. 만일 PR 목표가 판매를 늘리거나 시장 점유율을 높이기 위한 것이라면 광고나 마케팅이 아닌 PR이 직접 증대의 원인이 되었다는 점을 보여주어야 한다. 어떤 경우이든 PR 실무자는 PR 활동의 성공여부를 측정할 수 있는 구체적 목표를 설정해야 한다.

그러나 한국의 경우 PR주 측에서는 PR 효과의 측정에 관한 관심은 많으나 측정을 위한 예산의 지출은 주저한다. 대부분의 PR 실무자들이 평가에 관한 전문지식이 부족하거나 체계적 분석을 위한 시간이 부족한 이유 등으로 평가작업을 해내지 못하고 있다. 국내의 PR 전문회사마저도 PR 효과를 과학적으로 측정하기 위한 전문성이 부족한 상황이다.

한편 미국 PR 협회는 1982년부터 PR 경연대회에 참가하는 참가자의 PR 프로그램에 프로그램 평가과정을 상세히 논의할 것을 요구했다. 이러한 새로운 조치는 1980년도 PR 경연대회에 접수된 프로그램 중 70%가 결과의 측정에 관한 논의가 없는 데서 비롯된 것이다.

PR 프로그램의 평가를 강조하게 된 것 또한 경영진이 PR 활동에 쓰인 비용에 대한 책임을 요구하는 데서 비롯된 것이다. 그리고 경영진은 점점 더 PR 실무자에게 측정 가능한 결과를 요구하며, 그 결과가 투입된 비용을 충족시키는 것인지의 여부를 확인하고 싶어한다.

평가연구의 요구가 늘어난 또 다른 요인으로는 관리자들의 '결과 지향적' 철학에서 기인한다. 오토 러빈저(Otto Lerbinger) 교수가 말하듯이 "결과의 평가는 관리분야에서 MBO 개념의 개발 및 적용 때문에 점점 더 중요시되고 있다."[2] 그리고 평가과정은 어떤 사항을 '증명'하기 위해서가 아니고 수행된 일과, 왜 그렇게 수행되었는지를 알기 위하여 이용된다.

다음의 사항들은 실무자가 평가과정에서 물어야 할 가장 중요한 문항들이다.

① 프로그램은 적합하게 계획되었나?
② 메시지 수용자는 메시지를 이해했는가?
③ 프로그램 전략은 어떻게 하면 더 효과적일 수 있었는가?
④ 제 1차 및 2차 공중들 모두에게 메시지가 전달되었나?
⑤ 퍼블리시티는 계획한 대로 이루어졌는가?
⑥ 예상치 않았던 어떤 상황이 프로그램의 시행에 영향을 미쳤나?
⑦ 프로그램은 예산범위 내에서 수행되었나?
⑧ 앞으로의 성공적 프로그램 수행을 위해서 취해야 할 조치는 어떤 것인가?

---

2) S. M. Cutlip, A. H. Center, & G. M. Broom, *Effective Public Relations* (Englewood Cliffs, NJ : Prentice-Hall, Inc., 1985), p. 290에서 재인용.

3. 평가방법

1) 제작물 측정

이 평가방법은 단순히 얼마나 많은 보도자료, 피처스토리, 사진, 서신 등이 주어진 시간에 작성 및 제작되었는지를 실적 위주(*output*)로 세는 것이다. 이런 종류의 평가는 경영자에게 PR 스태프의 업무이행 중 일부분을 보여주는 역할을 한다. 그러나 이 방법은 PR 업무의 질보다는 양을 강조하기 때문에 의미 있는 평가방법이라고 할 수 없다.

또 다른 평가방법은 PR 실무자가 미디어에서 얻어내야 할 것을 사전에 구체화하는 경우이다. 즉, 6개 중앙지에 4편의 기사를 실어야 한다든지, 발표문이 적어도 4개 중앙지에 게재되어야 한다는 것 등이 있을 수 있는데 이러한 평가기준은 비현실적일 뿐 아니라 거의 불가능한 일이다. 왜냐하면 게재 결정을 내리는 사람은 미디어 게이트키퍼인 기자들이기 때문이다.

그래서 PR 부서는 총 5백 가지 보도자료를 1년에 10개 일간지, 15개 주간지, 20개 잡지에 배포했다거나, 연례보고서 10만 부를 주주 및 관계자들에게 배포했다는 사후보고를 할 수 있다. 그러나 이러한 숫자는 특정 퍼블리시티가 얼마나 널리 배포되었는지를 평가하는 데는 쓸모 있지만 독자 수 또는 더 중요한 것으로 태도변화에 관한 질문에는 답하지 못한다.

2) 메시지 측정

(1) 메시지 노출 측정

보도측정의 가장 흔한 방법은 프레스 클리핑(신문에서 오려낸 것)을 수집하는 것이다. 대개의 PR부는 비서나 실무자 중 한 사람이 규칙적으로 신문에 난 기사를 오려 모으는 일을 맡는다.

기업들 중에는 클리핑만을 전담하는 회사를 고용하여 그 기업에 관한 기사와 방송내용을 수집하게 한다. 이렇게 프레스 클리핑을 체계적으로 모으는 목적은 신문·방송용 발표문, 배경설명용 킷(*kits*), 사진 등이 미디어에서 사용되었는지의 여부를 알기 위함이다. PR 부서는 이렇게 하여 퍼블리시티 노력의 결과를 보여주는 클리핑을 정리한 스크랩북을 만드는 것이 보통이다. PR 실무자는 주(週) 또는 월(月) 단위로 수뇌 경영진에게 클리핑을 제시하여 그들로 하여금 회사에 관하여 보도된 것이 무엇인지 알도록 한다. 그리고 인터넷의 경우 홈페이지에 방문한 횟수가 메시지 노출측정의 기초가 된다.

프레스 클리핑과 방송멘트를 수집하여 만든 두툼한 묶음이 보기에는 인상적일지 모르지만 이것은 단지 그 조직의 보도자료를 기자가 얼마나 받아들였나를 알리는 것에 불과한 것이다. 프레스 클리핑은 얼마나 많은 사람들이 실제 그 기사를 읽었으며 더욱 중요한 것은 얼마나 많은 사람들이 그 기사를 이해했거나 태도변화를 가져왔는지는 알리지 못한다.

또한 메시지의 노출은 추가정보를 요청하는 편지나 전화의 횟수를 세어 판별할 수 있다. 일반잡지, 기관지 또는 전문잡지들은 독자들이 특정 제품에 관한 정보를 추가로 요청할 수 있도록 카드를 끼워서 배포한다.

신문에 실린 기사에는 회사의 이름이 포함되어 있어 독자들이 정보를 추가로 요청할 수 있다. 방송의 경우에 회사 대표자가 제품을 소개한 다음 시청자들에게 그 제품에 관한 책자나 그 외의 정보를 어떻게 얻을 수 있는지 알려준다.

(2) 메시지의 정확성 측정

메시지가 중요한 사항을 정확히 전달하고 있는지의 여부를 판별하는 방법은 그 메시지가 조직의 목표를 얼마나 잘 대변하는지를 측정하는 것이다. 어떤 조직의 목적이 판매고를 올리거나, 그 조직에 대한 시민들의 태도를 변용시키기 위한 것이라면 효율적 평가는 이러한 목표의 성취도를 바탕으로 해야 한다.

그 예로 케첨(Ketchum) PR 대행사는 5년 동안 판매실적이 부진했던 캘리포니아 자두협회를 대행하여 4%의 판매고를 올리는 결과를 가져왔다. 케첨의 PR 목표는 광고부와 협력하여 자두의 판매고를 올리는 것이었다. 전략은 자두의 유익성에 관한 캠페인을 통하여 25세에서 49세 여성들 사이에 긍정적 인식을 갖도록 하는 것이었다. 케첨은 자두를 건강식품으로 소개하는 과정에서 중요한 점들을 미디어 퍼블리시티를 통하여 정확하게 확신시킴으로써 그 목적을 달성할 수 있었다.

메시지의 정확성을 판별하는 또 다른 접근방법은 수용자들의 지식수준을 파악하는 것이다. 이러한 측정의 목적은 이해도를 측정하는 것이지, 수용자가 어떤 메시지나 계획에 동의 또는 동의하지 않느냐를 측정하기 위한 것이 아니다. 선다형 질문을 이용하여 수용자에게 단순히 조직의 구체적 개념과 이미지의 부합성을 물을 수 있다. 그 예로 태평양회사가 예술 부문의 적극적 지원자로 포지션하기 원한다면 다음과 같은 선다형 질문을 이용할 수 있다.

어느 회사가 한국방송공사의 "예술극장" 프로그램을 지원하고 있나?

① A 회사　② 태평양 회사　③ B 회사　④ C 회사

또한 개방형 질문을 이용하여 어떤 특정 쟁점에 관하여 회사가 지니고 있는 입장을 사람들에게 물어서 파악할 수도 있다. 정치 후보자들은 구체적 쟁점에 대한 그 후보자의 입장을 유권자들이 아는지를 판단하기 위하여 이러한 종류의 조사를 수행한다.

(3) 메시지 수용 측정

지금까지 수용자의 메시지에 대한 노출과 메시지의 정확한 확산을 측정하는 테크닉을 논의했다. 그러나 PR 실무자에게는 목표 수용자가 그 메시지를 수용했는지를 파악하는 것 또한 중요한 일이다. 수용자는 그 정보에 동의하는가? 수용자의 메시지 수용은 사실적 정보의 이해라기보다는 태도형성과 더 관련이 있는 경우가 많다. 사람들은 어떤 A 회사가 예술진흥 부문을 많이 지원하고 있다는 사실은 알지만 그 회사가 사회적 책임을 수행하는 회사라는 점에 동의할 수도 있고 하지 않을 수도 있다. 여기서 사회적 책임의 수행이야말로 그 회사가 그러한 지원을 통해서 널리 알리고 싶어하는 것이다. 이러한 조사는 서베이나 면접을 이용하여 수용자들에게 의견을 물어 그 의견에 동의하는지의 여부를 확인하여 측정한다. 가장 흔히 쓰이는 기법은 리커트 척도(*Likert Scale*) 인데 응답자로 하여금 질문지의 의견진술에 동의의 범위를 지적하도록 한다.

> 태평양 회사는 한국의 예술진흥에 크게 기여하며 사회적 책임을 다하는 기업이다.
>
> ① 아주 동의함 ② 동의함 ③ 중립 ④ 동의 안 함 ⑤ 전혀 동의 안 함

이러한 조사결과에 따라 그 회사는 시민들간의 메시지 수용정도를 높이기 위하여 더 많은 PR 노력이 필요하다는 점을 알아낼 수 있다. 만일 사람들이 의견진술에 동의한다면 그 메시지의 보강작업만이 필요하게 된다.

3) 태도변용 측정

사람의 지각과 의견을 변화시키기 위하여 설계된 PR 노력을 평가한다는 것은 메시지의 수용정도를 판별하는 것보다 훨씬 어려운 작업이다. 태도변용 측정은 기본적으로 PR 캠페인 전과 후에 수행하여 정보의 확산과 퍼블리시티가 태도에 얼마만큼의 변화(*outcome*)를 주었는지를 밝혀 내는 작업이다. 물론 태도변용 측정과정에서 여러 중개(仲介) 변인의 개입이 있을 수 있으나 통계적 변량분석을 통하여 태도변용이 어느 정도로 PR 캠페인으로부터 비롯된 것임을 밝혀 낼 수 있다.

4) 행위 측정

PR 노력의 궁극적 목적은 어떤 일이 발생하도록 하는 것이다. 영화관 PR 목적은 언론의 퍼블리시티를 얻기 위함이 아니라 많은 입장권을 팔기 위함이다. 제조회사의 목적은 제품을 많이 팔기 위한 것이며 PR을 통하여 친선을 도모함은 이 목적을 달성키 위한 한 방법이 된다.

PR 노력은 결국 그 PR 노력이 어떻게 조직의 목표를 달성하는 데 도움이 되었나의 여부로 평가된다. 행동의 변화는 사람들이 그들의 개인적 행동패턴을 바꾸었는지를 판별하기 위한 조사를 통해서도 밝혀진다. 즉, 다음과 같은 것들이다.

그들은 담배를 끊게 되었는가?
그들은 매년 신체검사를 받기로 마음을 굳혔나?
그들은 음주의 양을 줄이기로 했나?
좀더 조심스럽게 운전하고 있는가?

4

PR 전략과 관리

PR의 전략은 프로그램을 조정해 주고, 안내하며, 아이디어와 전술적 프로그램을 받쳐 주는 이론적 설명이다. 전략은 조직 내 · 외 상황에 관한 정보분석을 통하여 포착되는 쟁점의 영향을 받는다. 전략은 실무자 여러분을 지금 있는 곳에서 가고 싶은 곳으로 안내해 주는 원리가 된다.

제 11 장

언론과의 관계

1. PR 실무자는 중재인

PR 실무자와 언론과의 관계는 주로 소속된 조직의 활동이나 PR주(실무자가 PR 대행사에 소속되어 있다면)의 활동에 관한 적절한 퍼블리시티나 뉴스보도를 확보하는 것으로 구성된다. 원래 PR 분야는 퍼블리시티로 시작해서 오랫동안 PR이 퍼블리시티인 것처럼 간주되었다. 이처럼 대 언론관계는 PR의 중요한 영역을 차지하고 있다.

언론과의 관계는 PR주나 기업에 관한 커뮤니케이션을 위해서 대중매체와 특수매체의 게이트키퍼들을 일차적 목표로 하는데 이들은 중간 수용자에 해당된다고 하겠다. 그러나 언론과의 관계에서 궁극적 목표 수용자는 미디어 이용자들이다.

PR이 20세기 초에 등장한 이후 PR 실무자와 언론인의 관계에서 이들은 상호의존적 관계를 유지하다가 대립적 관계이거나 때로는 각자의 이익을 위해 협력하는 동료의 역할을 했다. 기업이나 정치 · 사회기관의 PR 실무자들은 우수한 자원과 뉴스 통제력으로 매체에 영향을 미치기도 하지만 때로는 매체의 보도관행 때문에 정보를 공중에게 전달하지 못하여 실망하기도 한다. 시간과 상황에 따라서 이러한 매체와 PR 실무자의 관계는 우호적 관계를 갖다가 때로는 대립적 관계를 갖기도 한다. 결과적으로 이 관계는 쉽지 않은 관계로서 중재자(*mediator*)의 기술을 요하는 관계이다.

PR 실무자와 언론인과의 관계의 기본 원리는 상호신뢰와 상호이익 추구에 그 토대를 둔다. PR 실무자는 중재역할을 효율적으로 수행하기 위해서 우선 자기가 속한 조직(또는 대행하는 PR주)과 매체의 신뢰를 확보해야 한다. 그러나 조직의 이익과 언론인들의 뉴스가치 기준이 충돌하기 때문에 신뢰의 확보가 쉬운 일이 아니다. 따라서 언론기관과 PR주(또는 조직) 사이에서 중재역할을 한다는 것은 PR 실무자들이 겪어야 하는 힘든 일들 중 하나이기도 하다.

조직은 일반적으로 설정한 목표를 추진하는 데 도움이 되는 언론의 우호적 뉴스보도를 원한다. 한편 언론기관은 독자와 시청자에게 새롭고 흥미로운 뉴스를 제공하려고 노력한다. 그렇지만 어떤 특정 PR주의 명분(*cause*)을 진작시키려고 노력하는 PR 실무자와 공중의 견해를 반영하려고 노력하는 언론인들 사이의 상호작용 과정에서 일어나는 갈등은 자연스러운 현상이다.

실무자는 좀더 많은 지면을 얻기 위한 노력에서 보도자료(매체에게는 별 뉴스가치가 없는)를 남발하여 언론인들과 불화를 빚기도 하지만 매체의 뉴스가치만이 유일한 불화나 불신의 원인은 아니다. 미디어의 인력부족, 오늘날 복잡한 사회의 제반 현상을 보도하는 데 필요한 전문성의 부족도 이러한 문제의 한 원인이 된다. 또는 방송시간과 신문 지면의 제한으로 인하여 기사는 압축되어야 하며 내용은 이 과정에서 왜곡되기 쉬운 것이다.

여기서 잠깐 모 대기업 홍보실에서 근무했던 PR 실무자의 경험담을 들어보자.[1)]

> … 나는 선배들로부터 기자들을 대하는 요령들을 교육받았지만, 어느 기자에게도 딱 들어맞는 이론은 없었다. 기자는 길들여지는 사람들이 아니다. 사람은 사람을 완전히 길들일 수는 없다. 누구나 알고 있듯이 사람과 만남은 직업을 초월할 수 있다.
>
> … 기자와 홍보실 사람과의 관계는 악어와 악어새 같은 존재다. 서

1) 오세영, 《홍보실 사람들》(지성사, 1995), pp. 226~229.

로가 상대방에 의해 존재한다. 기자라는 사람은 세상 천지에서 일어나는 온갖 사건을 다 알아야 한다. 그렇지만 그들도 인간이니 모든 기사를 혼자 알아낼 수는 없다. 그래서 출입처란 곳의 홍보실 사람들에게 기삿거리를 제공받는다. 여기까지만 살펴보면 홍보실 사람이 기자들에게 고개 숙일 이유는 없다. 오히려 기자들은 "저에게 좋은 기사 하나만 주세요"라고 부탁해야 할 판이다.

이러한 불가피한 애증(愛憎) 관계의 밑바닥에는 기업조직과 매체의 상이한 시각과 이해관계가 도사리고 있지만 조직과 PR 실무자들을 위한 건전한 접근법은 언론 관계를 하나의 투자행위로 보는 것이다. 언론 관계는 적절한 보도목표를 달성하기 위한 조직 측의 의도적 행동을 필요로 한다. 보도의 정확성과 공평성은 언론인 혼자만의 노력의 결과라고 할 수 없다. PR인들은 언론과의 관계를 원활히 유지하는 기술을 개발하고 언론인들과의 상이한 가치관과 인식의 조화를 통해서 만족할 만한 보도를 위해 노력해야 한다. 결국 보도내용은 조직과 매체의 상호관계의 결과라고 할 수 있다.

2. PR 모형과 언론관계

PR은 학문적 이론과 연구의 뒷받침으로 점점 더 수준 높은 전문성을 갖게 되는 한편 실무자들은 과거보다 언론기관에 대한 의존성을 줄여야 한다는 이론이 대두된다. 동시에 이 이론은 PR과 언론과의 관계에서 조작하기 위한(*manipulative*) 관계보다는 상호작용적(*interactive*) 관계를 지녀야 한다는 점을 강조하는데, 이 관계는 언론과의 관계에 큰 변화를 가져오고 조직이 언론에 미치는 영향을 최소화하는 것을 의미한다.

PR의 지배적 세계관은 불균형적 가정을 토대로 한다. 이러한 세계관은 조직과 집단들이 공중, 정부 또는 그 외의 조직들을 설득하거나 조작하기 위하여 커뮤니케이션을 이용하는 것이지, 타 집단이나 양편 모두의 이익을 위해서 커뮤니케이션을 이용하는 것은 아니라는 점을 전제로 한다. 게임이론으로 말하면 불균형적 가정에 토대를 둔 PR은 제로섬 게임(*zerosum game*)이다. 한 조직, 집단 또는 공중이 이득을 취하면 다른 쪽은 잃는다. 이러한 세계관에 대한 대안적 관점은 균형적 가정에 토대를 두는 것이다. 균형적 세계관은 PR을 논제로섬 게임(*non-zerosum game*)으로 보며 그 게임을 올바로 한다면 경쟁조직들 또는 집단들 모두가 혜택을 나눌 수 있다.

PR은 다원적 체계에서 조직들과 경쟁집단들이 모두의 혜택을 위한 상호작용을 통하여 갈등을 관리하는 작업이다. 따라서 균형적 가정에 토대를 둔 조직 내·외 커뮤니케이션 체계는 우수한 PR 또는 우수한 커뮤니케이션 부서를 운영하게 된다. 철학적으로 불균형적 PR보다는 균형적 PR이 갈등을 관리하는 데 더 효율적이기 때문에 더 윤리적이고 사회적 책임을 수행하는 모형이라고 믿는다. 그리고 균형적 PR을 수행하는 실무자들은 언론을 이용할 때 언론과 더욱 상호작용적이며 협조적인 관계를 가져야 한다. 불균형 PR 실무자들은 언론의 의제를 조작하려 들고 언론인들과 지속적으로 갈등을 경험한다.

필자는 제3장에서 불균형 PR과 균형 PR 간의 차이를 넓은 의미로 구분하면서 언론대행술, 공공정보, 쌍방 불균형 그리고 쌍방 균형의 네 모형을 소개했다. 이 중 첫 세 모형은 불균형 모형이며, 네 번째가 균형 모형이다.

실무자가 PR 프로그램을 통해서 우호적 미디어 퍼블리시티를 얻기 위해서 노력할 때 이는 언론대행술 모형에 해당된다. 공공정보 모형에 토대를 둔 PR 프로그램에서 실무자들은 매스미디어와 뉴스레터, 브로슈어, DM과 같은 통제된 매체를 통하여 비교적 객관적인 정보를 전파하는 내근(內勤) 기자 역할을 수행한다. 언론대행술과 공공정보 모형은 PR의 일방적 모형에 해당된다. 이 모형들은 연구와 전략적 기획과는 거리가 먼 커뮤니케이션 프로그램을 설계한다. 언론대행술은 일반적으로 미디어와 갈등을 경험한다. 공공정보 모형은 비록 이 모형이 언론에 기사거리(*information subsidies*)를 제공함으로써 언론을 통제하려 하지만 언론과 비교적 조화된 관계를 유지한다.

전략적 접근법을 수용하는 PR 부서는 커뮤니케이션 프로그램에서 이 두 모형의 경우보다는 좀더 수준 높고 효율적인 모형들에 토대를 둔다. 세 번째 모형인 쌍방 불균형 모형은 훨씬 더 수준 높은 접근법으로서 조직이 원하는 방향으로 공중을 설득하여 행동하도록 설계된 메시지를 개발하기 위하여 연구결과를 이용한다. 그러나 그루닉 등[2]의 연구결과에 의하면 이 쌍방 불균형 PR은 언론대행술이나 공공정보 모형과 마찬가지로 쌍방 균형 PR보다는 효율적이지 못하다. 이 모형을 택한 PR주는 가장 설득적 정보라고 여겨지는 것만을 전파하기 원한다.

쌍방 균형 모형은 연구에 토대를 둔 PR을 수행하며 전략적 공중과의 갈등을 관리하고 이해를 증대시키기 위하여 커뮤니케이션을 이용한다. 경험적 연구결과를 통해 보아도 언론인들은 PR 실무자와 균형관계를 선호하며 조직은 균형적 언론관계를 통해서 조직의 견해와 덜 상충되는 보도를 얻게 된다.

많은 PR 실무자들은 조직과 자신들의 위상이 미디어와 함께 살고 죽는다고 믿었다. 이러한 '살고 죽는' 상황은 많은 실무자들로 하여금 언론에 관한 보도관행과 내용을 통제하기 위한 여러 가지 수단과 방법들을 동원케 했다. 그러나 만일 실무자들이 PR을 전략적으로 수행한다면 문제나 쟁점이 언론의 집중적 보도대상이 되기 훨씬 이전에 그 문제나 쟁점과 관련된 주요 공중과 커뮤니케이션하게 된다. 따라서 우수한 PR 실무자라면 그렇지 못한 실무자들보다는 언론에 대한 의존도를 줄이며 조직이 언론기관에 대한 의존도를 줄임에 따라 언론과의 관계가 훨씬 원만해질 것이다. 즉, PR 관행이 좋아질수록 PR 실무자들은 언론의 필요성을 줄일 수 있을 것이다.

---

2) J. E. Grunig(ed.), *Excellence in Public Relations and Communication Management*(Hillsdale, NJ : Lawrence Erlbaum, 1992).

3. 몇 가지 언론관계의 원칙

PR주의 호의적 평판을 추구하는 실무자와 뉴스를 추구하는 언론인은 앞에서 언급했듯이 뉴스가치를 보는 시각의 차이를 비롯하여 여러 가지 요인 때문에 서로 불화와 불신관계가 되기 쉽다. 이러한 양편의 갈등을 제거하고 원만한 협조관계를 유지하기 위해 PR 실무자가 따라야 할 몇 가지 원칙을 제시하면 다음과 같다.

첫째, PR 실무자에게 언론인들과의 관계에서 솔직하고 협조적인 자세가 무엇보다 중요하다. 실무자가 속임수를 쓰거나 압력을 넣거나 부당하게 뉴스를 막거나 왜곡하려 한다면 그것은 언론인의 반발을 산다. 실무자들이 이러한 방법으로 한두 번 기사의 보도기회를 얻을 수 있을지 모르나, 결국 그의 PR 프로그램은 실패로 끝나고 만다.

둘째, 언론인들의 협조를 얻는 가장 확실한 방법은 흥미 있고 시의성 있는 기사와 사진을 그들이 원하는 때에 쉽게 쓸 수 있는 형식으로 제공하는 것이다. 실무자가 제공하는 보도자료가 뉴스가치가 별로 없다면 기사로 보도되지 않을 뿐만 아니라 언론인들의 불신을 사게 된다.

셋째, 기사화(記事化)해 달라고 구걸하거나 기사가 불만족스럽게 취급되었다고 불평하는 것은 PR 실무자에게는 금물이다. 만일 보도자료가 지면을 차지하거나 방영이 될 만큼 뉴스가치를 갖지 못한다면 그 자료는 독자나 시청자에게도 관심을 끌지 못하는 것일 것이다.

넷째, 기사를 취소하거나 빼 달라고 요청해서는 안 된다. PR 실무자에게는 기사를 빼 달라고 요구할 권리가 없다. 이런 요구는 언론인에 대한 모욕이다.

다섯째, 보도자료를 마구잡이로 배포해서는 안 된다. 만일 경제부장이 같은 PR 실무자로부터 과학부장에게 가야 할 보도자료를 계속 받는다면 그는 PR 실무자의 판단력을 의심할 것이며 그 실무자가 대행하는 회사도 불합리하고 세련되지 못한 인상을 받게 될 것이다. 보도자료는 각 매체가 지닌 특성과 그 매체 내에 분야별 취급 데스크에 맞게 도달되었을 때 채택될 기회가 많아지는 것이다.

사례 1

:: 시퍼스트(Seafirst) 은행의 언론관계

1982년 7월 1일자 *American Banker* 신문은 오클라호마 주에 있던 펜 스퀘어 은행 이사인 패터슨이 신용 대출권을 박탈당했다는 기사를 실었다. 또한 이 신문은 펜 스퀘어 중역들이 3천만 달러를 급히 구하고 있다는 내용을 실었는데, 시퍼스트 은행은 펜 스퀘어의 여러 융자건에 보증을 서 주었기 때문에 이 은행 중역들에게 이 뉴스는 매우 중요한 관심사였다.

그날 오후 2시 30분에 펜 스퀘어 측은 신문에 보도된 내용을 공개적으로 확인해 주었으며 시퍼스트 은행도 펜 스퀘어 은행의 융자건에 참여하였음을 밝히고 보도자료를 내보냈다.

1. 언론에 공개하는 전략

시퍼스트 은행 측은 여러 사항을 검토한 후 공개적 언론 전략을 택했는데 이러한 전략을 택한 이유는 은행업의 성격, PR 스태프의 철학과 쟁점의 특성 때문이었다. 은행은 원래 보수적 기관으로 인식되었지만 당시 금융기관의 탈규제화 경향으로 은행간의 경쟁은 물론 제 2금융권과도 경쟁을 하게 되었다. 이러한 탈규제화 경향은 은행들로 하여금 더욱 적극적인 마케팅을 수행하게 했으며 여론에 더욱 많은 주목을 하게 했다. 따라서 은행은 미디어에 대한 반응도 그 전보다 훨씬 더 적극성을 띠게 되었다. PR 실무자들의 철학은 미디어에 대하여 공개적이었으며 위기가 지속되는 동안 이 철학을 그대로 유지했다.

쟁점의 성격으로 보아 공개적 미디어 전략이 최선의 것이었다. 언론은 시퍼스트가 펜 스퀘어와의 불량 융자건에 참여하자마자 이를 알게 되었다. 그래서 시퍼스트는 이러한 사실을 언론에 숨길 수도 없게 되었다. 또한 시퍼스트는 투자자와 고객들이 은행의 상태에 관하여 과장되거나 잘못된 보도를 접하지 않도록 사건을 공개해야 할 필요가 있었다. 펜 스퀘어와 시퍼스트 은행의 관련 내용은 신문에서 처음으로 큰 뉴스로 다루어졌다. 시퍼스트 문제를 취재한 기자들은 취재과정에서 시퍼스트 PR 실무자들을 만나고 정보를 수집하는 데 조금도 불편을 느끼지 않았다. PR 실무자들은 마감시간에 예민했으며 어떤 정보의 배포가 필요한가를 알고 있었다. 그리고 적어도 2회에 걸친 기자회견이 마련되었다.

시퍼스트의 대 언론관계는 이 문제를 처리하는 과정에서 시종일관 언론에 공개적이었다. 이 사례는 언론과의 공개적 관계가 어떻게 성공할 수 있는가의 한 예에 해당된다. 시퍼스트의 위기관리 경험은 PR 실무자들과 언론인들이 미디어 전략의 좋은 본보기로 꼽을 만한 것이다.

2. 교훈

(1) 시퍼스트 은행이 위기상황을 언론에 공개한 것은 아마도 유일하고 실용적인 대 언론전략일 것이다. 끊임없이 터져 나오는 기사와 여러 정보원들이 널려 있는 상황에서 모든 것을 공개하지 않을 경우엔 오히려 언론 및 공중의 의구심을 불러일으킬 것이며 부정적 기사로 가득 차게 될 것이다. 여기서 문제는 PR 실무자가 공개정책을 경영진에게 확신시키는 일이다. 경우에 따라서는 노코멘트(*no comment*)로써 실수를 인정하지 않고 언론이 다른 것을 취재하기에 바빠지기를 기대할 수도 있다. 이것은 상황에 따라 효과적일 수 있으나 시퍼스트가 경험한 유형의 위기상황에서는 효과적 전략이 되지 못한다.

(2) PR 기능은 기업경영의 주류가 아닌 것으로 간주되기 때문에 경영관리로부터 소외되는 경향이 있다. 그러나 위기상황에서는 PR이 경영전략의 핵심요인이 된다. 여기서 문제가 되는 것은 PR 실무자들이 경영에 관하여 얼마나 알고 있느냐가 문제가 된다.

(3) 언론전략은 상황을 고려해야 한다. "대 언론관계는 언제나 개방적이어야 함"과 같은 처방전은 모든 상황과 모든 회사에 다 적합한 것은 아니다.

사 례 2

:: 베크만(Beckman) 사의 언론전략

캘리포니아에 소재한 과학기기를 생산하는 Beckman Instrument사는 구성원 수 명이 엘살바도르 테러단에게 인질로 잡혀가면서 언론의 주목을 받게 되었다. 납치와 인질석방 상황은 신문을 장식하기에 충분했다. 그러나 베크만의 대 언론전략은 실질적 신문보도를 극소화시키는 것이었다. 1979년 9월 21일 미 국무성은 베크만 사에 그 회사 구성원 2명이 납치되었으며 운전기사는 살해되었다는 사실을 통보했다.

1. 폐쇄적 언론관계

만일 대 언론전략을 공개적 언론관계와 폐쇄적 언론관계로 나누어 보면 베크만 사의 경우는 폐쇄적 언론관계에 해당된다. 베크만 사가 그러한 대 언론정책을 택한 데는 몇 가지 이유가 있다.

첫째, 베크만의 제품(과학기기)은 소비자 개인에게보다는 주로 타 기관, 즉 기업, 대학, 정부기관 등에 판매되었다. 그래서 그 회사는 본사가 있는 플러톤 시에서는 꽤 알려져 있지만 제품의 성격은 소비자들간에 널리 알려져 있지는 않았다.

둘째, 과학기기를 제조하는 회사로서 구성원의 많은 수가 과학자 또는 엔지니어들이다. 이들은 대체로 대중에 공개되는 것을 좋아하지 않는다. 이러한 구성원의 속성이 그 기업문화 형성에 큰 영향을 미쳐서 그 기업문화와 부합되는 비교적 폐쇄적 또는 보수적 대 언론관계를 유지했다.

이러한 철학 하에 납치에 관한 언론과의 모든 커뮤니케이션은 베크만 위기관리팀에 의해서 엄격히 통제되었다. 이러한 엄격한 통제의 이유는 납치된 사람의 안전한 귀환과 그 가족의 안전을 확보하기 위함이다. 그래서 "납치된 사람은 안전하다", "우리는 납치범들과 접촉을 계속하고 있다"라는 상황에 관한 최소한의 정보만을 제공했다. 또 다른 이유로는 너무 많은 정보를 노출시키면 납치된 사람들이 위험해진다고 생각했기 때문이다. 특히 잘못된 정보가 공개되면 진행 중인 협상이 깨지고 인질로 잡힌 생명이 위험하게 될 수도 있다.

셋째, 테러리스트들을 부추기고 싶지 않아서였다. 회사는 테러리스트들의 강압에 못 이겨 신문에 광고를 냈고 상당한 금액의 몸값을 지불했지만 더 이상 그들에게 공짜 퍼블리시티를 허용하고 싶지 않았다.

2. 교훈

기업이 언론과 공개적이어야 된다는 점이 항상 최선이 아님을 베크만의 사례로 알 수 있다. 베크만은 언론과 협조적이지만 공개는 하지 않았다.

(1) 언론은 물론 좋아하지 않겠지만 경우에 따라서 정보는 언론으로부터 유보될 수 있다.
(2) 정보를 유보한다는 것은 주의 깊은 사고를 필요로 한다. 베크만 사례가 보여주듯이 베크만 전략이 성공한 데는 다양한 요인들이 기여했다. 만일 이 요인들 중 하나만이라도 갖추어지지 않았다면 그 전략은 성공하지 못했을 것이다.

위에서 제시한 두 가지 사례에서 보듯이 어떤 대 언론전략이 항상 제일 좋다고 말할 수는 없다. 다양한 전략들은 상이한 상황과 상이한 문제에 적용된다. 매체를 관리하기 위한 최선의 방법은 전적으로 공개적이거나 전적으로 폐쇄적 또는 부분적으로 공개하거나 폐쇄하거나가 아니고 어떤 일을 달성해야 하는지에 대한 명확한 아이디어를 갖고 어떤 전략이 최선의 것이 될지 결정하기 위한 상황분석이 전제되어야 한다.

시퍼스트 은행의 경우 위기 그 자체는 시퍼스트 측의 과실이 개입된 위기 및 의문투성이의 대출에 시퍼스트가 개입되어 있다는 자체가 위기를 부추겼다. 언론은 다양한 뉴스원을 갖고 있어서 시퍼스트의 참여 없이도 얼마든지 기사를 마련할 수 있었다. 여기에 시퍼스트는 고객과 지역사회에 그 은행의 위기를 책임 있게 대처하고 있으며 고객들이 맡겨놓은 돈이 안전하다는 점을 확인시킬 필요가 있었다.

시퍼스트 사례의 경우 공개의 철학은 그 은행이 처한 상황과 부합된 데서 비롯된 것이다. 시퍼스트의 지역언론과의 우호적 관계와 공개철학은 시퍼스트로 하여금 공중에게 메시지를 효과적으로 전달 가능케 했다.

베크만은 폐쇄된 언론관계 전략을 택했다. 그 회사는 직접 소비자를 대상으로 하는 기업이 아니었고 널리 공개해서 얻을 것이 아무것도 없었다. 주로 과학자와 엔지니어들로 구성된 이 회사는 실제로 퍼블리시티를 기피하는 경향이 있었다. 시퍼스트와는 달리 베크만은 위기에 대한 책임이 없었다. 언론에 그 사건에 관한 외부 정보원은 없었으며 언론은 전적으로 베크만이 내어 주는 정보에만 의존해야 했다. 위기가 계속되는 동안 단지 세 편의 프레스 보도자료가 제공되었는데 첫 번째는 납치사건을 시인하고, 두 번째는 테러리스트들이 요구한 광고를 실었으며, 세 번째는 납치된 사람들이 무사히 돌아왔다는 보도자료였다. 납치되었던 구성원들과의 면담은 언론에 허용되지 않았다. 언론은 베크만의 전략에 실망했지만 마지못해 그 전략을 받아들일 수밖에 없었다.

베크만 사례는 기업이 반드시 모든 것을 밝힐 필요는 없다는 점을 예시하지만 폐쇄된 언론전략은 단지 제한된 상황에서만 효과적이란 점을 보여주는 것이다. 이러한 전략은 흔히 언론 측의 적개심을 유발할 가능성을 지닌다.

1) 언론에 공개해야 할 때

주먹구구식 법칙이긴 하지만 침묵이 화(禍)를 불러올 것이라는 판단이 설 때 언론과 커뮤니케이션하는 것이 원칙이다. 언론이 이미 사건에 관한 한쪽 이야기를 갖고 있을 때 그 사건에 관련된 기업은 공개하는 것이 중요하다. 특히 사건에 관련된 상대편의 견해가 어떤 방법으로든 제공될 것이란 점이 포착되면 그 기업은 기업 측의 견해를 제공해야 한다. 이것이 균형 있는 기사를 보장받지는 못해도 기업 측의 견해를 펼 기회를 갖게 되는 것이다.

메시지가 긍정적 내용일 때 언론매체와 커뮤니케이션하는 것이 중요하다. 문제는 긍정적 내용의 메시지는 지면을 얻기가 어렵다는 점이다. 언론인들은 '긍정적 뉴스' 거리에 별 흥미를 못 느낀다. 그 예로 언론인들은 어떤 기업이 새로운 공해방지 시설을 세운 데 대해서는 별 흥미를 느끼지 못해도 유독성 폐기물을 방치한 사건을 보도하는 데 더 관심을 갖는다.

'좋은 뉴스'를 담은 자료는 잘 이용되지 않지만 '나쁜 소식'이 터지게 될 때 기업의 우호적 이미지를 형성하는 데 도움이 된다면 언론에 좋은 뉴스를 배포하는 것이 중요하다. 어떤 대기업의 최고경영자와의 인터뷰는 한 편의 보도자료보다 뉴스가치가 더 높을 수 있다. 그리고 인터뷰에서 '휴먼 인터레스트'(*human interest*)적 코멘트가 포함되면 그 인터뷰는 높은 뉴스가치를 갖게 된다. 좋은 소식이 어떻게 제공되느냐가 매우 중요한 요인이 된다.

2) 언론에 입을 다물어야 할 때

언론과 커뮤니케이션하지 않는 것이 좋을 때가 있다. 언론에 대하여 입을 다물 것을 결정하는 데는 주의를 요하지만 언론인들은 통상 어떤 쟁점에 관하여 기업 측의 견해를 얻지 못할 때 언론은 언론이 입수한 정보 또는 입수 가능한 정보를 내보내는 수밖에 없게 된다.

언론에 정보를 내어줄 필요가 없는 경우는 언론이 여타 정보원(情報源)을 갖고 있지 못할 때이다. 베크만 사례의 경우 언론은 납치사건을 알고 있었지만 베크만사 이외의 정보원이 별로 없었다. 베크만이 정보를 통제했기 때문에 베크만의 참여 없이는 기사화할 수 있는 정보가 없었다. 어떤 기업이 정보를 독점할 수 있고 이의 유포를 통제할 수 있을 때 이 기업은 언론에 입을 다무는 정책을 택할 수 있다.

언론은 기업 측이 제시하는 이유가 합당하다면 '노코멘트'를 수용하게 된다. 베크만은 구성원의 안전이 우선이라는 합당한 이유를 갖고 있었다. 기업이 언론과의 관계에서 입을 다물었다는 전략을 택하게 되면 지금까지 그 기업을 담당하던 기자를 소외시키는 위험을 감수해야 한다.

제12장

퍼블리시티

1. 퍼블리시티의 의미와 역할

퍼블리시티(*publicity*)는 라디오, 텔레비전, 잡지, 신문과 각종 기관지 등의 매체를 통해서 전략적 메시지를 배포하는 PR의 한 기능이다. 이 과정에서 주로 보도자료를 이용한다. 퍼블리시티는 '뉴스 릴리스' 또는 '프레스 릴리스'라고도 불린다. 일부 PR 전문가들은 통제매체인 사보, 기관지, 협회보를 통해 정보를 배포하는 것도 퍼블리시티에 포함시킨다.

퍼블리시티는 가장 오래된 PR 형태중 하나라고 할 수 있다. 사실 오늘의 PR은 미국의 19세기와 20세기초의 퍼블리시티에서 발전된 산물이다.[1] 19세기 후반 산업발전과 함께 테크놀로지의 향상으로 신문과 방송이 퍼블리시티에 대한 비용을 받지 않고 많은 대중에게 커뮤니케이션할 기회를 갖게 되었다. 초기 퍼블리스트들은 수단과 방법을 가리지 않고 미디어에 기사화하는 일에 몰두하여 기사의 정확성이 떨어지고 윤리적인 문제가 생기는 원인이 되기도 했다.

퍼블리시티는 PR의 중요한 기능이다. 퍼블리시티가 모든 병을 치료하는 만능 약은 아니지만 이것을 효과적으로 이용할 때 좋은 PR 결과를

---

1) 퍼블리시티라는 용어는 록펠러가 소유한 광산에서 파업이 일어났을 때 Ivy Lee가 1914년 록펠러가(家)의 개인 고문으로 활동하면서 처음으로 사용하기 시작했다.

얻는다. 특히 퍼블리시티가 광고, 프로모션과 함께 마케팅 커뮤니케이션의 주요 부분으로 계획될 때 놀라운 상승효과를 불러온다.

퍼블리시티와 광고 사이에는 비슷한 점들이 있다. 그 예로 두 가지 모두 메시지를 배포하기 위하여 대중매체를 이용한다. 하지만 포맷(*format*)과 맥락(*context*)에서 차이가 있다. 퍼블리시티는 뉴스, 또는 피처로 대중매체에 실리고 자료의 출처는 PR 실무자이다. 광고에 비해 퍼블리시티가 갖는 한 가지 유리한 점은 암묵적인 매체의 제3자 시인이 따르기 때문에 신뢰도가 높다는 것이다. 매체에 의해 보도된 뉴스가치가 있는 정보는 유료광고보다 더 신뢰성을 지닌 것으로 인식된다. 또 다른 유리한 점은 비용이다. 대중매체에 기사화된 내용에 대한 비용을 지불하지 않는다. 그러나 퍼블리시티의 한 가지 불리한 점은 메시지의 기사화 여부에 대한 통제력이 없다는 것이다. 보도자료를 기사화할 것인지의 여부는 모두 신문이나 방송사의 편집담당자에 달려있다. 광고는 광고주가 구입한 매체의 시간이나 지면의 결과이다. 따라서 광고주는 메시지의 내용에 대한 통제력을 지닌다.

퍼블리시티의 역할은 전체적 커뮤니케이션 과정의 큰 틀에서 이해되어야 한다. 퍼블리시티는 그 자체가 하나의 결과물로써 또는 어떤 잘못된 일을 덮기 위한 도구로써 사용될 수는 없다. 퍼블리시티는 공적 논의를 위한 공중의 의제(*public's agenda*)에 쟁점과 새로운 아이디어를 제공한다. 퍼블리시티는 새로운 아이디어와 제품의 인지도를 높일 수 있다. 퍼블리시티는 조직의 훌륭한 사업을 널리 알리고 그 사업에 개성을 넣어 줄 수 있다.

우리는 퍼블리시티와 의사사건(*pseudo-events*) 시대에 살고 있다. 우리가 사는 물건, 우리가 하는 일, 우리가 생각하는 것과 다른 사람들이 우리에 관하여 생각하는 것, 이 모두가 퍼블리시티에 의하여 많은 영향을 받고 있는 것이다. 퍼블리시티는 사람들을 설득하여 각종 제품을 사게 하며, 음악회에 가게 하며, 특정 정치후보자에게 투표하도록 한다. 그러나 퍼블리시티가 항상 성공하는 것은 아니다. 퍼블리시티 그 자체는 제품을 팔고, 자선사업을 위한 기금을 모으거나 선거에 승리하게 하는 것은 아니다. 이러한 일들은 훌륭한 제품, 훌륭한 동기와 최선을 다하는 조직이 수반되어야 한다.

그러나 퍼블리시티는 공중이 그 퍼블리시티를 보고, 읽고, 들어서 해석하는 과정에 영향을 미칠 수 있다. 한 예로 레이건 대통령이 콩 모양의 젤리과자를 좋아한다는 사실이 퍼블리시티를 통하여 널리 알려진 후 젤리과자의 판매고는 급등했으며 젤리과자를 담은 병이 미 전역에서 사람들의 책상 위에 놓이게 되었다. 이러한 성공적 퍼블리시티의 경우와는 대조적으로 미국 보건성과 미국 암퇴치 협회는 흡연은 건강에 해롭다는 사실에 관하여 20여 년 동안 언론매체를 통하여 널리 알렸다. 그러나 아직도 많은 미국 국민들이 담배를 피우고 있다.

과도한 퍼블리시티는 언론인들의 감정을 자극하며 허구적 기대감이나 인상을 형성함으로써 예상과는 반대되는 결과를 얻을 수 있다. 수년 동안에 걸친 기술적 퍼블리시티가 예상과는 반대되는 결과를 불러온 전형적 예는 오랫동안 미 연방수사국(FBI) 국장을 지낸 후버(J. E. Hoover)의 비극을 들 수 있다. 후버는 계획적이고 통제된 퍼블리시티를 동원하여 정의를 위해 싸우는 용감한 사람으로 부각시키는 신화를 창조했다. 그러나 그가 죽은 후 그 신화는 진실에 의해 빛을 잃고 말았다.

이러한 점을 전제로 퍼블리시티 담당자는 다음과 같은 점을 명심해야 한다.

① 과도한 퍼블리시티는 졸렬한 PR이 될 수 있다.
② 여론에 영향을 미치는 것은 퍼블리시티의 내용이지 양이 아니다.
③ 퍼블리시티는 수용자가 수용한 정보와 동일하지 않을 수 있다.
④ 퍼블리시티는 필연적으로 그것이 진작시키고자 추구하는 조직의 특성을 반영한다.
⑤ 모든 PR 활동이 퍼블리시티로 이루어지는 것은 아니며 모든 것이 그렇게 설계되어서도 안 된다. 퍼블리시티를 안 하는 것이 현명할 때도 있다.

2. 퍼블리시티 계획

퍼블리시티에는 조직이나 기업 자체의 퍼블리시티, 제품 퍼블리시티, 정치 후보자 개인의 퍼블리시티 등 다양한 유형이 있을 수 있는데 여기서는 제품 퍼블리시티를 중심으로 살펴보자.

1) 퍼블리시티 계획

효과적 퍼블리시티 계획을 위해서는 다음과 같은 네 가지 질문에 대한 답을 구해야 한다.

① 누구를 겨냥하는 것인가? 모호하게 표현해서는 안 된다. 집단으로서가 아니라 각 개인을 한 사람의 의사결정자로 생각하라.
② 그들이 알고 싶은 것은 무엇인가?
③ 어떻게 하면 가장 직접적이고 효과적인 방법으로 메시지를 전달할 수 있나?
④ 퍼블리시티의 결과로서 기대하는 행동은 어떠한 것들인가?

이처럼 퍼블리시티를 통해서 수용자들이 어떤 구체적 행동으로 옮기기를 원하겠지만 여러분은 우선 메시지를 '뉴스'로서 게이트키퍼인 기자의 주목을 끌게끔 처리하여 전달해야 한다. 또한 퍼블리시티 계획에서 고려해야 할 기본 요소들로는 다음과 같은 점들을 들 수 있다.

(1) 시장분석

제품 퍼블리시티 담당자는 퍼블리시티 프로그램을 작성하기 전에 퍼블리시티가 겨냥하는 시장을 분석해야 한다. 이것은 마치 기업의 입장으로 보아 기업이 지금 어디에 처해 있으며 어디에 있기 원하는지에 대한 스냅사진과 같은 것이다. 이를 토대로 효과적인 마케팅 커뮤니케이션 프로그램이 설계된다. 시장분석을 위해서는 제품에 관한 분석을 제품의 속성, 제품의 장단점, 제품의 기능 등을 중심으로 구체적으로 기술해야 한다. 그리고 제품이 라이프 사이클의 어디에 위치하는가에 대한 정보는 그 제품 프로모션에 필요한 행동을 결정해 주기 때문에 퍼블리시티 계획에 매우 중요한 요소다.

이러한 정보는 커뮤니케이션의 범위와 종류를 결정하는 데 꼭 필요한 요소이다. 이러한 정보를 갖고 있으면 제품의 라이프 사이클에 따라 퍼블리시티보다는 광고에 더 중점을 둘 것인지 아니면 이와 반대로 할 것인지의 여부를 결정하는 데 큰 도움이 된다.

시장에 대한 상세한 기술은 그 시장을 겨냥할 미디어의 선별에 도움이 된다. 시장에 관한 기술은 구체적이어야 하며, 누가 그 제품이나 서비스를 구매하거나 구매결정을 내리는지 상세하게 구성되어야 한다.

어떠한 요소들이 구매결정에 영향을 미치는가? 시장점유율은 어떠한가, 경쟁자는 누구이며, 어디에 있는가 그리고 그들은 무엇을 판매하고 있는가? 그 제품은 우리의 것보다 더 나은가 아니면 못한가? 그 제품은 우리의 것보다 더 비싼가 아니면 싼가? 우리의 제품이 갖고 있는 장점들은 무엇인가? 우리의 제품이 경쟁제품보다 비싸다면 구매자가 그 제품을 구매하는 상당한 이유가 제시되어야 한다.

(2) 커뮤니케이션 분석

여러분과 경쟁자가 지금 이용하는 커뮤니케이션을 분석할 필요가 있다. 주요 경쟁자가 어떻게 커뮤니케이션하는지를 알게 되면 마케팅 커뮤니케이션 프로그램에 큰 도움이 된다. 이것은 경쟁자에 관한 신문기사와 광고를 잘라 모아, 분석하여 얻을 수 있다.

경쟁자의 활동을 어림잡을 수 있어야 하며 예산을 세울 때 이러한 정보를 반영하게 된다. 경쟁자와 비교해서 회사가 어떠한 위상을 점하고 있는지 아는 것은 프로그램을 개발하는 데 도움이 되며 예산을 늘려야 할 경우 그 타당성을 제공해 준다.

(3) 목표 수용자

누가 교육을 받아야 하고 유용한 정보를 받아야 하는지를 판단하기 위해서 목표 수용자를 짚어 내는 데 도움이 되는 몇 가지 질문에 대한 답을 구해야 한다. 우리가 도달하려고 하는 이 사람들은 누구인가? 우리가 그들에 관하여 얼마나 알고 있나? 이들 중 누가 정말로 구매결정을 하는가? 구매결정에 영향을 미치기 위해서 어떤 미디어가 이용되어야 하나? 우리는 어떻게 이러한 결정에 영향을 미칠 수 있는가? 우리의 마케팅 커뮤니케이션은 적합한 미디어를 통하여 목표 수용자를 겨냥하고 있는가?

(4) 커뮤니케이션 목표

커뮤니케이션 목표를 마케팅 목표와 혼동해서는 안 된다. 마케팅 담당자는 시장점유율이나 판매고를 늘리기 원하는데, 이것이 바로 마케팅 목표이다. 커뮤니케이션 목표는 마케팅 목표를 이루도록 분위기를 조성해 주는 것이어야 한다. 따라서 제품의 포지셔닝을 돕고 인지도를 높이는 등 구체화된 수용자에게 어떤 것을 가르치는 것이 커뮤니케이션 목표가 된다. 커뮤니케이션 목표는 측정 가능한 것이어야 한다.

다음은 퍼블리시티가 커뮤니케이션 목표로서 해낼 수 있는 일들이다(이들은 또한 광고에도 적용된다).

① 여러분의 제품이나 서비스를 타 제품이나 서비스와 차별화 또는 포지셔닝한다.
② 혜택의 인지도를 높인다.
③ 제품의 속성을 경쟁사의 제품과 비교하여 그 인지도를 높인다.
④ 제품에 관한 잘못된 개념을 명확히 한다.
⑤ 제품의 장점과 혜택을 알린다.
⑥ 제품을 새로운 시장에 소개한다.
⑦ 시험적 이용을 권한다.
⑧ 배급업자와 판매원을 돕는다.

(5) 매체목표

퍼블리시티의 성공여부를 측정하는 방법은 여러 가지가 있을 수 있다. 주먹구구식으로 계산하여 퍼블리시티가 주요 미디어 중 약 80%의 매체에 보도되었다면 성공적이라고 봐야 한다.

여러분이 배포한 기사자료가 사용되었나? 보도되었을 경우 좋은 위치에 실렸는가? 제품명이 제목이나 서두에 언급되었나? 사진은 사용되었나? 이러한 목표가 비교적 잘 달성되었다면 여러분은 성공적 프로그램을 수행했다고 할 수 있다. 한 가지 중요한 점은 마케팅과 커뮤니케이션 목표를 너무 높고 어렵게 설정하는 경우가 종종 있는데 이 때에도 기대하는 결과는 항상 현실적이어야 한다.

2) 퍼블리시티 라이프 사이클

퍼블리시티 프로그램에는 여러 가지 활동이 수반된다. 이러한 활동과 더불어 시간 또한 중요한 요소이다. 제품의 보도가치가 쇠퇴하게 되면 퍼블리시티 담당자가 미디어 게이트키퍼에게 그 제품에 관하여 쓰고, 말하고 또는 텔레비전에 비춰주도록 확신시키기가 점점 어려워진다. 퍼블리시티 담당자는 점점 더 열심히 일해야 하고 그 제품이 보도가치를 유지하도록 더 많은 노력을 경주해야 하며 시간이 지남에 따라 이러한 일은 점점 더 힘들게 된다. 〈그림 12-1〉은 뉴스가치와 노력과의 관계를 보여준다. 이론적으로 퍼블리시티는 도입단계와 성장단계에서 가장 효율적이고 경제적이다. 마케팅 관리자는 이 단계에서는 제품이 소득에 별로 기여하지 않기 때문에 퍼블리시티를 위한 비용을 할당하려 하지 않는다. 그러나 커뮤니케이션에 대한 투자는 바로 이 단계에서 더욱 필요한 것이다.[2)]

제품이 성숙단계를 지나 쇠퇴기에 접어들면 투자에서 얻는 이익에

2) J. D. Barhydt, *The Complete Book of Product Publicity* (New York : Amacon, 1987), p. 33.

〈그림 12-1〉 제품 라이프 사이클에 대한 뉴스가치 대 퍼블리시티 노력

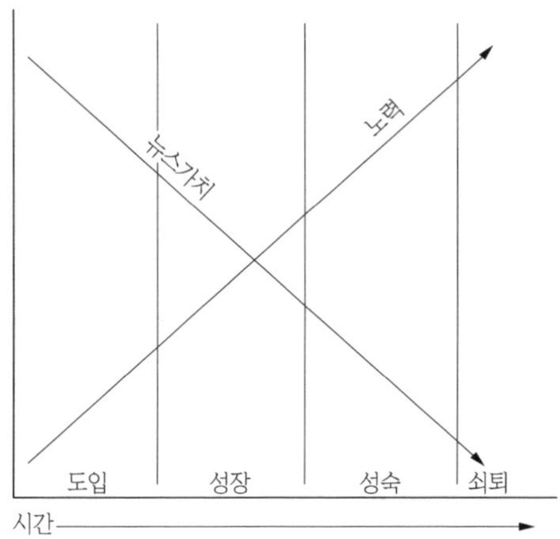

〈그림 12-2〉 퍼블리시티 라이프 사이클

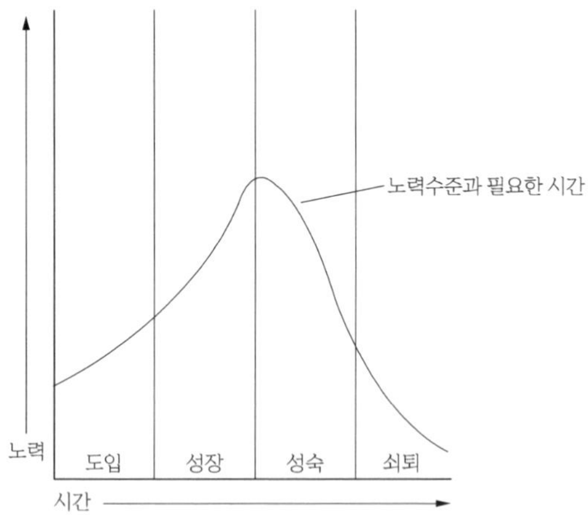

〈그림 12-3〉 퍼블리시티 효과

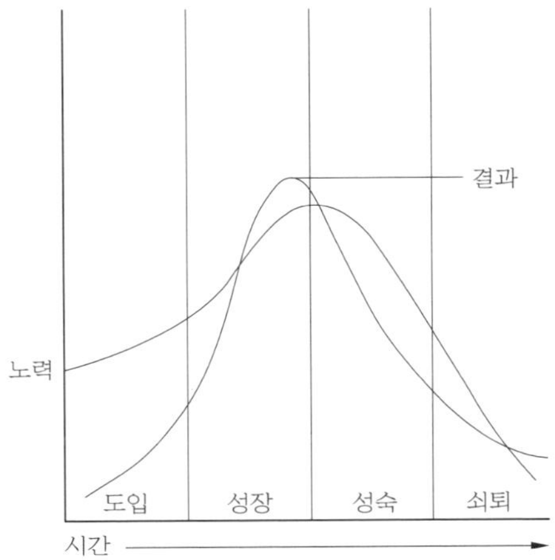

비하여 퍼블리시티에 필요한 노력이 더 많아진다. 퍼블리시티 프로그램은 전형적으로 〈그림 12-2〉와 같은 곡선을 따른다. 즉, 제품이 소개되는 초기에는 많은 노력이 필요하기 때문에 처음부터 상당히 높은 수준의 노력이 투입된다. 노력의 수준과 필요한 시간은 제품이 성장단계를 통과하면서 더 높아진다. 노력과 시간은 성장단계 후반과 성숙단계 초기에 절정을 이룬 다음 서서히 쇠퇴한다.[3]

물론 퍼블리시티가 커뮤니케이션 프로그램의 유일한 요소는 아니다. 퍼블리시티는 광고, DM 및 판매촉진 활동과 함께 이용될 때 가장 효과적이다. 광고와 판촉활동은 제품의 뉴스가치에 좌우되지 않기 때문에 이러한 활동은 퍼블리시티 단계를 넘어서 지속적으로 사용된다.

한 걸음 더 나아가 〈그림 12-3〉은 노력에 대한 결과를 나타낸다. 결과곡선은 노력곡선을 닮아서 조직적 퍼블리시티 프로그램의 효과는 노

3) *Ibid.*, p. 34.

력의 결과라는 점을 예시한다.

이러한 라이프 사이클 곡선은 퍼블리시티 프로그램을 개발하는 데 일반적 지침으로 사용될 수 있겠다. 즉, 이 곡선은 적절한 퍼블리시티 활동의 수준을 결정해 주고 제품의 성숙단계마다 사용해야 할 적합한 전술과 도구를 알려준다. 퍼블리시티 프로그램은 상황마다 다르기 때문에 각 제품이나 서비스를 고려하여 개발되고 계획되어야 한다. 프로그램에 대한 최종 결정을 내릴 때는 커뮤니케이션 도구들이 가장 효과적으로 작용하도록 조정되는 최선의 방법을 고려해야 한다.

3. 보도자료

대부분의 퍼블리시티는 보도자료를 통해서 이루어진다. 보도자료는 다른 어떤 퍼블리시티 도구보다도 많이 이용되지만 이외에도 여러 유형의 퍼블리시티 도구를 들 수 있다. 기업 및 각종 조직이 구성원들 또는 조직 밖의 공중들을 대상으로 제작·배포하는 기업사보, 기관지, 협회보 등은 공중들과의 효과적 커뮤니케이션 수단이다.

이러한 기관지 외에도 성공한 기업인들의 저서는 넓은 의미에서 저자와 그 기업을 알리는 훌륭한 퍼블리시티 도구인 것이다. 연설 또한 퍼블리시티에 해당된다. 조직의 최고 책임자나 기업의 대표자가 소비자 모임이나 지역주민을 대상으로 연설할 경우 그것이 신문이나 방송에 보도되든 안 되든 그것은 퍼블리시티인 것이다.

기자회견은 조직의 적극적 퍼블리시티 활동의 하나로서 기업이나 조직체의 책임자 또는 퍼블리시티 담당자가 기업이나 조직의 활동에 관한 정보를 언론인과의 직접적 접촉을 통해서 언론기관에 알려주는 것을 말한다. 뉴스 릴리스가 유인물을 각 기관에 배포하는 것에 그치는 활동이라면 기자회견은 언론인들과의 질의응답을 통해 충분한 상호작용이 있기 때문에 더욱 효과적이다.

1) 보도자료를 이용하는 경우

(1) 새로운 제품

새로운 제품이나 서비스가 시장에 소개되어 큰 영향을 미치리라고 기대될 때 일반적으로 보도자료는 프레스킷(*press kit*)의 일부분이 된다. 이것은 새로운 제품에 관한 상세한 내용을 담고 있으며 편집자가 참고하거나 이용할 가능성이 가장 높은 프레스킷의 요소이기 때문에 프레스킷 중 가장 중요한 부분이다.

(2) 제품개선, 새로운 시장, 새로운 적용

보도자료는 개선된 제품 또는 특정제품에 대한 새로운 시장을 소개하거나 발표할 때 이용할 수 있다. 제품의 포장에 변화가 있나? 제품의 배달 방법이 새로워졌나? 이용자에 대한 혜택은 무엇인가? 새로운 테크놀러지가 적용되었나? 새로운 시장이 열렸나?

(3) 상 수여식

보도자료는 회사 또는 회사직원이 어떤 상을 받게 되었음을 발표하는 데 사용된다.

(4) 특별행사

여러분이 특별행사를 계획한다면 적절한 매체에 보도자료를 보내는 것을 생각할 필요가 있다. 그 행사와 관련된 중요한 인물들의 사진과 함께 5W 1H에 의거해 작성한다.

(5) 연 설

최고 경영자의 연설을 보도자료에 이용할 수 있다. 퍼블리시티 담당자는 연설내용 가운데 중요한 부분을 요약하여 2~3페이지 분량의 짧은 보도자료를 만들어 매체에 제공한다.

2) 보도자료 작성요령

보도자료를 작성하는 실무자는 공중과 채널에 관한 사항은 물론 PR 주에 관한 사항도 잘 파악해야 한다. 실무자는 무엇이 중요하고 무엇이 중요하지 않은가를 조사 연구하여 공중의 사고와 행동의 변화에 주목해야 한다. 더욱 중요한 것으로는 PR 메시지 작성자는 커뮤니케이션 전문가여야 한다. 다시 말해서 여러 가지 유형의 메시지를 다양한 매체에 효과적으로 전달되도록 작성할 수 있어야 한다.

보도자료는 원칙적으로 기자에게 취재의 기회를 만들어 주기 위한 뉴스 소재의 제공이지 기사 그 자체는 아니다. 보도자료의 메시지는 뉴스로서의 가치를 지니며 수용자와 밀접한 연관성을 지녀야 한다. 편집 담당자의 공통적 비판 중 하나는 보도자료의 대부분이 수용자와 관련이 없는 내용의 릴리스라는 것이다.

따라서 보도자료를 작성할 때는 다음 두 가지를 유념해야 한다.

- 보도기관의 수용자와 연관성을 갖게 작성할 것
- 사실적이고 요점 위주로 작성할 것

혹시 한두 건은 실릴 것이라는 기대를 갖고 마구잡이로 언론사에 보내는 것은 가치도 없는 수많은 보도자료를 훑어봐야 하는 편집자의 시간은 물론 여러분의 제작비와 시간의 낭비를 초래한다.

보도자료 내용에는 그것이 회사의 경영전략에 어떻게 부합되는가, 시장 및 경쟁사와 어떤 연관이 있는가, 그리고 기업 밖의 산업과는 어떠한 관계가 있는가 등 중요한 것을 구체적으로 기술하도록 해야 한다.

보도자료는 제목, 전문(前文: *lead*)과 본문(*body copy*)으로 이루어진다. 편집과정에서 보도자료의 내용이 길면 편집자는 보도자료의 밑 부분부터 자르기 때문에 역피라미드(*inverted pyramid*)형으로 작성하도록 한다. 많은 사람들이 신문기사 중 첫 두세 단락(段落)만 읽는다는 점을 생각하라. 첫째 또는 둘째 단락에 중요한 점들을 싣는 이유가 바로 여기에 있는 것이다. 만일 편집자가 잘라 내더라도 중요한 메시지는 그대로 남아 있게 된다.

제목은 언제나 현재형으로 쓴다. 제목은 기사내용의 요약이며 편집자에게 제목 밑에 따라오는 내용은 읽을 가치가 있다는 점을 확신시키는 데 도움이 된다. 편집 담당자는 하루에도 수십 편의 보도자료를 훑어보게 되는데 제목이 두드러진 것이라야 편집자의 눈에 띌 것이다.

좋은 제목을 쓰기 위한 목적은 편집자가 거의 손을 대지 않고도 그 제목을 그대로 쓰도록 하는 데 있다. 제품의 주요 혜택을 제목에 넣도록 노력하라. 그리고 이것을 회사와 연관시켜라. 대부분의 제목들은 너무 길며, 제목에 너무 많은 것을 담으려고 한다. 제목에 회사의 이름을 넣는 것이 필수적인 일은 아니지만 논리적으로 합당하다면 회사 이름을 사용하는 것도 무난하다. 그러나 제목은 될 수 있는 한 짧게 쓴다. 제목을 쓰는 기본 원칙은 제목에 그 나머지 내용에서 충분히 밝혀지거나 확인되지 않는 것을 언급해서는 안 된다는 것이다.

간결한 제목을 정하고 나면 흔히 그 나머지 기사내용을 쓰기 위한 착상에 도움이 된다. 그러나 내용을 쓰기 전에 제목을 쓰는 데 문제가 있다면 남겨 두었다가 보도자료를 다 쓴 다음 제목을 다는 것도 한 가지 방법이 된다.

보도자료의 전문(前文)에는 주요 내용을 제공한다. 전문에 관련성이 없는 상세한 내용을 담거나 광고 카피처럼 쓰지 않도록 한다. 보도자료는 요점을 중심으로 구성한다. 가급적이면 간단한 문장을 쓰도록 노력하라. 퍼블리시티 담당자들 중에는 두 줄 규칙(*two-line rule*)을 사용하는 이들도 많다. 두 줄이 넘는 문장은 너무 긴 것으로 여긴다는 의미이다. 이것이 반드시 피처에도 적용되는 것은 아니지만 너무 긴 문장은 피하는 것이 좋겠다. 한 개의 문장은 한 가지 생각을 담는 것이 좋다. 단락은 관련된 문장들로 구성된다. 단락 사이에는 자연스러운 전환이 있어야 한다.

그리고 보도자료는 사실에 근거한 요점 위주이며 다음과 같은 5W 1H에 의거하여 구성된다.

- 누가(who) : 여기서 누구(who)는 회사가 될 수도 있고 개인이 될 수도 있다.
- 무엇(what) : 보도자료의 주제는 무엇인가? 여기서 '무엇'은 편집자가 추가로 정보를 필요로 하지 않게끔 구체적으로 기술되어야 한다.
- 어디(where) : 이것이 어디에서 일어난(일어날) 일인가? 만일 새로운 제품이 서울에서 열리는 전자 박람회에 출품되면 여기서 '서울'이 '어디'에 해당되며 그 제품이 생산된 곳도 '어디'에 해당된다.
- 언제(when) : 뉴스는 보통 즉각 보도용이다. 이 점을 구체화해라. 날짜를 정확하게 써 넣는 것이 더 좋다. 편집자로 하여금 보도자료가 언제 발송된 것인지 알 수 있도록 날짜를 명기하라.
- 왜(why) : 보도자료를 보내는 이유를 밝혀라. 보도자료를 보내는 이유를 밝히는 것은 보도자료의 가장 중요한 요소이기도 하다.
- 어떻게(how) : 구체적으로 기술하라. 보도자료의 주제는 어떻게 작용하는가? 그 행사는 어떻게 진행되었나? 보도자료의 주제가 시장에 어떻게 부합되나? 보도자료가 구체적 사항들을 제공하면 편집자가 이용하기에 훨씬 쉬워진다.

편집자들이 행간의 의미를 읽을 수 있을 것이라고 가정해서는 안 된다. 많은 편집자들은 어느 특정 분야의 전문가들이 아니며 그러한 분야의 배경을 지닌 사람들이 아니다. 편집자들에게 될 수 있으면 많은 사실을 제공해라.

보도자료 용지의 디자인, 스타일과 포맷은 수수한 것이 좋다. 보도자료는 판매촉진을 위한 자료가 아니며 매체가 곧 메시지는 아닌 것이다. 화려한 고급용지를 이용한 보도자료가 편집자들의 주목을 끄는 것은 아니다. 회사의 로고와 'XYZ 회사의 뉴스'라는 간단한 언급으로 충분한 것이다.

보도자료에는 주소를 명기하여 편집자가 그것을 보낸 사람의 이름을 알도록 해야 한다. 접촉자의 이름과 전화번호를 제공하여 보도자료를 검토하는 편집자로 하여금 추가정보가 필요하면 언제든지 전화를 걸 수 있도록 해야 한다. PR 대행사에서 제공된 기사자료는 접촉자로서 두 사람의 이름을 제공해야 한다. 하나는 고객회사의 직원, 또 하나는 대행사의 보도자료 담당자가 되겠다.

날짜를 맨 위 또는 마지막 페이지 밑에 써 넣어라. PR 대행사 퍼블리시티 담당자들 가운데 '즉각 보도용'이라는 말은 필요 없다고 생각하는 이들도 많다. 편집자들은 '즉각 보도용'이 보도자료를 사용할 것인지의 여부를 결정하는 데 별로 영향을 미치지 않는다고 입을 모은다. 만일 '즉각 보도용'이라는 말이 뉴스가치를 높인다고 믿으면 그것은 잘못이라는 뜻이다.

지금까지 소개한 부분은 주로 인쇄매체를 포함한 일반적 보도작성 요령이지만 방송매체를 위한 경우는 다음과 같은 사항에 주의를 기울여야 한다. 방송매체와 인쇄매체를 위한 보도자료의 기본적 차이는 전자는 대화체 언어를 사용해야 한다는 점이다. 따라서 때로는 완전한 문장이 아닐 수도 있으며 아나운서와 듣는 수용자를 위하여 짧은 문장으로 구성되어야 한다. 방송용 보도자료에서는 첫 문단을 인쇄매체에서 널리 쓰이는 5W 1H에 입각해서 작성할 필요는 없다. 첫 문단에 많은 정보로 꽉 채우면 이를 듣는 사람이 혼동하기 쉽고 아나운서가 읽기에 어려울 것이다. 수용자에게 익숙하고 관련된 단어를 사용해야 한다. 가급적이면 능동형으로 작성하여 내용에 생명력과 움직임을 주어야 한다. 실무자는 항상 청취자와 아나운서를 염두에 두고 그들이 보도자료에 실린 단어들을 어떻게 수용할 것인가 생각해야 한다.

〈보도자료의 예〉

McDonald's **보 도 자 료** 2002. 08. 23

한국 맥도널드의 토종 메뉴, 김치버거 대만 맥도널드에서 선풍적인 인기!

—한국 맥도널드의 김치버거 대만 맥도널드에서 인기—

한국 맥도널드의 자체 개발 토종 메뉴인 김치버거를 판매했던 대만 맥도널드는 김치버거의 반응이 좋아 10월에 재판매하기로 하였다. 국내 패스트푸드 업계 최초로 자체 개발 메뉴로 해외에서 판매되었던 김치버거는 대만 맥도널드를 통해 지난 4월 29일부터 5월 20일까지 약 한 달간 판매되었다.

2002 FIFA월드컵 한국/일본™을 맞아 월드컵 특수 상품으로 대만에서 판매되었던 한국 맥도널드의 김치버거는 김치의 고유한 질감과 맛을 최대한 살렸다. 그런데 이것이 좋은 반응을 얻어 대만 맥도널드의 357개 매장에서 한 달간 1백만 4천여 달러, 우리나라 원화로는 약 18억 3천만 원에 이르는 매출을 기록하였다. 이에 대만 맥도널드는 김치버거를 10월 12일부터 11월10일까지 다시 판매할 것을 결정하였다고 한다. 최근 대만에서 한국 음식, 한국 연예인들이 인기를 끌고 있는 한류(韓流) 열풍과 더불어 한국 맥도널드 김치버거의 인기가 높아 대만 맥도널드는 한국 맥도널드의 다른 토종 메뉴에 높은 관심을 보이고 있다고 한다.

임직원 전원이 한국인인 한국 맥도널드는 한국 실정에 맞는 적극적 토착화를 위해 우리나라 고유의 토종 메뉴 개발에 주력하고 있다. 소비자들의 많은 사랑을 얻고 있는 불고기버거 97년 출시를 시작으로 새우버거, 김치버거 등 최근 8월에는 고추장 소스를 추가한 辛불고기버거를 선보이기도 하였다. 김치버거가 대만 맥도널드에서 판매되는 것은 한국 맥도널드의 토착화 메뉴가 한국에서뿐만 아니라 세계에서도 경쟁력이 있다는 증거로 여겨지고 있다.

또한, 지난 4월말 김치버거 판매 당시, 대만 내 김치버거 프로모션 TV CF도 한국 TV 광고를 수입, 중국어로 더빙하여 방영하였다. 대만에서 방영된 한국 맥도널드 제작 TV CF 중에는 국내 최초로 국제 3대 광고제인 뉴욕 광고 페스티발(TV CF부분 금상)과 칸광고제(은사자상)에서 수상하여 그 작품성을 인정받은 후렌치 후라이 CF 버스편도 포함되어 있다.

- 문의 : 한국 맥도널드 마케팅 남화연 과장

(전화: 02-3702-8372, hynam@mcdkorea.co.kr)

코콤포터노벨리(주) 신자은 대리

(전화: 02-6366-1520, ellen@koreacom.com)

김유향 A.E(전화: 02-6366-1508, patti@korocom.com)

제 13 장

전략적 매체 계획

1. 조직 내 커뮤니케이션과 매체

1) 종업원 커뮤니케이션

종업원 커뮤니케이션으로도 불리는 조직 내 커뮤니케이션은 종업원들과 효율적으로 커뮤니케이션하기 위하여 이용되는 채널과 네트워크는 물론 조직의 커뮤니케이션 모형 내에서의 기능으로 규정된다. 종업원 커뮤니케이션에서는 두 가지 주제를 생각할 수 있다.

첫째, 종업원 커뮤니케이션 노력은 종업원과 경영진 사이의 관계를 포함하여 조직 내 종업원간 관계를 향상시킨다. 커뮤니케이션 프로그램은 사기증진과 관계구축활동으로 모아진다.

둘째, 종업원 커뮤니케이션 노력은 생산과 서비스 향상을 돕기 위한 것이다. 이러한 프로그램은 기업이나 제품지식을 개발하고 근로환경을 관리하며 질적 향상을 도모하는 데 초점을 둔다. 종업원 커뮤니케이션은 다른 조직의 커뮤니케이션 기능들과 관련하여 이해할 수 있다. 조직의 규모, 유형과 목적에 따라 조직 커뮤니케이션 기능은 달라진다. 큰 기업의 종업원 커뮤니케이션은 특정 부서가 담당하며 격식을 갖춘 매우 두드러진 프로그램으로 구성된다. 작은 기업에서 종업원 커뮤니케이션 기능은 소외되고 일정한 격식이 없으며 이 사람 저 사람이 관리하는 경향을 보인다.

종업원 커뮤니케이션을 이해하기 위한 또 다른 방법은 조직 내에서 종업원들간의 관계와 정보가 관리되는 채널이나 매체를 확인하는 것이다. 종업원 커뮤니케이션에 사용되는 가장 일반적인 채널은 면대면 채널, 인쇄채널과 전자채널이다. 면대면 채널은 관계성장과 발전을 필요로 하는 활동에 가장 흔히 사용된다. 이러한 종업원 커뮤니케이션으로는 인적자원관리, 인사관리 및 훈련을 들 수 있다. 이러한 관리는 조직 내 관계를 향상시키며 따라서 많은 면대면 상호작용을 필요로 한다. 종업원 커뮤니케이션 활동을 진작시키는 데 사용되는 두 번째 채널은 뉴스레터, 잡지, 또는 각종 인쇄채널이다.

조직의 성격, 목적 및 가동자원이 이러한 출판의 횟수와 깊이를 결정한다. 면대면 채널은 종업원 커뮤니케이션의 관계적 목표달성에 더 많이 이용되는 반면 인쇄채널은 복합적이어서 관계적 목표와 내용목표 모두에 이용된다.

인쇄채널처럼 전자채널 역시 관계적 목표와 내용목표달성을 위한 복합적 채널이다. 전자채널은 종업원 커뮤니케이션 관리를 위한 수단으로서 급속히 성장하고 있다. 특히 조직 내 인터넷망의 이용은 강력한 종업원 커뮤니케이션 프로그램을 개발하고, 이행하며 유지하기 위한 중요한 도구가 되고 있다. 이러한 전자채널의 이용은 종업원 커뮤니케이션에 여러모로 영향을 미치고 있다.

첫째, 커뮤니케이션 담당자의 임무와 책임이 점점 기술 지향적이 되고 있다.

둘째, 작업장에서 커뮤니케이션의 정확성과 시의성(*timeliness*)을 향상시킨다.

셋째, 전자채널이 반응이나 상호작용 시간을 통제할 수 있게 한다. 즉 종업원과 경영진이 동시적이며 비동시적 방식의 커뮤니케이션을 하게 한다.

2) 조직 내 매체

앞에서 언급했듯이 조직 내 수용자를 대상으로 하는 매체로는 가장 일반적인 사보(社報)를 비롯해서 소책자, 뉴스레터, 게시판, 포스터, 전자채널 그리고 폐쇄회로 TV 및 화상회의(畵像會議)를 들 수 있다.

여기서는 사보를 중심으로 조직 내 매체의 현황 및 문제점과 전략을 살피기로 한다. 컴퓨터, 비디오, 화상회의 등 뉴테크놀러지를 이용한 커뮤니케이션은 제 21장에서 다룬다.

어떤 매체는 세분화된 수용자를 위해 설계되며 또 어떤 매체는 일반 대중을 겨냥한다. 매체 담당자와 PR 실무자는 조직 내 매체의 내용과 배포에 대한 상당한 통제력을 행사한다. 그러나 신문이나 방송과 같은 조직 외 매체의 경우에 그 통제는 주로 기자에 의해서 이루어진다. 그런데 조직 내 수용자를 목표로 하는 매체는 그것이 사보, 폐쇄회로 TV, 뉴스레터, 소책자 또는 게시판이든 그 나름대로의 몇 가지 공통점을 지닌다.

첫째, 조직 외 매체보다 내용과 배포에 대한 통제가 쉽다는 점이다. 조직 내 매체는 조직 구성원들이 직접 계획하고 관장하기 때문에 그 내용은 주로 그 조직성원들에 관한, 그리고 그들을 위해 설계된다.

둘째, 조직 내 매체는 동질성이 높은 조직 구성원들을 대상으로 하며 상당한 수준의 고정독자 및 청취자를 확보하고 있다.

셋째, 조직 내 매체 담당자는 고정 독자와 청취자를 대상으로 하기 때문에 그들의 주목을 끌기 위한 노력보다는 매체의 내용에 더 많은 중점을 둘 수 있다.

넷째, 조직 내 매체의 융통성이다. 조직의 규모가 커진다거나 경영방향이 변할 때 조직 내 매체는 이러한 변화에 신속하게 적응할 수 있다.

(1) 사보(社報)

사보는 보통 하우스 오건(*house organ*)으로 불리면서 기업 커뮤니케이션의 가장 오래된 매체로 인식되고 있다. 하우스 오건이란 조직체의 간행물을 의미하므로 기업체뿐만 아니라 정부기관, 각종 협회, 군대, 사회복지단체, 언론기관 등이 발간하는 모든 정기간행물을 포함하는 개념이다. 미국 광고사전에는 하우스 오건을 "기업체나 공공단체가 경영자와 구성원과의 관계를 강화하고 고객이나 의견지도자에게 정보를 전할 목적으로 발간하는 인쇄물"로 정의하고 있다.[1] 일본 최대 광고회사인 덴츠〔電通〕가 발간한 광고사전의 경우 하우스 오건을 "기업 또는 단체가 대내적으로는 경영자와 구성원의 관계를 강화하고 대외적으로는 고객, 판매상, 주주 등에게 기업의 활동을 알리기 위하여 발간하는 인쇄물로서 형식은 소책자, 신문 등이 있다"라고 정의한다.[2]

사보의 기능으로는 다음과 같은 점들을 생각할 수 있다.[3]

- 구성원들에게 조업의 조건을 알려주고 회사가 일하기 좋은 곳임을 인식시킨다.
- 구성원들에게 회사를 가정 같은 분위기로 느끼게 하며 장기근속의 이점을 보여준다.
- 사고와 낭비가 줄어들고 생산성이 향상되게 한다.
- 구성원의 질문에 답하고 회사의 계획과 방침에 대한 최신 정보를 제공한다.
- 회사가 재계의 건실한 구성원으로서 사회발전의 중추이며 지역의 주인임을 구성원과 그 가족과 사회에 인식시킨다.

또한 마스톤(Marston)에 의하면 사보는 다음 기능을 갖는다.[4]

---

1) 이의용, "한국기업사보의 실태에 관한 연구", 중앙대학교 신문방송대학원 석사학위논문(1990), p. 24에서 재인용.

2) 電通 編, 《新版 廣告用語辭典》(東京：實業日本社, 1971), p. 154.

3) 오두범, 《PR 커뮤니케이션론》(나남출판, 1991), p. 232에서 재인용.

4) J. E. Marston, *Modern Public Relations* (New York：McGraw-Hill, 1979), pp. 159~170.

- 회사의 방침과 운영목표에 관한 정보의 제공과 설득
- 구성원에 대한 인정(*recognition*)을 통하여 조업을 독려함
- 부서간 마찰의 예방
- 근로자 이직률의 감소
- 기업 PR의 지원
- 판매 지원
- 사원의 수익분배에 대한 수긍도의 증진
- 사기업 제도의 옹호

(2) 기업사보의 역사

① 미국

사보 활동이 가장 오래되고 다양한 내용을 보이는 나라는 미국이다. 1840년경에 이미 로웰 면 방직사가 *Lowell Offering*이라는 사보를 발간했는데 이 사보는 주로 공장 여성근로자들의 문예물로 구성되었다.

가장 전통 있고 잘 알려진 대기업체의 사보로는 포드 자동차 회사가 1908년 4월 15일 첫 호를 낸 *Ford Times*를 들 수 있다. 이 사보는 고객용 잡지로서 월 2회 발간된다.[5)]

1920년대 후반 발간 붐을 이룬 미국의 사보는 경제공황으로 인해 1930년대 초반에는 감소하는 추세를 보이기도 했다. 그러나 인쇄물의 발달과 기업경영상의 필요에 따라 사보의 발간은 다시 급증하여 1940년에 1천여 종, 1962년에는 1만여 종으로 늘어났고, 현재는 약 2만여 종의 사보가 발간된다.

일반적으로 미국기업들은 인재, 즉 구성원을 최고의 자산으로 생각하여 구성원 사기의 향상과 자기개발을 구성원 관리이념으로 삼고 이를 통한 기업의 번영을 사회공공의 복지와 일치시키는 것을 경영이념으로 삼고 있다. 그러므로 미국의 각 기업들은 이러한 경영이념을 실현시키

---

5) 김정기, 《새 PR원론》(탐구당, 1987), pp. 309~310.

기 위해 사보라는 커뮤니케이션 매체를 체계적으로 운용하고 있으며, 이는 미국을 세계 최대의 사보왕국으로 발전시킨 기본적 요인으로 작용했다.

② 일본

일본의 사내보는 약 1만 종이며 총 발행부수는 연간 2억 부를 넘는다. 일본 최초의 사보는 1903년 6월 창간된 가네부치〔鐘淵〕 방적의 〈가네보오〔鍾紡〕의 기적(汽笛)〉인데 제 2차 세계대전까지는 사보를 채택한 기업은 겨우 몇몇에 지나지 않고, 그것도 주로 기업 내의 위로부터 아래로의 커뮤니케이션, 이른바 상의하달(上意下達)·친목·융화를 목적으로 한 것이었다.

일본의 본격적 기업 사보활동의 시작은 1948년 이후라고 할 수 있다. 일본은 1940년대 후반부터 1950년대 전반에 걸친 제 2차 세계대전 후의 사회·경제적 혼란 속에서 경제적 부흥이 이루어지게 되었으며, 사보는 기업의 인간관계 개선, 노사관계의 안정을 도모하는 목적으로 채택되기 시작했다. 1950년대 후반에서 1960년대 전반에 걸쳐서 일본경제는 부흥과정을 마무리하고 세계의 이목을 끄는 고도경제 성장을 이룩한 시기였다. 그러나 한편으로는 인간소외나 삶의 보람 같은 문제가 등장하여 그것을 어떻게 해소하고 충족시키는가가 기업의 큰 과제가 되어 사보를 그 유력한 수단으로 활용하게 되었다.

1960년대 후반에 들어와서 기업은 밖으로는 국제적 협조와 사회적 조화를, 안으로는 효율화와 함께 인간존중이라는 과제를 짊어지게 되었다. 이들 기업 내·외의 요청을 어떻게 통합·조화하는가가 1960년대 후반에서 1970년대에 걸친 경영과제의 목표가 되었기 때문에 이 무렵 사보활동은 '조화 있는 기업의 발전'에 기여한다는 것이 사보의 큰 역할로 지목되었다.

이와 같이 일본의 사보는 경제·경영의 발전과 더불어 현저한 신장을 보였는데 1973년의 오일쇼크는 일본의 경제기반을 크게 흔들어 10여 년 계속된 고도성장을 종언시켰으며 기업경영은 모든 분야에 걸쳐

감량경영, 효율화를 추진하여 경영 신시대에 적응하는 체질을 만들었다. 이와 같은 기업의 경영 효율화는 당연히 사보활동에도 큰 영향을 미쳤다. 오일쇼크 전까지의 고도성장에는 각 기업의 사보는 서로 호화로움을 다투었으나 오일쇼크를 맞아 외관과 내용의 양상이 바뀌었다. 이것은 경영위기를 몸소 나타내려는 것이었다. 기업은 이와 같은 사보활동으로 환경에 대해 구성원의 이해와 협력을 얻고자 한 것이다. 그런 의미에서 기업 내 커뮤니케이션의 일환으로써 사보의 역할은 큰 것이었다. 최근의 일본 기업사보의 편집내용을 보면 "경영방침의 전달", "직장 분위기 활성화", "인간관계의 원활화", "구성원의 하의상달" 등이 주를 이루고 있다.

③ 한국

우리나라의 경우 사보가 언제부터 발간되기 시작했는지에 대해서는 아직 체계적 연구가 없는 실정이다. 최초의 간행물로 통칭되는 태평양화학의 〈化粧界〉(현재는 *hyangjang*)가 1958년에 발간되었다고 하지만 출판전문가나 서지학 연구가들은 이미 일제시대에 〈조선일보〉가 사보를 발간했고, 일반 기업체나 출판사 등이 사보형태의 출판물을 발간했다는 점을 지적하고 있다.

대체로 국내기업들이 사보를 발간하기 시작한 것은 1960년대 초반부터이다. 〈사보 OB〉(동양맥주, 1960. 1. 창간), 〈現代〉(현대건설, 1961. 1. 창간), 〈월간한전〉(한국전력, 1961. 8. 창간), 〈충비〉(충주비료, 1963. 1. 창간) 등 13종의 사보가 1964년 이전에 창간되었다.[6)]

그 후 1970년대 중반에 이르러 산업발전과 경제성장기를 맞아 사보발간이 급격히 증가했다. 동시에 기업 조직의 대형화는 기업 내 커뮤니케이션 매체를 필요로 하고, 기업환경의 다변화와 고객 중시경향으로 대외 PR 활동을 위한 매체를 필요로 하게 되자 여기에 부응하여 사내보

---

6) 김이환, "한국 Business Journalism 실태분석", 서울대학교 신문대학원 석사학위논문(1974).

와 사외보가 점차 기능 분화와 함께 구분되어 발간되기 시작했다. 국내 사보는 1980년대 중반 전국적 노사분규의 홍역을 치르면서 기업 내·외의 환경 변화에 능동적으로 적응하기 위한 커뮤니케이션 도구로 각광을 받으면서 양적 성장을 하게 되었다.

최근에는 대기업들을 중심으로 기업 이미지 제고 작업의 일환으로 사외보 발행 경쟁도 치열하다. 태평양화학의 *hyangjang*을 비롯하여 한국화장품의 *Calli*, 삼성전자의 〈디지털, www.sec.co.kr〉, SK 텔레콤의 〈열린 세계〉, 대한항공의 〈스카이 뉴스, www.skynews.co.kr〉 등이 나름대로 특색 있는 편집으로 이미지 경쟁을 벌이고 있다.

이 사외보들의 내용을 보면 기업소개나 자사(自社)제품 광고 등 직접적 홍보를 최대한 자제하는 대신 생활정보, 독자투고, 문화예술계 소식 등 다양한 읽을 거리들로 채워진다. 사보의 이름도 가능한 한 기업이나 제품상표를 피하고, 대부분 한글을 사용하고, 고급용지에 컬러화보를 곁들인 세련된 편집, 기존 상업지의 선정성과 퇴폐성을 찾아볼 수 없다는 점에서 건전한 잡지문화 형성에도 한몫 한다는 평가를 얻고 있다.

앞에서 소개한 삼성전자와 대한항공의 사보처럼 전자사보는 종이 이외의 전자적 대안매체를 이용한 사보의 통칭으로서 1980년대 후반부터 사용되었으며 1980년대 당시에는 비디오테이프가, 1990년대 중반에는 CD-ROM 사보가 전자사보를 뜻했으며, 지금은 인터넷으로 구현되는 사보를 말한다.[7]

사보의 역할은 매체의 발전에 따라 다양하게 변화하였으며, 이에 따라 사보제작자의 역할과 위상도 변화과정을 겪고 있다. 문자와 사진으로 구성된 인쇄사보가 다분히 주기적인 일방향 정보전달이 주 역할이었다면 전자사보는 문자, 사진, 동영상과 음향이 담긴 인터넷 사보로서 양방향 정보전달역할을 하며, 정보의 검색과 데이터베이스화가 용이하다는 특성을 지닌다.

---

7) 박영범, "사보의 Re-Positioning과 전자사보의 활용", 한국사보기자협회와 한국홍보협회가 공동 개최한 기업홍보심포지엄에서 발표한 논문(2002, 10.1).

〈그림 13-1〉 사보

코오롱 사내보　　　　　　　　태평양화학의 사외보

소비자의 입장에서 보면 전자사보가 제공하는 서비스로서 정보의 양·질적 우수성, 정보이용의 용이성, 정보의 활용성, 다양한 채널을 통한 접근의 용이성, 참여동기부여를 들 수 있는 한편 기업의 입장에서는 고객의 욕구충족, 정보제공의 편이성, 피드백에 따른 효과측정의 용이성, 업그레이드 및 수정의 용이성, 운영의 편이성을 들 수 있다.[8]

3) 국내기업 사보의 문제점

대부분의 전문가들은 우리나라 사보의 문제점으로[9] 첫째, 발간목적과 편집방향의 미정립을 꼽는다. 국내기업의 사보 중에는 사보가 수행

8) *Ibid.*
9) 이의용, 앞의 논문.

할 기능이나 목표 독자층에 대한 연구 등 충분한 창간작업 없이 "다른 기업이 내니까 우리도 내자"는 식으로 창간된 경우가 적지 않다. 이러한 사보발간상의 정책미비가 결국 독자확보 실패, 또는 내용의 몰개성화 같은 부정적 현상으로 이어지고 있는 것이다.

사보가 "지나치게 경직된 경영관련 내용만을 다루거나, 정반대로 읽히기에만 급급한 나머지 일반 상업잡지를 모방한 '교양지'를 지향하는 것은 현재 기업사보가 경영 차원에서 구체적 기능을 부여받지 못한 채 발간되고 있음을 의미한다.

둘째, 독자의 확보에 실패하고 있다는 비판이다. 독자 수준보다 낮은 빈약한 메시지의 선정, 기준 없는 기사처리 태도, 진부하거나 권위주의적 어휘의 사용, 일부 계층의 지면 독점현상 등이 그 주된 원인으로 지적되고 있다.

셋째, 차별화의 실패로서 개성 없는 사보의 발간을 지적할 수 있다. 이는 그 기업이 처한 환경의 특성, 그 기업 구조상의 특성, 그 기업 구성원의 특성을 편집자가 파악하지 못한 상태에서 천편일률적으로 사보를 제작하는 데에서 비롯된다. 이렇게 발간된 사보는 해당기업의 특징적 기업문화를 반영하지 못하고 다른 기업의 사보와 차별성이 별로 없는 개성 없는 사보로 전락할 수밖에 없다. 특히 편집업무의 무분별한 외부 용역의존은 차별화 실패의 주요 원인으로 지적된다. 이러한 문제점들은 사보의 발간정책 미비, 편집인력의 관리부실, 편집환경의 열악함 등에서 비롯된다.

2. 대외매체 계획

1) PR 매체 환경의 변화

대외매체는 조직의 가치와 이미지를 반영해야 한다. 매체의 발행 주기는 그 매체가 담은 기사의 유형과 정보를 결정짓는 주요 요인이 된다. 매체가 주간이거나 월간이면 그 매체에 실리는 기사는 좀더 구체적이고 시의적이어야 한다. 일 년에 한 번 발행되는 매체라면 실리는 내용은 일반적이고 조직활동의 개괄적인 것이어야 한다.

오늘날 PR 매체 환경에는 많은 변화가 일어나고 있다. 새로운 테크놀러지는 메시지를 전달할 많은 미디어 선택 범위를 넓히고 있는데 이들 중 보편화된 것들로는 웹, 인터넷 대화방, 전자우편과 비디오 회의 및 CD-ROM 등을 들 수 있다. 이러한 테크놀러지의 확산은 언론의 전통적 정보 전달역할이 침범당하고 있음을 의미한다. PR에서는 '공짜'노출을 추구한다는 생각은 더 이상 적용되지 않고 있다. PR주와 실무자 모두 비용효과 분석의 필요성을 생각하고 있다.

정보에 대한 공중의 기대감은 점점 더 높아지고 있다. 기술의 발전은 수용자들에게 뉴스와 정보에 대한 즉각적 접근을 기대하도록 가르쳤다. 득의에 찬 수용자들은 지금 자신들이 필요한 정보를 요구하고 있다. 결과적으로 정보전달의 시점에 대한 통제가 메시지 제작자에게서 수용자에게로 바뀐 것이다. PR 매체의 기능도 변화되고 있다. 전통적으로 매체는 PR 과정에서 단지 노출이나 정보를 전달하기 위하여 사용되었다. 그 외에 매체는 실무자들이 피드백을 얻어내기 위해 언론보도를 모니터링하고, 여론을 분석하기 위한 대상으로 활용되었다. 하지만 오늘날 상호작용성 매체가 보편화되어 수용자들의 즉각적 반응을 위한 통로로 작용하며 들어오고 나가는 커뮤니케이션을 진작시킨다.

오늘날 매체의 구분은 점점 더 희미해지고 있다. 그 예로 뉴스, 오락, 광고로 구분된 매체의 내용이 혼합된 메시지(*hybrid messages*)의 등장으로 그 구분이 무너지고 있다. 오늘의 포스트모던 매체 환경은 기사, 비디오 뉴스 보도자료, 홈쇼핑 쇼, 언론기관이 공동 후원한 판촉 이벤트 등과 같이 메시지의 의도가 수용자들에게 명확하지 않은 모호한 포맷으로 가득 차 있다. PR, 광고 및 마케팅을 구분해주던 경계선이 통합 마케팅 커뮤니케이션(IMC)[10] 프로그램의 등장으로 무너지고 있다.

IMC가 PR 분야에서는 논란의 대상이 되고 있지만 두 가지 명확한 메시지가 IMC로부터 나타나고 있다. 첫째, PR주를 위해서 성공적으로 커뮤니케이션을 수행하려면 다양한 커뮤니케이션 구조와 매체를 이용해야 한다. 둘째, 하나의 학문분야로서 PR은 어떤 특정 커뮤니케이션 도구나 테크닉만으로 규정될 수 없는 영역이란 점이다.

2) 통합 PR 매체 전략

급속하게 변화하는 매체 환경에 비추어 볼 때 PR 프로그램 계획자들은 전통적 접근법을 재검토해야 할 필요가 있으며 매체를 좀더 전략적으로 활용하는 방법을 연구해야 한다. 효율적 PR 프로그램을 수행하기 위해서는 넓은 의미의 전통적 매스 커뮤니케이션에서 매우 개인화된 대인 커뮤니케이션에 이르는 다양한 테크닉을 활용해야 한다. 더욱이 매체 선별과정은 합리적으로 이루어져야 한다.

지금까지 매체의 선정에 관한 논의가 주로 매체의 장점과 단점을 비교하여 나열했을 뿐 어느 매체가 어느 상황에 적합한지를 설명해 주는 안내가 거의 없었다. 일부 교과서에는 외부매체와 내부매체 또는 통제된 매체와 통제되지 않은 매체로 나누어 설명한다. 어떤 교과서에는 매체를 서면, 시각 또는 구어로 된 커뮤니케이션으로 구분한다. 매체의 사용을 매체의 다차원으로 분류하여 효율적 활용을 안내한 교과서는 별

---

10) IMC란 고객 또는 잠재적 고객에게 노출되는 제품과 서비스에 관련된 모든 정보의 출처를 관리하는 과정으로서, 소비자로 하여금 자사의 브랜드를 구매하도록 고객의 충성심을 유지시키는 것. 이를 달성하기 위해 IMC는 광고, PR, 판촉, 이벤트, 사내커뮤니케이션 등 이전에 분리된 것으로 보았던 다양한 기능들을 하나의 전체적인 마케팅 커뮤니케이션으로 접근한다.

로 없는 실정이다.

이러한 문제점을 해결하기 위한 대안으로 할라한[11] 교수는 PR 실무자들이 프로그램 수행시 전략적이고도 효율적으로 활용할 수 있는 통합매체 모형(*integrated PR media model*)을 제시했다. 통합모형은 계획적이고 조화를 이룬 매체의 이용을 말하는데 특히 PR 목표에 적합한 다양한 유형의 매체들 중 둘 또는 그 이상의 매체를 배합하여 사용하는 접근법을 말한다. 이 모형에서 할라한은 PR에서 사용되는 모든 매체를 다섯 가지로 분류하는데 그것은 공공매체, 상호작용매체, 통제된 매체, 이벤트/집단 커뮤니케이션 및 1대1 커뮤니케이션이다.

첫째, 공공매체는 대중매체로서 공중과 PR주 사이에서 뉴스와 정보를 제공하는 중요한 연결고리 역할을 한다. 이러한 역할 중 하나는 오랫동안 PR 분야의 버팀목인 퍼블리시티를 통하여 이루어진다. PR주(정보원)가 제공하는 보도자료를 포함한 다양한 정보를 이용하여 공중에게 제공할 자료를 지원받는데 이를 통해서 대중매체는 정보수집에 드는 비용을 줄인다.

공공매체를 이용하는 데 제일 큰 도전은 매우 경쟁적이며 혼잡한 메시지 환경에서 수용자의 주목을 확보하는 일이다. 따라서 PR주는 매체 제작자들의 관심을 끄는 이야기나 아이디어를 매체에 제공하는 일이 관건이 된다. 전략적 시각에서 볼 때 공공매체의 제일 중요한 가치는 조직, 제품 및 서비스에 관한 광범위한 공중의 인지도 또는 지식 수준을 높이는 능력에 있다. 또한 공공매체는 효과적으로 많은 공중에게 도달하고 싶어하는 PR주는 물론 정보를 신속히 전달해야 하는 PR주들에게 중요한 매체가 된다.

상호작용매체(*interactive media*)는 전화와 개인 컴퓨터와 같이 사람들이 조직과 커뮤니케이션하는 데 사용하는 다양한 커뮤니케이션 수단을 말한다. 오늘날의 수용자들은 상호작용 테크놀러지를 이용하여 질문할

---

11) K. Hallahan, "Strategic Media Planning : Toward an Integrated Public Relations Media Model", In R. Heath(ed.), *Handbook of Public Relations* (Thousand Oaks : Sage, 2001), pp. 461～485.

수 있고, 일상적인 일을 수행하거나 조직과 정보를 교환한다.

상호작용매체는 공공매체와는 근본적으로 다른 방식으로 운영된다. 상호작용매체 이용자들은 커뮤니케이션 과정에서 능동적으로 관여할 수 있다. 이용자들은 커뮤니케이션을 주도하며 정보든, 오락이든 아니면 사회적 욕구이든 개인적 욕구를 충족시키기 위하여 상호작용매체를 의도적으로 이용한다.

상호작용매체는 이용자의 매체이다. 따라서 이들은 공공매체처럼 인지도를 넓히는 데는 적합하지 않다. 그러나 상호작용매체는 조직이 각종 질의에 응답하고 이용자가 요구하는 정보를 제공하여 대인 커뮤니케이션에서 흔히 볼 수 있는 인간적 교류를 독려하는 데 강력하고 저렴한 방법이 된다.[12] 또한 이 매체는 특정 주제에 흥미를 갖고 적극적으로 참여하며 테크놀러지에 정통한 집단과 정보를 공유하는 우수한 방법이 된다. 이용자들은 특정 주제를 다루는 대화방이나 게시판에 참여하여 가상 공동체의 한 부분이 될 수 있다.

통제된 매체(*controlled media*)는 스폰서에 의해 제작되어 수용자에게 전달되는 모든 종류의 매체를 의미하며 PR주의 이름이나 메시지를 담고있는 모든 물체가 이 범주에 포함된다. 통제된 매체는 매우 세분화된 수용자에게 메시지를 전달하는 데 적합하다. 이것은 수용자에게 개별적으로 구체적 내용을 전달케하는 데이터베이스 체계의 등장으로 가능하게 되었다. 통제된 매체는 브로슈어의 회신용 카드와 같은 반응기제들을 이용하지만 피드백은 상호작용매체, 이벤트, 집단 커뮤니케이션, 1 대 1 커뮤니케이션에 비하면 느린 편이다.

통제된 매체는 특히 프로모션 메시지를 전달하는 데 적합하여 공공매체에 의한 일반적 인지도나 상호작용매체를 통해 제공된 단편적 정보의 차원을 넘는 구체적 정보를 제공하는 데 적합하다. 통제된 매체는 많은 양의 메시지를 제공할 수 있고 시간과 공간이 한정된 공공매체를

---

12) R. Rice, "Media Appropriateness : Using Social Presence Theory to Compare Traditional and New Organization Media", *Human Communication Research* 19(1993), pp. 451~484.

이용할 때보다 더 복잡한 메시지를 제공할 수 있기 때문에 메시지는 필요한 만큼 구체화할 수 있다.

이벤트는 PR주인 조직의 대표와 집단구성원 사이의 직접적인 대인 커뮤니케이션 현상이다. 여기서 이벤트는 참석자와 직접 커뮤니케이션하기 위한 합법적 노력을 의미하며 단지 공공매체를 통하여 뉴스가 보도되도록 꾸민 의사사건(*pseudo-events*)이나 진기(*stunts*)와는 구별된다.[13)]

다른 매체의 경우처럼 이벤트도 특별한 도전이 따른다. 효과적 이벤트가 되기 위해서는 우선 사람들이 참석해야 한다. 참석자들은 프레젠테이션에 귀를 기울여도 주로 구두 커뮤니케이션을 통해서 많은 정보를 얻게되며, 전반적 진행과정을 관찰하고 다른 참석자들과 이야기하고 그들의 반응을 관찰하게 된다. 이벤트는 참가자들이 직접 경험하는 매체이며 이벤트의 성공은 참석자들로부터 우호적인 감성적 반응을 이끌어 내느냐의 여부에 달려있다. 우호적인 감성적 반응을 자아내는 데 쓰이는 효율적 도구로는 상징적 세팅, 축제분위기 조성, 시청각 자료, 엔터테인먼트, 음악 및 음식을 들 수 있다.

마지막 PR매체로는 모든 형태의 2인 커뮤니케이션, 즉 조직의 대표와 공중의 각 구성원간 대인적 수준에서 발생하는 커뮤니케이션을 들 수 있다. 1대 1 커뮤니케이션은 비구조적이고, 비계획적이며 성격상 생명이 짧은 매우 개인화된 커뮤니케이션이다. 이벤트와 마찬가지로 커뮤니케이션의 주 형태는 구두 커뮤니케이션을 이용한 면 대 면 접촉을 통해서 이루어진다.

1대 1 커뮤니케이션이 발생되는 상황은 다양하다. 학교 기금모금 담당자와 그 학교 동문과의 개인적 접촉, 소비자의 불평에 대한 고객관리 업무 담당자의 반응, 대 지역사회 담당자의 대 지역사회 주민과의 갈등관리, 대 종업원 관계 담당자와 조직 구성원과의 면담 등이 이에 해당된다.

---

13) C. Fuhrman, *Publicity Stunt! Great Staged Events That Made the News*(San Francisco : Chronicle Books, 1989).

3) PR 실무자를 위한 시사점

이 통합모형은 여러 유형의 매체 중 전략적 차이점에 주목함으로써 PR 매체 계획을 수립하는 PR 실무자들에게 유용한 출발점을 제공한다. 이 모형을 이용할 때 PR 매체 계획 담당자는 프로그램의 목표를 검토한 다음 이 목표를 각 매체집단에 제시된 주요 이용도에 맞추어 적절한 매체를 선정할 수 있다. 즉, PR 프로그램의 목표와 가장 가깝게 부합되는 이용범주를 살핀 후 매체 계획 담당자는 가장 적합하다고 생각되는 구체적 매체를 선정할 수 있다.

이 모형을 자세히 살펴보면 매체집단의 위계적 성격과 그에 상응한 목표를 알 수 있다. 앞에서 제시한 다섯 가지 매체집단은 매스 커뮤니케이션에서 매우 개인화된 대인 커뮤니케이션에 이르기까지 광범위한 PR의 커뮤니케이션 선택권을 의미한다.

이 모형은 또한 PR 매체 계획에서 매체의 통합이 적용되어야 함을 강조한다. 여기서 매체통합은 기대하는 목표를 달성하기 위하여 복합매체의 계획적이고 조화를 이룬 이용을 일컫는다. 다시 말해서 통합된 PR 매체 계획은 목표를 달성하기 위하여 다섯 가지 매체집단 중 둘 또는 그 이상의 매체를 배합하여 사용하는 것을 의미한다. 그 예로 캠페인 초기에는 공공매체를 통한 인지도를 증대시키는 전략은 매우 적절한 것이다. 그러나 그 이후 상호작용매체나 통제된 매체를 통해서 추가정보를 제공하거나 이벤트/집단 커뮤니케이션 또는 1대 1 커뮤니케이션을 통해서 수용자의 행위를 유발하는 전략이 따라야 한다.

마지막으로 PR 계획자들은 목표와 부합되는 매체의 이용을 최대화할 필요가 있다. 적절한 매체를 적절한 목적을 위해 이용하지 못하면 그것은 프로그램의 효율성을 떨어뜨리는 결과를 가져오게 된다.

〈표 13-1〉 통합 PR 매체 모형

특 성	공공매체	상호작용성 매체	통제된 매체	이벤트/집단	대인커뮤니케이션
주요이용	인지도 증대	질문에 대한 반응 · 정보교환	프로모션 구체적 정보제공	참여자에게 동기부여 기존신념과 태도보강	약속획득 문제해결
예	신문 잡지 라디오 텔레비전	전화자동응답 체계 컴퓨터 기반의 데이터베이스 전자메일 뉴스집단 대화방 게시판	브로슈어 뉴스레터 연례보고서 DM 책 POP 전시	연설 박람회 전시회 회의 시연회 스폰서	개인적 방문 개인편지 전화통화 텔레마케팅
커뮤니케이션 성격	비 개인적	비 개인적	비 개인적	준 개인적	개인적
커뮤니케이션 방향	일방	준 쌍방	일방	준 쌍방	쌍방
메시지 선택자	제 3자와 제작자	수용자	스폰서	스폰서 또는 조직	제작자와 수용자
수용자 관여도	낮음	높음	중간	중간	높음
도달수준	높음	중간-낮음	중간-낮음	중간	낮음
효과에 영향을 주는 요인	경쟁, 매체집중	유용성, 접근성	디자인, 배포	참여, 분위기	권한부여 여부 개인적역동성

출처: Hallahan, 앞의 논문에서 재구성.

제 14 장

여론과 설득

1. 여론이란 무엇인가

미국 철도산업의 거물 밴더빌트는 1880년대에 "제기랄, 공중이 뭐야"(*The public be damned*)라는 말을 공공연히 해 댔다.[1] 20세기 초 필(R. Peel) 경은 "여론은 어리석은 것, 취향, 편견, 나쁜 생각, 옳은 생각, 옹고집과 신문기사 조각의 혼합물"이라고 혹평한 바 있다.[2] 그 당시에는 어느 누구도 여론을 중요하게 생각하지 않았다. 그러나 여론은 20세기 후반부터 강력한 힘으로 부상하기 시작했다. 예를 들면 *Effective Public Relations*의 저자인 커틀립과 센터는 "우리는 여론의 힘에 직면해야 하고, 이해해야 하며 다루어야 한다. 여론은 조직이 융성하거나 망하게 되는 심리학적 환경을 마련해 준다"라고 말한 바 있다.[3]

---

1) 밴더빌트가 정말로 "The public be damned"란 말을 했는지의 여부는 의문이지만 밴더빌트를 인터뷰하는 자리에서 기자가 "왜 뉴욕과 시카고 사이를 운행하는 급행 우편열차를 폐지하려 하느냐"고 묻자 밴더빌트는 "그 기차는 수지가 맞지 않는다"고 대답했다. 기자는 계속해서 "사장님께서는 대중의 편의를 도모해야 하지 않겠습니까?"라고 질문했다. 이에 밴더빌트는 "빌어먹을 사람들 같으니라고, 나는 주주를 위해서 일한단 말이에요"라고 외쳤다고 한다.

2) D. L. Wilcox, P. H. Ault, & W. K. Agee, *Public Relations : Strategies & Tactics*(New York : Harper & Row, 1986), p. 213에서 재인용.

3) S. M. Cutlip & A. H. Center, *Effective Public Relations*(Englewood Cliffs, NJ : Prentice-Hall, 1952).

PR 실무자는 이처럼 강력한 힘을 지닌 여론이 무엇으로 구성되며 어떻게 형성되는가를 알고 있어야 한다. 실무자들은 늘 여론의 변화를 읽는 한편 설득 커뮤니케이션을 통하여 여론에 영향을 미치기 위한 시도를 한다. 실무자들은 아이디어 시장의 능동적 참여자들이다.

여론은 PR에 얼마나 중요한 것인가? 이러한 질문은 아마도 "우리 인간이 숨쉬는 데 폐가 얼마나 중요한 것인가? 우리가 듣는 데 귀가 얼마나 중요한 것인가? 냄새를 맡는 데 코는 얼마나 중요한 것인가?"와 같은 것이라고 할 수 있겠다.

여론의 본질에 관한 이해와 그것이 어떻게 작용하는지에 관한 이해 없이 PR을 수행한다는 것은 생각하기 어렵다. 우리는 공중의 다양한 의견을 다루는 한편 공중과의 관계(*relations*)를 다루고 있다. 이 두 가지를 묶는 끈 역할을 하는 것이 공중(*public*)이며 PR 실무자가 PR 프로그램을 수행할 때 관심을 갖는 것이 공중의 의견이다.

오늘날 여론(*public opinion*)이란 단어만큼 자주 쓰이는 말도 드물다. 또한 여론의 정의는 여론에 관해 글을 쓴 사람들의 수만큼이나 많다.[4)]이러한 현상은 부분적으로는 이 여론을 주로 연구하는 정치학자, 사회학자 그리고 심리학자들 간에 여론에 대한 시각과 접근법이 각기 다른 데서 온 것이다. 정치학자는 주로 정치적 틀 내에서 여론을 연구하고, 사회학자는 주요 관심사를 사회의 틀에 두며 심리학자는 개인적 수준에서 여론에 접근한다. 위 세 분야의 학자들이 주로 이론적 관점에 관심을 둔다면 PR 실무자들은 여론의 실용적 관점에 더 관심을 둔다고 하겠다.

차일스는 어떤 여론의 원칙을 설정하고 여론의 의미를 의견의 합으로 좁히려는 사람들에 대해서 비판적이다. 그의 견해로는 모든 상황에

---

4) 여론의 정의에 관한 구체적 논의는 다음을 참조. 방정배·최윤희, 《여론과 정치설득》(나남출판, 1989), pp. 30~50; 김영석, 《여론과 현대사회》(나남출판, 1996); 공중과 여론의 관계에 관한 논의는 다음을 참조. 박현순, 역, 《PR: 공중합의 형성과정과 전략》(커뮤니케이션북스, 2007), "제 5장 공중과 여론".

다 적용되는 여론의 원칙이란 있을 수 없다는 것이다. "모든 원칙은 특정 상황에서만 적용된다"고 차일스는 주장한다.[5] 그러한 상황적 조건이 주어진다면 원칙은 적용될 것이다. 우리는 그 조건을 밝혀 내야 한다. 이것이 여론과 PR의 연구를 어렵게 만드는 요인이다. 조건은 항상 변한다. 공중도 다양하다. 집단 사이의 관계도 항상 변화한다. 인간의 행태와 인간관계에 관한 일반화는 결코 쉬운 일이 아니다.

PR의 관점에서 볼 때 여론은 두 가지 방식으로 작용한다. 여론은 PR 활동의 원인이자 효과가 된다. 여론은 — 그것이 강한 경우 — 경영자의 의사결정에 영향을 미친다. 그 예로 환경에 관한 관심이 늘어나면서 자동차회사와 가구공업에 영향을 미쳐서 자동차의 배기가스에 대한 법률이 강화되었다. PR 실무자들은 자신들의 조직이 환경에 많은 관심을 기울인다는 점을 널리 알리려는 노력을 편다. 한편 많은 PR 프로그램은 주로 언론을 이용하여 여론에 영향을 미치는 것을 목표로 한다.

PR 실무자에게 중요한 점은 단지 여론의 본질을 이해하는 것뿐 아니라 여론을 구성하는 요소들을 각각 살펴보고 여론이 어떻게 형성되는가를 이해하는 일이다. 그러나 유감스럽게도 여론이 형성되는 과정에 너무나 많은 요인들이 관여되기 때문에 어느 요인 또는 어느 요인들이 어떤 방식으로 의견을 형성시킨다고 말하기는 거의 불가능하다. 우리는 기껏해야 포괄적이고 일반적인 용어로 의견형성 현상에 대한 답을 찾을 수 있을 뿐이다. 그러면 우선 여론과 관련된 공중, 의견, 태도에 관한 논의를 한 다음, 의견이 형성되는 과정에서 작용하는 요소들을 살피기로 한다.

여론은 어떤 특정 공중을 구성하는 대부분의 사람들이 생각하고 있는 것, 즉 어떤 특정 쟁점에 대하여 유권자들이나 10대들, 또는 노인들, 때로는 정치인들의 집합적 의견이라고 했다. 헤네시(B. Hennessy)의 말에 의하면 여론은 다섯 가지 기본적 요소를 갖고 있다.[6]

---

5) H. L. Childs, *Public Opinion : Nature, Formation, and Role*(Princeton, NJ : D. Van Nostrand Co., 1965).

6) B. Hennessy, *Public Opinion*(Monterey, CA : Brooks/Cole, 1981).

첫째, 여론은 어떤 쟁점에 초점이 맞춰져야 하며 의견의 일치를 보지 못하는 동시대의 어떤 상황이다.

둘째, 공중은 쟁점에 관심 있는 사람들의 집단이다.

셋째, 선호하는 것(*preferences*)의 복합체로서 이것은 단순한 방향과 강도 이상의 것을 의미한다. 이것은 쟁점에 관하여 관련된 공중이 지닌 상상적이거나 측정된 모든 개인의 의견을 의미한다.

넷째, 의견의 표현은 단어, 인쇄물, 상징 등을 통해 이루어진다.

다섯째, 관여된 공중의 수, 공중을 구성하는 사람의 수는 적을 수도 있고 많을 수도 있다. 공중의 의견이 미친 영향력을 측정할 수 있기 때문에 사람들의 수는 별 문제가 되지 않는다. 그 영향력은 공중의 규모에 의해 좌우되기도 하지만 의견의 강도와 노력을 조직화한 결과이기도 하다.

1) 공중과 상황

만일 실무자들이 편의상 구성원 주주, 고객, 지역사회 주민 모두를 공중으로 다룬다면 이러한 일반화는 위험성이 따른다. 일례로 기업의 행동에 대한 구성원의 반응을 예측하려면 노동조합에 가입된 구성원과 가입되지 않은 구성원, 입사한 지 오래된 구성원과 최근에 고용된 구성원을 구분하는 일이 중요하다. 이처럼 큰 규모의 공중은 항상 작은 규모의 공중들의 집합이며 각 개인은 상이한 공중의 구성원이 된다.

보통 공중들은 서로 직접적으로 접촉하지만 이들은 함께 모여 수용자(*audience*)를 이루게 되는 시간과 상황을 필요로 한다. 또한 공중이 그들에게 중요한 쟁점에 의하여 조직화할 때에도 시간을 필요로 한다. 이러한 때에 쟁점이 공중을 만들어 내며 행동집단으로서 이러한 공중이 PR 실무자들에게 관심의 대상이 된다. 공중을 구성한 사람들에 의해서 중요하다고 지각된 쟁점들은 공중이 행동집단으로 발전하게 하는 요인이 된다. 불행하게도 어떤 쟁점이 지금까지 비공중 상태의 공중을 활동적 공중으로 변화시키는지를 예측해 내는 방법은 없다. 더구나 어떤 쟁점이 특정 공중간에 발생될 수 있는지를 예측하는 방법도 없다. 따라서 PR 실무자는 다음과 같은 자세를 가져야 한다.

① 쟁점이 대두되는 대로 주의 깊게 관찰한다.
② 어떤 사람들이 쟁점에 의해 영향을 받을 것인지를 예측한다.
③ 이 사람들이 조직화한 집단에 속한 사람들인지 아니면 조직화하는 과정에 있는 사람들인지의 여부를 주목한다.
④ 특정 공중으로부터 예상되는 성명서나 행동을 다룰 조치를 취한다.
⑤ 사람들이 마음속에 갖고 있지만 표현하지 않는 질문에 대한 대답을 준비한다.

보통 조직의 성격이 공중의 성격을 결정짓지만 각 조직마다 특성을 지니기 때문에 이와 관련된 공중 또한 조직의 특성에 따라 구분된다. 조직의 성격과 공중에 적용되는 구분은 다음과 같다.

① 비슷한 목표와 목적을 지닌 조직들은 유사한 공중을 갖는다.
② 조직의 독특한 성격은 그 조직과 유사한 조직들과는 다른 공중을 만들어 낼 수 있다.
③ 공중들간에 그 중요성에서 차이가 있다.
④ 공중은 조직이 변화됨에 따라 변화된다.

2) 공중과 의견

의견은 어떤 사람이 어떤 것에 대한 찬성 또는 반대하는 것을 의미한다. 의견의 강도는 그 의견에 존재하는 느낌의 강함을 의미한다. 어떤 쟁점은 사람들 사이에 강한 의견을 자아내지만 어떤 쟁점은 별로 중요하지 않게 된다. 사람들의 의견을 다룰 때 PR 실무자에게는 어느 쟁점이 강한 의견을 일으킬 것인지 또는 약한 의견을 일으킬 것인지를 파악하는 일이 중요하다.

의견이 안정성을 갖느냐의 여부는 문제의 대상이 되는 쟁점에 대한 어떤 사람 또는 집단의 관여 정도를 나타내는 것이기 때문에 PR 실무자에게 관심거리가 된다. 안정성이 높은 의견은 쉽게 변하지 않는다. 이러한 의견을 지닌 사람은 그 의견을 오랫동안 지녀왔으며, 그 의견을 중요하다고 생각하고 그 의견을 쉽게 달리하지 않을 것이다. 안정성이 낮거나 불안정한 의견은 그러한 의견을 지닌 사람들에게 중요한 것이 아니며 상황에 따라 쉽게 변화될 수 있다.

한편 의견이 형성되는 과정에서 작용하는 요소로 여러 가지를 들 수 있겠으나 이 중 가장 중요한 요소들로는 의견지도자와 환경을 들 수 있다.

(1) 의견지도자

각 개인의 인성, 태도, 의견을 설명하는 요인에 해당되는 속성에는 한이 없다. 어떤 학자는 인지, 습관, 참고의 틀, 가치의식 같은 요인을 강조한다. 또 어떤 학자는 자긍심, 충성심, 분위기와 동기를 내세운다. 또 다른 학자들은 내향성, 외향성, 내·외향성과 같은 속성을 지적한다. 이와 같은 생리학적, 생물학적, 심리학적 속성들은 우리 인간이 취하는 행동과 사건들을 보는 방식에 영향을 미친다. 그래서 이 속성들은 우리들의 의견형성 과정에서 중심 부분을 이루고 있는 것이다.

어떤 쟁점에 관한 여론은 개인적 관심 또는 사건에 그 뿌리를 두지만 그 여론이 형성되는 과정에서 공중의 논의가 제 1의 촉매작용을 한다. 물론 공중의 논의는 구체적 쟁점을 알고 이에 대하여 의견을 표현하는 사람들에 의해서 행해진다. 우리는 이들을 의견지도자(*opinion leader*)라고 부른다. 이들은 ① 어떤 주제나 쟁점에 매우 높은 관심을 갖고, ② 평균적인 사람보다 그 쟁점에 관하여 더 잘 알고 있으며, ③ 매스미디어를 열심히 이용하고, ④ 새로운 아이디어의 조기 채택자이며, ⑤ 다른 사람들에게 행동에 옮기도록 설득시킬 수 있는 사람들이다.

의견지도자는 두 가지 유형으로 구분되는데, 그 첫째는 그들이 지닌 지위와 직위 때문에 공식적 의견지도자로 불리는 사람들이다. 어떤 도시의 시장(市長), 의회의원, 상공회의소 소장, 대기업 사장 등 이들 모두는 그들이 속한 조직의 장이기 때문에 의견지도자가 된다. 어떤 구체적 쟁점이 그들의 업무와 연관될 때 이들은 신문과 방송기자들로부터 그 쟁점에 관한 코멘트나 질문을 자주 받게 된다.

두 번째로 사회의 분야마다 많은 수의 비공식적 의견지도자들이 있을 수 있다. 이 의견지도자는 공장의 조립선에 있는 동료 근로자일 수도 있으며, 이웃집에 사는 사람, 거리의 시민, 젊은 증권회사 직원일 수도 있다. 물론 이러한 사람들은 모든 주제에 관한 의견지도자는 아니다. 그러나 이들은 어떤 특정한 주제를 매우 잘 앎으로써 동료들에게 상당한 영향력을 행사할 수 있다. 그 예로 이웃에 살고 있는 어떤 사람은 자동차광이어서 이웃사람들이 중고 자동차를 구입할 경우 선택을 돕는 전문가 역할을 한다. 증권회사에 근무하는 사람은 친구가 증권에 투자하고자 할 때 그 친구의 투자 결정에 큰 영향을 미칠 수 있다. 거의 모든 사람은 그의 관심과 그가 지닌 전문적 의견이 무엇이냐에 따라 한 가지 또는 여러 주제에 관하여 동료들간에 비공식적 의견지도자가 된다.

(2) 환경

인간의 속성과 마찬가지로 의견형성 과정에 영향을 미치는 환경요인의 수는 끝이 없다. 어떤 것은 일반적이고 어떤 것은 구체적이며, 어떤 것은 저 멀리 떨어져 있으며 어떤 것은 우리 주변 가까이 있다. 어떤 것은 안정적이며 어떤 것은 늘 변화한다. 또한 어떤 것은 크고 어떤 것은 작다. 이에 해당되는 것으로 경제, 종교 및 정치기관, 물리학적·생물학적·사회학적 요인들, 기후적·지정학적 요인들, 전문인, 인종적, 특별한 목적을 지닌 집단들, 정부 매스미디어가 포함된다. 이러한 요인들은 서로 밀접하게 연관되어 있기 때문에 의견형성 과정에 어느 것이 더 중요하고 어느 것이 덜 중요한지를 구분하기는 매우 어렵다.

이러한 각종 환경요인들이 여론형성 과정에 미치는 영향을 법칙화하여 설명할 수는 없지만, 칸트릴(H. Cantril)은 여러 연구문헌을 토대로 다음과 같이 요약한다.[7]

① 의견은 일반적 공중 또는 그 공중의 특정 부분(*segment*)에 영향을 미치는 사건에 매우 민감하다.
② 대체로 여론은 사건을 미리 예상하지 않는다. 여론이 사건에 반응을 보일 뿐이다.
③ 사건은 여론 형성을 유발한다. 사람들이 어떤 쟁점을 인지하지 못하면 그들은 관심을 갖거나 의견을 지니지 못한다. 인지와 논의는 의견을 구체화하고 공중간의 일치된 의견을 형성하도록 인도한다.
④ 중대한 사건은 일시적으로 여론을 한쪽 극에서 다른 쪽 극으로 이동시킬 수도 있다. 의견은 그 사건이 주는 함축된 의미가 어떤 전망으로 확실해지기 전까지는 안정되지 않는다.
⑤ 심리학적으로 볼 때 의견은 기본적으로 개인의 이해관계에 의해 결정된다. 사건, 단어 또는 어떠한 자극은 이들이 개인의 이익과 관계가 분명할 때에 한하여 의견에 영향을 미친다.
⑥ 사람들은 자기가 깊이 관여되어 있다고 느끼지 못하거나, 의견이 사건에 의하여 지지받지 못하면 그 의견을 오랫동안 유지하지 않는다.
⑦ 일단 개인적 관심이 관여되면 의견은 쉽게 변하지 않는다.

여론이 무엇이며 여론이 어떻게 형성되는지를 이해하는 일은 PR 실무자가 갖추어야 할 기본적 요소라고 했다. 이러한 지식은 PR 실무자들이 여론의 변화를 효율적으로 간파하고, 구체적 메시지를 통하여 도달해야 할 공식·비공식적 여론지도자들을 지적해 내고, 매스미디어를 통한 정보의 전파가 여론형성에 미치는 영향을 이해하는 데 도움이 된다.

---

7) H. Cantril, *Gauging Public Opinion*(Princeton, NJ : Princeton University Press, 1944).

2. 설 득

우리 인간사회에서 설득현상이 존재하지 않은 활동을 상상하기란 쉽지 않다. 설득과정은 부모에게 반 시간만 더 놀겠다고 조르는 어린아이들로부터 상품을 사도록 사람들을 설득시키면서 살아가는 판매원에 이르기까지 모두에게 해당된다. 친구들은 어떤 영화를 보러 갈 것인가를 의논할 때 서로가 서로를 설득한다. 조직 구성원은 임금을 인상해 달라고 그 회사 최고 책임자를 설득하려 든다. 학자들의 연구에 의하면 이상적 PR 모형은 쌍방 균형모형으로서 설득보다는 이해를 더 중요시한다. 하지만 PR의 현실을 들여다보면 항상 쌍방 균형모형이 최선은 아니며 PR 환경에 따라 실무자들은 많은 경우 불균형모형을 택하여 사람들에게 영향을 미치기 위한 설득적 커뮤니케이션을 수행한다.

1) 설득의 정의

설득이라는 사회적 현상 또는 인간의 행동에 대한 과거의 관점이나 입장은 대체로 그것을 단순한 기술이나 수단 또는 의도적 기도(企圖)로 보았던 경향이 없지 않았다. 그러다가 근래에 와서야 비로소 설득을 커뮤니케이션 현상의 하나로 파악하려는 입장이 대두하게 되었다. 우선 브렘백(Brembeck)과 호웰(Howell)은 "설득이란 미리 설정된 목표의 방향으로 다른 사람들의 동기를 유발시키고 그들의 사상이나 행동을 변용시키고자 하는 의식적 기도"라고 규정한다.[8)]

퍼더링함(Fotheringham)은 "설득 커뮤니케이션이란 설득원(說得源)이 바라는 그 어떤 목표를 달성하고자 주로 메시지를 통하여 수용자들로부터 어떤 의도된 행동을 유발시키는 역동적 과정"이라고 정의를 내린다.[9)] 한편 베팅하우스(Bettinghaus)도 같은 관점에서 "설득이란 한 개

8) W. L. Brembeck & W. S. Howell, *Persuasion* (Englewood Cliffs, NJ : Prentice-Hall, 1952).

9) W. C. Fotheringham, *Perspectives on Persuasion* (Boston : Allyn and Bacon,

인이나 집단이 어떤 메시지의 전달을 통하여, 다른 개인이나 집단의 행동을 변용시키고자 하는 의도적 커뮤니케이션"이라고 규정한다.[10)]

설득은 가끔 선전과 혼동되어 사용되지만, 그렇다고 더러운 개념은 아니다. 선전이 사람들을 어떤 방향으로 생각하거나 행동하도록 확신시키기 위해 강제, 조작 또는 속임수를 이용하는 반면 설득은 공중을 이용하려고 하지 않는다. 그 대신 사람들에게 왜 그들이 어떤 태도, 의견 또는 행위를 수용해야 하는지 그 이유를 제공한다. 이때 제공되는 정보는 진실해야 한다. 이러한 이유를 받아들이고 다시 생각하느냐의 여부는 그 사람들에게 달려있다.

물론 이러한 설득 커뮤니케이션 행위는 진공상태에서 이루어지는 것이 아니라 어떠한 특정 상황에서 이루어지는 것이다. 그러므로 비록 앞의 정의에서는 상황이라는 요소가 생략되었지만, 그것은 어떤 특정 커뮤니케이션 상황 속에서 이루어진다는 것을 이미 전제로 한 것임을 밝혀 둔다.

2) 설득 커뮤니케이션 요인들

(1) 수용자

설득 커뮤니케이션에는 여러 요인들이 작용하는데 PR 실무자들은 각 요인을 잘 파악하고 있어야 한다. 집단의 태도와 신념을 파악하면 커뮤니케이터가 그들의 욕구에 부응하고 논리적 행동방향을 제공해 주는 메시지를 설계하는 데 도움이 되기 때문에 그러한 태도와 신념을 파악한다는 것은 설득의 긴요한 부분이다. 메시지의 사전검증을 포함해서 여론조사와 센서스 데이터는 집단의 태도에 토대를 둔 메시지를 설계하는 데 큰 도움이 된다.

집단의 태도를 파악하는 것을 수로화(*channeling*)라고 부르는데 이것

1966), p. 7.

10) E. P. Bettinghaus, *Persuasive Communication* (New York : Holt, Rinehart and Winston, 1968), p. 1.

은 일반 수용자의 신념을 인식한 다음 구체적 행동방향을 제시하는 기술이다. 일반적 수로화 전략은 정치가들의 애국심에 대한 소구법이다. 존슨 대통령은 월남에 파병된 미국 병사들을 지원할 것을 모든 애국적인 미국 국민들에게 호소했으며 부시 대통령은 세계무역센터 폭파 1주년을 맞이해서 대 국민연설을 통하여 테러리스트나 폭군이 대량살상무기를 갖고 문명을 위협하도록 허락하지 않겠다며 대 테러전의 지속과 승리를 다짐했다.

(2) 정보원의 공신력

설득 커뮤니케이션에서 그 효과에 중요한 영향을 미치는 요인의 하나로서 정보원 커뮤니케이터의 공신력(*source credibility*)을 들 수 있다. 여기서 공신력이란 커뮤니케이션 과정에서 주로 메시지에 대한 수용자들의 수용태도, 즉 커뮤니케이션 효과에 영향을 미치는 정보원의 속성의 집합이라고 말할 수 있다.

공신력을 이루는 구성요소들에 대한 견해는 다양하지만 대체로 정보원의 공신력은 크게 두 가지 요소, 즉 정보원이 지니고 있는 전문성과 신뢰성으로 구성되어 있다는 것이 일반적 견해이다.

① 정보원의 전문성

전문성이란 한 정보원이 주어진 메시지의 주제 또는 쟁점에 대하여 올바른 해답이나 정확한 판단을 제시할 수 있다고 그 수용자들이 지각하고 있는 정도를 말한다.[11] 설득 커뮤니케이션에서 그 정보원의 전문성이 왜 그 효과에 중요한 영향을 미치고 있느냐 하는 문제에 대해서도 여러 가지 견해들이 있다.

---

11) M. Birnhaum & S. Stegner, "Source Credibility in Social Judgement : Bias, Expertise, and the Judge's Point of View", *Journal of Personality and Social Psychology* 37(1979), pp. 48~74.

② 정보원의 신뢰성

공신력의 또 하나의 구성요소인 신뢰성이란 정보원이 주어진 주제나 쟁점에 대하여 그 어떤 편견 없이 순수한 동기에서 그 자신의 입장·생각 또는 의견 등을 솔직하게 제시하는 커뮤니케이션 동기의 순수성 또는 객관성을 말한다. 이와 같은 신뢰성도 정보원 그 자체가 지닌 속성이라기보다 수용자에 의하여 그렇게 지각된 정보원 속성이라고 할 수 있다.

정보원의 이러한 신뢰성은 위에서 살펴본 전문성에 못지않게 설득 커뮤니케이션 효과에 중요한 영향을 미치는 것으로 밝혀졌는데 그 이유는 한 정보원이 아무리 전문성을 지니고 있다고 하더라도 그의 커뮤니케이션 동기에 의심이 간다면 수용자들은 그의 메시지 내용을 받아들이지 않게 될 것이기 때문이다.

③ 메시지의 명확성

언어가 너무 복잡하거나 명확하지 않아서 수용자 측에서 커뮤니케이터가 원하는 것이 무엇인지 알기 어렵기 때문에 많은 메시지가 효과적이지 못한 경우를 본다. PR 실무자는 항상 두 가지 질문을 던져야 한다. "내가 이 메시지를 통해서 수용자에게 무엇을 원하는가"와 "수용자는 그 메시지를 이해하는가"이다.

사람들이 스스로 결론을 이끌어 내면 행동방향이 더 확고해진다는 것은 설득의 기본 원칙이다. 교육이론에 의하면, 주어진 데이터를 토대로 스스로 결론을 얻어낸 학생들이 교사로부터 결론을 제공받은 학생들보다 수업시간에 배운 것을 더 오래 기억해 낸다.

설득적 메시지는 수용자가 취해야 할 행동을 명확히 진술해야 한다. 그 메시지는 제품을 사도록 설득하는 것인가, 전시장을 방문토록 하는 것인가, 아니면 기부금을 내도록 설득하는 것인가? 메시지의 명확성 외에도 실무자는 극적으로 표현하기, 통계수치, 사례, 유명인사를 이용한 증인기법, 감성적 소구 등을 사용하여 메시지에 대한 관심을 고양시킬 수 있다.

④ 시간과 상황

메시지는 환경적 요소가 그 메시지를 지지하거나 그 메시지가 수용자에게 친숙한 상황 내에서 수용된다면 더욱 설득적일 수 있다. 철길 건널목에 신호등을 달아 달라는 마을 주민들의 요구는 만일 그 건널목에서 큰 교통사고가 방금 발생했다면 더 큰 주목을 받게 된다.

또한 시간과 상황은 매스미디어의 퍼블리시티를 얻어내는 데 중요한 역할을 한다. PR 실무자는 미디어 종사자들이 뉴스가치가 있다고 생각하고 있는 것이 무엇인지 알아내기 위하여 신문을 읽고 텔레비전을 시청한다. 어느 은행장이 어느 일간지에 금융업의 미래에 관하여 투고한 글은 통상적으로 그렇게 뉴스가치가 있다고 할 수는 없지만 만일 국회가 금융업에 관한 주요 법 개정을 고려 중이라면 뉴스가치를 얻게 된다. 정보 그 자체의 가치와 뉴스가치는 시간과 상황에 따라 좌우된다. PR 실무자는 정보가 가장 높은 가치를 지닐 시점에 정보를 전파한다.

⑤ 행동의 제시

사람들은 일반적으로 행동이 수반된 것일 때만 그 아이디어를 지지한다. 즉, 행동을 위한 제안이 분명해야 된다. PR 실무자들은 사람들에게 에너지를 절약할 것을 요구할 뿐만 아니라, 어떻게 절약할 것인지에 대한 상세한 데이터와 아이디어를 제공해야 한다. Pacific Gas & Electric 회사가 실시한 캠페인이 좋은 예가 된다. 이 회사는 고객들에게 에너지 절약 아이디어를 실천에 옮기기 위한 방법을 제시하는 ZIP 프로그램을 실시했다. 그 프로그램은 다음과 같은 요소들로 구성되었다.

- 에너지 킷: 관심 있는 고객들로 하여금 일반 가옥 소유자가 에너지 이용을 줄이기 위한 방안을 상세히 설명하는 에너지 킷을 주문할 수 있도록 비상전화선을 개설하여 널리 알렸다.
- 서비스 뷰로: 그 회사는 직원들을 일반 가정에 보내 히터와 난로의 효율성을 점검하게 했고, 절연물의 양을 측정했으며 통풍을 위한 창문을 점검했다.

- ZIP 프로그램: 자격을 갖춘 고객 누구에게나 각 가정의 에너지 효율성을 높이는 데 드는 비용에 대하여 융자를 해줬다.

(3) 설득 커뮤니케이션의 장애요인들

PR 실무자로서 여러분은 설득적 메시지의 효율성을 제한하는 여러 요인들이 있음을 소홀히 해서는 안 된다.

① 메시지 침투력의 부족

오늘날과 같이 커뮤니케이션 테크놀러지가 발달되었다고 해서 메시지의 확산이 항상 이루어지는 것은 아니다. 모든 사람이 같은 텔레비전 프로그램을 시청하거나 같은 신문·잡지를 읽는 것도 아니고, 또한 모든 사람이 동일 우편물을 받거나 동일 회의에 참석하는 것도 아니다. 커뮤니케이터가 도달하고 싶어하는 모든 사람이 수용자 집단 내에 없는 경우도 얼마든지 있다. 메시지가 미디어 게이트키퍼를 통과하면서 생기는 메시지의 왜곡 문제도 메시지의 침투를 제한하는 한 요인이 된다.

② 메시지 경쟁

커뮤니케이션의 복잡한 과정이 알려지기 전인 금세기 초까지 사람들은 중간 변인의 방해 없이 정보를 직접 받는다고 믿고 있었다. 이것이 이른바 커뮤니케이션의 탄환이론이었다. 오늘날 커뮤니케이션 전문가들은 어떤 메시지이든 진공상태에서 수용되지 않는다는 점을 알고 있다.

메시지는 수용자의 전반적 사회구조와 신념체계를 통하여 여과된다. 국적, 인종, 종교, 성(性), 문화패턴, 가족과 친구들은 메시지를 여과하는 변인들이다. 여기에 사람들은 셀 수 없이 많은 경쟁적이고 상충되는 메시지를 매일같이 접한다. 한 예로 사회과학자들의 연구에 의하면 사람은 집단의 기준을 따르는 데 대한 보상을 받는다고 한다. 결과적으로 새로운 아이디어가 나왔을 때 사람들은 우선 그것을 동료들간에 시험해 본 다음 그 아이디어를 채택하려 한다.

③ **자아선택**(*self-selection*)

일반적으로 사람들은 기존의 신념과 태도에 부합되고 그 신념과 태도를 보강하는 정보를 추구하는 경향이 있다.

④ **자아지각**(*self-perception*)

자아지각은 메시지가 해석되는 통로이다. 사람들은 자신들의 선유경향과 이미 형성된 의견에 따라서 동일 정보를 달리 해석하기도 한다. 따라서 인간 커뮤니케이션에 대한 가장 큰 장애물은 사람 자신이나 또는 상대방의 말에 관하여 조급하게 판단하는 경향이라고 말할 수 있다.

제 15 장

PR과 마케팅

1. 마케팅 PR

1) 마케팅 PR의 등장

역사적으로 PR과 마케팅에 관한 논쟁은 마케팅과 PR이 조직의 주목을 받고 자원을 확보하기 위한 경쟁에서 동반자냐 아니면 경쟁자의 입장이냐로 모아진다. 마케팅과 PR 사이의 관계를 논의하려면 우선 이 두 분야의 유사점과 차이점을 살펴봐야 한다.

마케팅과 PR이 서로 많은 공통점이 있다는 점에 동의하지 않는 사람은 드물 것이다. 조직 내에서 두 분야는 외부 수용자들에게 초점을 맞춘 기능을 수행한다. 두 분야 모두 세분화된 수용자를 다루며 조사연구에 바탕을 둔 전략적 경영기능을 수행한다. 한편 차이점도 많다. 운영면에서 마케팅은 제품개발, 유통, 시장분석, 소매, 고객서비스에 중점을 두는 반면 PR은 언론관계, 정부기관, 지역사회관계, 주주관계 및 종업원관계에 중점을 둔다.

마케팅 실무자들은 손익계산, 경쟁력 분석, 포장디자인, 이론의 추구에 민감한 반면 PR 실무자들은 언론관계, 주식시장, 조직의 외부 기부행위, 연설문 작성요령, 쟁점관리 프로그램의 개발과 수행방법, 조직의 사회기여도 등의 관리방법을 알아야 한다. PR과 마케팅 실무자들의 태도에도 큰 차이가 있다. 마케팅은 공격적이고 경쟁적이며 제품을 파는 인식 틀을 요구하는 반면 PR은 좀더 타협적이고 중재접근법을 요구한다. 그래서 연구, 수행과정, 목표가 비슷할지라도 PR과 마케팅의 지식 기반, 수용자 및 인식 틀은 사뭇 다르다. 이와 같이 유사점보다는 차이점이 더 많아서 결국은 서로 다른 길을 가게 되었다. 그러나 시간이 흐르면서 마케팅과 PR 사이의 차이점은 줄어들어 기능적으로 서로 중복되고 조직의 자원을 더 많이 확보하기 위한 경쟁을 하기에 이르렀다.

기업은 경쟁이 격화되고 있는 세계 시장에서 살아남기 위해 지금보다 더 비용효율이 높고 효과적인 마케팅 활동이 필요하게 되었다. 제품이나 서비스를 판매하고, 고객의 신뢰를 유지하며, 브랜드 충성도를 구축하기 위해서 다양한 수단이 요구된다. 이러한 필요성 때문에 마케팅 PR(MPR: *marketing PR*)이나 통합형 마케팅의 활용이 늘고 있다.

미국에서는 이미 1900년대 초에 기업의 제품을 파는 데 PR을 활용하기 시작했다. 제 2차 세계대전 이후에는 마케팅에 PR을 적용하는 것이 일반화되어 1950년부터는 MPR에 관한 글이 비즈니스와 관련된 신문·잡지에 등장하기 시작했다. 세계적 PR 회사인 버슨-마스텔러(Burson-Marsteller)와 에델만(Edelman)은 일찍이 소비재를 위한 MPR의 개척자였다.[1]

마케팅 권위자인 필립 커틀러(Kotler) 교수는 해리스(Harris)의 저서 《마케터를 위한 PR 가이드》의 권두언에서 다음과 같이 말한다.[2]

> 마케터들은 고객의 지성이나 감정에 도달하기가 얼마나 어려운가를 느끼고 있다. 매스 마케팅이나 대상을 좁힌 광고에서조차 비용효과를 잃어가는 가운데 마케터들은 제 3의 미디어를 모색하고 있다. 그래서 그들은 뉴스나 이벤트, 지역사회 활동 등을 통해서 커뮤니케이

---

1) 마케팅 PR의 생성과 발전 및 사례에 관한 소개는 다음을 참조. 정해동·박기철, 《MPR, 광고보다 강한 PR》(커뮤니케이션북스, 2000); 김경해, *Let's PR*(매일경제신문사, 2003).

2) T. L. Harris, *The Marketer's Guide to Public Relations*(New York: Wiley, 1991).

션의 힘을 재발견하고 있다. MPR이란 광고가 포화상태에 있는 사회에서 기업이 '소리'를 되찾는 기회다. 그것은 지성이나 감정을 공유하는 '소리'일 뿐만 아니라 많은 경우 훨씬 양질의 효과적 '소리'이기도 하다.

커틀러 교수는 PR은 제품(*product*), 가격(*price*), 장소(*place*)와 판촉(*promotion*)으로 구성된 마케팅전략의 다섯 번째 P라고 말한다.[3] 해리스(T. L. Harris)는 MPR을 "신뢰 있는 커뮤니케이션과 정보의 제공을 통하여 소비자의 구매를 촉진하고 그들의 욕구를 충족시키기 위한 프로그램을 계획하고 집행하며 평가하는 과정"으로 규정한다.[4]

광고인과 마케터들 중에는 PR을 잘못 이해하는 사람들이 많이 있다. 이들은 PR을 광고 또는 마케팅의 일부분으로 혼동하고 있으며, 일부는 PR을 단지 매체에 게재 대가를 지불하지 않는 커뮤니케이션인 반면 광고는 지불하면서 수행하는 커뮤니케이션의 차이로만 이해한다. 이러한 현상은 우리나라만의 현상은 아니다. PR이 발전하지 않은 많은 나라에서 발견되는 현상이다. 이러한 오해는 PR의 일부 기능이 마케팅과 비슷한 전략을 수행하기 때문에 발생한다.

마케팅이 상품이나 서비스를 판매한다면, PR은 기업 전체를 판매하는 시도로 볼 수 있다. PR은 기업과 소비자, 지역주민, 언론, 정부 등과 같은 공중 사이의 상호관계를 증진시키는 기능을 발휘하기에 기업의 마케팅전략 및 그 결과에 직·간접으로 영향을 미친다.

PR은 모든 통합형 마케팅 커뮤니케이션의 프로그램에서 빠질 수 없는 귀중한 요소를 지닌다. PR은 제품 메시지에 신뢰성을 줄 수 있다. PR학자들은 PR을 '신뢰성의 원천'이라고 부르고 메시지는 저널리스트나 아나운서 등 객관적인 제 3자에 의해 배포될 때 훨씬 더 큰 설득력이 있다는 점을 지적한다.

---

3) P. Kotler, "Megamarketing", *Harvard Business Review* 64(2) 1986, pp. 117~124.

4) T. L. Harris, 앞의 책.

전설적 광고맨 오길비(D. Ogilvy)는 "기사는 광고보다 거의 6배나 읽히고 있다. 광고에 눈길을 주는 독자는 기껏해야 20명에 1명 정도다. 이런 면에서 편집자는 광고맨보다 말을 잘하는 사람이라고 하지 않을 수 없다"고 말한다.[5)]

또 마케팅 전문가 레지스 맥캐너(R. McKenna)는 광고맨에 지대한 영향을 준 저서 《관계 마케팅》에서 매스 커뮤니케이션은 특히 신흥산업에서 중요한 역할을 수행한다고 지적하며, "매스 커뮤니케이션은 제품이나 기업이 획득한 신뢰성을 보강하고 확대하는 데 도움을 준다. 고객을 교육하고 새로운 기술에 대한 안정감을 심어줌으로써 불안을 완화해 줄 수 있다"고 말한다.[6)]

또한 맥캐너는 "광고도 이러한 기능의 많은 부분을 수행할 수 있지만, 대체로 대중매체에서 배포되는 정보가 신뢰성이 높다. 이는 광고보다도 매체의 기사가 더 객관적이라고 여겨지기 때문이다. 시청자나 독자는 인기가 높은 언론기관에서 취급되는 기업의 메시지를 사실로 받아들이는 경향이 있다"고 말한다.

2) PR이 마케팅에 기여하는 역할

많은 기업들이 마케팅과 판매목표의 달성을 지원하기 위하여 PR의 전략과 전술을 활용한다. 많은 경우 MPR은 한 기업의 광고 메시지, 마케팅, DM 및 프로모션의 협력으로 수행된다. 이러한 협력이 통합마케팅 커뮤니케이션(IMC)이라는 개념을 낳았는데 이 개념 하에 기업들은 메시지 침투력을 최대화하기 위하여 제품이나 서비스에 관한 모든 정보원을 관리한다. 통합프로그램에서 PR 활동은 제품의 초기 인지도와 신뢰를 얻는 데 모아진다. 뉴스기사 형태의 퍼블리시티는 시장에서 신뢰성을 구축하고 소비자의 기대를 자아낸다. 이러한 메시지는 수용

---

5) D. Ogilvy, "Ogilvy on Ad", *Ad Age*(November 16, 1981).

6) R. McKenna, *Relationship Marketing*(Reading, MA : Addison Wesley, 1992).

자들을 캠페인 후반단계에서 제품에 관한 광고와 프로모션을 더 잘 수용하게 만든다. PR은 제품이나 서비스의 브랜딩과 포지셔닝을 위한 초석이 된다.

오늘날 마케터들은 구매의사 결정에 영향을 미치는 소비자들뿐만 아니라 세분화된 공중들에게 한 가지 목소리로 말해야 한다는 점을 인정한다. 이들은 통합된 프로그램에서 PR을 전략적으로 활용하는 방법을 찾아내고 있다. 그 중 몇 가지를 소개하면 아래와 같다.

- 언론매체에 실린 제품에 관한 기사를 보거나 들은 후 질문하는 사람들처럼 새로운 시장을 위한 새로운 예비고객을 개발해 준다.
- 제품 또는 서비스, 지역사회 참여, 발명품 및 새로운 계획에 관한 언론의 보도를 통한 제3자 지원을 해준다.
- 관련업계의 인쇄물에 실린 새로운 제품과 서비스에 관한 기사를 통하여 판매를 증대시킨다.
- 조직과 제품에 관한 보도자료를 통하여 조직의 광고와 판촉활동을 확대해 준다.
- 기업과 그 제품에 관한 기사는 소비자들에게 정보가 되기 때문에 돈 많이 안 드는 판매자료를 제공하는 격이 된다.
- 기업을 특정 제품에 관한 권위 있는 정보원으로 구축해 준다.
- 광고예산을 얻지 못하는 작은 제품들의 판매에 도움을 준다.
- 기업의 사회적 책임과 역할을 표명해 준다.

이와 같은 PR의 지원 기능들을 보면 PR은 알리고 교육하며, 이해를 얻어내고 신뢰를 심으며 친구를 만들고 사람들에게 제품을 구매하는 이유를 알리고 마지막으로 소비자의 용인을 창조해내는 역할을 한다고 하겠다.

2. 스포츠 마케팅[7)]

1) 왜 스포츠를 활용한 PR인가

PR은 전통적으로 기업 이미지를 증진시키는 수단으로 활용되었다. 그러나 치열한 경쟁시대에 들어서면서 PR 활동의 영향력은 기업의 이미지를 증진시키는 수단을 넘어서 마케팅에 직접적 도움을 주는 데까지 미치고 있다. 그런 의미에서 스포츠 마케팅은 기업의 이미지를 높이고 마케팅을 활성화할 수 있는 최적의 커뮤니케이션 수단이다. 스포츠 마케팅은 광고, 옥외광고, 인터넷, PR, SP, 이벤트, 전시 등 다양한 요소를 포괄하는 통합 마케팅 커뮤니케이션(IMC)적 요소를 가지고 있다. 그래서 스포츠마케팅은 이런 다양한 요소를 상호연계해 활용함으로써 기업의 이미지 증진과 마케팅 활성화라는 두 가지 효과를 함께 얻을 수 있다. 특히 스포츠에 대한 관심은 PR 측면에서 기업 PR의 소재를 넓히고 더욱 전략적이고 장기적인 홍보활동을 펼칠 수 있다는 장점이 있다.[8)] 스포츠 마케팅은 국내뿐만 아니라 해외에서도 회사 이미지를 홍보하고 시장을 개척하는 커뮤니케이션 수단으로 각광받고 있다.

그렇다면 왜 이렇게 스포츠를 통한 PR이 각광받고 있는 것일까? 스포츠는 활력, 건강, 여가, 젊음의 상징으로 남녀노소를 가리지 않고 누구나 즐기고 좋아한다. 스포츠 제전은 단순히 경쟁이나 체육대회라는 의미 이상의 이벤트 공간으로서 국가와 국가, 기업과 기업, 기업과 소비자 등을 묶어주는 교류의 장으로 변하고 있다.[9)]

스포츠의 또 하나의 매력은 언론의 관심이다. 스포츠의 사실성, 의외성, 화제성은 뉴스가치를 가지며 역동성, 현장성은 영상화가 쉬워 텔레비전 전파를 타기가 쉽다. 스포츠에서 TV 중계가 없다면 기업 입장

---

7) 이 글은 제일기획 김주호 수석이 기고한 것임.

8) 송해룡, 《스포츠 광고와 기업 커뮤니케이션》(한울아카데미, 1997).

9) 김주호, 《이기는 홍보, 성공하는 PR》(사계절, 1997).

〈그림 15-1〉 SK텔레콤의 시청앞 독일월드컵 응원 캠페인

에서 마케팅 및 PR 효과는 반감될 것이다. 스포츠 경기를 시청하는 팬이 많다는 것은 기업 입장에서는 잠재적 소비자를 많이 가질 수 있다는 가능성을 말한다. 2006년 독일 월드컵의 경우 전 세계에서 경기를 지켜본 시청자가 연인원으로 330억 명에 이른 것으로 나타났다. 그만큼 월드컵에 스폰서로 참여한 기업들이 펜스광고나 뉴스보도, 광고 등으로 소비자에게 기업의 상품이나 이미지를 노출시킬 수 있는 기회가 많았다는 것을 의미한다.

스포츠의 탁월한 PR 효과는 스포츠 자체의 즐거움에서 나온다. 스포츠는 다른 매체보다 오락적 요소가 강하며 적은 비용으로 인종, 언어, 문화 장벽에 관계없이 많은 소비자에게 접근할 수 있다. 또 스포츠를 통한 PR은 어느 정도 공익적 성격이 있어 소비자에게 접근하기가 쉽다. 2002년 한일 월드컵과 2006년 독일 월드컵 개최 당시, 국민들의 우리팀에 대한 응원과 축구에 대한 관심은 가히 폭발적이었다. 2002년 아

디다스의 피바노바 축구공이 불티나게 팔렸고, SK텔레콤과 KTF는 2006년 독일 월드컵을 활용해 한 치도 양보 없는 축구를 통한 홍보활동을 전개했다(〈그림 15-1〉). 시청 앞, 상암월드컵경기장, 광화문 등지에서 펼쳐진 붉은 악마 응원은 기업의 홍보전략과 면밀히 연계되었다. 또 박세리, 박찬호, 이승엽과 같이 해외에서 우수한 성적을 거두어 세계적 스타들이 된 한국선수들은 기업의 광고모델에 기용되어 기업과 소비자의 가교역할을 담당하기도 했다.

2) 스포츠 마케팅은 무엇인가

기업의 커뮤니케이션 차원에서 보면 스포츠 마케팅은 스포츠 스폰서십이나 이벤트를 활용해 벌이는 마케팅 및 PR 활동을 의미한다. 즉, 팀을 운용하거나 경기단체나 선수, 또는 대회 등을 후원해 제품을 널리 알리거나 기업 이미지를 높이려는 행위를 말한다. 특히 오늘날의 스포츠 마케팅은 신문, 방송 등을 통한 미디어 가치에 의해 창출된 고부가가치 상품으로서의 스포츠를 전제로 하고 있어, 생산제품을 대상으로 하는 일반적 마케팅과 다르다. 그런 의미에서 스포츠 마케팅은 이제 기업뿐만 아니라 국가적 차원에서도 세계 무대에서 이미지를 높이는 가장 효과적 전략으로 인식되고 있다. 올림픽이나 월드컵, 아시안게임 등이 국가를 PR하는 이벤트 공간이 되고 있는 것은 잘 알려진 사실이다(〈그림 15-2〉).

스포츠 마케팅의 사업영역은 스포츠 자체의 마케팅과 스포츠를 통한 마케팅으로 구분된다.

첫째, 스포츠 자체의 마케팅은 스포츠를 사업화하는 것으로 스포츠 제품이나 서비스에 대한 마케팅, 즉 스포츠 팀의 팬 확보를 위한 각종 활동, 스포츠 시설과 용품 그리고 의류판매 등이 해당된다. 따라서 소비자는 일반 대중이 되며 상품화된 스포츠를 어떻게 소비자에게 판매할 것인가가 마케팅 활동의 목적이 된다.

둘째, 스포츠를 통한 마케팅은 스포츠를 기업 PR이나 상품판매의 촉

〈그림 15-2〉 2006 토리노동계올림픽 개막식 장면

진수단으로 하는 것을 말한다. 다시 말해 방송 중계권, 스폰서십, 수익사업, 유명 선수를 광고모델로 기용하는 것 등이 여기에 속한다. 스포츠를 통한 마케팅의 소비자는 스포츠를 상품판매에 활용하려는 기업이며 스포츠 상품뿐 아니라 다른 일반 상품을 스포츠와 연계하여 판매하려는 마케팅으로 스포츠를 하나의 판촉수단으로 이용한다.

3) 스포츠 마케팅의 발전과정

스포츠를 이용한 마케팅은 1852년 미국의 뉴잉글랜드 철도회사가 하버드 대학과 예일대학 운동선수에게 무료로 교통편을 제공한 것이 효시이다. 이 무렵 영국 크리켓 경기에서는 기업체의 후원을 받아들이기 시작했다.

스포츠 마케팅은 프로 스포츠가 발달한 미국을 중심으로 발달했다. 특히 미국은 농구, 야구, 아이스하키 등 지역을 연고로 한 스포츠팬들이 급증함에 따라 팀의 로고와 선수의 사인, 사진, 마스코트를 이용한

〈표 15-1〉 주요 국제 스포츠 이벤트

주요국제스포츠행사	개최지	개최연도
베이징 올림픽	중국	2008
밴쿠버 올림픽	캐나다	2010
남아공 월드컵	남아공	2010
광저우 아시안게임	중국	2010
대구세계육상대회	한국	2011
인천아시안게임	한국	2014

스포츠 용품 산업이 크게 발달했다. 최근에는 대형 스포츠 이벤트의 엄청난 잠재력을 깨달은 기업들이 스포츠를 이용한 마케팅에 많은 관심을 가지고 있다.

스포츠 마케팅에 절대적 영향을 끼친 것은 텔레비전의 등장이다. 스포츠 마케팅에서 선수와 관중(*fan*), 미디어, 기업은 중요한 요소다. 관중은 경기장뿐만 아니라 TV 앞에도 있다. 통신과 기술의 발달로 글로벌 시대로 들어서면서 TV는 이미 세계를 향한 창구가 되었다. TV는 스포츠 현장을 시청자들에게 전달하고 경기를 시청하게 함으로써 기업들이 그 시청자들에게 관심을 가져 스포츠에 투자하는 순환구조를 가능하게 했다. 1998년 미국TV 방송협회 통계에 따르면 미국의 1억 가구 중 9천 9백 4십만 가구가 적어도 1~2대의 TV를 가지고 있는 것으로 나타났다. 그만큼 TV의 영향력은 대단한 것이다.[10)]

국내의 경우 초기만 해도 경기장에 광고판을 부착하는 것이 스포츠를 통한 홍보의 전부였다. 그러나 1980년대 프로야구와 프로축구의 출범을 계기로 스포츠 마케팅이 본격화되었다. 1986년 아시안게임과 1988년 서울올림픽은 스포츠 마케팅의 위력을 확인하는 기회였다. 1990년대에도 동아시아 경기대회와 무주·전주 동계 유니버시아드 대회, 2002년 한일 월드컵과 부산 아시아경기대회의 개최는 스포츠 마케팅에 대한 관심을

10) 김주호, "월드컵과 국가 브랜드 가치", 한국광고홍보학회 논문발표회에서 발표한 논문(2002).

증폭시켰다. 또한 2011 대구세계육상대회와 2014 인천아시아경기대회의 유치는 스포츠마케팅을 활용한 기업 및 국가홍보에 중요한 계기가 될 것이다. 이외에도 다양한 국제 스포츠 이벤트가 열린다(〈표 15-1〉).

4) 기업의 스포츠 마케팅 참여형태

위의 스포츠 마케팅 영역에서 언급된 것처럼 기업이 참여할 수 있는 부분은 상당히 다양하다. 이를 세분화하면 수십 개의 영역이 되겠지만 크게 타이틀 스폰서(*title sponsor*), 스포츠 대회 후원, 스포츠 스타활용, 경기단체장으로서의 활동, 국가대표팀 및 스포츠팀 운영 또는 후원, 물품제공 등 여섯 가지로 나누어 볼 수 있다.

(1) 타이틀 스폰서

타이틀 스폰서는 대회 자체를 창설하거나 최대의 대회운영 비용을 지원하는 대가로 대회명칭에 기업이나 브랜드의 명칭을 사용할 수 있다. 대개는 방송을 통한 홍보 및 광고기회의 획득, 경기장 광고의 설치, 티켓할당 등의 다양한 권리를 갖는다.

'코나미컵한중일야구대회', '삼성 PAVV 프로야구', 현대건설의 '힐스테이트 프로배구', '맥도널드 챔피언십', '금호아시아나 오픈골프대회' 등이 대표적 예라고 할 수 있다. 기업들은 이처럼 스포츠 이벤트에 참여하면서 각종 판촉물 배포, 언론홍보, 광고, 경기장 내 이벤트 등을 통해 다양한 홍보 및 마케팅 기회를 갖게 된다. 금호아시아나는 2007년 맨체스터 유나이티드 초청 경기 타이틀 스폰서를 맡았으며, SK텔레콤은 2006년 위성미를 초청한 가운데 SK텔레콤 오픈 골프대회를 개최함으로써 브랜드 이미지를 높일 수 있었다. 특히 경기중계는 기업들이 방송노출 증대를 가져오는 중요한 요소로 대두되어 기업들이 주간 방송사에 별도의 광고시간을 우선적으로 구입하고 있다.

(2) 스포츠 대회 후원

대형 스포츠 이벤트일수록 개최비용이 많이 소요된다. 따라서 주최측은 다양한 분야에 기업들을 유치해 운영비용을 확보하려 하고 기업들은 스포츠 이벤트를 통해 다양한 홍보기회를 얻고 싶어한다. 이런 경우 대개 다수의 기업들이 동등 자격 또는 차별화된 권리를 가지고 스포츠 이벤트에 참여하게 된다. 올림픽과 아시안게임은 파트너로서 기업이 참여할 수 있고 월드컵에도 세계의 유수 기업들이 파트너로 참여하고 있다. 최대의 후원 권리를 갖는 타이틀 스폰서도 스포츠 대회 후원의 일종이라고 할 수 있고, 펜스광고 등 부분적으로 대회를 후원하는 방법도 있다.

삼성전자가 중남미 2007 팬암대회 스폰서를 맡은 것을 비롯, LG가 2007 코파컵 축구대회를 스폰서 하면 중남미 시장의 홍보전쟁을 벌이고 있다. 또 LG는 아프리카 네이션스컵을 통해 아프리카 소비자와 관계를 강화하고 있다. 국내에서는 E1, 하나은행, 인천공항 등이 국가대표 축구팀 친선경기 등에 스폰서로 참여해 고객관리 수단으로 활용했다.

(3) 스포츠 스타 활용

스포츠 스타는 움직이는 PR인이라고 할 수 있다. 그들이 있는 곳에는 항상 팬이 있고 그 팬은 결국 기업의 소비자로서의 속성을 가지고 있기 때문이다. 〈조선일보〉 보도에 의하면 애틀랜타 올림픽 금메달리스트 중 61명의 스폰서가 리복이었고, 64명의 스폰서가 나이키였다고 한다. 이러한 사실만 봐도 스포츠를 활용한 홍보가 기업 PR이나 마케팅에 얼마나 기여하는지 쉽게 짐작할 수 있다.[11] 스포츠 스타를 홍보 또는 마케팅에 활동하는 방법은 두 가지다. 첫째는 기업의 선수 육성을 통한 마케팅 관점의 활용이다. 즉, 스피도의 경우 수영의 박태환 선수를 장기적 차원에서 후원하며 기업과 선수가 같이 성장하는 전략을 취하고 있다. 최경주도 나이키와 계약을 통해 장기적 관점의 경기지원을

---

11) 김주호, 앞의 논문.

받으며 홍보 대변인 역할도 수행하고 있다.

둘째로 스포츠 스타의 단순광고 출연을 들 수 있는데 스타의 후광을 통해 기업이미지나 제품 홍보에 활용하려는 목적이 크다. 피겨 스타 김연아(국민은행), 이승엽(삼성전자), 황선홍(임페리얼), 차범근(SK텔링크), 박지성(LG전자) 등을 들 수 있다.

이들은 광고출연, PR 또는 판촉 이벤트 참가, 기업들이 제공하는 유니폼의 착용을 통해 기업의 홍보사절 역할을 수행해 내고 있다.

(4) 경기단체장으로서의 활동

2007년 FIFA 부회장으로 재선된 정몽준 대한 축구협회장은 현대중공업의 대주주이고, 삼성의 이건희 회장이나 두산의 박용성 회장은 IOC 위원으로서 활동하고 있다. 신박제 필립스전자 회장은 핸드볼협회, 대한하키협회 회장 등을 맡으며 아테네올림픽 선수단 단장을 맡기도 했다. 이처럼 기업인들은 국제 스포츠 단체에 활약하거나 국내 경기단체의 일선에 나섬으로써 개인의 이미지 관리는 물론 기업의 PR 기회를 적극적으로 창출하고 있다.

(5) 국가대표팀 및 스포츠팀 후원

팀 후원의 경우는 국가대표팀 후원이나 종목별 팀후원 등을 들 수 있다. 대한축구협회의 경우 공식후원사가 현대자동차, 나이키, 삼성전자 등 14개로 축구협회 로고마크를 사용하거나 집합적 초상권 및 축구협회 주관 대회의 홍보기회를 갖게 된다. LG전자는 2006년 독일 월드컵 당시 독일 국가대표팀 후원으로 효과를 보았고, 삼성은 중국에서 체조국가대표팀 후원을 하고 있다. 파나소닉, 알리안츠, 벤츠, BMW 등은 F-1대회 팀 스폰서로 참여하고 있고, 삼성은 영국 프리미어 리그 첼시 팀의 스폰서를 맡고 있다.

프로야구단, 프로축구단, 프로농구단의 대부분은 기업이 지원한다. 기업들은 프로나 아마추어를 가릴 것 없이 개인 또는 단체종목에 다양한 스포츠팀을 운영하고 있다. 특히 삼성, 현대, LG 등 대기업은 축구, 농구, 야구 등 핵심 종목을 포함해 대규모 스포츠팀을 운영하고 있다. 특히 최근에는 중견기업들도 기업 PR 차원의 스포츠팀 운영에 적극적으로 참여하고 있다. 또 해외에서도 우리 기업들이 축구, 아이스하키, 럭비 등 스포츠팀의 활동을 후원하고 있다. 이러한 스포츠팀은 중계방송이나 스포츠 지면을 통한 미디어 노출효과로 기업들의 유용한 홍보 및 마케팅 수단이 되고 있다.

(6) 물품제공

물품제공은 대개 스포츠 용품을 생산, 판매하는 기업들이 선수단 또는 개인에게 지원하는 것이다. 관중들은 물론 일반 소비자들도 텔레비전을 통해 경기 모습을 지켜볼 수 있기 때문에 기업들은 자연스럽게 회사 로고 등을 노출시킬 수 있다.

또 다른 측면에서 기업들은 회사의 제품을 행사장에 경품 또는 경기 운영물품으로 제공함으로써 간접 PR 효과를 얻기도 한다. 일종의 상품배치(PPL: *product placement*)라고 할 수 있다. 스포츠용품 회사는 물론 전자, 통신, 음료, 자동차 등 다양한 분야의 회사들이 물품제공을 통해 스포츠를 통한 PR 및 마케팅에 나서고 있다.

2006년 도하 아시안게임의 경우 삼성전자는 무선전화기 및 TV, 냉장고 등을 대회 운영용으로 공급했고, 오츠카는 포카리 스웨트 등의 음료 자판기를 공급했다.

5) 올림픽과 기업홍보

인류 최대의 제전 올림픽은 1896년 그리스 아테네에서 시작되었을 때만 해도 개인 기부금과 티켓 판매수입에 의존해 치러졌다. 그러나 오늘날의 올림픽은 세계적인 후원기업들에 의해 운영되고 있다. 올림픽의 주요 재원은 텔레비전 중계권, 스폰서십과 라이선스, 티켓·기념주화·우표 판매수입으로 충당된다. 그 중에서도 텔레비전 중계권과 스폰서십을 통한 기업들의 후원금이 가장 큰 수입원이다.

이러한 기업의 스폰서십이야말로 올림픽 운동을 가능케 하는 원동력이 되고 있다. 스폰서 기업들이 제공하는 후원금은 동·하계 올림픽 조직위원회의 행사 재원으로 쓰이거나 세계경기연맹을 통해 세계 스포츠 발전기금으로 활용된다. 또 각국 올림픽후원회를 지원해 모든 선수단이 재정 능력에 관계없이 올림픽에 참여할 수 있도록 함으로써 비상업주의에 입각한 올림픽 정신을 고양시키고 있다.

코카콜라, 비자, UPS, IBM, 파나소닉 등 선진기업들은 오랫동안 올림픽 참여를 통해 세계적 브랜드로서 위상을 높였다. 국내기업들은 88 서울올림픽 당시 국내 시장에 한정해 스폰서로 올림픽에 참여했으나 글로벌 시장을 대상으로 한 휘장권 확보에는 참여 자체가 봉쇄되었다. 그 만큼 우리 기업들이 세계시장에서 위상이나 역할이 미미했다는 것을 의미한다.

그러나 삼성은 국내기업으로는 처음으로 1998년 나가노 올림픽을 계기로 올림픽에 공식 파트너로 참여하기 시작했다. 삼성은 전 세계 200여 개 국제올림픽위원회(IOC) 회원국에 홍보 및 마케팅을 할 수 있는 권리를 갖고 있다. 2000년 시드니 올림픽에서 무선통신기기 부문의 올림픽 파트너(TOP: *The Olympic Partner*)로 참여해 휴대전화 및 시스템, 무선 호출장비, 무전기, 배터리 등 무선 통신기기와 시스템을 공급했다. 2006년 이탈리아 토리노에서 개최된 토리노 동계 올림픽에서 삼성은 삼성홍보관(Olympic Rendezvous@Samsung)을 통해 선수와 가족, 소비자가 만나는 시설을 제공해 올림픽 운동에 기여했다. 또 무료 전화 시연 서비스, 스키 영웅 톰바 등 유명 선수 계약을 통한 홍보 대변인 활용 등을 통해 기업 이미지를 높일 수 있었다(〈그림 15-3〉).

삼성은 특히 2004년 아테네올림픽부터 성화봉송에 스폰서로 참여해 토리노올림픽에 이어 베이징올림픽 성화봉송까지 계약을 마쳤다. 올림픽 성화는 다양한 요소 때문에 언론의 취재경쟁을 촉발하는 홍보적 가치가 큰 프로그램이다. 뉴스성 있는 주자의 선발, 성화가 지나는 유명한 장소의 홍보적 활용, 성화 루트상의 다양한 이벤트로 기업의 이미지를 부각시킬 수 있다.[12)]

〈그림 15-3〉 2006 토리노 올림픽 삼성 성화봉송 차량

6) 아시안게임과 PR

아시안게임은 올림픽과 월드컵 다음으로 규모가 큰 종합 스포츠 제전이다. 아시안게임은 올림픽에 비해 마케팅 요소가 강하다. 올림픽이 올림픽 정신을 강조하며 경기장 내 기업의 브랜딩을 제한하고 있는 반면 아시안게임은 월드컵처럼 경기장 내 펜스광고 등 경기장 내 광고를 허용하는 것이 이를 단적으로 증명한다.

도하아시안게임은 2006년 12월 카타르 도하에서 15일간 개최되었으며 39개 종목에 45개국이 참여하는 매머드 스포츠 이벤트였다. 이번 아시안게임에는 최상위 프레스티지 파트너로 삼성전자 등 4개사가 참여했고 다음 단계의 파트너로 제일모직, 포카리스웨트, GE, 티소 등이 참가했다.

도하아시안게임에서 삼성전자는 경기장에서 '삼성 디지털 갤러리' 및

12) 김주호, 《PR의 힘》(커뮤니케이션북스, 2005).

〈그림 15-4〉 도하아시안게임 삼성MVP프로그램 폐막식 장면

미디어 센터에서 '삼성 미디어 라운지'를 설치했다. 또 아시안게임 MVP 타이틀 스폰서 참여와 고객 초청 프로그램 운영 등 다양한 활동을 통해 브랜드 인지도를 높이고 중동 및 중국, 한국 시장의 마케팅 효과를 높이는 데 기여했다(〈그림 15-4〉).

다국적 기업들에게는 아시안게임의 마케팅 가치가 적은 편이지만 중국이나 한국, 중동 등 아시아 주요국가에서 아시안게임을 보는 시각은 올림픽에 못지않다. 특히 한국을 포함한 아시아 기업 입장에서는 이런 점을 적극 고려해야 한다. 특히 2010년 아시안게임이 중국 광저우에서 개최되고, 2014년 인천에 유치됨으로써 아시안게임의 마케팅 및 홍보 가치는 더욱 높아질 것이다.

제 16 장

투자자와의 관계*

1. 투자자와의 관계란 무엇인가

1) 투자자 관계(IR)의 정의

투자자와의 관계(IR: *Investor Relations*)는 기업과 투자자 간의 커뮤니케이션 활동으로 기업이 회사의 경영상태, 경영방침, 정책, 계획 및 전망 등 다양한 정보를 정확하게 제공하고, 투자자가 이러한 기업의 경영 실상에 대한 올바른 이해의 바탕 위에서 그 기업을 신뢰하고 그 기업에 투자하도록 하는 중요한 경영활동이자 기업 PR 활동의 하나이다.

IR은 1930년 중반부터 미국에서 기업의 주주들을 보호하려는 시도의 일환으로 등장한 분야로, 이제는 미국, 영국, 일본, 독일, 프랑스, 홍콩, 싱가포르 등 주요 국제 금융시장뿐 아니라 전 세계적으로 그 개념 및 인식이 확산되고 있다. 우리나라에서는 1980년대까지만 해도 자본시장이 제대로 성숙하지 않았던 데다 대기업의 경우 은행 등 금융기관으로부터 자금을 조달하는 일이 상대적으로 쉬워 IR 개념이 등장하는 데 다소 시간이 걸렸다.

하지만 1990년 이후 우리 기업들은 안정성장기에 접어들면서 차입경영의 한계에 봉착하기 시작했다. 안정성장에 따라 순익증가세가 급격

---

* 이 글은 KPR의 신성인 사장이 기고한 것임.

히 둔화되면서 이자증가세를 따라잡지 못한 결과, 1990년대 들어서부터(특히 IMF외환위기 시에는) 그동안 차입경영에 의존하던 기업들이 하나 둘 쓰러지기 시작했다.

우리 정부는 1980년 초 자본시장 개방의 전 단계로 투자신탁회사에 외국인 전용 수익증권의 설정을 허용했으며, 1992년 주식시장 개방과 더불어 우리 기업들도 비록 수동적이긴 하지만 투자자들에게 관심을 갖게 되었다. 특히 1997년 4월부터 대주주의 기업지배권이 더 이상 보호받지 못하게 되면서 기업으로서는 안정주주를 확보하는 데 주안점을 두게 되었다.

고도성장기에 우리 기업들은 자본조달 비용을 별로 걱정하지 않았는데, 이 시기에는 투자 기대 수익률이 높아 비용이 그다지 문제가 되지 않았다. 그러나 경제가 안정성장기에 접어들면서 영업 수익률 성장에 한계가 드러나기 시작했으며 또한 1993년 8월 12일 이후 금융실명제가 실시되면서 우리 기업들은 자본조달 비용이 싼 방안을 모색하기 시작했다. 그 결과 주주들로부터 자금을 조달하는 것이 주요한 자본조달 방안으로 부각되었으며, 이에 따라 주주와의 관계가 자본조달에 있어 더욱 중요해졌다.

그동안 우리 재벌기업들은 계열사간에 서로 지분을 소유하면서 경제력을 집중시켰으나, 이에 대해 정부는 공정거래법 강화를 통해 상호출자지분의 해소를 계속 유도하고 있다. 정부의 재벌기업 계열사간 상호 출자에 대한 규제강화 역시 IR 활동의 필요성을 높여주었는데, 특히 지난 1996년 증권거래법이 개정되면서 1997년 4월 1일을 기해 대주주의 기업지배권이 더 이상 보호받지 못하게 됨에 따라 IR 활동의 필요성이 현실적으로 대두되었다. 또한 자본시장 개방은 우리 기업들로 하여금 외국의 싼 자금을 조달할 수 있는 기회를 주었는데, 이에 따라 외국인들에게도 자사(自社)를 알릴 수 있는 방안이 요구되면서 IR의 개념과 그 중요성이 새롭게 인식되기에 이르렀다.

2) IR의 역할

오늘날 정치, 경제, 사회적 환경이 국내외적으로 급변함에 따라 기업들도 이러한 변화에 능동적으로 대처해 나가기 위해 경영합리화를 위한 사업구조 조정 등 혁신을 위한 새로운 경영기법 도입에 적극 나서고 있다. 이러한 상황에서 각 기업들은 기업의 일상적 경영과 지속적 성장 발전을 위해 투자자들의 이해와 공감을 얻고 이들과의 관계를 잘 유지시키기 위한 커뮤니케이션 활동으로 IR의 중요성을 새롭게 인식, IR은 이제 선진 기업경영의 핵심전략이자 필수적 요소로 부각되고 있다.

이러한 IR 활동은 통상적으로 기업에 대한 신뢰도 및 이미지 제고, 자금조달, 경영지배권 보호, 주가관리 차원에서 이루어지고 있는데, 특히 기업의 지명도 제고, 자금조달의 효율화 도모, 주주 구성과 분포의 적정화, 주식의 시장 유통성 증대 및 투자자에게 투자동기 부여 등을 주요 목적으로 하고 있다. 따라서 IR은 주가 안정을 통해 기업이 필요할 때 필요한 자금을 싸게 조달할 수 있는 효과가 있으며, 또 주식의 유통성을 높이는 효과가 있다. 주식 유통성은 다수의 투자자가 존재하면서 원하는 때 주식을 살 수 있는 정도나 팔아서 현금화할 수 있는 정도를 말한다.

또한 기업의 경영상태가 공개되면 시장에서의 악성루머를 억제하여 위기관리 효과를 제공할 뿐만 아니라 큰 폭으로 움직이는 뇌동매매가 적어져 주가의 안정성이 높아진다. 주가의 안정성이 높아지면 기업이 필요한 자금을 제때 조달할 수 있는 이점이 있다. 원활한 자금조달은 기업 성장의 밑거름이 되며 아울러 기업이 건전한 자본구조를 갖추도록 해줌으로써 은행으로부터의 대출 등 타인 자본조달도 쉽게 해주는 부수효과가 있다.

이 밖에 IR은 상장기업이나 코스닥등록기업의 경우에는 특히 기업의 경영상태에 대한 설명책임의무를 다함으로써 기업의 신뢰성을 증대시켜 발행증권의 유동성 제고는 물론 안정주주의 확보도 가능케 해 외부세력에 의한 적대적 기업 인수합병을 방어하는 효과도 가져다줄 수 있다.

3) IR의 대상

IR은 투자자, 증권분석가, 주식중개인, 미디어, 조직구성원, 정부 및 관련 기관·단체 등을 포함하는 다양한 수용자를 대상으로 한다. 기본적으로 IR의 주요 대상은 국내외 투자자들인데, 누구나 투자자가 될 수 있기 때문에 일반인들도 IR 대상이 된다. 하지만 이들이 알고 싶어하거나 알아두어야 할 내용이나 투자목적은 투자자마다 다르다고 할 수 있으므로 IR 대상을 세분화하여 이들의 성향에 따른 다양한 IR 활동방법이 요구된다.

일반적으로 투자자는 개인투자자와 기관투자자로 나눌 수 있다. 최근 들어 주식도 부동산처럼 투자하는 성향이 점점 두드러지고 있긴 하지만, 아직도 많은 개인투자자들은 상대적으로 적은 투자금액으로 장기투자보다는 단기성과를 중시하는 경향이 있다. 따라서 이들은 배당 등 안정적 수입보다는 매매차익에 투자목적을 두는 편이다. 많은 개인투자자들은 이처럼 단기투자 행동을 보이기 때문에 기업으로서는 관리하기가 쉽지 않으며, 또한 인원이 많아 효율적 기업정보 전달에 어려움을 겪는다. 일반적으로 대다수 기업들은 이들의 투자규모가 적어 무시하는 경향이 있었으나, 최근 들어 소액주주의 권리가 점차 강화되면서 이들과의 커뮤니케이션의 중요성이 커지고 있다. 기관투자자들은 대개 개인투자자들에 비해 투자규모가 비교할 수 없을 정도로 크다. 이들 기관투자자들은 불특정 다수인들로부터 자금을 모아 주식 등에 투자하므로 일반인에 비해 수적으로는 적지만 개인보다 투자규모가 크다. 게다가 기관투자자들은 분석력까지 갖추고 있기 때문에 이들의 주가 지배력은 상당하며, 또한 이들은 단기보다는 장기적 관점에서 투자하는 경향이 있어 자금 조달원으로서의 안정성을 지닌다.

기관투자자와 유사한 성격을 지닌 전문가 집단으로 주식중개인과 증권분석가가 있는데, 이들은 주로 증권사에 근무한다. 이들은 직접 투자하지는 않지만 일반인들이 투자할 주식을 선정하는 데 결정적 역할을 한다. 따라서 이들은 간접적이기는 하나 일반 주주에 비해 주가 영향력이 매우 크므로 이들에게 기업실상을 자세히 알리는 것은 대단히 중요하다. 또한 이들을 통해 외국투자자들과의 연결도 가능해 기업으로서는 이들의 존재를 더욱 확실하게 의식할 필요가 있다. 특히 외국인 투자자의 경우 한국 증시에서의 주식보유 비중이 높아(2006년 12월 말 현재 전체 상장주식 시가 총액의 37.3% 차지) 특별한 관심이 요망되고 있다.

미디어 또한 대단히 중요한데, 이들은 기업실상을 가장 빠르게 그리고 폭넓게 전해주며, 특히 양적 정보에서 질적 정보까지 취급하고 있어 미디어를 대상으로 한 적극적 IR 활동도 필요 불가결하다.

이 밖에 기업의 내부사정을 피부로 느끼거나 잘 알고 있는 조직구성원들, 그리고 경제정책, 특히 금융정책을 수립하거나 건의 또는 의견을 제시하는 정부 또는 금융감독기관이나 신용평가기관 같은 관련 기관과 단체들도 중요한 IR 대상이다.

4) IR 커뮤니케이션

경험이 없는 기업들은 IR의 필요성을 인식했다 해도 어디서부터 어떻게 접근해야 좋을지 망설이게 된다. 모든 기업활동과 마찬가지로 IR 역시 최고 경영자의 의지가 중요하다.

기업의 상세한 정보를 알리기 위한 IR 방법에는 여러 가지가 있다. 우선 미디어를 통한 퍼블리시티 및 광고를 들 수 있다. 결산 시마다 하는 보도자료 배포 및 결산 공고도 중요한 IR 활동의 하나이다.

기업의 영업보고서(*business report*), 해외투자자용 연례보고서(*annual report*), 연례보고서를 보완하는 역할을 하는 팩트북(*fact book*), 사업보고서, 요약결산보고서, 기업설명서 외에 브로슈어, 뉴스레터, 반기 및 분기보고서, 사보, 주주통신문 등의 출판물과 인터넷 홈페이지 등도 IR 커뮤니케이션 대상 공중과의 좋은 커뮤니케이션 도구가 된다. 이러한 통상적인 출판물 제작과 인터넷 홈페이지, 미디어를 통한 커뮤니케이션 외에 IR의 방법으로 가장 많이 이용되는 것이 설명회이다. 이러한 설명회는 일반적으로 특정 장소에서 행해지므로 불특정다수를 대상으로 하기보다는 특정 집단을 대상으로 이루어지는 경우가 많다. 이러한 설명회로는 회계년도 종료 후나 반기 결산 후 기업경영의 자세한 내용을 알려주는 결산설명회나 실적설명회 말고도 주요 경영내용에 대한 이해를 구하기 위한 기업설명회, CEO 간담회, 투자자 유치를 위한 투자설명회, 로드쇼(몇 개 나라나 도시를 순회하며 설명회를 개최하거나 주요 기관투자자들을 개별 방문하여 면담하는 형식을 취하며, 자금조달 목적여부에 따라 Deal Roadshow와 Non-Deal Roadshow로 구분됨), 최신기술 소개를 위한 기술설명회 등도 기업의 필요에 따라 열리고 있다. 이 밖에 투자자대상 DM, 인터넷 홈페이지 내 IR 코너 개설 및 기업포럼란 운영, 웹캐스팅, 투자자 핫라인 개설, 주요 주주나 펀드매니저, 증권분석가 예방이나 소그룹 미팅 또는 텔레컨퍼런스, 공장이나 회사 견학 등도 IR 커뮤니케이션의 좋은 방법이다.

IR 커뮤니케이션 방침이 결정되면 담당 부서에서는 IR 활동의 목표 및 전략을 수립할 필요가 있다. 목표와 전략이 수립된 다음에 담당자들은 IR 커뮤니케이션 활동 수행을 위해 사업보고서와 향후 사업계획, 투자계획, 자금조달계획 등 IR 커뮤니케이션에 유용한 각종 사내정보를 지속적으로 수집하고, IR자료도 준비·제작해야 하며, 외부환경 변화도 예의주시하면서 IR 커뮤니케이션 활동을 시의적절하고 효과적으로, 합법적이고 지속적으로 전개해야 한다. IR 커뮤니케이션 활동 수행 후에는 효과분석을 통해 향후 전략 및 방법 개선이나 보완을 꾀해야 함은 물론이다.

IR 담당자는 기업의 대외적인 이미지를 구축하는 역할을 하므로 유능한 커뮤니케이터이자 전략가이어야 하며, 기업경영, 업계동향, 경제, 자금흐름 및 회계에 대한 전문지식도 겸비해야 한다. 하지만 사내의 재무 전문가가 IR 실무를 담당하기에는 어려움이 따르게 마련이다. 기업경영 전반에 대한 전략, 경영방침 및 앞으로의 전망 등에 대해 잘 알고 있어야 할 뿐만 아니라, 기업 이미지 제고 및 미디어관계 능력과 함께 외국어 구사 능력도 갖추고 있어야 하기 때문이다.

따라서 대부분의 기업들은 IR 조직을 최고 경영자 직속기관으로 두고 있는데, 이는 최고 경영자의 의도를 정확히 파악할 수 있기 때문이다. 미국의 경우 대부분 IR 담당부서는 사장이나 재무담당 최고 임원(CFO: *Chief Financial Officer*) 아래에 두는 경우가 많으며, 일본은 사장실 직속 주식부 홍보실 내에 두는 경향이 있다. 기업에 따라 홍보실 내에 IR팀을 두기도 하는데, 국내 재벌그룹의 경우 어떤 그룹은 회사별로 IR팀이 구성돼 있으며 그룹 내 IR팀이 있어 계열사 IR 활동을 지휘 또는 지원하고 있다.

2. 투자자 관계의 추세 및 사례

그동안 IR을 선도했던 미국이나 유럽 기업의 최고 경영자들도 최근 들어 IR을 새롭게 인식, 이를 확대 적용해 나가는 추세를 보이고 있다. 상대적으로 IR에 인색했던 일본 기업들도 기업정보 공개 지연에 따른 문제점들이 빈번히 나타나자 앞다투어 IR 활동에 나서고 있다. 정상적 정보마저 공개를 기피하던 국내에서도 1990년대 중반 이후 특히 IMF 외환위기 이후에는 삼성, LG 등 대기업을 필두로 IR시스템을 개편하여 IR 활동에 적극 나서기 시작해 공기업이나 중소기업, 그리고 금융기관 이르기까지 IR에 대한 새로운 인식이 확산되고 있다.

1) 미국

IR의 개념은 1953년 미국의 GE사가 최초로 도입한 것으로 알려져 있는데, 미국 내에서도 IR이 본격적으로 도입된 것은 1970년대이며 활성화 단계에 들어선 것은 1980년대이다. 미국 기업의 IR 활동은 최고 경영자가 직접 지휘하고 리드하는 게 통상적인데, 세계적 자동차회사인 포드사의 경우도 1994년 알렉스 트로트만 회장이 취임하면서 기존 IR 정책이 크게 혁신되었다. 미국에서 가장 보수적이고 자존심 강한 회사 중 하나로 인식되었던 포드사의 컬러는 그동안 IR에도 그대로 반영됐다. 이 때문에 미국 내에서 IR측면으로 보면 크라이슬러를 비롯한 다른 기업에 비해 낙후된 기업으로 평가받았다. 그러나 트로트만 회장 취임 후 포드는 세계 자동차업계를 선도할 것을 선언했고 IR 측면에서도 미국 거대기업 중 가장 앞서 나갈 것을 천명했다. 실무 부서에서는 미국 내 1백대 기업의 IR 실태를 조사하였으며 특히 코카콜라를 벤치마킹하기도 했다. 하지만 1999년 1월 트로트만의 뒤를 이어 창업주 헨리 포드의 증손자 윌리엄 클레이 포드 주니어가 포드 회장이 된 이후 최근 들어 포드사는 어려운 경영환경에 직면하면서 구조조정을 거듭하고 있다.

2) 일본

일본에선 1961년 소니가 DR(주식예탁증서)을 발행하는 것을 계기로 IR이 시작되었지만 그동안 실질적으로는 IR이 폭넓게 이뤄지지 못했다. 대부분의 기업들은 주가를 올려 저리의 자금을 조달하는 데만 초점을 맞췄던 것이다. 하지만 1970~1980년대에는 미쓰이, 히다치, 마쓰시타 등 해외 증시에 상장된 일본 대기업 중심으로 IR 활동이 전개되던 것이 1980년대 말 이후 많은 기업들에 IR이 활성화되기 시작하여, 적극적 IR로 기업 이미지를 높이거나 위기에서 탈출한 기업들이 의외로 많았다. 소니는 개인투자자를 대상으로 적극적 IR 활동을 전개해 많은 우호주주를 확보한 것으로 정평이 나 있다. 또한 고베 철강소는 매출의 50%이상을 알루미늄, 전기 및 정보통신사업에서 올리고 있지만 철강회사라는 인식이 강해 주가도 이에 따라가는 모습을 보였는데, 적극적 IR을 통해 투자자들에게 회사의 실상을 올바로 알려 정상적 대우를 받게 된 대표적 기업으로 꼽히고 있다.

오사카 가스는 1995년 1월 나고야 대지진으로 주가가 폭락하고 주주들이 대량 이탈하는 위기를 맞았다. 그러나 이 회사는 피해상황과 복구상황을 국내투자자는 물론이고 해외투자자들에게까지 수시로 신속히 전달함으로써 주주 이탈을 막는 데 성공했다. 일본의 파이어니어 전기는 회사가 어려워지는 가운데서도 IR을 확대해 성공한 대표적 기업으로 꼽히고 있다. 1990년 중반에 수년간 파이어니어 전기의 모든 재무지표는 감당하기 어려울 만큼 급격한 내리막 현상을 보였다. 이러한 상황에서도 구즈하라 부사장을 비롯한 이 회사 최고경영층은 끊임없이 투자자들을 찾아다니며 회사의 현황과 전망을 설명했다. 이들은 앞으로 수년간 회사의 실적이 악화될 수도 있지만 다운사이징을 비롯한 회사의 구조조정 계획을 설명하면서 투자자들의 신뢰를 쌓아 갔다. 덕분에 이 회사는 투자자들의 이해를 얻어내 리스트럭처링을 할 시간을 벌어 흑자 전환의 계기를 마련했다.

하지만 IR을 통해 투자자들의 신뢰를 얻는 것이 그리 쉬운 일은 아니다. 그 단적인 예로 닛산 자동차는 1990년대 들어 극심한 판매부진으로 자금난을 겪게 되자 비밀리에 긴급자금을 조달하려다가 사기사건에 휘말려 차기 최고경영자로 유력시되던 부사장이 사임하기도 했다. 일본 최대 백화점인 다카시마야 백화점은 1996년 결산주총을 무사히 넘기려고 야쿠자와 결탁한 것이 발각돼 사장과 재무담당 전무가 사임한 바 있다. 이 사건으로 다카시마야 백화점은 주가가 폭락하고 기업 이미지도 치명적 손상을 입어 매출 감소는 물론 우수한 인재마저 입사를 기피하는 현상이 나타났다.

3) 한국

우리나라는 1991년 8월 대우증권이 국내 최초로 IR 세미나를 개최하여 IR을 국내에 소개한 이래 1992년 주식시장 개방을 계기로 상장회사들이 IR에 관심을 갖기 시작하게 되었으며, 1993년 11월 삼화페인트 및 경동보일러가 기업설명회를 개최한 것을 국내에서의 IR 활동의 시초로 보고 있다. 1990년대 중반 이후에는 삼성, LG를 비롯한 주요 그룹과 한국전력, 포스코 등 대기업을 중심으로 그리고 1990년대 후반에 들어서는 많은 벤처기업들이 본격적으로 IR 활동에 나서기 시작했다.

삼성그룹은 경영권 강화와 자금조달 차원에서 그룹별 또는 계열사별로 IR 활동을 전개하고 있다. LG그룹은 부정확한 정보의 유통을 차단하고 기업의 투명성을 확보한다는 방침 아래 그룹 및 상장계열사 차원에서 IR을 강화하고 있다. 특히 LG전자는 1994년 12월 국내 최초로 IR팀을 구성했으며, LG증권은 국내 최초로 분기별 결산발표를 선언했고, LG정보통신은 기업설명회를 가미한 주주총회를 열어 관심을 끌기도 했다. LG필립스 LCD의 경우는 적극적인 IR활동과 더불어 경영혁신 등으로 2007년 2분기에 조기 흑자 전환에 성공하는 등 국내외에서의 IR 활동 강화가 실적개선에도 기여하고 있다. 현대자동차 그룹도 2000년 9월 현대그룹에서 분가한 후 이미지 제고와 주가관리 차원에서 IR 활동을 더욱 강화했으며, 한국전력, 포스코, 삼성전자, LG전자 등 다른 주요 국내 대기업들처럼 해외에서의 설명회도 개최하고 있다.

한편 대우중공업은 1994년 대우조선과 합병시 합병비율 때문에 기관투자자를 중심으로 한 반대에 부딪힌 적이 있었다. 이때 대우중공업은 부랴부랴 이들을 대상으로 IR 활동을 전개했다. 대표이사가 직접 나서 합병 후 시너지 효과로 수익이 크게 증대될 것이라고 밝히면서 이들의 협조를 구했다. 그러나 합병 이후 발표된 수익은 IR 활동시 언급된 것보다 터무니없이 적어 기관투자자들이 이 회사 주식을 즉각 팔자고 나섰다. 합병에만 급급한 나머지 기업실적을 과대포장한 결과, 투자자들의 신뢰를 상실한 대표적 사례로 지적되고 있다.

그 후 1997년 말 IMF 외환위기를 거치면서 국내의 여러 벤처기업들도 최고 경영자를 중심으로 새로운 비즈니스 모델과 기술력, 우수한 인력, 성장가능성 등을 내세우며 IR 활동을 통해 국내외에서의 투자유치에 나섰다. 그 가운데는 골드만삭스로부터 자금을 유치한 배움닷컴, 팍스넷, 리눅스원 등 이외에도 국내기업 최초로 미국 나스닥 시장에 직상장한 두루넷, 세계 6위의 통신업체인 일본 KDDI와 일본 소프트뱅크에서도 투자를 유치한 프리즘 커뮤니케이션스 등 많은 기업들이 포함되어 있다. 하지만 2001년 이후 전 세계적으로 닷컴기업에 대한 거품론이 부상하면서 벤처기업들의 IR 활동은 전반적으로 부진을 면하지 못하는 가운데 한국의 코스닥시장 신규 등록업체 수는 2007년의 경우 7개월간 31개를 기록, 상대적으로 IR 활동이 미진한 것으로 나타나고 있다.

제 17 장

쟁점관리와 위기관리

1. 기업과 쟁점관리

1) 쟁점이란 무엇인가

"쟁점(*issues*)이란 결정단계에 있는 해결되지 않은 일"(*unsettled matter which is ready for decision*)[1] 또는 "기업경영에 심각하게 영향을 미칠 내·외부의 상황 또는 조건"[2]으로 규정된다. 그렇다고 우리 주위에 존재하는 단순한 의문사항 그 자체를 쟁점이라고 말하지는 않는다. 쟁점은 한 행위자 또는 여러 행위자들이 어떤 상황이나 인식된 문제에 중요한 의미를 부여할 때 형성된다. 이 행위자들은 의문사항에 대한 수용될 만한 해결안을 제기하거나 창출해 낸다. 사람들은 문자 그대로 그들이 관심을 갖고 있는 일로부터 쟁점을 만들어 낸다. 더욱이 쟁점은 문제에서 비롯되지만 정확히 말하여 문제 그 자체라고는 할 수 없다.

쟁점의 해결은 우리를 고통과 근심으로부터 일시적으로 해방은 시키지만 완전한 결말은 아니다. 다시 말해서 쟁점은 일시적 '대답'이라는 의미에서 '해결된다'고 말할 수는 있으나 이들은 최종적 대답이라는 의

1) B. L. Jones & W. H. Chase, "Managing Public Issues", *Public Relations Review* 5(Summer, 1979), pp. 3~23.

2) H. F. Moore & F. B. Kalupa, *Public Relations : Principles, Cases and Problems*, 9th ed. (Homewood, IL: Richard D. Irwin, 1985), p. 64.

미에서는 '결말'이라고 말할 수는 없다. 예컨대 쓰레기 처리문제를 놓고 채택한 '쓰레기 분리수거'는 일시적 대답은 되어도 쓰레기를 아주 없앨 수는 없는 것이다.

해결을 필요로 하는 모든 문제는 '쟁점'이라고 부를 수 있겠으나 이러한 쟁점은 그것에 부여된 중요성의 수준에 따라서 다양한 형태로 형성된다. 여론형성 과정에서 일반 공중은 모든 쟁점에 중요성을 동일하게 부여하지 않는다. 그래서 일반 공중이 쟁점에 대하여 부여하는 중요성이 그 쟁점의 위상을 결정하게 되는 것이다. 이러한 쟁점들은 넓은 의미에서 다음과 같이 세 가지로 나누어 볼 수 있다.

① 현재 논의되고 있는 쟁점들(정부 측에서 논의하며 미디어를 통하여 보도되는 쟁점들)
② 잠재적 쟁점(2~5년 이내에 중요하게 부상될 것 같지만 아직 이에 대한 정부의 입장이 결정되지 않은 쟁점들)
③ 사회적 추세(라이프 스타일, 테크놀러지 등의 변화)

최근에는 쟁점관리에 관한 정의를 내리기 위한 체계적 노력이 진행되고 있는데 이 중 가장 포괄적 정의는 헤인스워드(Hainsworth)와 멩(Meng)의 것이라고 하겠다. 헤인스워드와 멩은 "조직에 영향을 미치는 법적·정치적 또는 사회적 쟁점들의 정체를 밝힌 다음 이러한 쟁점들의 발전 향방에 영향을 주기 위하여 조직의 자원을 동원하고 조정하는 행동 지향적 관리기능"으로 정의를 내린다. 쟁점관리의 궁극적 목표는 조직의 이익에 부합되는 공공정책을 성립시키는 것이다.[3]

쟁점관리(*issues management*)라는 용어는 원래 1977년 PR 컨설턴트인 쟁점관리를 체이스(W. H. Chase)가 '새로운 과학'으로 명명하는 과정에서 생긴 것이다.[4] 체이스에 따르면 쟁점관리는 쟁점들을 밝혀 내고,

---

3) B. Hainsworth & M. Meng, "How Corporations Define Issues Management", *Public Relations Review* 14(4) (1988), pp. 18~30.

4) W. H. Chase, "Public Issues Management : The New Science", *Public Re-*

그 쟁점들을 분석하여 우선순위를 정하고 프로그램 전략을 선택하고, 프로그램을 시행하며 그 시행효과를 평가하는 과정이다. 미국 PR 협회(PRSA)는 쟁점관리를 "조직의 운영과 관련된 공공정책의 체계적 확인과 공공정책에 대한 행동"으로 규정한다.[5] 미국 공공문제협의회(PA Council)는 쟁점관리를 "기업이 공공정책 과정에 관한 지식을 늘리고 그 과정 속에 기업의 개입방법과 효율성을 제고시키기 위하여 사용하는 프로그램"이라고 규정한다.[6]

이러한 시각은 기업정책과 기업경영의 비판적 여론에 대한 대응방안으로 기업의 변호입장(*advocacy position*)을 강화하는 과정에서 생긴 것이다. 워티크(Wartick)와 루드(Rude)도 쟁점관리가 기업의 환경변화에 대한 대응방안을 진작시킴으로써 기업의 경영활동에 영향을 미칠 수 있다면 전망은 밝다고 예견했다.[7]

쟁점관리는 조직으로 하여금 부당한 법규가 제정되기 전에 이를 사전에 막는 기능을 한다. 이를 위해서는 쟁점의 우선순위를 정할 때 기업경영(목표와 계획)과의 사려 깊은 연결을 필요로 한다. 이러한 입장은 기업은 더 이상 사회에서 침묵을 지키는 어린아이가 되어서는 안 된다는 것을 의미한다. 다시 말해서 기업이 공공정책에 영향을 미치며 활동가 집단의 압력이 법규 제정단계에 이르기 전에 그 압력을 완화시키는 노력을 하도록 권고하는 것이다.

쟁점관리는 법과 규제사항을 낳는 공공정책 과정을 다루기 때문에 이것은 개념상 공공문제 관리기능의 한 부분이며, 넓은 의미로 적극적인 사전반응적 PR의 한 부분에 속한다.

---

lations Journal 33(1977), pp. 25~26.

5) R. L. Heath & K. R. Cousino, "Issues Management : End of First Decade Progress Report", *Public Relations Review* 16(1) (1990), p. 8에서 재인용.

6) *ibid.*

7) S. L. Wartick & R. E. Rude, "Issues Management : Corporate Fad or Corporate Function?", *California Management Review* 24(1) (1986), pp. 124~140.

2) 쟁점의 진화과정

쟁점은 예측 가능한 양태로 진화한다. 쟁점은 어떤 조직이나 공중에게 상당한 영향을 미칠 수 있는 하나의 아이디어로 시작해서 타 조직이나 공중간에 인지도를 높이거나 반응을 불러일으키는 행동을 낳는다. 이 과정은 네 단계로 구성된 하나의 사이클로 설명된다. 쟁점의 발단, 조정과 증폭, 조직화 그리고 해결이 그것이다.[8] 쟁점은 어떤 이유로 인하여 발전되는 과정 중 어느 지점에서 사그라질 수도 있으나 지속적으로 성숙되는 쟁점은 한 단계에서 다음 단계로 또 다음 단계로 진화하게 된다(〈그림 17-1〉 참조). 쟁점과 위기는 따로 떼어놓을 수 없을 만

〈그림 17-1〉 쟁점 사이클

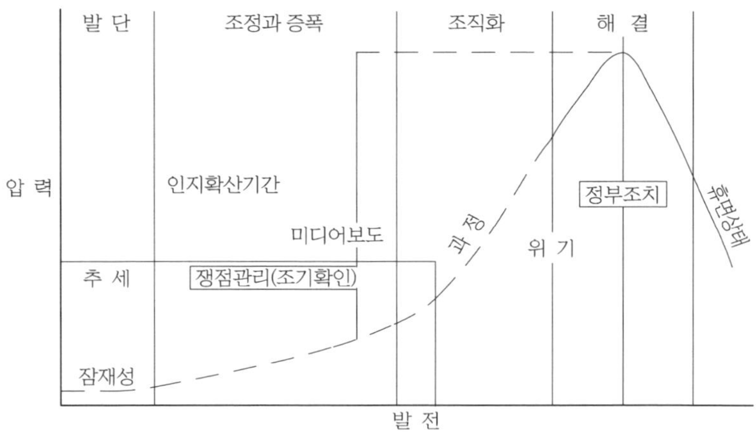

* 가로축은 쟁점이 전개되는 시간적 진행을 나타내며, 세로축은 기업이 갖게 되는 긴장과 압박을 나타낸다.
출처: Hainsworth, 앞의 논문.

---

8) B. E. Hainsworth, "The Distribution of Advantages and Disadvantages", *Public Relations Review* 16(1) (1990), pp. 33~39.

큼 서로 연결되어 있어서 위기가 쟁점을 만들어 내고 쟁점은 위기로 발전 될 수 있다.[9]

(1) 쟁점의 발단

조직이나 공중이 정치, 경제 또는 사회적 경향의 결과인 어떤 문제에 중요한 의미를 부여할 때 쟁점은 발생한다고 했다. 경영관리 시각에서 볼 때 기업은 쟁점들이 나타나는 경향을 추적해야 한다. 이미 규정된 쟁점들과 갈등의 대상은 쟁점관리의 문제라기보다는 위기관리의 문제에 해당된다. 이런 경향은 우선 눈에 띄지 않는 어떤 비정상적이거나 독특한 상황 또는 사건을 수반하는 문제에 관심을 갖는 학계 또는 지식인들의 글에서 확인되고 논의된다. 반응이 나타나게 되면 이러한 반응은 현 상태를 유지함으로써 혜택을 받는 사람과 변화를 원하는 사람들로부터 역반응을 일으킨다.

조직이나 공중이 타 조직이나 집단에게 어떤 영향력을 행사할 것을 계획할 때 쟁점은 더욱 분명해진다. PR이나 공공문제의 시각으로 볼 때 쟁점은 공중 또는 여러 공중들과 더불어 밝혀진다. 다시 말해서 쟁점과 공중은 동시에 발생되는 것이다. 쟁점에 대한 공중의 인지와 관심은 "어떤 일을 하겠다"는 결의를 불러일으키고 갈등이 생기게 한다.[10]

기업에게 이러한 과정의 지속적 관찰과 잠재적 쟁점의 조기 확인은 중요한 작업이며 기획과정의 중심부분이 되어야 한다. 다시 말해서 조직환경(내·외)의 지속적 관찰은 필수적인 일이다.

(2) 조정과 증폭

공중이 형성되고 갈등이 대두되면서 조정과 증폭 현상은 비슷한 상황에서 비슷한 반응을 보일 것으로 여겨지는 사람들과 집단 사이에 발

9) R. L. Heath, *Strategic Issues Management : Organizations and Public Policy Challenges* (Thousand Oaks, CA : Sage, 1997).

10) R. E. Crable & S. L. Vibbert, "Managing Issues and Influencing Public Policy", *Public Relations Review* 11(1985), pp. 3~15.

생한다. 처음에 이런 현상은 유사한 가치의식이나 경제적 또는 사회적 관심을 지닌 이해집단, 산업, 특수 미디어 또는 일반 매스미디어 내에서 발생할 수도 있다.

쟁점은 매스미디어가 주목하여 보도함으로써 공공정책 과정의 일부분이 되는 공공쟁점으로 증폭된다. 즉, 법률안이 상정되고 현행법에 새 법규가 추가되거나 소송이 따른다. 쟁점이 공공정책 문제로 간주되지는 않지만 의견지도자들이 그 쟁점을 '확대되는 것'으로 보기 시작하는 것은 이 단계에서이다. 쟁점이 아직 특정 미디어에서 논의되며 간헐적으로 보도되는 동안 조직이 쟁점의 발전에 가장 큰 영향을 미칠 수 있는 것도 역시 이 단계에서이다. 이러한 조정과정은 아주 중요하며 쟁점이 완전하게 발전되도록 가속효과를 지닌다.

(3) 조직화

이 단계에서는 다양한 수준의 조직화 현상이 조정과 더불어 나타난다. 입장은 공고해지며 갈등현상이 나타난다. 집단들은 자기들의 이익과 부합되거나 적어도 손해를 최소화하기 위한 해결안을 추구하기 시작한다. '공중'은 정도의 차이는 있지만 유사한 문제에 직면하고 그 문제가 있음을 인식하고, 어느 정도 그 문제에 대하여 무엇인가 하려고 협력하는 개인들의 집단으로 규정된다. 공공정책 과정에 비춰볼 때 공중은 역동적 성격으로 이해되어야 한다. 즉, 이들은 정체적이지 않지만 그렇다고 반드시 잘 조직화된 집단은 아니다. 공중 구성원들은 쟁점(공통문제)을 중심으로 그 쟁점이 진화됨에 따라 "의식적이든 무의식적이든 문제해결을 향해서 일관성 있고 협조적 행동을 취할 수 있는 사람들의 집합체"로서 간주된다.[11]

따라서 당면한 쟁점의 해결에 대하여 관여 정도가 다양한 종류의 공중이 있을 수 있다. 이 공중들은 쟁점의 해결에 대한 관심만 수동적으

11) T. Shibutani, *Society and Personality : An Interactionist Approach to Social Psychology*(Englewood Cliffs : Prentice-Hall, Inc., 1970), p. 33.

로 공유하는 우연스런 인간 집합체이거나 또는 적극적 참여로써 고도로 조직화될 수도 있다. 여기서 관심은 공중의 일원이라는 데 모아지기보다는 쟁점 해결과정의 참여에 모아진다.

다양한 공중들이 나름대로 입장을 갖고 각자의 입장을 커뮤니케이트함에 따라 쟁점은 그 자체를 공공정책 과정으로 추진될 만큼 공중의 가시권에 들어온다. 점점 증대된 관심은 영향력 있는 지도자들로 하여금 가시화된 쟁점의 한 부분이 되게 하며 정부기관으로 하여금 이 쟁점에 대한 해결안을 찾도록 압력을 가중시킨다.

(4) 해결

일단 쟁점들이 정부부처 관계자들의 주목을 받아 법 제정이나 규제를 통해서 정책과정에 진입하면 이 쟁점을 해결하기 위해 많은 노력과 시간이 필요하며 비용도 많이 들게 된다.

이 쟁점의 해결을 통해서 얻게 되는 이점보다는 해결 그 자체가 목표가 된다. 이 쟁점에 관련된 집단들은 법 제정이나 규제를 추구하며 법이 제정되거나 규제조치가 내려지면 관련된 모든 사람들에게 영향을 미치게 된다. 공공정책 과정의 목적은 쟁점과 관련된 모든 사람들에게—그들에게 이익이 되든 불이익이 되든—무조건 제약을 주는 것이다.

3) 쟁점의 관리과정

쟁점의 관리기능은 조직에 따라 다양하지만 대체로 두 가지 주요 반응인 공공정책 과정의 조기확인과 이에 대하여 영향을 미치려는 노력을 그 토대로 한다. 이 중 조기확인 과정은 조직이 여러 대안적 반응 중에서 선택할 수 있기 때문에 중요한 것이다. 이러한 접근법은 쟁점관리를 사후반응적이라기보다는 사전반응적으로 만들며 그 쟁점이 위기상황으로 발전되기 이전에 조직이 쟁점에 영향을 미칠 수 있는 기회를 늘려준다.

(1) 쟁점의 확인

이 첫 단계에서 기업이 당면하는 어려운 문제들 중 하나는(기업 안팎으로 수많은 쟁점이 존재하기 때문에) 특정 쟁점을 가려내는 일에 소홀해지기 쉽다는 점이다. 즉, 어떤 추세를 밝혀 주는 시그널(*signals*)이 모호하기 때문에 쟁점을 밝혀 내는 일이 어려워진다. 따라서 여러 다양한 요소 중에서 필요하다고 생각되는 것을 찾아내야 한다. 다른 사람들이 소홀히 하는 요소들로부터 의미를 찾아내야 한다. 기존의 패턴에서 새로운 패턴을 찾아내야 한다. 이러한 어려움에도 불구하고 조직들은 쟁점을 밝혀 내는 체계적 접근법을 찾기 위하여 지속적으로 노력한다.

더욱이 쟁점관리자들은 그들이 당면하는 불확실성을 더 잘 들여다보기 위하여 다양한 접근법을 이용한다. 정보 모니터링, 쟁점을 찾아내기 위하여 회사직원 동원, 쟁점위원회 설치, 회사에 부정적 영향을 미칠지 모르는 주주의 확인, 기업 안에서의 브리핑 등이 이에 속한다.

(2) 우선순위의 결정

일단 쟁점들이 확인되면 이 쟁점들의 우선순위를 결정해야 한다. 우선순위의 결정은 각 쟁점이 미치고 있는 영향뿐만 아니라 예측 가능한 시간 내에 그 쟁점이 성숙해질 가능성에 토대를 두고 이루어져야 한다. 이러한 평가를 통해서 우리는 각 쟁점의 긴급성을 추산해 낼 수 있다.

(3) 분 석

조직들은 공공정책이나 조직 내부의 의사결정을 위하여 쟁점을 분석하기 위한 실무팀을 조직하여 이용한다. 이 실무팀이 그 쟁점에 의하여 영향을 받은 사람들과 의사결정하는 사람들을 수렴하는 범위에 따라, 쟁점관리를 계획과 의사결정 기능으로 통합시키는 유용한 수단으로 작용하게 된다. 이러한 통합과정의 중요한 다섯 단계는 다음과 같다.

① 조직에 막대한 영향을 미칠 가능성이 있는 쟁점의 성격검토와 분석
② 이러한 쟁점이 기업에 미칠 위험과 기회의 분석

③ 그 쟁점이 미칠 영향의 양적 분석
④ 기업이 보인 반응의 확인과 분석
⑤ 쟁점의 추적, 정리, 재분석

(4) 전략

기업의 정책, 쟁점관리자의 기술에 따라서 좌우되는 첫 번째 전략은 쟁점이 공공의제(*public agenda*)로 발전되는 것을 막는 일이다. 두 번째는 공공의제를 사전에 시행하는 것이다. 그 예로 여성과 소수민족에 관한 쟁점을 인식한 많은 미국기업들이 고용기회를 확대시키는 법률이 제정되기 전에 이들의 고용확대와 승진 프로그램을 시행했다. 세 번째 전략은 쟁점에 대한 정의와 언어의 사용을 통해서 쟁점의 성격에 영향을 미치는 것이다. 네 번째 전략은 조직이 조직에 유용한 정보를 어떻게 이용하느냐이다. 정보의 통제는 의사결정에 대한 어느 정도의 통제를 의미한다.

(5) 이행

조직은 전략을 계획에 수렴한 후 그 전략을 커뮤니케이션하고 모니터링해야 한다. 채택된 정책이 구체적 행동을 필요로 하든지 안 하든지 기업의 각 부서는 그 전략을 기업경영 계획과 의사결정 그리고 커뮤니케이션 전략에 어떻게 통합시킬 것인가를 결정해야 한다.

(6) 평가

기업들은 쟁점관리 프로그램의 효율성을 평가하기 위한 기준을 결정해야 한다. 결국 효율성은 의사결정에 미친 영향에 의해서 판단될 것이다. 쟁점관리에 적용되는 두 가지 PR 평가기준은 "프로그램이 의도된 공중에 도달되었는가"와 "프로그램의 장·단기 계획들이 서로 부합되었나"이다. 만일 프로그램이 기업 이미지 고양, 의견변화, 그 외의 효과와 같은 기업의 목표에 기여하지 못하면 이러한 결과는 프로그램 그 자체에 부정적 영향을 미치게 된다(〈그림 17-2〉 참조).

〈그림 17-2〉 쟁점관리 과정

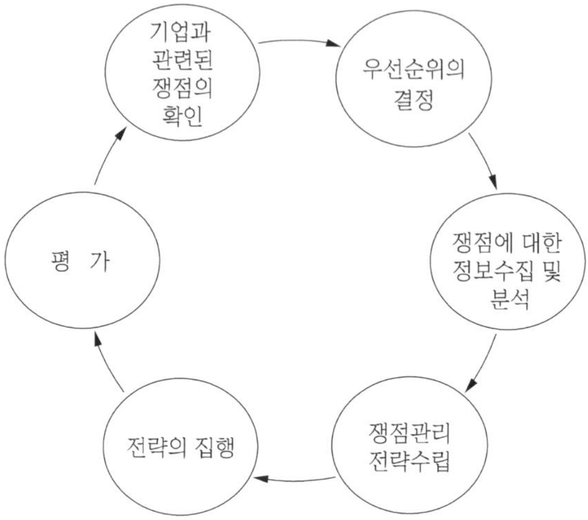

2. 기업의 위기관리와 PR

1) 위기상황의 유형과 특성

기업의 PR 기능 및 활동이 가장 심각하게 도전을 받게 되는 경우는 그 기업이 어떤 위기에 처하게 될 때이다. 기업활동과 관련하여 예기치 않았던 사건이 발생하여 그 기업이 난관에 빠지고 공중은 공중대로 충격을 받게 되면, 이때야말로 그 기업의 신뢰도와 경영철학이 엄격한 시험대상에 오르게 되는 것이다. 사실을 찾아내려는 신문·방송으로부터 경영진과 PR 실무자들은 상당한 정신적 부담을 느끼며 행동해야만 한다.

위기상황의 가장 두드러진 특징은 '놀라움'이다. 실제로 그 사건으로부터의 놀라움이 아니더라도 그 사건이 발전되는 신속함에 놀라게 된다. 앞으로 어떤 조치를 취할 의제(*agenda*)에 포함된 문제가 갑자기 대두될 때 그 문제는 위기상황으로 변한다. 문제의 심각성을 증폭시키는 일은 흔히 언론매체에 의해 행해진다. 이 문제와 관련된 조직은 갑자기 뭇 사람의 주목 대상이 되어 놀라움을 불러일으킨다. 그 공장에는 무슨 일이 일어나고 있나? 그 상점은 누가 경영하고 있나? 그 사람이 정말로 죽었나? 죽은 사람은 몇 명인가? 사망자에 대한 처리는 어떻게 되고 있나? 유언비어와 근거 없는 사실들이 난무한다. 이 시점에서는 어느 누구도 문제가 무엇인지 알지 못하며 하물며 그 문제를 어떻게 해결해야 할지 모른다.

각 위기상황은 각기 그 자체의 특성을 지니고 자체의 독특한 해결방안을 필요로 한다. 타이레놀 사건 사례와 같이 다른 사건에서 성공적으로 사용된 전략을 그대로 따르는 것은 전략을 개발하는 필수적 요건이 아니다. 사실 그러한 입증된 전략을 따른다는 것은 위기에 재앙이 될 수도 있는 것이다. 위기 커뮤니케이션의 유일한 법칙이라면 일정한 법칙이 없다는 점이다. 그러나 대부분의 위기상황이 일반적으로 많은 공통적 특성을 지닌다.

위기상황 유형으로 첫째는, 물리적으로 격렬한 정도의 여부를 기준으로 분류할 수 있는데, 물리적으로 격렬할수록 사람의 마음에 닥치는 위기감은 심하다. 지진, 화재, 산불, 비행기 추락, 테러행위 등을 그 예로 들 수 있다. 둘째는, 발생원인을 기준으로 자연적 원인, 고의적 원인, 비고의적 원인 등으로 나눌 수 있다. 이 두 가지 기준을 토대로 위기상황의 종류를 나누어 보면 〈표 17-1〉과 같다.[12]

그러나 이렇게 구분하는 것은 지나치게 포괄적이어서 이해하기가 쉽지 않겠지만 기업과 관련한 위급함의 정도와 대처할 시간적 여유를 기준으로 구분해 보면 훨씬 쉽다.[13]

---

12) D. Newsom, A. Scott, & J. V. Turk, *This is PR* (Belmont, CA : Wadsworth, 1989), pp. 429~430; 최윤희, 《기업의 위기관리와 PR 전략》(한국경제신문사, 1994).

13) C. G. Linke, *Crisis-Dealing with the Unexpected* (New York : Longman, 1989), pp. 67~72.

〈표 17-1〉 위기상황의 종류

	격렬한 것	격렬하지 않은 것
자 연 적	지진, 산불화재 등	전염병, 가뭄 등
고 의 적	테러행위, 제품에 독극물 투입	악의가 있는 루머, 유해행위
비고의적	폭발, 화재, 원유유출 등	주식폭락

(1) 폭발적 위기상황

가장 두려운 유형이며 대부분의 경영자들이 위기를 생각할 때 제일 먼저 생각하는 유형으로서 화재, 비행기 추락과 같이 폭발적 충격을 주는 명확하고도 뚜렷한 사건을 말한다. 평소 언론과의 관계, 지역사회 또는 소비자들이 가지고 있는 기업 이미지 등으로 인하여 상황이 훨씬 악화될 수도 있거나 혹은 가벼워질 수도 있다. 문제를 파악하고 세부 대응방안을 수립할 시간적 여유가 없는 것이 특징이어서 위기관리 프로그램이 가장 심각하게 요구되는 상황에 속한다.

세계적으로 알려진 예로는 스리마일 섬이나 체르노빌 원자력 발전소의 핵 누출 사건, 인도 보팔 시에서의 유나이티드 카바이드 사의 독가스 유출사건, 엑슨 사의 알래스카 원유 유출 사건, 괌 KAL기 추락사건 등이 이에 해당된다.

(2) 즉각적 위기상황

폭발적 위기와 비슷한 성격을 지니나, 약간의 대처할 시간적 여유가 있다는 점에서 위의 것과 차이가 있다. 고발성 내용의 언론보도, 청문회 출석, 환경문제, 기업문제와 관련된 인터뷰 등을 예로 들 수 있다.

(3) 잠재적 위기상황

사전조사와 대처할 시간적 여유가 있지만 언제, 어떻게 폭발할지 예측하기 어려운 유형의 긴급상황을 말한다. 이 경우 문제가 심각해지기 전에는 위기관리를 위해 인적, 물적 자원을 어떻게 투입해야 할지를 결정하기가 쉽지 않다. 노동쟁의, 파업, 법정소송 등이 좋은 예에 속한다.

(4) 만성적 긴급상황

표면에 나타나기까지 오랜 시간이 걸리는 유형으로 대개 복잡하며 쉽게 사라지지 않는 특성이 있다. 투자가들 사이에 떠도는 악성 유언비어, 언론에 나타나는 가십성 보도, 조직 구성원의 마약복용 사건 등을 들 수 있다. 프록터 갬블사가 사탄을 숭배한다는 로고에 관한 유언비어와 맥도널드 햄버거에 지렁이를 넣고 있다는 유언비어 등이 그 예다.

2) 위기상황의 관리와 PR

위기는 조직을 비롯해서 관련된 공중, 제품, 서비스 및 평판에 부정적으로 영향을 미치는 하나의 사건을 일컫는다. 위기는 조직의 정상적 운영에 지장을 주며 최악의 경우 조직의 존재를 위협한다. 그러나 모든 위기상황이 조직을 파멸로 이끄는 것은 아니며 일정 수준의 위험과 불확실성을 지닌 전환점이 될 수도 있다. 위기관리는 위기를 예방하거나 위기가 발생한 후 이에 대응하기 위한 전략적 계획으로 위험과 불확실성을 제거하고 조직으로 하여금 통제력을 회복하도록 돕는 하나의 과정이다. 따라서 위기 커뮤니케이션 과정은 부정적인 일이 일어나기 전, 일이 진행되는 동안 그리고 일이 일어난 후 주로 언론매체를 통해서 조직과 그 공중 사이에 언어, 시각 및 문자에 의한 상호작용을 일컫는다. PR 전문가들은 매체를 하나의 공중으로 여기지만 매체는 공중에게 도달하는 통로 이상의 것이 된다. 위기 커뮤니케이션은 조직에 대한 물질적, 심리적 손실을 최소화하도록 설계된다.

위기 관리 커뮤니케이션에서는 위기 또는 위기상황에 처한 조직과 관련된 이해 당사자들의 인식에 변화를 주기 위하여 말과 행동이 활용된다. 위기상황에 처한 조직에 대한 인식은 조직과 이해 당사자들 간 미래의 상호작용에 영향을 미친다. 위기와 관련된 이해당사자들의 인식을 바꿈으로써 조직은 위기가 이해당사자-조직관계에 끼친 손실을 최소화할 수 있다.

위기상황에서 조직이 이용할 수 있는 대응전략으로는 부정(*to deny*),

축소(*to diminish*)와 거래(*to deal*)를 들 수 있다.[14] 부정전략은 위기가 발생하지 않았다고 주장하거나 발생한 위기에 대한 책임이 없다고 주장하는 것이다. 축소전략은 조직과 위기 간 관련성을 축소시키려고 노력하는 것이다. 위기관리 책임자는 조직은 위기상황을 조장하지 않았고, 위기를 통제할 수 없었거나 위기를 사소한 것이라고 주장한다. 만일 조직이 사건을 통제할 수 없거나 손실이 심각하지 않다면 위기에 대한 반응은 덜 부정적인 것이 될 것이다.

거래전략은 관련된 이해당사자들에게 위기에 대한 배상을 제의하거나 모든 책임을 지겠다고 약속하는 것이다. 이러한 전략은 위기로 인한 부정적 결과를 줄이기 위한 시도로 적극적인 말과 행동을 제시하는 것이다.

PR은 조직에 어떤 사고가 발생한 후 복구와 회복작업을 돕도록 하는 전반적 위기·재난계획의 한 부분을 이룬다. 따라서 위기상황에서 PR은 조직의 운영관리를 원상 그대로 유지하면서 그 조직이 살아남아 재건할 수 있도록 돕는 데 목적을 둔다. 위기 PR은 계획되거나 계획되지 않은 모든 커뮤니케이션을 동원하며 단어·이미지 및 행동을 통해 또는 이 셋 모두를 배합하여 수행된다.

위기 PR을 위한 계획은 그 계획이 사고(思考)의 구체화, 네트워크 형성, 지식의 제공 및 구체적 커뮤니케이션 기술의 개발이 수반된 하나의 과정으로 간주될 때 가능해진다. 따라서 위기 PR 계획은 조직이 문제를 예측하게 하고 효과적으로 대응하는 데 도움을 주며 적절한 행동을 제시할 때 생산적이다. 하지만 위기 PR 계획은 이러한 목적을 위한 도구이지 목적 그 자체가 될 수는 없다.

넓은 의미에서의 위기 PR 계획은 ① 신속한 복구와 회복, ② 불확실성의 감소, ③ 책임의 최소화, ④ 조직의 이미지·신뢰도의 보호, 위기 또는 재난 후 재출발할 수 있는 능력 등을 확보하기 위한 방법 및 도구

---

14) W. T. Coombs, Crisis Communication. In R. L. Heath, *Encyclopedia of Public Relations* (Sage, 2005), p. 221.

가 된다.

위기 PR 계획은 조직 내·외의 수용자들에게 정확하고 신뢰성 있으며 시의적절하고 책임 있는 조직의 행동·문제 및 목표에 관한 설명을 준비하기 위한 조직의 안내자 역할을 한다. 이 계획은 위기상황이 발생하기 이전에는 문제를 밝혀내기 위한 도구역할을 한다. 또한 문제를 해결하기 위한 권위와 절차를 제시하고 팀 구성을 위한 안내역할을 한다. 따라서 위기 PR은 기업의 위기상황에서 보도자료의 준비나 단순한 기자회견과 같은 활동만이 아닌, 위기에 대한 예방·준비 및 대처라는 관리기술을 요구하는 PR의 특수영역이라고 할 수 있다.

위기상황에서 이러한 PR 영역을 효율적으로 수행하기 위해서는 위기관리 매뉴얼이 준비되어야 한다. 위기관리 매뉴얼은 위기관리팀 구성원의 지정, 구성원 각자의 책임, 행동을 위한 규칙과 지침, 점검사항, 접촉대상자 명단, 위기발생시 필요하게 될 구체적 정보를 정리해 놓은 서류철이다. 이 서류철은 위기가 확인되는 대로 시행해야 할 절차와 조치를 위한 위기관리 참고 서적이다.

위기관리 매뉴얼은 위기관리 프로그램을 구성하는 요체이며 그 목적은 위기관리 프로그램을 빈틈없게 만들어 책임·체계 및 절차에 관한 모든 우발성까지 관장하기 위한 것이다. 그렇다고 위기관리 매뉴얼이 크고 무거운 책이 되어야 한다는 말은 아니다. 이것은 위기관리팀이 조치와 절차의 훈련을 위한 안내서로 언제든지 사용될 수 있는 점검상황과 주요 접촉 대상자를 포함한 서류여야 한다.

위기팀 구성원들과 지원 스태프는 매뉴얼에 기재된 일반적 절차를 숙지하며 위기상황에서 특정임무와 관련된 구체적인 분야를 숙지해야 한다. 위기팀 구성원, 경영진, 지원자 모두가 매뉴얼의 내용을 숙지해야 하는 것은 당연하다.

매뉴얼 그 자체는 단지 위기관리 체계를 세우는 데 수용되는 다양한 요소들을 총동원하는 수단이다. 또한 위기상황에서 조직이 효율적으로 행동하는 데 필요한 모든 요소들이 제자리에 있도록 확인시키는 도구다. 관리자는 매뉴얼에 포함된 모든 정보를 정기적으로 최신의 것으로 정리하여 체계와 정보가 준비상태에 있도록 해야 한다.

(1) 위기상황의 예방

잘 조직된 대응책과 자발적 노력으로 위기상황은 극복될 수 있다고 하였다. 잘 조직된 대응책이란 위기상황이 발생하는 것을 가정하여 미리 대비하는 것뿐만 아니라, 위기가 발생하지 않도록 노력하는 것을 포함한다. 버슨 마스텔러 PR 대행사 토론토 지사장 존 바르(John Barr)는 다음과 같은 3단계 과정을 거쳐 위기예방 커뮤니케이션 계획을 세우라고 충고한다.[15)]

첫째, 기업에 관련된 가장 중요한 공중들이 관심을 두고 있는 이슈가 어떤 것인지 추적한다. 매일 지역사회나 정부단체, 투자가, 언론이 어떠한 이슈에 대해 어떤 반응을 보이는지를 추적해야 한다. 일반적으로 조사기관을 통하여 관련된 공중들이 발생한 문제점에 대하여 어떤 태도, 의견, 관심사를 갖고 있는지 추적한다. 설령 기업이 조사기관을 이용할 수 없다 하더라도 경영진은 최소한 신문을 주의 깊게 읽어서라도 소비자의 불만이나 의문점에 대하여 알려고 노력해야 한다.

둘째, 위기가 발생할 수 있는 취약점을 검토하고 위험요인 프로필(*risk profile*)을 만들어야 한다. 90%의 위기상황은 예측 가능한 것들이다. 기업조직의 성격을 분석하여 앞으로 발생할 수도 있는 긴급상황을 미리 예측해 두는 것이다. 위험요인 프로필은 업종이나 기업의 특성에 따라 다르다. 식품회사라면 품질관리, 독극물 투입, 생산과정이나 생산원료에 대한 소비자의 의심, 위생이나 산업안전 등에 관한 위험요인이 작성될 것이다. 또 일반 제조회사라면 화재, 폭발, 유출사고, 대기오염, 근로자의 안전, 사보타주 등이 포함될 것이다.

셋째, 위기상황이 발생할 것에 대한 준비계획을 세운다. 위기관리팀을 구성하고 대변인을 선정하고, 커뮤니케이션 계획을 세우는 것은 물

---

15) J. Barr, "A Case of an Ounce of Prevention …", *Marketing* (January 23, 1989), pp. 25~280.

론 매뉴얼을 만들어 교육을 시키고, 위기상황에 대한 모의훈련을 실시하여 문제점을 수정·보완한다. 위기관리팀을 구성하면서, 각 구성원의 역할에 대해 충분히 이해시키고 책임과 역할의 한계를 분명히 해두는 것이 중요하다. 커뮤니케이션 계획에는 이슈에 대한 기업의 정책, 상황에 대한 기업의 자료와 함께 위기상황에 대처할 전략이 포함되어야 한다.

PR 회사의 경험 많은 사람이 대변인이 되는 경우나, 외부인사가 대변인이 되는 경우 반드시 그 이유를 설명하되 기업과 동등한 파트너로서 대변하고 있다는 설명을 해주어야 한다. 또한 외부인사의 경우 위기상황에 대한 최종 결정은 해당 기업의 최고경영자가 한다는 것도 알려주어야 한다.

(2) 위기상황의 관리

일단 위기상황이 발생하면 준비한 위기예방 커뮤니케이션 계획을 적용하도록 한다.

① 상황파악

위기상황이 발생하면 제일 먼저 해야 할 일은 상황파악이다. 상황을 파악하기 위해서는 사실 확인작업, 위기상황과 관련된 유언비어의 조사, 위기상황의 목격자 조사 등을 해야 한다. 위기상황에서는 반드시 진실만을 말하며, 확인된 사실만을 말해야 한다. 추측해서 말하는 것은 금물이다. 따라서 사실을 확인하는 작업이 반드시 선행되어야 한다.

유언비어는 정확한 정보나 공식적 발표가 없을 때, 정보가 불완전할 때, 공포와 걱정을 주는 상황이 계속될 때, 틀린 정보로 인하여 의심이 생길 때, 지연된 의사결정이나 정보가 대단치 않은 결과로 알려질 때, 기업이 상황을 통제하지 못하다고 느낄 때, 조직 내의 갈등이나 개인의 적개심이 지나치게 클 때, 조직 내에 심각한 문제가 있을 때 생긴다고 한다. 그러므로 유언비어를 분석함으로써 앞으로 위기상황을 통제하고 관리할 방향을 정하는 데 큰 도움을 얻을 수 있다.

② 긴급조치

상황을 파악하고 위기관리의 방향을 정하는 작업과 동시에 위기상황에 관련된 안전조치를 취한다. 상황이 파악된 후, 문제해결을 위한 기업의 조치와 재발 방지책을 설정한다. 이것은 단순한 변명이 되어서는 안 된다. 기업의 확고한 의지와 앞으로 전개될 위기관리 커뮤니케이션의 기본 내용이 이에 해당될 것이다. 이 단계는 위기예방 커뮤니케이션의 계획대로 위기관리팀을 가동시키고, 업무분담을 하는 단계이다.

③ 회사입장 발표

위기관리 커뮤니케이션에서 가장 중요한 부분은 위기상황에 관련된 회사의 입장을 발표하는 일이다. 상황파악에 의해 확인된 사실만을 말하고 문제해결을 위한 기업의 조치와 재발 방지책에 대해서 설명하며, 그것이 긍정적 조치라는 것을 설명해야 한다. 그러나 이러한 회사의 입장을 발표할 때 중요한 점은 진정으로 유감을 표명해야 하며, 인간적인 견지에서 걱정하는 자세로 말해야 하고 침착하고 간결·명확하게 해야 한다는 것이다.

이러한 회사의 입장 발표를 포함한 대 언론관계의 일선에서 일할 사람이 바로 대변인이다. 위기상황에서 대변인의 선정은 위기상황 초기에 해야 할 결정사항 중 가장 중요한 일이다. 직위, 경험, 매체경험 등 대변인을 선정하기 위한 여러 가지 기준이 적용되겠지만 또 한 가지 중요한 것은 대변인은 처음부터 끝까지 최고 경영자로부터 위임받은 권한으로 말할 수 있어야 한다. 기자들이 위기상황에서 어디서, 언제 또는 어떻게 관여되든지 간에 대변인은 "㉠ 무슨 일이 일어났나? ㉡ 왜? ③ 그 문제를 어떻게 처리할 것인가?"라는 세 가지 기본적 질문에 대한 준비가 되어 있어야 한다.

모든 보도자료와 브리핑은 이러한 질문과 관련된 회사의 입장을 철저히 점검한 다음 준비되어야 한다. 질문에 대한 대답의 준비에 주저하면 회사는 혼동, 속임수, 무관심 또는 능력부족으로 보일 것이다.

(3) 언론에 대한 대응과 조직 내·외부 커뮤니케이션

① 프레스 본부 설치

위기상황에 대응하는 가장 중요한 곳은 프레스 본부이다. 앞서 말했듯이 위기관리의 특성 중 가장 큰 것은 언론의 보도이다. 언론은 위기 내용을 확산시키기도 하지만, 위기를 진정시키는 역할을 하기도 한다. 또한 기업 측면에서 언론에 대한 대답은 항상 빠르고, 일관성 있게 해야 한다. 이런 두 가지를 모두 충족시키는 것은 프레스 본부이다.

프레스 본부는 언론에 위기상황을 해명하는 중심지로서의 기능과 기업 PR 담당자의 대외창구로서의 기능을 갖게 된다.

프레스 본부의 설치 및 운영의 요령은 다음과 같다.

㉠ 프레스 본부에는 전화기, 팩시밀리와 컴퓨터 등 기사작성에 필요한 집기를 구비해 둔다.
㉡ 사원들에게 미리 프레스 본부의 위치를 숙지시켜 기자들이 찾아오면 곧 이곳으로 안내할 수 있도록 해야 한다.
㉢ 프레스 본부를 비워 두지 말아야 하며, 최소한 2명의 요원이 상주하여 한 사람이 자리를 비워도 다른 한 사람이 업무를 진행할 수 있도록 해야 한다.
㉣ 프레스 본부를 설치할 수 없을 경우에는 전화 전용 라인을 반드시 1개 또는 2개 지정해 두어야 한다. 그리하여 언론사로부터 걸려오는 전화를 한 곳으로 모아야 한다. 또한 반드시 전화를 건 사람의 이름과 전화번호를 기록해 둔다.

위기관리 커뮤니케이션이 실패하는 사례를 자세히 살펴보면 그 원인은 다음 세 가지 중 하나인 것을 알 수 있다. 첫째는 위기상황 초기단계에서 은폐 혹은 진실성의 결여, 둘째는 최악의 사태를 대비하는 시나리오의 미비, 셋째는 기업이 위기상황에 대해 진실로 염려하고 인간적인 감정으로 대처하려고 한다는 사실이 알려지지 않는 경우라고 말할 수 있다.

위기상황 초기단계 때 언론에 대한 협조는 매우 중요하다. 위기상황이 일단 언론에 노출되면 2시간 또는 6시간 내에 공중에게 공개하고 위기관리에 착수하는 것이 좋다. 이 시간은 언론사의 기자가 기업에 달려오는 시간이다. 다시 말해서 위기상황이 발생하면 기자들이 달려오기 때문에 빨리 대처하지 않으면 기자들에게 기업이 무언가 숨기고 있는 듯한 인상을 주게 된다. 위기상황에 대한 선택은 간단하다. 기자가 위기상황에 대해 쓰거나, 또는 기업이 쓰거나 둘 중의 하나일 뿐이다. 할 수만 있다면 PR 실무자가 쓰는 것이 더욱 좋다.

기본적으로 일반대중을 대표하는 것이 언론이고, 이러한 언론은 지역사회, 조직 구성원, 희생자와 그 가족 등에게 막대한 영향을 줄 수 있는 정보를 다룬다. 그러므로 유언비어와 잘못된 정보가 확산되는 것을 막는 가장 좋은 길은 사실에 입각한 정보를 언론에 제공해 주는 것이다.

② 배경설명 제공

매체에 제공할 다음과 같은 정보를 담은 자료철(*fact sheet*)을 준비해야 한다. 이 준비물은 기자들이 흔히 묻는 질문에 대한 답변들이며 기자들이 긴급상황이 발생한 현장에 들어가야 할 필요성을 줄여 준다.

- 공장장 및 그 외의 중역의 이름과 대변인 이름
- 조직 구성원의 수
- 매체의 관심 대상이 될만한 공장의 위치, 인사 및 운영에 관한 정보

③ 성명서 준비

긴급상황이 발생할 때 매체에 제공할 성명서를 준비한다. 대변인은 공장장 또는 기업 경영자와 상의한 후 긴급상황에 대한 밝힐 만한 사실에 관하여 간략한 성명서를 준비해야 한다. 성명서의 내용과 정확성을 확인한 후 성명서는 기업의 법률담당(또는 법률고문) 부서와 커뮤니케이션 부서의 협조를 얻어야 한다. 일단 협조가 끝나면 대변인은 매체 측이

접촉해 오길 기다리기보다는 매체와 즉각 접촉해야 한다. 대변인은 기업이 허가한 것 이외의 추가정보를 제공하지 않도록 주의해야 하며 추가정보가 준비되는 대로 그 정보를 제공하겠다는 약속을 해야 한다.

④ **매체와 직접 접촉**

기자와 전화로 얘기하든 직접 만나서 얘기하든 기자를 정중히 대해야 하며 긴급상황, 회사정책, 현장의 안전, 공공복지에 부합되는 범위 내에서 가능한 한 협조해야 한다. 기자들의 안전을 위해서 그리고 기업의 비밀을 유지하기 위해서 기자들에게 긴급상황이 일어난 현장에 대해 접근을 허락해서는 안 된다. 현장에의 접근을 거절하면 이에 대한 이유를 명확하게 설명해 줘야 한다. 그러나 회사영역 밖에서 취재활동을 하는 기자들에 대해서는 어떠한 방법으로도 방해해서는 안 된다.

⑤ **사실 수집**

대변인과 공장 관리자들도 언론매체가 어떤 종류의 정보를 원하는지 파악해야 한다. 정보는 간략한 형태로 다음과 같은 기본적 질문에 대한 대답이어야 한다. 무슨 일이 일어났나? 언제 일어났나? 어떤 사람들이 관련되어 있나? 상세한 정보를 제공하여 추가 질문과 추후에 있을지도 모르는 전화문의를 줄여야 한다. 그 이후에 취할 조치를 말한다. 그러나 다음과 같은 정보는 논의대상이 되어서는 안 된다.

- 사고원인에 관하여 추측하지 말 것.
- 잘못을 어느 누구의 것으로 돌리지 말 것.
- 해당 가족에게 확실히 통보가 되기 전까지는 부상 또는 사망에 관하여 논의하지 말 것.

기업 당국 또는 경영 책임자의 적절한 허가를 얻은 후 다음과 같은 정보를 매체에 제공해야 한다.

- 손해범위의 금전적 추정
- 부상자 또는 사망자의 명단을 발표한 후, 그들의 업무분야와 가족 사항에 관한 상세한 정보
- 긴급상황으로 인한 위험 제거에 취해진 노력에 대한 상세한 설명
- 제조과정에서 사용된 재료, 특히 위험하거나 유독성이 있는 물질에 관한 설명

⑥ **조직 구성원을 위한 커뮤니케이션**

경영자들은 구성원들이 위기상황에 대처하는 제일선에 있다는 점을 중요시해야 한다. 구성원들이 외부공중들과 만나게 되는 경우 이들은 매우 높은 신뢰도를 갖는 인물이 된다. 외부공중들이 구성원들에게 위기상황에 대해 묻고, 또 구성원들의 태도에 따라 위기상황의 심각성 등을 파악한다. 만일 구성원들의 존재를 간과한다면 크게 잘못된 위기관리일 수도 있다.

구성원들과 위기상황에 대한 커뮤니케이션을 할 수 있는 즉각적 채널은 메모, 사내 폐쇄회로 텔레비전, 컴퓨터 단말기, 전화 등이 있다. 이런 채널을 통해 구성원들이 위기관리에 중요하게 참여하고 있다는 인식을 심어주어야 한다. 예를 들어 예상질문과 대답을 만들어 주는 것도 한 방법이다. 여하튼 구성원은 위기상황과 관련된 중요한 공중이거니와 기업이 위기상황을 극복해 나가는 데 중요한 열쇠가 된다는 점을 잊어서는 안 된다.

구성원들이 직장에 대해 갖는 불안감을 줄여주고 유언비어를 통제하기 위하여 구성원들에게 언론매체에 제공되었던 동일한 정보를 직접 제공해야 한다. 또한 구성원들에게 지정된 대변인만이 기자와 대화할 수 있다는 점을 주지시켜야 한다.

⑦ **지역사회**

지역사회 관공서 직원과 지도자들에게 무슨 일이 일어났으며 어떠한 조치가 취해지고 있다는 점을 알려야 한다. 사고가 발생한 위치가 주거

지역 내에 있다면 회사직원을 보내 이웃사람들에게 진행되고 있는 일을 설명하고 질문에 대한 대답을 함으로써 위기상황이 통제되고 있다는 점을 확신시켜야 한다.

(4) 유언비어의 관리

위기상황이 장기간 계속되고 심각하게 되면 유언비어를 처리할 본부가 설치되어야 한다. 다음은 커뮤니케이션 전문가 월터 존(Walter D. John)의 유언비어를 다루는 데 도움이 되는 조언이다.[16] 우선 유언비어 발생의 원인이 되는 다음과 같은 상황을 피하도록 한다.

① 공식적 정보와 뉴스가 부족하다.
② 믿을 만한 정보가 미흡하다.
③ 상황이 불안감과 두려움으로 가득 찼다.
④ 그릇된 정보 때문에 의심이 팽배해 있다.
⑤ 사람들의 자아적 욕구가 충족되지 못한다.
⑥ 중요한 문제에 대한 의사결정이 매우 느리다.
⑦ 구성원들이 그들이 처한 여건과 운명을 통제할 수 없다고 느낀다.
⑧ 심각한 조직적 문제점이 존재한다.
⑨ 조직의 갈등과 구성원간의 반목이 심화된다.

한편 유언비어를 퇴치하는 데 도움이 되는 전략은 다음과 같다.[17]

① 유언비어를 바로잡기 위한 계획과 행동에 옮기기 전에 유언비어의 규모, 심각성과 영향을 분석한다(때로는 유언비어를 단지 무시해 버리는 것도 최선의 방법일 수도 있다).
② 유언비어의 원인, 동기, 출처와 전파자에 관하여 분석한다.
③ 유언비어에 의해서 영향을 받거나 손해를 본 사람들과 대화를 갖

---

16) W. D. John, *A Guide to Effective Communication* (Keene, NH : Department of Education, Keene State College, 1982).

17) Newsom, Scott, & Turk, *op. cit.*, pp. 448~449.

고 그들에게 유언비어를 효과적으로 퇴치하겠다는 여러분의 관심과 시도를 확신시킨다.

④ 그 문제에 관한 충분하고 진실성 있는 정보를 즉각 제공한다.

⑤ 믿을 만한 동료들을 통하여 대항 유언비어(*counter-rumors*)를 퍼뜨린다.

⑥ 주요 비공식 지도자들, 의견 형성자들, 그 외의 영향력을 행사하는 사람들을 불러모아 상황을 논의하고 명확히 규명하여 그들의 지원과 도움을 요청한다.

⑦ 필요하다고 생각되면 구성원들과 회의를 열어 유언비어를 분산시킨다.

일단 유언비어가 나돌게 되면 매우 신속하게 퍼지며 이 유언비어의 확산을 멈추기는 매우 어렵다. 유언비어에 대처하는 가장 좋은 방법은 우선 사람들에게 즉각적이고도 정확하게 알리며 쌍방 커뮤니케이션을 수행하여 유언비어에 대한 관심을 줄이는 것이다.

(5) 위기상황 해결 후 조치

위기상황이 일단 진정되어 해결국면에 이르면 반드시 위기관리 계획의 집행과정을 재평가해야 한다. 재평가해야 할 항목은 일반적으로 다음과 같다.

① 법적, 재정적 부담에 대한 구체적 분석

② 손실복구 및 재발 방지책의 구체적 실행

③ 취약한 부분에 대한 조치

④ 장기적 효과에 대한 분석

⑤ 커뮤니케이션 체계의 평가분석, 수정 및 보완

⑥ 신뢰도 및 이미지 회복을 위한 커뮤니케이션 프로그램 기획

사례 1

:: 타이레놀 사건

존슨 앤 존슨사의 두통 해소제인 타이레놀(Tylenol)은 80년대 초 연간 4억 달러의 매상을 올리며, 37%의 미국시장 점유율을 지닌 제품이었다. 다음과 같은 사건이 발생할 당시 문제의 타이레놀은 존슨 앤 존슨사의 방계회사인 맥닐 컨슈머 프로덕트사에서 생산되고 있었다.

1982년 10월 초순 존슨 앤 존슨 본사 PR 담당이사인 포스터 씨에게 〈시카고 선 타임스〉 기자가 타이레놀 캡슐을 복용한 7명의 시카고 시민이 사망한 것 같으니 이 약의 제조과정 및 성분에 관한 설명을 요청했다. 곧이어 부검 담당 의사들에 의해 7명의 죽음이 타이레놀에 들어 있는 청산가리에 의한 것이었음이 확인되었다. 이 뉴스를 접한 수백만 명의 타이레놀 사용자는 물론 많은 시민이 경악했으며 존슨 앤 존슨사는 회사대로 위기를 맞게 되었다. 그 후 10여 일 간은 이 회사의 최고경영진과 PR 실무자들에 의한 커뮤니케이션 기술과 기업철학이 시험받게 된 기간이었다.

PR 담당이사인 포스터는 비상조치를 위한 계획과 기업철학을 토대로 이 위기에서 헤어나기 위한 작업에 착수했다.

제일 먼저 포스터가 취한 조치는 사건의 진상을 파악하기 위하여 사건현장에 회사직원을 급파, 정보를 직접 수집하도록 했다. 그는 믿을 만한 사람을 사건현장에 파견하여 직접 정보를 수집하는 것 이상으로 확실한 일은 없다고 믿고 있었다. 그는 또한 여러 특별 전화선을 가설함과 동시에 50명의 PR 실무자들이 신문과 방송기자들의 문의에 답하도록 했다. 이러한 신속한 조치를 통하여 기자들은 지체 없이 그 회사와 접촉, 필요한 정보를 입수할 수 있었다. 이렇게 존슨 앤 존슨사는 고객에 끼친 어떤 결과이든 그 기업이 책임을 져야 한다는 경영철학에 입각하여 이 사건에 관련된 정보의 제공 및 교환을 완전히 개방하기로 한 것이다.

PR 담당이사를 위시하여 7명으로 구성된 위기관리위원회가 하루에 2회씩 모여, 상황판단 및 대책회의를 가졌다. 일반 공중에 대한 경영자 측의 반영을 일원화하기 위하여 맥닐 방계회사 사장을 이 사건의 대변인으로 선정하였다.

포스터 이사가 예상했듯이 PR 부서에는 각종 미디어로부터 질문이 쏟아져 첫 10일간은 1,411건의 전화 문의를 비롯하여 사건이 진정되기까지 무려 2,500건의 문의를 받았다.

이 위기를 처리하는 과정 중 가장 시급한 일은 각 상점과 각 가정으로부터 타이레놀을 회수하는 것이었다. 존슨 앤 존슨사는 이 사건 발생 직후 타이레놀 생산을 중단하고 배포를 중지하는 한편 타이레놀의 회수작업에 들어갔다. 회수를 위한 쿠폰을 발행하여 소비자가 이미 구입한 타이레놀을 나중에 새로 제조된 타이레놀과 교환할 수 있도록 했다. 이 사실을 전면 광고와 기사로 홍보했으며 2.5달러짜리 쿠폰을 요청할 수 있는 무료 전화번호를 널리 알려 안전하게 교환할 수 있게 하였다. 고객들로 하여금 타이레놀의 안전에 관한 정보를 제공해 주는 전화를 무료로 사용토록 권장했던 것이다.

사건 직후부터 이 회사는 연방조사단에 충분한 협조를 제공하였으며 범인체포에 대한 현상금으로 10만 달러를 제공할 것을 약속했다. 회수작업을 벌이는 과정에서 존슨 앤 존슨사가 실시한 여론조사에 따르면 이 사건에 대한 집중적 뉴스보도 결과 90%에 이르는 사람들이 이 사건을 알게 되었으며, 사건발생 2주 만에 90%이상의 공중이 타이레놀의 복용에 의한 사망사고는 제조과정의 실수가 아니기 때문에 존슨 앤 존슨사가 비난을 받아야 할 이유가 없다고 공감하게 되었다.

이 회사는 사고에 대한 책임을 져야 한다는 비난으로부터는 벗어났지만 타이레놀의 이미지는 심각하게 타격을 입어 시장점유율이 37%에서 6%로 떨어졌다. 당시 여러 마케팅 전문가들은 상품으로서의 타이레놀은 이미 끝장났다고 주장했다. 만일 이 회사가 이 제품을 다시 판매하려면 상품명을 바꾸고 이미지를 개선해야만 될 것이라고 주장했다.

존슨 앤 존슨사는 타이레놀의 이미지 회복 캠페인에 모험을 걸기로 하였다. 우선 이와 같은 사건의 재발을 방지하기 위하여 존슨 앤 존슨사는 타이레놀에 청산가리와 같은 이물질을 넣지 못하도록 용기를 새로 제조키로 했다. 독약투여 행위를 중형으로 다스리고 조작방지 포장을 의무화하는 법률 제정을 강력하게 요청했다. 이러한 법률 제정의 지원을 얻기 위하여 국회의원 160명을 방문, 로비활동을 전개했다.

이 사건이 발생한 지 6주 만에 뉴욕을 본부로 하여 30개 시에 걸쳐 비디오 화상회의를 개최하였다. 존슨 앤 존슨사는 PR 컨설턴트 회사를 고용하여 이 회의를 3주일 만에 주선할 수 있었다. 보도진에게 편리한 30개 도시를 전국에서 선정, 적합한 회의실을 예약, 보도자료 준비, 인공위성 중계 주선, 초청장 등을 준비, 500명이 넘는 기자들이 참석할 수 있도록 했다.

필라델피아, 시카고, 로스앤젤레스, 워싱턴 등 5개 도시에 쌍방 커뮤니케이션 채널을 설치하여 기자들이 이들 5개 도시에서 뉴욕의 회사 중역에게 질의를 할 수 있게 했고 다른 25개 도시에 있는 기자들은 그 질의와 답변을 들을 수 있게 했다. 90분 동안의 원격회의에서 버크 대표이사와 간

부진은 이물질을 넣지 못하도록 포장된 타이레놀을 소개하였다.

한편 공중의 심리적 거부반응을 줄이기 위해 도합 4천만 부에 이르는 〈일요신문〉에 타이레놀 제품 구입시 달러를 할인해 주는 쿠폰을 동봉했다는 광고를 게재했다. 또한 의사들에게 5천만 캡슐을 배포하여 환자에게 무료로 제공, 그 제품의 안정성을 확신시키도록 했다.

버크 대표이사는 또한 원격회의를 통하여 공정하고, 책임감 있는 태도로 타이레놀 사건을 보도한 미디어에 대하여 감사의 뜻을 담은 내용의 편지를 전달했다. 기자들과 편집자들에게는 지금까지 보지 못했던 일이었다.

존슨 앤 존슨사는 원격회의 후에 집중적 제품광고와 마케팅 캠페인을 벌여 공중의 확신을 성공적으로 회복할 수 있어서 사건 이후 6개월만에, 그 사건 이전에 점유하던 37%중 32%의 시장을 다시 점유할 수 있었다.

교 훈

개방되고 솔직한 커뮤니케이션이 존슨 앤 존슨사가 이 위기를 성공적으로 처리하게 된 하나의 열쇠가 되었다. 이 회사는 이 재난을 공중에게 신속히 알리고 대처하는 데 뉴스미디어를 더 없이 좋은 도구로 사용하였다. 또한 고객의 안전이 최우선이라는 오래전부터의 경영철학에서 한치도 벗어나지 않은 태도로 일관했다.

이 회사가 이 사건을 다루기 위해 취한 여러 가지 구체적 절차는 PR적 측면에서 시사하는 바가 크다. 추가로 설치된 특별 전화선과 PR 실무진을 늘림으로써 보도진이 이 사건에 관한 정보를 신속하게 입수할 수 있도록 도와주었고, 노련한 대변인을 선정하여 일관성 있는 회사의 입장을 대변할 수 있었다. 또한 정부조사단에 대한 긴밀한 협조를 제공, 공중의 확신을 북돋았다.

또 다른 중요한 요소는 존슨 앤 존슨사가 오래전부터 PR을 통하여 미디어와의 우호적 관계를 유지한 점이다. 이 사건이 발생, 수습될 때까지 시종일관 공정한 보도를 했으며 기자들과 회사대표들과의 충돌도 전혀 없었다. 이러한 관계는 오랜 기간 미디어와의 관계를 잘 유지한 결과임은 두말할 필요가 없다.

위의 사례를 통해 살펴본 바와 같이 기업이 어떤 위기에 직면하게 될 경우, 숨김없이 정직한 태도로 정보를 관리함은 물론, 공중의 이익을 우선으로 하는 구체적인 수습절차가 수반되어야 한다는 것을 알 수 있다. 여기서 PR 실무자의 역할은 기업과 공중 간의 이해를 돕는 교량역할인 것이다.

사례 2

:: 두산전자의 페놀오염 사건

상수원 오염문제가 심각한 사회문제로 대두된 것은 이미 오래 전의 일이지만 1991년 3월 낙동강 수계에서 발생한 두산전자의 페놀오염 사건은 제한된 일부 지역이 아닌 낙동강 수계를 따라 연쇄적으로 발생했다는 점과 수원지 자체의 오염뿐 아니라 정규 정수과정을 거친 각 가정의 수돗물에서조차 시민이 직접 오염상태를 확인할 수 있을 정도로 오염상태가 심각했다는 점에서 엄청난 파문을 불러일으켰다. 또한 장기간에 걸친 공장폐수 무단방류가 자행·방치되었다는 사실로 인해 국민들의 폐수배출 재벌기업에 대한 분노와 수도행정 및 수돗물에 대한 불신을 더욱 크게 증폭시켰다.

페놀 그 자체는 크게 유해한 물질이 아니고 휘발성이어서 오존처리 등으로 간단히 처리할 수 있다. 이것이 염소와 결합해 클로로페놀로 변함으로써 악취가 나고 유독물질이 되는 것이다. 페놀은 유기독성 물질로 발암물질은 아니나 인체에는 치명적 물질로 섭취했을 경우 그 양과 농도에 따라 구역질, 경련, 혼수상태, 호흡촉박 순으로 증세가 나타난다. 인간의 경우 약 15g이 치사량이고 1g을 섭취했을 때 사망한 사례도 있다. 클로로페놀 오염도가 가장 높았던 지난 3월 16~18일 대구지역 수돗물에서 검출된 페놀함유량은 0.05ppm~0.08ppm이었던 것으로 나타났다(음용수 허용기준은 0.05ppm).

1. 페놀 배출사건 개요

① 1991년 3월 16일 오후 2시 40분 : 대구 수돗물 악취신고, 오후 5시 30분 다사 낙동강 수원지 소독제 염소에서 이산화염소로 대체, 오후 10시부터 일부 지역 단수조치.
② 3월 17~19일 오전 3시 30분 : 원수에서 페놀류 검출, 부산, 마산, 창원 지역 수돗물 악취 소동.
③ 3월 20일 : 오후 대구 일원 수질 원상회복.
④ 3월 22일 : 국무총리 주재 회의에서 진상조사단 파견 결정, 두산그룹 영남지역 주민피해 전액보상 및 대구시에 수질개선 사업자금 200억 원 기부 결정.
⑤ 3월 23일 : 대구지역 경실련, YMCA, YWCA 등 대구 수돗물 오염사태

규탄대회, 공해추방운동연합 회원 20명 두산그룹 본사 방문, 진상규명과 대 국민사과 등 요구, 대구지검, 대구지방 환경청 직원 7명 구속 수사.

⑥ 3월 25일 : 대통령 주재 수질오염 관련 관계장관회의에서 과실범 벌칙조항 신설, 사태수습 후 인책 시사.

⑦ 3월 27일 : 한국슈퍼마켓 협동조합 연합회 두산제품 불매결의.

⑧ 3월 29~30일 : '수돗물 페놀오염 시민단체 협의회' 50명이 두산그룹 본사 앞에서 'OB 맥주 쏟아버리기 대회'를 갖고 두산 규탄, 부산공해추방협의회 등 13개 시민단체 '두산 전 제품 불매운동' 가두캠페인.

⑨ 4월 5일 : 대구시민 11,958명이 수돗물 페놀오염에 대한 피해배상 24억 4천 6백만여 원 신청.

⑩ 4월 8일 : 두산전자 조업정지 해제를 발표함.

⑪ 4월 23일 : 두산전자에서 다시 페놀원액이 유출됨

2. 두산전자의 대응과정과 PR 문제점

:: 페놀사고 대응과정

① 1991년 3월 22일 : 두산그룹의 박용곤 회장은 대구, 영남지역의 피해자들에 대한 피해를 전액 보상하는 것 외에 대구시 에 200억 원의 돈을 기부하겠다고 발표했다.

② 4월 3일 : 페놀폐수의 무단방류에 대해 대구 지방환경청은 검찰수사를 토대로 325톤의 페놀 무단방류와 비밀 배출구의 발견을 강조했으나, 두산전자 측은 검찰에 넘긴 소각일지 속에 소각량이 기록되어 있어 무단방류하지 않았음과 온수탱크가 지하에 있어 이에 연결된 온수배수구가 비밀 배출구로 오인 받았을 뿐이라고 결백을 주장했다.

③ 4월 8일 : 조업재개 5일 만에 또 2톤의 페놀이 유출되었는데 이날 오전 11시경 이 공장의 페놀탱크 파이프 이음새 부분이 파열돼 페놀원액이 흐르고 있는 것을 직원이 발견, 대구지방환경청 구미출장소에 통보했다. 이번 페놀유출은 회사측이 1억 5천만 원을 들여 완공한 페놀원액 공급 파이프(직경 40㎜)의 이음새 부분이 파열되면서 일어난 것으로 확인되었다. 두산전자는 이번 사건이 파이프 연결 가스킷을 중고부품으로 사용해 일어났다는 지적에 대해 페놀 송출펌프 위 프랜지 부위가 파열돼 페놀이 유출됐으며 중고부품을 사용한 것은 아니라고 주장했다.

자료 : 낙동강 페놀오염 규탄 및 수돗물 살리기 시민대회(1991.3.30)

서울 YMCA, 경제정의실천시민연합, 공해추방운동연합 등 32개 환경사회단체로 구성된 '수돗물 페놀오염 대책 시민단체협의회'는 30일 오후 3시 서울 종로2가 파고다공원에서 소속단체 회원과 시민 등 3백여 명이 참석한 가운데 낙동강 페놀오염 규탄 및 수돗물 살리기 시민대회를 갖고 을지로 입구 두산그룹 본사까지 가두행진을 벌였다.

④ 두산전자가 조업을 재개하는 4월 10일 각 일간신문에 사과문을 통해 "낙동강 오염사태로 국민 여러분께 커다란 고통과 걱정을 끼쳐 드린 데 대해 머리 숙여 사죄 드린다"며 앞으로 환경문제를 경영의 최우선으로 삼고 환경개선 연구사업을 적극 지원하겠다고 다짐한다고 발표한 사과문이 다분히 '해명성'이었다는 점에서 국민들의 분노는 더욱 심했다.

⑤ 4월 24일 : 대구시는 페놀유출 사고를 환경청으로부터 통보 받고 두산전자 측에 정확한 내용을 문의했으나 두산 측이 500kg 정도 유출되었으나 발견 즉시 수거해 소각했기 때문에 낙동강에 유입되지는 않았을 것이라고 답변했다.

⑥ 4월 24일 : 두산그룹은 박용곤 회장이 두산전자의 페놀유출사고에 대한 책임을 지고 전격사임했으며 후임에 정수창 전 대한상의회장을 영입했다.

PR 문제점

두산전자의 페놀 배출사건은 PR을 통한 기업의 대응에서 문제점이 있었다. 두산은 사건이 발생하자 7명의 사장단으로 사태수습대책위(위원장 민병준 두산식품 사장) 구성 대응에 주력했으나 가장 문제가 된 것은 문제의 축소에만 주력했던 PR 태도였다.

페놀방류에 대한 즉각적 조치도 미흡했지만 대 국민설득에서 해명성 발언으로 일관, 여론을 악화시킨 결과를 초래했다. 또한 조업재개 5일 만에 다시 한번 페놀배출의 발생을 초래하면서 유출량의 축소에 급급했던 처사는 시민이 페놀에 대한 실험대상이냐는 분노를 자아내게 했다. 두산전자의 대응방법에서 관계 정부기관의 개입을 저지하려 함으로써 환경청과 보사부, 그리고 두산전자 간의 엇갈린 주장으로 기업에 대한 신뢰도가 허물어지게 되는 결과를 초래했다.

두산전자가 페놀을 고의로 방출했느냐, 단순한 과실로 인한 원액유출이냐에 대한 문제의 규명과는 상관없이 이로 인해 두산은 이미 여론으로부터 '환경오염재벌'이란 심판을 받았다.

5

PR의 실제

제 18 장

기업 PR

PR 분야에서 PR인들이 가장 많이 관여하는 영역은 기업 PR이다. 기업에서 PR 실무자들은 그 기업의 경영철학, 목표, 제품 및 서비스를 공중에게 해설하고 동시에 경영자가 사회적으로 책임 있는 경영을 하도록 돕는다.

실제로 실무자들은 커뮤니케이션을 통한 교량역할을 하게 된다. 기업목표가 공중의 기대와 시각에 민감하지 못하면 손상을 입기도 하며 또한 일부 공중이 자유경쟁 사회에서의 기업의 역할을 오해하여 기업을 ―특히 대기업을―의심의 눈으로 보게 된다. 여기서 PR 실무자의 임무는 이러한 일들이 일어나지 않도록 예방하는 것이다.

이 장에서는 기업의 기본적 개념, 기업의 사회적 책임, 이미지 관리 및 기업문화를 총체적 기업 커뮤니케이션 관점에서 살펴보기로 한다.

1. 기업이란 무엇인가

1) 기업과 기업에 대한 비판

(1) 비판의 원인

기업이란 기본적으로 사회가 필요로 하는 상품이나 서비스를 생산·공급하기 위해 창안된 제도적 장치로서 명확한 목적을 가지고 이를 달성하기 위해 환경과의 상호작용을 수행하는 조직으로 규정할 수 있다.[1] 기업은 한국 사회발전에 어느 분야보다도 크게 기여하고 있다. 하지만 이러한 기여도에도 불구하고 사회적 비판으로부터 자유롭지 못한 것도 기업이 안고 있는 현실이다.

이처럼 기업에 대한 사회구성원들의 비판적 태도가 증가하게 된 데에는 크게 두 가지 이유가 있다. 첫째는 오늘날의 기업이 자신의 활동영역이 넓어진 만큼 늘어난 사회적 책임을 제대로 수행하지 못하고, 많은 사회적 문제점들을 그대로 방관하고 있다는 점이며, 둘째는 다원주의적 가치관의 성립으로 인하여 사회구성원의 사회적 기대가 상승하였다는 점이다.[2]

〈그림 18-1〉에서 보는 것처럼 산업화 초기에는 기업환경이 비교적 단순하고 정태적이어서 기업과 개인 및 사회 사이에는 균형이 유지될 수 있었다. 그러나 경제환경이 점차 변화되고 그에 따른 역사 및 사회적 발전이 진행되자 기업과 사회의 관계는 매우 동태적으로 변화하게

〈그림 18-1〉 기업과 사회의 불균형

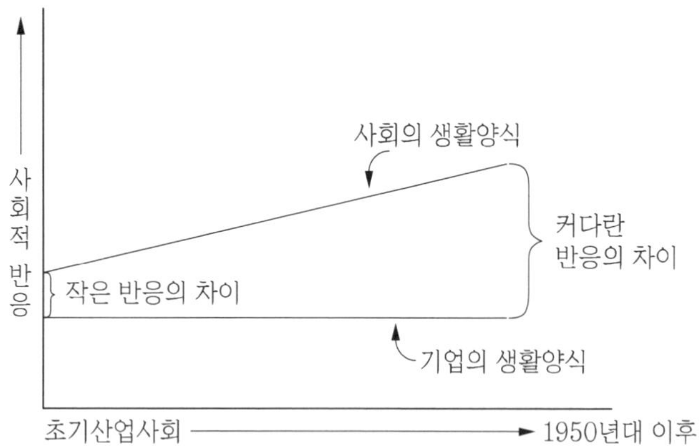

출처: 신유근, 앞의 책.

1) 김원수, 《현대 기업론》(문음사, 1990), p. 129.
2) 신유근, 《기업과 사회》(경문사, 1988), p. 430.

되었다. 경제기구의 복잡성과 불안전성의 증대, 기업규모의 확대, 가치관의 다원화, 다수 이익집단의 형성 등을 비롯한 많은 환경 변화는 기업에 대한 새로운 요구를 유발시켰으며, 이러한 요구 수준의 증대는 기업에 대한 비판적 태도를 증가시켰다.

오늘날에는 〈그림 18-1〉과 같이 기업과 사회 간에 커다란 반응의 차이가 나타나고 있음에도 불구하고 사회의 중추적 기관의 하나로 성장한 기업이 사회적 문제해결에 효과적 대응을 하지 못하게 되자 기업에 대한 불신이 더욱 팽배하게 된 것이라고 볼 수 있다.

(2) 주요 사회집단의 비판적 태도

기업에 대한 비판적 태도는 사회집단의 성격에 따라 그 정도가 달라지고 있는데 크게 다음과 같은 네 가지 집단들이 비판의 주류를 형성한다.[3]

첫 번째 집단은 현 사회제도의 기본적 틀을 인정하면서 기업이나 기타 주요 사회기관의 활동을 제약하고 적극적으로 개선하려는 집단들이다. 이 집단들은 사회적 이슈들에 대해 구체적 해결방안을 제시하고 이 방안을 정치적 압력이나 기타 사회운동을 통하여 실현하려고 한다. 소비자 보호운동, 생태환경 보호운동, 청년운동, 여성해방운동 등과 같이 다양한 사회운동을 전개하고 있는 각종 압력단체들이 좋은 예이다.

두 번째 집단은 소득 불균형, 사회적 소외, 권력의 남용, 환경오염 등과 같은 자본주의 경제의 여러 가지 문제점들에 대해 비판적 견해를 표명하면서 이의 해결을 위한 제도적 개선장치가 마련되어야 한다고 주장하는 집단이다. 이 집단의 비판은 주로 현대기업이 가지고 있는 독점적 권력으로부터 비롯되는 부정적 측면들을 지적하면서 이로부터 개인과 사회를 보호해야 한다는 것이다.

세 번째 집단은 신 맑스 주의자들로서 산업사회의 기본적 틀인 자유시장과 사유재산권을 기반으로 하는 자본주의체제 자체에 회의를 표명

3) 위의 책, pp. 432~435.

하면서 급격한 제도적 개혁을 주장한다. 그들은 산업사회가 안고 있는 빈곤, 인플레이션, 소외, 차별, 자원낭비, 공해 등과 같은 여러 문제들이 근본적으로 자본주의 자체의 구조적 모순에서 비롯된 것으로 보며 자본주의 체제의 정당성에 대한 회의를 표명한다.

네 번째 집단은 시민단체들로서 환경보호, 자원보존, 문화보존 등과 같은 어느 하나의 가치에 중점을 두고 이를 위해 어떤 형태로든지 현 사회제도의 개혁이 이루어져야 한다고 주장하는 급진적 사회개혁론자들이다. 이들의 주장은 현대사회의 특정한 사회문제를 통찰력 있게 비판하고 있다는 점은 어느 정도 받아들여지고 있으나, 전체적인 사회문제 해결에 자칫 혼선을 가져올 수도 있다는 점이 문제점으로 지적된다.

2) 기업의 사회적 책임

기업의 사회적 책임은 조직이 제품과 서비스를 생산하여 이익을 얻는 전통적 행위를 넘어 사회에 대하여 갖는 책임을 의미한다. 오늘날과 같이 이해가 상충되는 복잡하고 역동적인 환경에서 사회적으로 책임을 다한다는 것은 기업들이 이익을 창출하는 조직의 역할을 넘어 기업 자원의 일부를 사회문제의 해결에 사용함으로써 — 이 사회문제 중 많은 부분은 기업에 의해 생긴 — 사회문제의 해결에 도움을 줄 책임을 지녔음을 의미한다.[4)]

기업의 사회적 책임을 옹호하는 사람들은 조직은 재정적 임무 이상의 책임을 인정해야 한다고 주장한다. 만일 사회가 기업에 대하여 투자에서 얻는 보상 이상의 것을 제공할 것을 기대하면 기업은 이러한 요구를 수용해야 할 의무를 지닌다. 결국 오늘날과 같이 경쟁이 치열한 시장에서 기업의 생존 여부는 사회에서 존재가치를 유지하느냐에 달려있다. 기업이 사회의 기대에 미치지 못하게 되면 그 기업은 환경에 적응

---

4) R. Buchholz, *Business Environment and Public Policy*(Englewood Cliffs, NJ: Prentice Hall, 1989).

해야 되는데 그렇지 못하면 사라지게 된다.

일부학자들은 사회적 책임의 이행은 성공을 위한 장기 접근법이 된다고 주장한다. 사회적 책임은 단지 개인적 이익을 능가하는 장기적 공공의 선을 위한 약속이며 호혜주의의 원칙에 바탕을 둔다. 즉 개인과 기업은 공공의 복지에 대한 도덕적 책임을 지며 이에 대한 보상으로서 사회는 존경과 신뢰를 보낸다.[5] 사회적으로 책임을 다하는 행위는 단기적 이익의 극대화에 초점을 두기보다는 사회에 혜택을 주는 무엇인가를 하는 행위에 바탕을 둔다. 만일 조직의 행위가 사회에 악영향을 끼치면 그 조직은 미래에 성공적으로 활동하는 데 필요한 건강, 깨끗한 공기 및 교육과 같은 자원을 갖지 못하게 될 것이다.

기업이 책임을 다하면 이를 통해서 얻은 더 나은 이미지로써 혜택을 받게 된다. 소비자들이 기업의 제품을 구매하고 투자자들이 투자를 늘리며 구직자들이 그 기업을 책임감이 강한 조직으로 여기면 그 기업은 그러한 명성을 얻기 위하여 기존의 행위를 바꾸려고 노력할 것이다. 그러나 기업들이 명성에 대한 대가없이 책임진다는 "이미지"만을 추구하면 사회적 책임의 가치는 감소될 것이다.

사회적 책임의 이행에서 얻는 가장 중요한 가치는 자율성의 증대이다. 기업들이 외부의 간섭 없이 장기적 목표를 추구하기 위한 자율성을 유지하려면 이익의 추구 이상의 것을 요구하는 사회적 환경에서 경쟁해야 한다. 사회가 정한 사회적 책임의 범위 내에서 활동하는 조직들은 더 많은 자율성을 유지하고 공중들과 신뢰 있는 관계를 구축한다. 존슨앤 존슨의 타이레놀 사례처럼 위험을 감수하고 사회적 복지에 대한 관심을 보여준 조직들은 장기적으로 그러한 행위를 통하여 혜택을 받게 된다.

존스톤(Johnston)은 기업활동에 관한 미 상공성의 보고에서 기업이 져야 할 13가지 책임의 범주를 제시했는데[6] 이 책임의 범주를 크게 세

---

5) S. Day, *Ethics in Mass Communications*(Belmont, CA: Wadsworth/Thomson Learning, 2003).

6) D. Johnston, "The Management and Measurement of Corporate Social

가지로 나누어 보면 다음과 같다(〈그림 18-2〉 참조).

① 기업이 해야 할 기본적 임무의 이행
② 그 활동의 결과가 기업체 밖의 타 집단들에게 미치는 영향에 관한 기업의 관심
③ 기업과 직접 결부되지 않은 일반 사회문제를 해결하는 데 대한 기업의 관심

최근에는 기업의 시민의식(*corporate citizenship*)이라는 개념이 대두되고 있는데 이는 기업의 사회적 책임을 확대하여 기업이 종업원, 이해당사자들, 고객, 유통업자 및 지역사회에 져야 할 책임을 수행함으로써 지역사회와의 관계를 구축하는 것을 의미한다.[7] 이러한 개념은 건전한 기업과 건전한 지역사회는 상호작용하며 상호의존관계를 이룬다는 철학을 바탕으로 한 것이다.

기업의 사회적 책임을 옹호하는 주장과 달리 사회적 책임에 대한 비판도 만만치 않다. 사회적 책임에 대한 제1의 관심사항은 사회적 책임이라는 개념이 규정하기 어렵고 측정하기 어려우며 주주에게 책임을 전가하게 되고 자유기업 체계를 흔들게 되며 기업에 너무 많은 권력과 통제력을 준다는 점이다. 세티(Sethi)는 "사회적 책임은 너무 다양한 맥락에서 사용되기 때문에 그 의미가 상실되었다. 이것은 모든 사람들에게 모든 것을 의미하기에 이르렀다"고 주장한다.[8] 이러한 개념상의 문제는 책임에 대한 의문을 갖게 한다. 기업이 다루어야 할 사회문제는 어떠한 목표와 기준이 적용되며 사회적 책임의 측정을 누가 결정하나?

Performance", in *Corporate Social Reporting in the United States and Western Europe*(Washington : Dept. of Commerce, 1979). pp. 110~142.

7) Charles Mitchell, *International Business Culture*(Oakland, CA : World Trade Press, 2000), p. 152.

8) S. Sethi, "Dimensions of Corporate Social Responsibility", *California Management Review* 13(3), 1975.

〈그림 18-2〉 원으로 본 기업의 사회적 책임

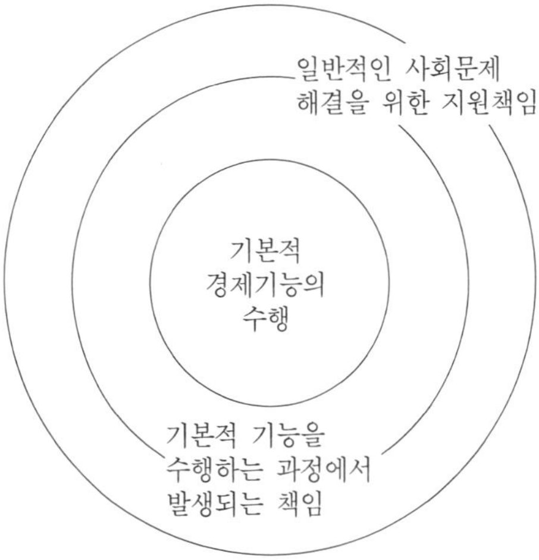

프리드만(Friedman)에 의하면 기업의 유일한 책임은 주주에 국한된다. 그는 이어서 조직은 단지 다음과 같은 네 가지 기본적 사회적 책임을 질 뿐이라고 주장한다. 법을 지키고, 제품과 서비스를 제공하며 자원을 효율적으로 사용하며 시장원리에 따라 자원소유자에게 공평하게 지불한다.[9] 일부 학자들은 기업인들이 사회적 문제를 해결하도록 훈련된 사람들이 아니기 때문에 기업의 사회적 책임이라는 개념을 비합리적인 것으로 본다. 전통적으로 정부와 비영리 기구의 영역으로 여긴 책임을 기업이 넘겨받으면 지나치게 많은 권력을 갖게 될 것이 아니냐는 비판도 따른다. 기업은 모든 이에게 모든 것이 되어야 하나?

3) 한국기업 환경의 변화와 사회적 책임

1945년 해방 직후 우리나라의 경제기반은 이루 말 할 수 없이 허약했

9) M. Friedman, "The Social Responsibility of Business is to Increase its Profits", *New York Times Magazine*, pp. 122~126, 1970.

으며 6·25 전쟁을 겪으면서 산업시설도 모두 파괴되어 그야말로 고난의 시기였다. 이러한 상황이 계속되다가 1960년대 들어 정부는 민생고 해결을 위하여 농업개발을 통한 농업생산 증대에 힘쓰는 한편 해외경제 원조를 통하여 기업이 현대 산업생산에 기초를 두는 기업으로 서서히 성장하게 된다.

그러나 그 당시 기업은 정부의 특혜 속에 그저 돈만 벌면 된다는 식으로 경영을 하게 된다. 기업이라야 가족 중심의 소비재 산업을 주축으로 하는 기업들이 서로 다투어 관(官)과 밀착하여 관으로부터의 자원배정에 경영전략을 집중시키며 사회에서 지켜야 할 법조차 무시해 가며 기업성장을 꾀한 시기라고 말할 수 있겠다. 이러한 1960년대의 정돈되지 못한 정치, 경제, 사회 속에서 기업에게 요구한 우리 사회의 최소한도의 책임이 있다면 '법의 준수'(遵守)가 아니었던가 한다.

1970년대의 기업들은 경영환경의 변화 과정에서 각종 특혜를 받아 독과점을 형성하게 되고 이의 영향력으로 인하여 야기되는 각종 갈등으로 드디어 기업의 사회적 책임에 대한 논란을 초래하게 된다.[10] 1970년대에 노동조합법은 있었으나 실질적으로 노동조합을 인정하여 단체교섭을 인정한 일은 거의 없었다. 1970년대의 소비자에 대한 기업의 사회적 책임은 단순한 재화공급 차원을 넘어 적정 가격에 품질이 우수한 제품의 공급과 철저한 판매 후 서비스를 통한 소비자 차원에서의 사회적 책임이라 할 수 있다.

1980년대에도 정부의 기업에 대한 정책은 크게 변한 것 없이 기업의 양적 확대가 계속되었고 1980년대 말에는 더욱 자유로운 민주사회의 지향을 모색하고 새로운 경제질서를 찾는 노력이 그 어느 때보다도 강하게 요구되는 시대였다. 정부주도형 기업성장 정책은 우리 경제의 양적 확대라는 긍정적 면도 있으나 반면에 부정적 측면도 많이 발생했다. 우리 사회가 거의 30년간 산업화 과정을 거치면서 국민경제의 안정 차

10) 신수철, "한국 기업환경의 변화와 기업의 사회적 책임", 제8회 한-독 경제문제 심포지엄 발표논문(1990).

원에서의 분배, 기업에서 생산한 재화의 적정 가격 공급, 품질이 우수한 재화의 공급, 소비자 보호, 그리고 지역사회에 대한 공헌 등에서 크게 미흡하였다는 데 문제가 있다고 하겠다. 더구나 대재벌들의 정경유착에서 빚은 기업윤리적 차원의 문제가 대두된 시대였다. 기업성장 과정에서의 부정적 측면과 지금의 우리 사회에서 제기되는 기업윤리의 문제는 기업들이 문제의식을 가지고 해결하려는 노력이 없으면 기업들은 국민과 유리되고 말 것이다.

1990년대에 접어들면서부터 도약과 성장의 상징인 기업과 사회 사이에는 갈등이 크게 노출되었다. 기업 중에는 공익이나 사회적 책임에 앞서 자본의 논리만 뒤쫓는 불공정한 기업행동을 보임으로써 사회적 비판의 대상이 되어 기업 이미지가 악화되고 나아가 기업운영의 자율성을 제약하는 공공규제의 폭이 강화되었다. 특히 1990년대 후반은 국가적으로 외환위기를 겪었으며, 기업은 구조조정, 타 기업과의 합병 또는 인수과정을 거치면서 생존을 위한 변신의 시기였다. 기업 내·외 환경의 변화는 과거에는 경험하지 못했던 가속적인 것이었으며 각종 시민단체의 관여, 사회적 가치관의 다원화와 함께 물리적 국경의 의미가 상실된 세계화를 맞았다.

오늘날 기업에 대한 사회적 요구는 생산이라는 경제적인 것에만 그치는 것이 아니라 사회를 위해 일하고 또한 공헌하고자 하는 사람들에게 취업의 기회를 주어 그들의 욕구도 충족시켜 주어야 하고, 경영성과를 적정하게 분배함으로써 구성원 저마다의 개인적 욕구를 충족할 수 있는 기회도 주어야 한다.

비록 기업이 주로 경제사회에서 생산을 전담하는 기본적 단위로 성립되었다고 해서, 단순히 소비자로서의 경제적 욕구만을 충족시켜 주는 데 그치는 것은 아니며 오늘날에는 오히려 사회생활상의 중요한 사회단위가 됨으로써 인간의 사회적 요구를 충족시켜 주는 사회적 기관으로 인식되고 있는 것이다.

최근에 중앙일보가 실시한 한국기업 인식에 관한 조사결과를 보면 한국인의 기업에 대한 정서를 읽을 수 있다.[11] 즉 많은 한국인이 기업은 사회공헌을 더 많이 해야 한다. 반 기업정서는 투명경영과 윤리경영, 사회공헌을 통해서 개선될 수 있다. 기업들은 지배구조를 더욱 개선하고, 분식회계와 정치자금파문 같은 일이 더 이상 일어나지 않도록 해야 한다. 고용문제에 예민해진 국민 정서를 감안하여 일자리 창출 문제에도 더 많은 관심을 기울여야 한다는 반응을 보였다.

4) PR의 역할

우리가 앞서 여러 번 언급했듯이 PR은 커뮤니케이션을 수행한다. 그러므로 PR 실무자들이 기업으로 하여금 사회적 책임을 질 수 있게 만들 수 있는 권한을 가진 것은 아니다. PR 실무자의 일은 일반 공중이 기업의 행동에 대해서 무책임하다고 믿는 점을 기업 내부의 하부체계에 전달하는 동시에 기업체가 행한 것, 그리고 일반 공중의 지적사항이 개선된 사실을 일반 공중에게 널리 알리는 것이다.

PR 실무자는 자신들이 제공한 조언이 항상 경영진에게 수용되리라는 기대를 할 수는 없다. PR 실무자의 임무는 기업의 사회적 책임에 대하여 공중이 갖는 인식을 최고 경영자와 하부체계에 전달하는 일이다. 이를 위해서 우선 기업의 PR 실무자는 제품과 기업 퍼블리시티와 같은 기술적 기능에서 벗어나 조언자 역할을 해야 한다. PR 실무자는 공중들이 정부에 건의하고 법원이나 규제기관에 탄원하기 이전에 기업 경영진이 공중에게 관심을 갖도록 조기에 경고해야 한다.

또한 PR 실무자는 기업 경영진의 의사결정 과정에 함께 참여해야 한다. 그리고 조직 내 커뮤니케이션 담당자들은 경영정책을 구성원들에게 알리는 전형적 역할 이상의 일을 해야 한다. 이들은 구성원들에게 사회적 책임에 관한 인식을 제고시켜 기업의 모든 구성원들이 사회적 책임을 실현하도록 도와야 한다.

---

11) 〈중앙일보〉, 2006년 8월 30일.

사 례 1

:: 맥도널드의 사회적 책임

고객은 구매를 결정할 때 제품·서비스와 기업, 두 가지를 동시에 사려고 하는 것이다. 사람들은 친숙하고 신뢰할 수 있는 기업과 거래하기를 바란다. 이 신뢰는 소비자의 이익을 이해하고 그 활동을 지원하는 것을 통해 획득할 수 있다.

소비자의 신뢰라는 점에서 맥도널드에 비견할 기업은 없다. 그것은 단순한 우연이 아니다. 이 회사의 창업자인 레이 크로크는 초창기부터 "맥도널드는 이익의 일부를 사회, 특히 지역사회에 환원해야 한다"고 주장했다. 시민으로서의 의무를 수행하는 데는 뛰어난 PR 효과가 있고, 뛰어난 PR은 비즈니스보다 더 좋은 결과를 가져온다는 점을 크로크는 본능적으로 감지했던 것이다.

이익을 사회에 환원한다는 이 지상명령은 맥도널드 사에서는 의무로 받아들여져 '신뢰은행의 철학'이라 불리는 기업이념에도 분명히 밝히고 있다. 맥도널드의 지역사회 참여는 고객의 '신뢰의 저축'에 연결된다는 것이다. 이러한 저축의 축적이 고객의 신뢰를 쌓아 올린다. 이 신뢰는 이 회사가 신뢰은행으로부터 신뢰라는 저금을 인출할 때, 즉 이 회사가 어려운 상황이나 미묘한 입장에 몰릴 때 위력을 발휘한다.

1995년 로스앤젤레스의 폭동은 매우 좋은 예이다. 이 폭동은 로드니 킹이라는 흑인 운전사에 폭행을 가한 4명의 백인 경관에 대해 배심원이 무죄 판결을 내린 데 대한 불만으로 일어나 사망 52명, 파손 가옥 2천 동 이상, 피해 총액 10억 달러라는 기록을 남겼다. 그러나 폭동이 맹위를 떨친 지역에 있던 30개의 맥도널드 점포는 조금도 피해를 입지 않았다. 이것은 맥도널드가 로스앤젤레스의 흑인이나 라틴계 미국인 거주지역에서 오랫동안 어린이들의 이익을 지키는 갖가지 활동을 후원했기 때문이다. 이러한 사례는 지역주민에 대해 맥도널드 사가 행한 노력이 헛되지 않았음을 분명히 말해 주고 있다. 또한 이 에피소드는 소비자의 신뢰가 돈으로는 살 수 없는 것임을 증명해 주는 것이기도 하다.

2. PR과 기업의 이미지

1) 기업 이미지란 무엇인가

기업 이미지란 기업을 둘러싸고 있는 환경주체인 공중의 마음속에 투영된 기업의 상으로서 그 속에는 가치관이 포함되어 있다. 따라서 기업 이미지란 기업에 대한 공중의 가치관이 구체적 형태를 취하여 생긴 것이다. 그런데 가치관은 행동의 선택기준으로 작용하므로 기업 이미지는 기업에 대한 공중의 태도나 많은 경우 의견을 결정하는 평가기준이 된다.

베비스(J. C. Bevis)는 기업 이미지를 "사람들이 한 회사에 관하여 지니고 있는 경험, 인상, 신념, 느낌 등 모든 것의 상호작용의 결과"로 규정한다.[12] 기업의 제품, 포장, 기업 및 제품광고, 직·간접 경험, 로고, 편지지, 유니폼과 기업의 커뮤니케이션에 의해 창출된 인상 등 이 모든 조각들이 모자이크를 형성하는데, 이것이 기업의 이미지인 것이다.

오설리번(O'Sullivan)과 동료 저자들은 *Key Concepts in Communication*에서 이미지는 원래 "실제의 시각적 표상"을 뜻한다고 말하면서 다음과 같이 설명한다.

> 그러나 지금은 이미지가 실재(*reality*)를 재생하기 위해서라기보다는 수용자에게 소구하기 위하여 제조된 것(*fabrication*) 또는 창출된 공적 인상(*public impression*)을 의미한다. 이미지는 실재가 그 이미지와 부합되지 않는 경우가 많기 때문에 어느 정도 허구성을 함축한다. 기업 이미지는 그 기업의 진정한 반영이라기보다 제조된 어떤 것으로 간주된다.
>
> 이미지와 실재 사이의 관계는 아이스크림과 우유와의 관계가 되어야 한다는 것이다. 아이스크림은 특정 우유에서 만들어진 것이다. 그

12) D. Bernstein, *Company Image and Reality : A Critique of Corporate Communications*(London : Cassell, 1989), p. 125에서 재인용.

> 러나 이미지는 보통 인조(*artificial*)크림으로 간주된다. 따라서 기업 이미지가 기업의 실체를 그대로 반영하지 못하면 기업은 환경과 호의적 관계를 형성하기 어렵다. 왜냐하면 공중은 기업의 실체를 올바르게 평가·파악하지 못하고 실상과는 다른 허구적 기업 이미지에 따라 기업을 판단하고 이에 따라 행동하기 때문이다.
>
> 그래서 기업 이미지는 기업의 실체를 올바르게 반영해야 한다. 우리는 우리가 이미지를 제조하기 원해서가 아니고 우리의 시각들이 어떻게 수용되고 그러한 시각들이 우리 자신의 이미지와 부합되는지를 밝힐 필요가 있는 것이기 때문에 이미지에 대한 관심을 갖는다.[13]

국내 대기업들은 국내에서의 기업 이미지 광고는 물론 본격적으로 해외 기업광고에 나서고 있다. 외국의 유명 광고대행사에 의뢰하여 광고를 제작하는가 하면, 해외 유명 TV의 황금시간대에 이를 방영하고 있다. 특히 종전의 제품광고보다 그룹 이미지 광고로 눈을 돌리고 있다. 대기업들이 제품 자체의 성능, 가격에만 의존하는 종전 방식으로는 중저가 이미지를 벗어나기 어렵다고 판단하여 마케팅 전략을 바꾸는 것이다.

기업들은 또한 기업 이미지 통합(CI: *Corporate Identity*)의 제고를 통해서 이미지 구축을 위해 노력한다. CI는 전략적 도구로서 시장에서 기업을 설명하고 차별화한다. 또한 CI는 기업을 내적으로 공고히 하고 변화를 위한 촉매작용을 하며 조직의 과거, 현재, 미래의 상징이 될 수 있다. CI는 제품판매에도 큰 영향을 미칠 수 있다. 소비자 행동을, 제품속성을 평가하여 선택하는 기계적, 합리적 존재로 보는 관점에서 벗어나 제품속성과는 관계없는 제품에 대한 개인적 느낌과 정서가 구매행위에 영향을 미치는 오늘날은 더욱 그러하다.

조직과 조직 외적 사회집단들과의 상호의존성은 점점 더 커지고 있다. 테크놀러지의 발전 또한 조직들간의 상호작용을 증대시키고 있다. 이러한 새로운 환경에서 조직의 의사결정은 점점 더 외부의 영향을 받

13) T. O'Sullivan et al., *Key Concepts in Communication* (London : Metheun, 1983).

〈그림 18-3〉 기업로고

SK 그룹의 로고

코리아나 화장품 로고

게 되었다. 따라서 이러한 변화를 수용하지 못하는 것은 경쟁력 향상과 개혁의 장애가 될 뿐이다.

PR 학자들은 외부집단의 영향력을 위협으로만 볼 것이 아니라 조직들은 원기회복의 에너지로 간주해야 한다고 주장한다. 이러한 철학은 우리의 이웃과 집단들과의 관계를 관리하는 방식의 변화를 의미한다.[14]

조직을 중심으로 한 이익집단들은 특정 쟁점을 중심으로 형성되거나 기존의 집단들은 새로운 조직이나 쟁점에 주목한다. 이들의 활동은 일시적이거나 규칙적이고, 일반적이거나 한 곳에 초점을 맞춘다. 활동과정은 공식적이거나 비공식적일 수 있다. 이들의 목적은 외부인으로서 조직에 통제를 가하려 하는 것이다.

일반적으로 기업 이미지의 형성에 영향을 미치는 요인으로는 다음과 같은 것을 들 수 있다.[15]

① 제품: 좋은 품질

② 기업의 리더십: 빠른 성장, 확대하는 기업

---

14) 기업의 시민단체 대응 전략에 관한 논의는 다음을 참조. 데니스 디건, *Managing Activism*, 최윤희 역, 《시민단체 다루기》(커뮤니케이션북스, 2006).

15) 김원수, 앞의 책, p. 286에서 재인용.

③ 고객관계: 불평, 불만의 공정한 처리
④ 윤리: 보증과 약속의 성실한 이행
⑤ 사회적 책임: 지역사회에서 우호적 관계의 지속
⑥ 구성원 관계: 일하고 싶은 좋은 기업
⑦ 기타: 주식을 갖고 싶은 우량기업의 하나
⑧ 부정적 항목: 높은 가격, 대기 및 수질오염 등

2) 공중과 기업 이미지

(1) 구성원과 기업 이미지

구성원의 태도는 흔히 조직 그 자체의 이미지를 정확하게 반영한다. 만일 구성원들이 속한 조직의 궁극적 이상(理想)에 대하여 무관심하다면 그 조직으로부터 보수를 받고 있지만 그들에게 요구되는 최소한의 것 이상은 하려 들지 않을 것이다.

구성원들이 조직의 이상에 어떤 형태로든 반응을 보일 수 있도록 그 이상은 명확히 규정되어야 하고, 전달되어야 하며 이해되어야 한다. 많은 조직이나 기관들이 추구하는 목표를 정확히 규정하지 않아서 그 조직, 정책 및 제품에 대한 단편적 반응으로 끝난다. 일례로 한 석유회사가 모든 업무수행 과정에 건전하고 윤리적 원칙을 적용함으로써 이해와 친선을 얻어낼 수 있다고 말한다면 그 이상은 너무 애매모호하고 수사적(修辭的)이다. 그러나 정말로 어려운 점은 그 이상을 표명하는 것에 있는 것이 아니라 그 이상에 부합되는 행동을 수행하는 것에 있다.

조직이 내세운 이상과 부합되는 행위를 취하지 못하게 되면 구성원뿐만 아니라 고객, 지역사회마저도 환멸을 느끼게 된다. 때때로 이것은 기업의 이미지 광고로 인하여 더 심화될 경우도 많다. 만일 어떤 기업에서 구성원이 그 기업의 가장 중요한 자원이라는 광고를 하지만 구성원들은 전혀 다른 경험을 하게 되면 그들은 그 기업의 경영자들을 위선자로 볼 것이며 적대적 반응을 보일 것이다.

임상 심리학자인 레빈손(Levinson)은 다음과 같이 조직을 인간에 비

유한다.

> 어떤 사람을 이해하려면 여러분은 그를 여러모로 조사한다. 여러분은 의사가 하듯 체계적으로 조사하거나 친구가 하듯이 오랜 기간을 두고 그에 관한 많은 것을 알아낸다. 첫째, 그가 누구이며 어떠한 사람인지 알려고 한다. 둘째, 그가 여러 상황에서 어떻게 행동하는지 알려고 한다. 셋째, 그의 신념이 무엇이고 이 세상을 어떻게 보고 있으며 어떻게 처신해 나가며 그가 왜 그렇게 처신하는지 알려고 한다. 만일 그가 투영시키는 이미지와 그라는 사람 사이에 넓은 격차가 있다면 감성적 갈등이 일어나게 마련이다.[16]

또한 레빈손은 조직의 이미지를 측정하는 기법을 개발했는데 그가 사용한 측정기법은 다음과 같다.[17]

- 제품과 서비스 및 구성원을 대하는 태도에서 입증되듯이 그 조직체가 하고 있는 것
- 구성원 및 고객들과의 커뮤니케이션을 통하여 그 조직이 말하고 있는 것
- 사람들이 그 조직이 어떻다고 믿고 있는 것

구성원들은 그들이 속한 조직의 일부분으로서 그들의 자아(*ego*)가 관여되기 때문에 그 조직이 어떻게 외부공중에게 비치느냐에 대하여 특히 예민한 사람들이다. 한편 외부공중들은 기업의 구성원들과 늘 접촉하는 집단들이며 구성원의 말을 상당히 믿는 집단들이기 때문에 현명한 PR 실무자라면 구성원 공중에게 초점을 맞춰 그들로 하여금 참여하게 하고 그들에게 늘 정보를 제공해야 한다. 이 구성원 각자가 중요한 PR

---

16) H. Levinson, "How to Undermine an Organization", *Public Relations Journal* 22(October, 1966), pp. 82~84.

17) D. Newsom, A. Scott, & J. V. Turk, *This is PR : The Realities of Public Relations*(Belmont : Wadsworth Publishing Co., 1989), p. 90.

재산이 될 수 있다는 점을 깨닫게 되면 PR 부서의 일은 훨씬 쉬워진다.

구성원들은 PR의 제 1전선에서 효과적으로 기여할 수 있는 사람들이다. 이 점을 촉진시키는 가장 좋은 방법은 관리자가 구성원들로 하여금 참여의식을 갖도록 하는 것이다. 그루닉 교수에 의하면 어떤 상황에 관여한 사람은 정보를 추구하는 경향이 있으며 어떤 상황에 관하여 커뮤니케이션하려는 동기가 부여된 사람은 또한 그 상황에 대한 해결방안을 강구하게끔 동기가 부여된다고 한다.[18)]

(2) 외부공중과 기업 이미지

외부공중들은 어떤 조직이나 기관의 독점적 재산이 아니다. 따라서 어떤 외부 수용자든 목표 수용자가 될 수 있고 커뮤니케이션의 대상이 될 수 있다. 그 예로 고등학교 학생들과 곧 대학에 진학할 고등학교 졸업반 학생들도 대학교 신입생 모집을 위한 목표 수용자이다. 또 다른 대학지망생으로는 2년제 전문대학에 다니는 학생으로서 4년제 대학에 편입하고자 하는 학생들과 고등학교를 졸업하고 취업한 후 대학에 가고 싶어하는 사람들도 이에 포함된다.

외부공중은 내부공중보다도 더 다양한 사람들로 구성되어 있으나 외부공중을 기술(記述) 불가능한 불특정다수로 생각해서는 안 된다. 외부공중들은 어느 시의 시민들처럼 선거구민일 수 있다. 또한 외부공중은 반핵 주창자들처럼 반대자일 수도 있다. 둘 다 PR 계획과 커뮤니케이션 전략에서 고려되어야 한다.

또한 외부공중은 기업의 이미지와 긴밀한 관계를 지닌다. 외부공중들이 기업의 구성원들과 함께 그 기업이 어떤 기업이냐에 관하여 유사하게 인식하고 있다면 그 기업의 이미지는 건전하다고 하겠다. 여기서 건전하다는 말은 외부공중과 구성원들의 인식 사이에 일관성이 있다는 뜻이다(〈그림 18-4〉 참조).

---

18) J. E. Grunig, "The Message-Attitude-Behavior Relationship : Communication Behaviors of Organizations", *Communication Research* 9(1982), p.163.

기업의 실체에 대하여 외부공중이 갖는 시각은 공중의 종류에 따라서 다르게 나타난다. 그리고 이것은 시간이 지남에 따라 변한다. 기업의 실체는 하나의 조직이 어떤 것이며 그 조직의 관리유형, 커뮤니케이션 정책과 시행, 경쟁력 등이 어디로 향하나를 규정하고 명확히 하는 모든 요인의 집합이다.

〈그림 18-4〉 기업의 이미지

* 문제 프로필

1. 구성원들이 인식하고 있는 기업의 위상	○
구성원들이 원하는 기업의 위상	*○*
2. 기업 경영자가 인식하고 있는 기업의 위상	△
기업 경영자가 원하는 기업의 위상	▽
3. 기업의 외부공중이 인식하고 있는 기업의 위상	□
외부공중이 원하는 기업의 위상	▭

* 레빈손의 이미지 이론

	부정적 프로필	긍정적 프로필
기업이 실제로 하는 행동	○	○
기업이 말하는 것	□	○
사람들이 믿고 있는 기업의 위상	△	○
	▣	◎

두 개의 프로필이 서로 겹치되 선이 조화를 이루지 못할 때 어려움이 따른다. 그 예로 문제 프로필 3에서 공중은 그 기업이 되기를 원하지만 그 기업이 이면 결과는 □이 되어 잘 들어맞지 않게 된다.

레빈손에 의하면 기업의 이미지는 그것이 하는 것과 사람들이 믿고 있는 것의 믹스(*mix*)라는 것이다. 만일 이것이 잘 들어맞으면 이미지는 조화를 이룬다.

다우니(S. Downey)에 따르면 조직들은 다음과 같은 상황에서는 실체를 재점검해야 한다고 한다.

① 기업에 대한 공중의 인지도가 기업의 현실을 제대로 반영하지 못할 때, 즉 과거 경영관리상 실수의 흔적, 수익부진, 환경문제 등이 아직도 부정적 영향을 끼칠 때
② 새로운 경쟁기업, 월등히 우수한 제품, 또는 기존 경쟁기업의 새로운 실체와 같은 외적 요인들이 실체의 수정작업을 요구할 때
③ 경쟁기업들이 기업과 제품소개를 늦출 때. 이 경우 실체의 확립기회가 되며 그 실체 자체가 경쟁적인 이점을 얻게 된다.[19]

기업은 그것이 원하든 원하지 않든 커뮤니케이션을 하게 된다. 이미지는 기업이 좋아하든 싫어하든 공중에게 인지된다. 기업은 그 기업이 하고 있는 일을 우선적으로 기업 내부에, 그리고 기업 외부에 커뮤니케이션하지 않으면 이미지를 형성할 수 없다. 기업은 기업의 이미지를 직접적으로 변화시킬 수는 없다. 기업은 그 기업의 개성을 고려하지 않고는 이미지를 증진시킬 수 없다. 기업은 단지 그 개성을 적절히 표현하기 위해서 그의 실체를 조정하거나 필요하다면 개성을 재점검할 수 있을 뿐이다. 기업과 관련이 없는 새로운 로고, 슬로건과 색채를 채택하여 '이미지 변화'를 시도한다는 것도 기껏해야 단기적 성공만을 가져올 뿐이다. 집 바깥에 있는 변소에 페인트칠을 한다고 해서 위생시설을 고친다고 할 수는 없는 것이다. 부스틴(Boorstin)은 "이미지를 재구성하기로 결정한 기업들이 마음의 변화보다는 얼굴의 변화에 더 주력한다"고 비판한다.[20]

사람들은 공식적·비공식적으로 커뮤니케이션한다. 이들은 코드를 이용하고 그 코드를 해석한다. 그리고 논리가 수반된다. 커뮤니케이션

19) S. M. Downey, "Corporate Identity's Role in Economic Recovery", *PRSA Newsletter* (April/May, 1983), p. 1.

20) D. Boorstin, *The Image* (London : Werdenfeld and Nicolson, 1962).

은 상호교환적이다. 사람들은 피드백을 찾아 해석하고 행동한다. 이 행동에 대한 반응이 따른다. 각종 수용자들은 모두 기업의 어떤 인상을 받고 있는 사람들이기 때문에 이들을 모두 고려해야 한다.

그레이(J. Gray)는 기업의 실체와 공중의 잘못된 지각과의 차이를 넓히는 요인을 다음과 같이 지적한다.

- 단일 제품만을 생산하는 기업이 사라지고 다양한 제품을 생산하는 기업들의 등장
- 기업합병, 기업인수, 기업의 정체성 위기, 커뮤니케이션 문제
- 언론매체를 이용하는 데 드는 비용의 급증
- 인구 통계학적 데이터의 변화, 신속히 변화하는 라이프 스타일, 회사, 제품과 서비스를 보는 새롭고 다양한 방식들
- 경영자들이 자신의 기업과 변화하는 환경과의 관계를 파악하는 능력의 부족[21)]

이미지는 행동의 결과이다. 만일 성과는 훌륭한데 이미지가 잘못되어 있으면 이것은 커뮤니케이션이 잘못되었기 때문이다. 만일 이미지가 기업의 나쁜 성과를 그대로 반영한다면 이것은 관리를 잘못한 데서 오는 실수인 것이다. 우리가 우리의 이미지를 알지 못하면 우리는 커뮤니케이션은 물론 관리가 불가능해진다. 회사의 행동과 신념이 정확하게 이해되고 그 회사에서 발산하는 모든 메시지와 시그널이 일관성이 있도록 하는 것은 그 회사의 내·외부 커뮤니케이션 자문역을 맡은 PR 실무자의 일이다. 기업 PR 실무자는 이미지의 관리자인 반면 제품광고 담당자는 이미지 메이커라고 하겠다.

---

21) J. Gray, *Managing the Corporate Image*(Westport, CT : Quorum Books, 1986), p. 70.

3. PR과 기업문화

1) 기업문화의 대두배경

한 나라의 사회·문화체계는 기업경영에 많은 영향을 미치게 되는데, 기업 차원에서 변화하는 사회·문화적 환경을 수렴하여 전략적으로 대응하기 위해서는 기업문화(*corporate culture*)의 정착이 요구된다. 이처럼 기업문화 또는 조직문화에 대한 논의배경은 순수한 이론과 실무의 두 측면에서 찾아볼 수 있다.[22)]

우선 순수이론적 측면에서는 조직현상을 합리적 현상으로만 파악하려는 구조기능주의의 패러다임에 한계가 있다는 인식이 이러한 추세를 낳았다고 볼 수 있다. 그간 합리주의적 모델에서 비합리적인 것으로 간과되었던 여러 요소나 현상들이 실제로 조직의 성과에 많은 영향을 미치고 있으며, 따라서 조직에서 중요한 것은 구조·기술·관리뿐만 아니라 공유된 이해·가치·규범 등의 문화적 요소라는 것을 인식하게 되었다.

실무적 측면에서는 현실적 요청에 의하여 조직문화가 거론되기 시작하였다. 미국의 경우 기업문화에 대한 관심을 갖게 된 것은 일본식 경영의 대두와 미국식 경영의 상대적 침체가 큰 원인이 되었다. 미국인들의 생각에 미국기업을 살릴 길은 미국기업을 탄생시켰던 초기 기업가들의 이념과 아이디어를 발굴하고 그때와 같은 강한 기업문화를 키우는 것만이 지속적 성장을 꾀할 수 있다는 것이었다. 반면 일본기업의 경우 저성장 시기를 맞게 되면서 근로의욕의 저하, 회사에 대한 충성심의 감소 등의 문제가 그 배경이 되었다. 이러한 문제의 해결을 위해 경영자들은 조직 전체의 활성화 대책 또는 조직 내부의 유대를 재강화하려는 노력을 기울이고 있는데 그 일환으로 사풍(社風)에 대한 관심이 높아진 것이다.

---

22) 신유근, 앞의 책, pp. 455~458.

우리나라의 경우도 이제 기업의 역사가 어느 정도 깊어지고 대규모화됨에 따라 외형적 성장에 걸맞은 기업 내의 정신적 지주가 필요하게 되었다. 서로 가치관이 다른 많은 구성원들을 한 방향으로 결집시켜 주고 성장기에서 발휘되었던 활력을 다시금 기업에 불어넣어 주기 위해서 기업문화에 대한 관심이 높아지고 있는 것이다.

또한 학자들 중에는 기업문화가 대두된 배경으로 기업환경의 변화와 이에 대한 기업체의 대응을 들고 있다. 우재현 교수는 1945년 이후 전개된 한국의 현대사와 연관시켜 귀속재산 불하기(拂下期) → 외국 원조기 → 정부 특혜에 의한 성장기 등으로 나눈 다음, 귀속재산 불하기는 정경유착의 시발점이 되었고 이를 통해 기업에 대한 불신풍조가 시작되었다고 설명한다. 1950년대 이후의 원조경제 체제는 소비재 재벌을 탄생시켰고 연구개발이나 기술혁신보다 경영 외적능력에 의존하는 그릇된 기업문화를 조성했다고 지적한다. 정부 특혜에 대한 고도성장기에는 강력한 정치권력을 배경으로 전제적 경영풍토를 조성했고 조직의 족벌주의, 사용자의 온정주의적 리더십과 노사관계를 낳았다고 지적한다.[23)]

2) 기업문화의 의미

문화라는 말 자체가 다양하게 정의되는 것처럼 기업문화는 보는 사람에 따라 그 의의가 각양각색이다. 그러나 요약한다면 "기업문화란 특정기업에서 역사적으로 형성된 구성원들이 공유(共有)한 가치의식과 그것이 표출된 상징이나 행동규범 그리고 일부의 경영이념"이라고 말할 수 있다.[24)] 이학종 교수는 기업문화에 관한 여러 학자들의 다양한 정의들을 종합하여 다음과 같이 규정하고 있다.

---

23) 우재현, "한국의 기업문화와 기업윤리", 〈정신문화연구〉 37(1989), pp. 128~134.

24) 신유근, 앞의 책, p. 457.

〈그림 18-5〉 기업문화의 세 가지 차원과 구성요소

가공품과 창조물(*artifacts and creations*) 기술, 예술적 작품, 행동패턴	가시적 수준(*visible*)
↓ ↑	↑
가치관(*value*)	의식적 수준(*awareness*)
↓ ↑	↑
기본 가정(*assumptions*) 환경과의 관계 현실, 시간, 공간의 본질, 인간의 본성, 인간활동과 인간관계의 본질	잠재적 · 선의식적 수준 (*invisible, preconscious*)

기업문화는 기업 구성원들이 공유하고 구성원 행동과 전체 기업체 행동에 영향을 주는 기업체 고유의 가치관과 신념, 규범과 관습, 그리고 행동패턴 등의 거시적 총체다.[25]

기업문화 개념은 먼저 미국에서 대두되었으므로 대표적인 미국 학자들의 정의도 살펴보고 넘어가야 할 것이다. 샤인(Schein)은 〈그림 18-5〉처럼 기업문화를 세 가지 차원으로 설명한다.[26] 즉, 무의식적으로 당연히 받아들여지는 잠재적 차원에서의 가정(assumptions), 인식적 차원에서의 가치관, 가시적(可視的) 차원에서의 인공품과 창조물을 기업문화의 구성요소로 보고 있다.

3) 기업문화의 발전과 전승

기업문화의 형성에 영향을 미치는 강력한 결정요인은 우선 그 기업

25) 이학종, 《기업문화론》(법문사, 1989), p. 13.

26) E. H. Schein, "Coming to a New Awareness of Organizational Culture", *Sloan Management Review*(1984), pp. 3~7; 박내회, 《조직행동론》(박영사, 1990), pp. 467~468에서 재인용.

이 속한 넓은 의미의 문화를 들 수 있다. 기업이 수행하는 비즈니스의 유형과 기업환경이 기업문화의 중요한 두 번째 결정요인이다. 세 번째 중요한 요인은 창업자의 영향력이다.

기업 창업자들은 흔히 그들이 성장한 문화와 경영 경험에서 비롯되는 성공이론으로 시작한다. 그 다음 그들은 그 이론을 공유하는 새로운 사람들을 영입한다. 기업규모가 커짐에 따라 이렇게 영입된 사람들이 중역이 되며 새로운 세대가 그 뒤를 잇게 된다. 조직의 사회화 과정을 통해서 상향이동성이 높은 구성원들은 남보다 앞서기 위하여 조직의 요령을 배워 남게 되지만 그 조직의 문화적 가정을 공유하지 못하는 구성원들은 영향력을 잃거나 떠나게 된다. 그래서 창업자와 초기 창업 참여자들의 문화적 흔적이 조직 내에 퍼지게 되며 이들이 떠나거나 사망한 후에도 남아 있게 된다(〈그림 18-6〉 참조).

위에서 제시한 기업문화의 세 가지 주요 요인 중 어느 것이든 변화가 있게 되면 적어도 기존의 문화에 변화를 초래한다. 사회 또는 문화적 가치의식, 가정과 생활양식의 변화가 조직문화에 침투한다. 예컨대 타 기업의 인수, 합병, 확장, 축소, 연구비 획득 또는 예산 삭감 등을 통한 기업경영상의 변화는 기업조직의 문화를 변형시킨다.

진화과정을 통해서 줄타기에 성공한 새로운 조직 지도자들은 창업자가 남긴 흔적에 그들 자신의 것을 추가한다. 따라서 기업문화는 꽤 안정적인 경향이지만 그 문화가 그대로 남아 있지는 않다. 기업문화는 그 주요 요인들이 또한 변화하기 때문에 제한된 범위 내에서 서서히 진화하게 된다.

기업문화의 발전현상은 많은 복잡한 변인들이 작용하기 때문에 그 문화의 형성 자체보다 더 복잡한 과정을 거친다고 말할 수 있다. 비록 기업 조직 문화는 개인 구성원들의 영향을 받지만 샤인에 의하면 문화는 구성원들이 문제와 기회를 당면하여 다 함께 해결해 낼 때 발생되는 집단 차원의 학습을 통해서 발전한다고 한다.[27] 집단 차원의 문제해결

27) E. H. Schein, *Organizational Culture and Leadership*(San Francisco : Jossey-

〈그림 18-6〉 기업문화의 결정요인들

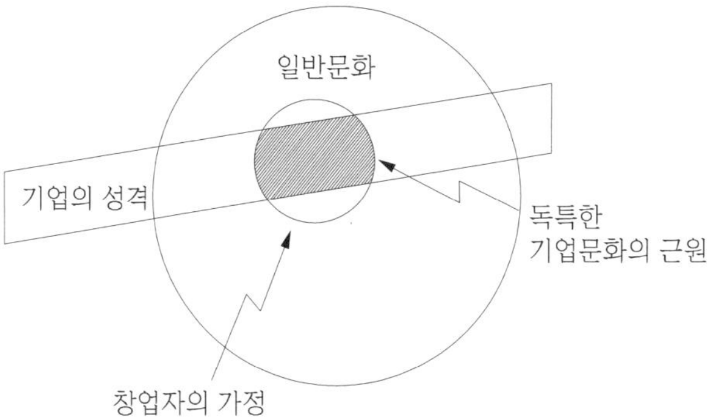

은 각 구성원 개인의 독특한 개성, 욕구, 해결유형을 반영하며 또는 기업의 지도자들과 집단이 처한 환경에서 겪는 경험에서 비롯한 집단학습에 의해 형태가 갖추어진다. 이러한 학습은 이해의 공유를 필요로 하며 공유된 이해는 공통적 경험과 언어 없이는 이루어질 수가 없다.

기업문화를 영속화하기 위한 첫 단계는 신입사원을 채용하기 전에 시작되어야 한다. 즉, 첫 단계에 이미 그 기업의 문화를 소유하거나 그 문화를 수용할 경향이 높은 사람들을 찾고 선별하는 것이다.

사회학자 머튼(Merton)에 의하면 이러한 경향을 선행적 사회화(*anticipatory socialization*)라고 부르며, 이 사회화는 사람들로 하여금 집단에 참여하는 데 도움을 주며 그 집단의 일부가 된 후 적응하는 데 도움을 준다.[28] 이처럼 기업문화와 부합되는 사전 선별, 사전 사회화 및 채용이

Bass, 1985), p. 183; T. F. Garbett, *Corporate Advertising : The What, the Why and the How*(New York : McGraw Hill, 1981).

28) R. K. Merton, *Social Theory and Social Structure*(Glencoe, IL: The Free Press, 1957); J. S. Ott, *Organizational Culture Perspective*(Chicago : The Dorsey Press, 1989), p. 82에서 재인용.

기업문화를 영속화하는 중요한 첫걸음이 되며 이러한 논리는 여러 사례 연구에서 입증되고 있다.

기업조직의 사회화는 기업문화가 전승되고 영속화되는 중요한 과정이다. 어떤 기업의 새 구성원이 되는 전환상태에서 사람들은 불안감을 갖게 되며 그 불안감을 줄이는 데 필요한 가정, 가치의식, 신념과 행동을 배우는 등 사회화하려는 경향을 지닌다. 여기서 구성원들로 구성된 준거집단(*reference group*)의 문화는 새 구성원이 조직 내에서 그의 새로운 역할을 배우는 데 크게 기여한다. 물론 준거집단은 그 조직문화와 부합되는 학습과정을 필요로 한다. 이를 위해서 기업들은 연수교육 또는 기업 내 여러 커뮤니케이션 채널을 통하여 사회화 프로그램을 수행한다.

4) 한국 기업문화의 특성

우리나라 기업의 전통적 특징은 인화(人和) 중심의 경영이념과 집권적 조직구조 그리고 권위적 경영행동과 연공(年功) 중심의 관리시스템 등을 포함한다. 이와 같은 기업의 특징에 영향을 미친 한국의 전통문화적 요소들은 유교사상, 가장의 권위, 주종관계와 복종심, 존속감과 배타의식 등이다.

우리나라 기업체의 경영이념을 살펴보면 사훈(社訓)과 사시(社是)를 보아야 한다. 한국 기업들은 대기업이나 중소기업을 막론하고 품성을 강조하는 경영이념을 대표적으로 표방하고 있다. 즉, 인화·성실·근검·책임 등의 덕목을 강조하는데, 그 중에서도 인화·협동·단결·융화 등 기업 구성원들간의 인간적 유대관계를 강조한다. 다음으로는 관리적 혁신관, 이념적 사회관, 기술적 혁신관 등이 사훈이나 사시에 나타나 있다.

이와 같은 사훈과 사시를 볼 때 한국의 기업문화는 한마디로 인간적 경영을 표방한 인간 강조의 가풍적(家風的) 기업문화라 표현할 수 있으며, 그것은 유교적 가치의식과 대가족주의적 행동방식에 의해 뒷받침

되는 것이라 할 수 있다. 따라서 인간강조의 가풍적 기업문화라고 포괄적으로 표현한 것이 한국 기업문화의 중심 특성이라고 한다면 유교적 가치의식과 대가족주의적 행동방식은 그것을 뒷받침하는 구체적 특성으로 생각할 수 있다.

그러나 많은 기업체의 경영이념들이 기업환경에 맞추어 변하고 있다. 즉, 인화 중심에서 창조와 도전 등 성과 중심의 이념으로, 집권적 구조에서 사업부 중심의 분권 조직구조로, 그리고 연공서열 중심에서 능력 중심의 보상제도로 바뀌고 있다. 권력구조도 점차 소유가족 중심으로부터 전문경영자 중심으로 변하고 있다.

최근 중앙일보와 아주대학교 경영대학원이 공동으로 분석한 국내 4대 그룹 기업문화를 보면 그룹마다의 특징과 변화를 발견할 수 있다.[29] 삼성의 임직원들은 '경쟁 · 임무완수 · 성취' 등을 앞세우는 '성과중심' 문화가 다른 그룹보다 강한 것으로 나타났다. 현대차 그룹은 '저돌적인 현대'라는 말처럼 형식에 구애받지 않고 성과를 추구하는 직원들의 성격이 돋보였다. LG는 다른 그룹에 비해 전문성을 강조하고 조직의 위계서열을 덜 따지는 수평적 문화를 추구하는 것으로 나타났다. SK는 '따로 또 같이'식의 자율성을 강조하는 문화가 특징이었다.

5) PR 실무자의 역할

이와 같이 기업문화를 발전시키고 전승시키는 과정에서 전문지식과 경험을 투입할 수 있는 분야는 PR, 광고 및 조직 커뮤니케이션 분야들이다. 광고는 기업문화를 창조하는 데 활용할 수 있으며 조직 커뮤니케이션 또한 기업문화 개념과 유사한 조직문화를 다루는 커뮤니케이션 분야라고 할 수 있다. 이 중에서 PR 실무자들은 기업문화를 새로 형성하는 과정에서도 중요한 존재이지만 그것을 내외 공중들에게 알리고 유지 · 발전시키는 일에도 없어서는 안 될 존재다. 기업문화를 제정하고

29) 〈중앙일보〉 2007년 1월 8일.

그 기업문화를 신입사원들에게 내면화하는 일은 PR의 한 부분인 구성원 커뮤니케이션의 기본적 임무에 해당된다. 이들은 여러 가지 PR 사업을 통해서 기업문화의 상징적 특성들을 기업 내부와 외부의 공중들에게 인식시키고 기업과 기업활동에 호의적 태도를 획득하는 상징관리자(*symbolic manager*)의 일을 하기 때문이다.

사 례 1

:: 유한킴벌리의 경쟁력 '우리강산 푸르게 푸르게' 캠페인

유한킴벌리의 기업문화는 다른 회사의 기업문화와 차이가 있다. 바로 모든 경영의 판단기준에서 환경을 우선적으로 생각한다는 점이다. 또한 기업문화가 기업혁신 운동을 통해 급격히 형성된 것이 아니라, 창립 이래 사회와 소비자를 대상으로 사회공헌 활동을 꾸준히 실천하는 가운데 그것이 내부의 기업문화로 체화되어 성장, 발전한 문화라는 점에서 주목할 만하다. 유한킴벌리 기업문화는 1970년 3월 30일 한국의 신망받는 제약업체인 유한양행과 세계적 건강·위생용품 회사인 킴벌리클라크사의 합작으로 설립되면서 시작되었다. 주주사 유한양행은 당시 창업주인 유일한 박사의 정신과 함께 공정한 거래를 하는 기업이자, 기업의 사회적 환원으로 1970년대 한국 기업의 모범을 보여주었으며, 킴벌리클라크 역시 일찍이 1800년대 말부터 사원복지를 생각하고 정직하고 윤리적인 경영을 하는 기업으로서 명성을 쌓았던 만큼, 그 뿌리부터 영향을 받은 것이 사실이다.

회사 창립 당시 우리나라 위생문화의 수준은 매우 낮았다. 때문에 유한킴벌리가 생산하고 판매한 여성용 생리대, 화장실용 화장지, 미용지 등의 제품들은 당시 국민들이 접해 보지 못했던 고품질의 깨끗하고 편리한 속성들을 지닌 제품들로서, 이후 우리나라 위생문화의 새로운 장을 여는 데 크게 기여하고 있다. 물론 모든 일들이 쉽게 이루어진 것은 아니다. 첫 생산품이었던 생리대 '코텍스'의 경우만 해도, 이를 금기시하던 사회적 분위기로 인해 좋은 품질의 제품을 만들어 놓고도 판매조차 하기 힘들었다. 서구에서는 이러한 생리대가 이미 제 1차 세계대전 이후부터 생필품으로 사용되고 있었다. 이런 점은 우리나라에서 유한킴벌리에 의해 처음 선보인 1970년대 크리넥스 미용지, 뽀삐 화장실용 화장지, 1980년대 하기스 아기 기저

귀, 1990년대 디펜드 성인용 위생팬티의 경우에도 마찬가지였다. 그러나 지금은 누구나 쉽게 사서 쓰는 제품이 되었다.

여기에는 사명감을 갖고 어렵게 사람들을 설득하고, 시장을 개척하는 데 앞장섰던 유한킴벌리와 초창기 멤버들의 숨은 노력이 있었다. 이런 역사 때문에 유한킴벌리의 문화 속에는 개척자 정신이 담겨 있으며, 항상 업계를 선도해 나간다는 사명감이 강했던 게 사실이다. 이는 오늘날에도 유한킴벌리의 존재 이유인 '기본 사명'에 잘 요약되어 있다. 소비자가 선호하는 유익한 제품과 서비스를 공급하여 위생문화 발전을 선도하고 건강과 복지 향상에 기여한다. 여기서 '유익한 제품과 서비스'란 바로 '우리 사회발전에 기여하고 환경친화적이며, 가치를 창조하는 제품과 서비스'를 의미한다. 유한킴벌리는 소비자에게 유익한 제품을 만드는 것을 통해 기업의 사명을 잘 구현하고 있으나, 여기서 한 발 더 나아가 경영방침 중의 하나인 사회공헌을 좀더 구체적으로 실현시키고, 유한킴벌리만의 차별화된 기업문화를 뿌리내리게 된 전환점을 갖게 되었다. 바로 1984년에 '우리강산 푸르게 푸르게' 캠페인을 시작하면서부터였다. 현재도 '우리강산 푸르게 푸르게' 캠페인은 유한킴벌리가 사회책임 활동의 일환으로 추진하고 있는 사회공헌 활동의 대표적 프로그램이다.

유한킴벌리의 우리강산 푸르게 푸르게 캠페인은 당시 유한양행이 자선사업과 교육사업에 많은 투자를 하고 있었기 때문에, 이와는 다른 공익활동을 찾는 과정에서 고려되었다. 회사에서는 국토의 65% 정도가 산지인 우리의 현실과 숲이 갖고 있는 여러 환경적, 사회적 기능을 고려할 때 나무를 심고 숲을 가꾸는 일은 국가만이 아니라 기업도 함께 해야 할 중요한 사회공헌 항목이라고 판단했다. 물론 초기에는 회사 내부에서의 반대나 사회적으로 이해받지 못한 부분도 많았지만, 지속적 설득을 통해 지금의 성과들을 이루었다.

성장 위주로 달렸던 1970년대를 지나 1980년대 중반은 환경보호에 대해 관심이 거의 없던 시기였고, 기업의 사회책임이나 기업의 사회공헌은 제대로 개념도 정립하지 못한 시기였다. 이러한 시기에 유한킴벌리는 산림자원 조성기금을 조성하고, 각 분야의 전문가들로 '우리강산 푸르게 푸르게' 운영위원회를 구성하는 다영역 파트너십을 만들어냈다. 이렇게 적립된 기금으로 전국 국유지나 공유지의 나무심기나 숲 가꾸기 천연림 보호 등 사업에 투여했고, 각종 연구활동도 지원했다. 1984년 시작된 이 프로그램을 통해 2006년까지 국내에서만도 국유지와 공유지에서 2천 2백만 그루 이상의 나무를 심거나 가꾸어 왔으며 이 외에도 중국, 몽골 등에서 사막화 방지를 위한 조림과 숲 보호 활동, 북한에서의 숲 복원활동 등을 해왔다. 그러나 캠페인은 나무심기나 숲 가꾸기에 그치지 않고, 더욱 많은 국민들이 숲에 대한 관심과 숲 보호활동에 참여할 수 있도록 하는 환경보호 프로그램 개발, 교육활동, 연구활동 지원 등으로 확대함으로써 공익 캠페인으로서의 공감대를 넓혀왔다.

그간 실천해 온 주요 프로그램은 다음과 같다.

첫째, 매년 국유림과 공유림에 나무를 심고 숲을 가꾸는 활동을 하면서 식목기간에는 일반 시민들과 함께 나무를 심고 숲을 가꾸기 위한 행사를 개최했고, 1991년부터는 '신혼부부 나무심기'로 변경해, 특별히 새로운 삶을 시작하는 신혼부부들이 미래에 태어날 아이들을 생각하며 우리의 국토를 푸르게 가꾸는 데 참여케 함으로써 환경의 중요성을 되돌아보도록 했다. 2006년까지 나무심기에 동참한 사람만도 14,024명에 달한다. 캠페인을 시작한 이듬해인 1985년 첫 식수지는 충북 제천군 백운면 화당리의 화전민 마을의 국가 소유지 산이었다. 그 당시 참가자들은 17㎝ 정도의 어린 묘목을 심었는데 15년이 지난 후 그 장소에는 7~8m가 넘는 큰 나무들이 숲을 이루고 있었다.

둘째, 1988년 청소년 대상의 환경교육 프로그램인 '그린캠프'를 열기 시작해, 3박 4일간 관련분야 교수 등 전문가들과 학생들이 함께 숲 속에서의 체험학습을 통해 나무와 자연의 소중함을 공감토록 했다. 2006년까지 그린캠프를 통해 2,796명의 학생들이 이 프로그램에 참가했다. 그린캠프를 통한 숲 체험을 했던 학생들은 이제 우리사회의 환경운동 실천가가 되어 사회공헌에 동참하는 주체가 되었다.

셋째, 1995년부터 자연친화적인 교육환경을 위해 학교에 숲을 만드는 활동을 해왔다. 특히 1998년부터는 학교숲 만들기 운동 확산을 위해 숲 보호 시민단체인 '생명의 숲', 산림청과 함께 시범학교를 선정하고, 학교 숲 설계 자문, 수목 지원 및 숲을 이용한 교육 프로그램 개발 등을 돕고 있다. 현재 전국 700여 개의 직접 시범학교가 운영되고 있으며, 교육인적자원부, 서울시, 경기도 등 지자체에서도 학교 숲 운동에 참여하고 있어 전국적으로 3천 개 이상의 학교가 참여하는 국민적 운동이 되고 있다.

넷째, 2001년 정보화시대를 맞아 인터넷을 사용하는 사람들을 위해 웹상에서 숲 정보를 제공하면서 숲 보호 활동의 참여를 독려하는 숲 정보 사이트 '우리숲'(www.woorisoop.org)을 개설해 운영하고 있다. '우리숲'은 유한킴벌리가 창립 30주년을 맞아 지난 1984년부터 꾸준히 실행한 사회공헌프로그램 '우리강산 푸르게 푸르게'를 인터넷에서 네티즌과 함께 나누기 위해 개설되었다.

이 외에도 숲에 관한 좋은 책들을 소개함으로써, 숲에 대한 소중함과 가치를 알리고 숲 보호 활동의 방향성을 제시하기 위하여 출판활동, 대중매체를 통해서 국민들에게 지속적인 공감대를 형성하기 위한 노력 등을 해왔다. 그러나 우리강산 푸르게 푸르게 캠페인의 무엇보다 큰 소득은 다영역간의 파터너십을 통해 국민운동으로 확산되었다는 점이다. 특히, 1998년 '생명의 숲', '동북아산림포럼', 1999년 '학교 숲 조성운동', '평화의 숲', 2000년 'National Trust, 자연신탁운동', 2002년 '서울그린트러스트' 등의 국민운동이 만들어지는 과정에서 견인차 역할을 함으로써, 숲과 환경에 대한 국민적 관심과 자원봉사 참여를 이끌어내는 데 기여한 것은 매우 의미있는 일이었다.

우리강산 푸르게 푸르게 캠페인을 통해 얻은 또 하나의 큰 소득은 사원들이 환경보호를 무엇보다 중요하게 생각하게 되었다는 것이고, 이는 환경경영이 실천에도 큰 힘이 되었다. 회사는 원료부터 전 공정에 걸쳐 환경에 대한 고려를 하는 환경경영 체제를 구축하게 되었다. 이러한 노력은 재생원료 등 친환경적 원료 선택, 원료절감형 제품개발, 재활용 원료 사용 비율 확대, 환경친화적 소재개발, 공정 개선을 통한 에너지 절약, 물의 재사용, 물류 단축, 최종 폐기물의 감축 및 재활용 노력 등으로 이어져 회사의 지속가능성에도 도움을 주고 있다. 이러한 노력으로 전 사업장이 ISO 인증을 획득했고, 환경부가 환경친화기업으로 지정하기도 했다. 환경에 대한 고려 없이는 지속가능할 수 없는 지금의 국제사회에서 사회적 책임의 기반 위에서 이루어진 사회공헌활동이 기업의 체질을 바꾸고, 지속가능의 경쟁력을 높여주는 밑거름이 된 것이다.

* 이 글은 유한킴벌리의 이은욱 부사장이 기고한 것임.

4. PR 광고

PR 실무자들은 광고를 여러 PR 도구 중 하나라고 여기는 반면 광고 전문가들은 PR 광고를 전형적으로 제품이나 브랜드 광고보다 덜 중요하며 많은 광고 유형 중 하나에 불과하다고 생각하는 경향이 있다. PR 광고는 기업광고로도 불리며 양적으로 늘어나는 추세이나 전체 광고량에 비하면 아직도 미미한 부분에 지나지 않는다.

1) PR 광고의 유형

PR 광고가 그 성격에서 점점 더 복잡해지고 여러 가지 측면으로 사용되기 때문에 그 기능을 중심으로 기업광고와 공익광고로 나누어 살피기로 한다.

(1) 기업광고

전통적으로 광고는 상품이나 서비스를 팔기 위하여 돈을 지불하고 구입한 신문이나 잡지의 지면 또는 방송의 시간으로 규정된다. 그러나 기업의 PR을 위한 보도자료는 매체가 무료로 실어 준다. 그러나 한 회사가 이른바 기업광고(*corporate advertising* 또는 *institutional advertising*)를 하게 되면 위의 광고와 PR의 구분이 명확해지지 않는다. 하지만 기업광고는 일반적으로 돈을 지불하고 지면이나 시간을 구입하여 수행되는 광고이지만 이 광고의 목적은 그 회사의 제품이나 서비스를 직접적으로 팔려는 것이 아니라 그 회사의 이미지를 제고하거나 회사의 경영정책을 변호하기 위한 것이다. 이처럼 기업광고는 회사의 제품이나 서비스를 팔기 위한 것이라기보다는 그 회사의 명성을 형성하고 보호하기 위하여 금액을 지불하고 구입한 지면이나 방송의 시간이다.

기업광고는 기업의 이미지를 형성하고, 개발하며, 제고 또는 변용시키도록 설계된 기업 커뮤니케이션으로 규정된다. 여기서 주목할 점은 제품이 전혀 언급되지 않는다는 점이다. 필립 클라인만(Philip Kleinman)

은 *The Guardian*에 기고한 글에서 "석유회사들은 더 이상 그들이 생산해내는 휘발유가 얼마나 좋은가를 말하지 않는다. 그 대신 그들은 석유회사들이 얼마나 좋은가를 자랑한다"고 쓴 바 있다.[30] 오길비(D. Ogilvy)에 따르면 기업광고는 기업의 실체를 진작시키기 위하여 그 기업에 관하여 말하는 기능을 한다는 것이다.[31]

그러나 기업광고에서 제품이 반드시 제외되는 것은 아니다. 기업광고는 광고에 제품을 포함시킬 수 있으나 그것은 목적을 이루기 위한 수단으로 포함시킨다(〈그림 18-7〉 참조).

기업광고는 다양한 목적을 지닌다. 공중에게 기업의 경영정책, 경영실태, 경영능력, 신념 등을 교육하거나 알린다. 이러한 범주 안에서 기업광고는 공중을 감명시키고 우호적 태도를 창출하여 직접·간접으로

〈그림 18-7〉 PR 광고

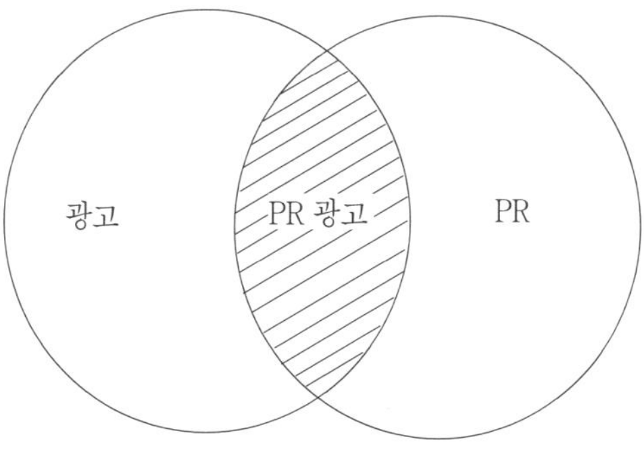

* PR 광고는 광고와 PR의 한 부분이 서로 겹쳐진 부분으로서 그 나름대로의 독특한 특성과 기능을 지닌다.

30) P. Kleinman, "Pushing the Principles instead of the Petrol", *The Guardian* (October 28, 1982).

31) D. Bernstein, *op. cit.*, p. 174에서 재인용.

구매결정에 긍정적으로 영향을 미치는 데 그 목적을 둔다. 그래서 기업 이미지 광고는 광고의 수단을 이용하여 PR의 목표를 이루기 위하여 설계된 복합적 존재라고 말할 수 있겠다.

이미지 형성을 그 목적으로 하는 기업광고는 일반 공중 또는 투자자들 앞에 주로 한 기업의 실체를 강화시키려고 노력한다. 계열기업들이 서로 상관성이 없는 제품을 판매하는 복합기업들은 이러한 광고를 통하여 하나의 통일된 이미지를 투영시킨다. 어떤 기업들은 비우호적인 일반공중의 견해를 중화시키기 위하여 기업광고를 이용한다. 그 외 기업들은 그들이 얼마나 시민적인가를 널리 알리기 위하여 기업광고를 이용한다. 일례로 제너럴 모터스 사는 〈취중 운전을 멈추는 법〉이라는 제목 밑에 "도로교통법이 도움이 될지 몰라도 우리 모두가 우리의 태도를 변용시킬 필요가 있다"라는 부제의 전면 광고를 신문에 낸 적이 있다. 이처럼 알코올이 운전자에게 미치는 영향에 관한 논의는 자동차를 팔려고만 시도하는 것이 아니라, 제너럴 모터스 사는 모든 자동차 운전자들의 안전에 관한 관심이 크다는 점을 부각시키려는 것이다.

이러한 기업광고를 이용하는 기업들은 또한 기업을 우호적으로 부각시킴으로써 그 광고는 구성원들의 사기를 진작시켜 이직률을 줄이고, 동시에 새로운 신입사원을 채용하는 데 도움이 될 것을 희망한다. 기업광고의 또 다른 유형은 주식투자자를 겨냥한 광고로서 광고주는 재정적 튼튼함과 전망을 유리하게 표현하여 주식분석가들이 주식투자자들에게 그 광고주의 주식을 사도록 유도하게 한다.

우리나라에서 기업광고가 본격적으로 시작된 것은 20년 안팎으로 생각된다. 초기의 기업광고는 기업이 하고 있는 일을 알리는 것이었다. 그러다가 요즈음은 미래의 꿈을 그리는 것, 공공광고적 성격을 띤 것, 하나의 이슈를 파고드는 것 등 기업광고의 유형이 점차 차원 높은 것으로 바뀌고 있다. 이제 큰 기업들이 무슨 일을 하고 있는지를 알리기 위한 광고의 수준은 넘었다고 본다. 그래서 한국의 기업광고는 새로운 방향을 모색하지 않을 수 없는 단계에 이른 것이다.

〈그림 18-8〉 현대그룹 광고

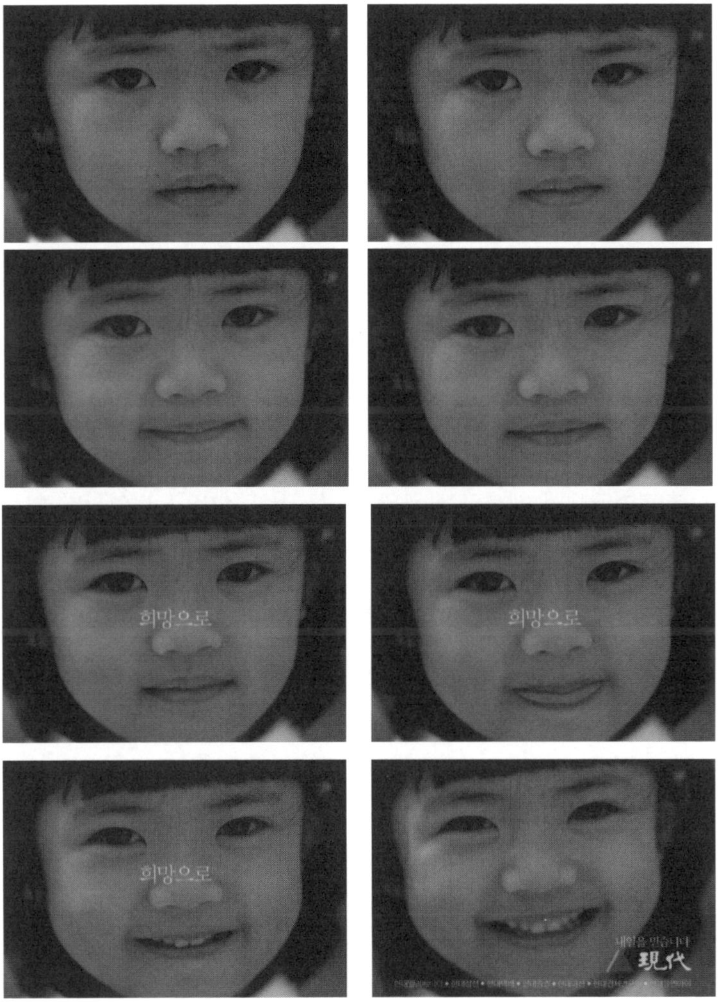

(2) 공익광고

공익광고는 공공봉사광고(*public service advertising*)라고도 하며 사회적 쟁점이나 문제를 상업적 차원이 아닌 공공차원에서 일반 대중에게 인지시키고 그들의 의식을 변화시키기 위한 커뮤니케이션 형태를 말한다. 일반적으로 상품광고와 기업광고가 상품의 정보전달을 통한 판매 촉진과 기업 이미지 관리에 사용되는 것이라면 공익광고는 광고의 커뮤니케이션 기능으로 사회문제를 해결하여, 공공의 복리를 추구한다는 점에서 차이를 보이고 있다. 또한 공익광고는 범국민성, 비편파성, 비정치성, 비영리성, 공익성, 합리성, 휴머니즘, 등의 기본 요소를 포함하고 있다.

공익광고 전담기구인 공익광고협의회, 정부, 기업, 비영리단체, 언론사 등 다양한 기관 및 단체에서 공익적 광고를 실시하고 있다. 공익광고 전담기구에서 시행하는 공익광고는 정부, 기업, 비영리단체 등이 시행하는 공익광고와는 달리 기관이나 단체의 이익을 직접적이거나 간접적으로 전혀 표출하지 않는다는 특징을 갖고 있기에 수용자에게 신뢰감과 호의도가 높아 광고효과가 높다.

정부에 의한 공익광고란 일반적으로 정부나 자치단체, 공공기관이 그 사회적 기능과 책임을 명시하여 단순히 경영수익을 추구하지 않고 사회문제, 환경문제에 참여한다거나 구체적으로 국민에게 호소하는 광고이다(〈그림 18-9〉 참조). 더욱이 사회가 다원화되고 각 집단의 이익을 추구하려는 목소리가 커짐에 따라 공익광고를 통한 사회적 공동선의 추구가 중요해지고 있다.

방송사, 신문사, 잡지사 등도 공익에 봉사할 목적으로 광고를 실시하고 있다. 최초의 매체사에 의한 공익광고는 1979년 한국일보사의 공공광고 시리즈인 "80년대의 과제"로서 에너지, 식량 등의 주제를 다룬 것이었다. 또한 방송사도 KBS 캠페인, MBC 캠페인 등으로 공익광고 성격의 캠페인을 실시하고 있다. 또한 적십자사, 한국문화재보호협회, 저축추진중앙위원회 등 비영리단체들도 각 단체가 추구하는 성격에 맞는 공공문제를 주제로 선정하여 공익광고를 실시하고 있다.

〈그림 18-9〉 공익광고

CLOSED
일회용품, 오늘은 쉼!
공익광고협의회
한국방송광고공사

우리 가족은
칫솔 통에서만 만납니다!
공익광고협의회
한국방송광고공사

한편 기업에 의한 공익적 광고는 광고주의 명칭만 광고에서 제외시켜 전형적 공익광고의 형태를 띠는 경우를 말한다. 이런 유형의 공익광고는 주로 대기업이 자사(自社)의 이미지 고양을 목적으로 하며 광고를 실시하게 된 배경은 기업의 사회적·경제적 책임론의 대두에 기인된 것이다.

한국 공익광고의 문화적 가치에 관한 최근의 연구에서 한국 공익광고는 환경보존, 경제, 사회안정, 그리고 국가와 민족과 같은 주제로 청년과 장년을 주요 목표 수용자로 하는 집단적 차원의 혜택을 중심으로 한 공익광고가 주류를 이루는 것으로 나타났다. 이러한 주제를 중심으로 한 메시지 표현에서도 집단주의적 가치를 지향하는 광고가 개인주의적인 것보다 많은 것으로 나타났다. 공익광고의 메시지 표현 방법에는 강의식, 도시배경을 활용한 긍정적이고 감성적 소구의 메시지를 통해 상징적 연상이나 공익광고 주제를 알게 하는 주제 친숙화 전략이 주로 이용되었다.[32)]

2) PR 광고전략

(1) 메시지 전략

PR 광고는 자주 단조롭다는 비판을 받는데, 이러한 PR 광고의 단조로움은 주로 시각적 그리고 언어적 요소의 개혁 부족에서 온다고 하겠다.

① 레이아웃과 일러스트레이션을 독특하게

PR주가 독특한 레이아웃 스타일을 개발하기 위하여 노력한 다음 상당히 긴 기간 동안 그 레이아웃을 지속적으로 이용하는 경우에 메시지

---

32) 권중록, "공익광고에 나타난 문화적 가치와 표현기법에 관한 연구", 〈광고연구〉 2002년 가을호, pp. 127~159; 국내 공익광고 현황에 관한 구체적인 논의는 다음을 참조. 최민욱, "국내 공익광고 현황에 관한 연구: 국내 공익광고 집행 현황 및 관련 연구 분석을 중심으로" 〈언론과 정보〉 2006년 제 12호, pp. 27~57.

의 소구력이 드러난다. 훌륭한 레이아웃은 옛 친구들간의 결속처럼 PR주와 수용자 간의 인식과 친근감의 유대를 북돋는다. 독특한 레이아웃의 작성은 전문적 기술을 요구한다. 레이아웃에 대한 연구는 각 요소의 배열뿐만 아니라 활자체, 사진과 아트워크, 활자체와 그림의 스타일, 규모, 길이 등의 배열에 관해서도 수행되어야 한다. 독특성은 물론 명확성을 동반해야 한다.

② 언어적 요소의 개혁

광고 메시지 중에는 매우 개혁적이어서 상당한 퍼블리시티 기능을 해내는 메시지도 많다. 그러나 많은 PR 광고는 PR인들과 광고 비평가들로부터 비판의 대상이 되고 있다. 이에 대해서 전문가들은 다음과 같은 사항들을 권한다.

- 일반적인 것이 아닌 구체적인 것을 강조하라. 투자자들은 그 회사의 과거가 아닌 미래, 즉 그 회사가 어디로 가고 있는지를 알고 싶어한다. 그 회사의 제품은 무엇이고, 시장은 무엇이며 기회는 어떠하고 그 회사의 미래를 말해 줄 테크놀러지는 무엇인가?
- 최상급을 피하라. 진실에 바탕을 둔 것이라 해도 최상급은 신뢰성이 없으며 흥미롭지도 못하다.
- 목표 수용자의 교육수준이 높으면 논란의 대상이 되는 쟁점의 양면을 제시할 것을 생각하라.
- 광고대행사의 가장 창의적인 사람들의 도움을 받아 메시지를 준비하도록 하라.
- 구체적 제품보다는 추상적 내용이나 원인에 관하여 얘기하는 것이 훨씬 어렵다는 점을 인식하라.

(2) 매체전략

- 수용자 겨냥: 소규모의 동질적 수용자를 겨냥함으로써 캠페인의 초점을 좁혀라. 그리고 목표 수용자를 겨냥한다고 해서 PR 광고와

혼란을 일으키는 채널은 피하는 것이 좋다.

• 시의성(*timing*) 고려

3) PR 광고효과

PR 광고는 얼마나 효과적인가? 이 광고는 본질적으로 추상적이고 장기적이기 때문에 그 광고의 효과를 측정하기란 매우 어려운 일이다. 이러한 의미에서 PR 광고는 제품의 판매고로 평가될 수 있는 전통적 광고보다는 PR 프로그램과 더 유사한 점이 많다. 가베트(T. F. Garbett)는 PR 광고에 의한 효과를 다음과 같이 제시한다.

• 기업의 인지를 제고시킬 수 있다.
• 투자자와 주식 분석가들에게 우호적 인상을 심어 줄 수 있다.
• 구성원들에게 동기를 부여하고 좋은 신입사원의 채용에 도움이 될 수 있다.
• 여론에 영향을 미칠 수 있다.
• 대리점과의 관계를 강화시킬 수 있다.
• 기업운영과 관계된 법규정 과정에 영향을 미칠 수 있다.
• 기업의 철학과 정책을 설명할 수 있다.
• PR 광고는 제품과 상표는 말할 것도 없이 기업들간의 상이한 점들을 조절한다. 제품광고는 사소한 차이점들을 찾아서 이들을 극대화시키는 반면 PR 광고는 중요한 차이점들을 찾아내 이들을 최소화한다.[33]

---

33) T. F. Garbett, *Corporate Advertising*(New York : McGraw Hill, 1981).

제 19 장

행정기관과 정치 PR

1. 행정기관 PR

민주주의 통치체제에서 국가 및 정부는 전체주의 국가에서처럼 선전이란 지배도구를 독점할 수는 없으나 PR이라는 대 국민활동을 활용하지 않으면 안 된다. 정치는 목적지향적 행위이고, 그 목적달성을 위해서 국민을 위한 전략적 커뮤니케이션을 필연적 활동으로 요구하게 된다.

1) 국민에 대한 PR

정부의 PR 목적은 국민의식의 관리이다. 국민의 정치적 무관심은 정치세계에 치명상을 준다는 지적은 모두가 공감한다. 정부는 국민의식의 관리자로서 국가의 관심사를 국민들에게 의식화하고 계몽시키며 국민들이 적극적으로 의견과 행위를 나타내도록 PR해야 할 의무가 있다. 더 구체적으로 말하면 국민들이 사적 영역에 안주하지 않고 사회적 소속의식을 가지고 정치적 의사형성에 비판적으로 참여하도록 정부가 정보 활동하는 것을 대 국민 PR이라고 한다. 그래서 국가의 존재가 국민들의 무관심 속에 방치되지 않도록 하는 것이 정부 PR의 목적이라고 하겠다.

두 번째 정부의 PR 목적은 사회통합이다. 정부는 개별 관심집단들의 이질적이고 혼란스러운 관심의 충돌을 조정하고 통합하는 공적 과제를 지니며 그래서 전체의 보편적 이익의 관점에서 개별권익의 후퇴를 유도하는 PR 활동을 수행한다. 다시 말해 집단적 이기주의의 혼란한 사회에 중재자로 국가가 등장, 보편적 국가 이익에 비춰 이기주의가 수그러들 수 있도록 그 개별집단을 설득해야 한다.

세 번째 정부 PR의 목적은 권위를 획득하기 위함이다. 정부가 존립・유지되는 것은 '권위'로 말미암으며, 그 권위는 국민의 인정과 위임에서 이루어진 권위이다. 국민이 자발적으로 정부의 시책과 정책결정에 동의하고 추종하도록 우선 국민들의 신뢰와 믿음을 확보할 필요가 있다. 그것을 확보하기 위해 정부는 PR 활동을 전개한다. 그렇게 하려면 정부는 정책결정 후 국민에게 그 내용을 알리고 그 정책을 정당화시켜야 한다.[1)]

이러한 국민에 대한 PR은 정보를 통해 국민들이 국가와 국가기관에 대하여 관심과 신뢰와 긍정적 사고를 유발케 하는 커뮤니케이션 행위로서 PR 수행과정에서 경험하는 여러 문제를 생각해 볼 수 있다. 첫째, 국민들이 국가와 국가기관에 대해서 근본적으로 비판적 사고와 인상을 가지고 있다는 사실이다. 그렇기 때문에 국가기관에 대한 긍정적 성향을 가지기보다는 적어도 중도적 입장만이라도 견지하게 하는 작업이 중요시된다. 또한 국민들이 자기 국가나 국가의 생존에 대해 놀랍게도 아는 지식이 적다는 사실이다. 국가에 대해 모른다는 사실은 한마디로 국가에 대한 무관심이라고 할 수 있다. '앎'은 동조나 신뢰로, 그리고 무지는 거부나 부정으로 귀착된다는 PR의 기본 원리를 감안할 때 국민의 무관심과 무지는 PR에 큰 장애물이 아닐 수 없다.

둘째, 국가의 행위나 과제는 현대국가에서 포괄적일 뿐만 아니라 아주 복합적이어서 국민들에게 간단하게 이해되기 어렵다는 문제를 지닌다. 그럼에도 국가 행정기관을 믿고 이해하기 위해서 국민은 정확히 알고 있지 않으면 안 된다는 것이다.

셋째, 매스미디어를 비롯한 각종 사회적 정보미디어에 비치는 정보

---

1) 방정배・최윤희, 《여론과 정치설득》(나남출판, 1989).

들이 국가와 그 기관들에 대부분 비판적이거나 부정적으로 작용한다는 점이다.

넷째, 독재체제든 민주적 지배체제든 시민들은 전통적으로 국가 공무를 수행하는 관리들에 대해 비판적이며 거부감을 갖고 있다는 데 문제가 있다. PR은 이런 관리와 국민 간의 부정적 관계를 줄이는 데 크게 기여할 수 있다. 관공서의 딱딱한 전문용어를 일상용어로 바꾼다든지, 관민 아닌 민관의 평등한 자세를 보여주는 일이 이러한 예에 해당된다.

정부도 이제 정부 PR이나 광고에 대한 일대 인식전환을 해야 할 시점에 와 있다. 물리적 강제력에 의해 정부정책을 펼치고 집행하던 시대가 갔다면 이제 인식의 대전환이 필요한 것이다. 간단히 말해서 정부도 '정책'을 팔아야 할 '상품' 또는 '상표'라고 생각하고, 정부가 호응받을 수 있는 정책을 개발하기 위해서 변화하는 국민들의 보편적 욕구와 필요를 파악해야 한다. 기업체가 팔리는 상품을 개발하기 위해서는 '국민'의 또 다른 이름인 '소비자'에게 약속하고, 알리고, 이해시키고 믿게 해야 한다. 마찬가지로 정부의 정책이 기존 정책에 비하여 어떤 다른 편익을 주는지 소비자의 또 다른 이름인 '국민'들에게 약속하고 알리고 납득시키고 믿게 해야 한다.

정연춘은 한국의 행정 PR은 그동안 공보(公報)에만 치중하고 공청(公聽)의 기능은 소홀히 다룸으로써 PR의 실효를 거두기가 어려웠다고 지적하면서 "정부가 공청활동에 힘을 기울이면 행정과 국민이 서로 유리되지 않은 채 항상 상호접촉이 가능하여 행정독선의 폐단을 피할 수 있고 국민의 협력을 얻어 행정의 능률화를 기할 수 있다"고 제언한다.[2)]

이러한 시도와 함께 해결해야 할 일은 정부의 대 언론정책의 전환이다. 양적 팽창을 거듭하고 있는 언론기관으로부터 매일 쏟아져 나오는 보도들은 정부정책에 대한 국민들의 여론과 시각을 형성하는 데 큰 영향을 미친다. 따라서 언론의 보도가 비판 일변도이며 정부와 시각을 달

---

2) 정연춘, "한국 예산결정에서의 시민참여에 관한 연구", 단국대학교 박사학위 논문(1989).

리한다고 해서 언론정책을 보완하지 않고 다른 방법에 의존해 보려는 시도는 효과적이지 못할 것이다. 새로운 사고의 전환도 정부가 언론과의 대립관계에서 벗어나 한 성원으로서 언론의 장에 뛰어들어 적극적으로 참여하는 것을 의미한다.

여기서 잠시 커뮤니케이션이 가장 앞선 미국 정부의 PR은 어떠하며 우리에게 시사하는 점이 무엇인지 살펴보자.

2) 미국 정부 PR의 특징

미국을 흔히 여론의 나라, 언론의 나라, 광고의 나라라고 부른다. 이러한 명칭들을 종합해서 분석해 보면, 역시 미국은 사회전역의 커뮤니케이션 활동이 체질화된 나라라고 할 수 있다. 개인, 조직, 단체, 정부의 대내적 커뮤니케이션이 문화와 사회 측에 뿌리 깊게 자리잡힌 나라라고 할 수 있다. 수많은 이민족들에 의해 국가가 형성되고 50개의 주가 연방을 이룬 데다가 선거제도가 처음부터 정착이 된 나라인 만큼 의사발표와 대화, 그리고 여론수렴 과정이 이 나라를 유지하고 발전시켜 나아가는 데 필수적 요소가 될 수밖에 없다고 하겠다.

조직과 사회의 효율적 기능을 위해서 커뮤니케이션이 수단으로 존재하기보다는 사회 구성원들간의 커뮤니케이션 그 자체가 하나의 목적으로 존재할 정도의 여건이 성숙한 나라가 미국이라 볼 수 있을 것이다. 미국 정부의 PR 활동에 대한 이해도 이러한 미국 커뮤니케이션 문화에 대한 이해가 우선되어야 할 것이다.[3)]

우선 미국 연방정부의 PR 활동에서 절대적 비율을 차지하는 것은 역시 언론에 대한 서비스이다. 미국의 경우 정부의 PR이란 언론의 장을 통한 정부정책의 안내와 설명이 그 주된 개념으로 자리잡고 있다.

언론을 정부활동에 대한 감시와 견제기능을 수행하는 기관으로 보기

---

3) 한정호, "미국 정부의 PR 활동과 공익광고 캠페인", 〈광고정보〉(1991년 5월호), pp. 65~71.

전에, 우선 언론이란 공공매체를 통해 국민에게 정부의 정책과 상황에 대해 알린다는 것을 행정부 PR의 가장 주된 업무로 파악하고 있기 때문이다. 따라서 정부의 PR 활동은 바로 언론에 대한 '서비스'로부터 출발하는 것이다.

미국 정부의 PR의 특색을 설명하는 또 하나의 요소는 쌍방 커뮤니케이션 체제의 최대 활용이다. 쌍방 커뮤니케이션이란 상대의 반응을 들을 수 있는 이른바 대화방식의 커뮤니케이션을 말한다. 미국의 경우 광고와 마케팅 메시지의 발달로 미루어 보아 정부의 PR도 국민들의 태도 변화를 노리는 설득 위주의 홍보가 주된 것이라고 생각하기 쉬우나 실상은 그 반대이다.

기본적으로 정부정책이라는 것이 반드시 국민 다수의 지지를 받는 것은 아니다. 언론이나 학계, 야당, 국민단체들로부터 공박을 받을 수 있는, 이른바 찬반의 여지가 있는 정책이 많은 것이다. 이러한 정책을 입안하는 데 대 국민설득이 필요하다고 판단할 때에는 일반적인 커뮤니케이션 채널(일방적인 정부발표, 전단 등 홍보물 배포)의 사용을 지양하고 집회와 대담 등 이른바 대화와 토론의 형식으로 PR 활동이 이루어진다. 특히 장·차관의 경우 정치적 선택의 성격을 띤 정책입안에서 수많은 토론회나 연설회에(국회, 언론, 종교단체 모임, 친목회, 사친회, 졸업식, 동창회, 사회공익단체, 노동조합 등) 참석해서 정책에 대한 지지를 호소한다. 이러한 것들이 흔히 있는 결론과 의견대립의 양상에도 불구하고 큰 무리 없이 결론을 맺는 것은 기본적으로 대화의 문화가 사회의 근간을 이루고 있기 때문이다.

세 번째, 미국 정부의 PR 활동의 특색은 공익광고 캠페인에서 잘 나타난다. 이것은 법의 논리의 형식에서 벗어나 이른바 모두에게 인정된 공공의 이익을 위해 정부에서 직접 국민들에게 호소하는 형태를 가진 PR 활동이다. 이 공익광고 캠페인은 언론사의 자발적 참여와 함께 이루어진다. 즉, 광고란 결국 언론사의 협조 없이는 이루어질 수 없기 때문에 언론이 인정하는 공공의 이익이란 명분으로 이끌어 내 정부의 업무를 원활하게 하는 형태의 PR 방식이다.

3) 행정기관 PR을 위한 시사점

위에서 소개한 정부 PR 또는 행정기관 PR의 목적과 문제점을 전제로 할 때 우리나라 행정기관에 의한 대 국민 PR의 당면과제는 관과 민(民) 사이에 있는 불신의 벽이라고 하겠다. 정부는 국민을 설득하기 이전에 원활한 커뮤니케이션을 통해서 신뢰를 회복해야 하는 과제를 안고 있다.

또한 지방자치 실시에서 지방자치단체의 PR 활동은 그 중요성이 더 커지고 있다. 지방자치가 단순한 지방행정이 아닌 지방정치를 의미하는 한, 지방자치단체의 PR활동은 그 자체가 지방자치의 존재 이유가 될 만큼 중요하다. 무엇을 했느냐의 실적보다는 어떻게 하느냐의 과정이 더 많은 의미를 지니는 민주적 지방자치체제 아래서 정부나 지방자치단체의 PR 없이 정책이 수립된다는 것은 불가능하기 때문이다.

행정기관의 PR 실무자도 일반 기업의 PR 실무자처럼 정부가 하고 있는 일을 다양한 공중들에게 알리는 것을 제 1의 목표로 한다. 두 번째 목표로는 각 부처에 소속된 행정요원들의 사기를 진작시키는 것이다. 세 번째 목표는 공중으로 하여금 행정기관의 시책 및 정책을 이해하게 함으로써 이 시책과 정책에 관한 공중의 지지를 확보하는 것이다. 네 번째 목표는 관(官)과 다양한 공중 사이의 쌍방 커뮤니케이션을 도모하는 것이다.

조직의 미래는 대개 조직 구성원들에 의해 좌우된다. 기업의 경우는 소비자가 가장 중요하겠지만 사원들이 만족하지 않는 한 소비자를 만족시킬 수 없기 때문에 사원들이 일차적 공중이 된다. 마찬가지로 행정기관의 미래는 공무원들에 의해 좌우된다. 이들이 일선에서 국민들을 접촉하고 업무를 추진하기 때문이다. 따라서 이들에 대한 PR 교육에 지속적이며 장기적인 투자가 따라야 한다.[4]

---

4) 신호창 · 이두원, 《행정PR원론》(이화여자대학교출판부, 2002).

사 례

:: 안면도 사건과 정부의 PR

1. 원자력 발전소 운영 현황

우리나라에서 운영 중인 원자력 발전소는 1991년 현재 고리에 4기, 월성 1기, 영광 1기, 울진 1기 등 총 9개이며, 현재 2기를 더 건설 중이고 3기가 건설계획 중에 있었다. 또한 원전의 시설용량을 보면 국내 전체시설의 36.3%, 발전용량 또한 1979년에는 23억 Kwh로 전체 발전량의 7.4%에서 1990년에는 1,076억 7천백만 Kwh로 49.1%를 점유, 국내 전력 총공급량의 절반 가량을 차지했다.

2. 원자력 폐기물 관리

원자력 발전이 만들어 내는 방사성 폐기물은 생태계로부터 완전하게 격리시켜야 한다. 만약 이 핵분열 생성물과 핵폐기물이 어떤 사고에 의해 환경에 노출되면 사고 직후 인간이 사망할 수 있을 뿐 아니라, 10~20년 후에 암, 백혈병 등의 장애가 생기며, 자손에게는 유전적 장애까지 가져다주는 등 그 피해가 일반 환경오염에 비해 매우 큰 것으로 알려져 있다.

정부는 현재 발전소 내에 핵폐기물을 일단 저장하고 있으나, 영구적인 폐기물 처리장을 1995년 말까지 준공하기로 하고 건설계획 중에 있다. 또한 원전에서는 주변환경의 방사성 물질 오염에 대한 대비책으로 각종 실험을 통한 환경방사능 감시를 실시하고 있으며, 조사결과를 분기마다 정부에 보고하고 있다고 한다. 그러나 세계적으로 볼 때 핵폐기물의 처리기술도 계속 연구중에 있기 때문에 완전한 위험의 제거란 있을 수 없다고 여겨진다.

3. 원자력 발전에 대한 국민의 의식

1980년대 초 반공해운동의 일환으로 시작된 반원전(原電) 운동은 1986년 소련 체르노빌 원자력 발전소 사고가 발생한 후 그 강도가 더해지고, 최근의 사회환경 변화와 함께 원자력에 대한 국민의 관심이 급격히 고조되어 1988년 9월에는 '공해추방운동연합'으로 통합, 발족되었다. 1989년 9월에는 전국 '핵 발전소 추방운동본부'를 결성, 각종 조직적 수단의 동원과 언론을 통한 비판, 반핵 강연회 및 군중집회 개최 등으로 점차 조직화되고 있었다.

1989년 한국 갤럽조사 연구소에서 6대 도시와 4개 소재 지역주민 2천 3

백 명을 대상으로 실시한 원자력 발전소에 대한 국민의식 조사에 의하면 58% 가 원전발전 계속에 찬성, 34.4%가 반대를 표시했고, 50.8%가 안전성을 가장 중요시해야 한다고 답했으며, 61%가 원전이 안전, 또는 보통이라고 대답한 반면 37.6%가 안전하지 않다고 대답했다.

4. 정부의 원자력 발전 PR 현황

원자력 발전이 지니는 에너지원으로서의 중요성과 이의 안전성에 대하여 국민이 갖는 불안감에 비추어 볼 때 국내의 원자력 PR 활동은 매우 미미하고 저급한 수준에 머물러 있었다. 한전이 1989년 '원자력 안전실'을 설치하여 자료를 편찬하고, 정부에서는 과학기술처와 동력자원부에서 1986년 3월 한국 원자력 사업회 내에 홍보위원회를 설립했으며, 1987년에는 홍보부를 신설, 운영하고 있으나 그 활동은 지극히 부진한 상태였다. 특히 정부의 원자력 발전에 대한 PR 활동은 아직 이렇다 할 것이 없었으므로, 여기서는 한국전력의 PR 활동을 중심으로 살펴보기로 하겠다.

▪ 홍보용 책자 발간

한국전력 안전관리실에서 1990년 12월 몇 종류의 단행본을 발간했으나, 내용은 거의 정부의 일방적 입장과 원자력 발전에 대한 이점만을 강조하는 것이었다. 또한 한전에서는 한전의 원자력 PR에 대한 안내서를 제작, 지역주민들에게 배포하거나 원전에 비치해 두고 있었다. 1990년 12월에 창간된 월간 〈이달의 원자력 발전〉은 그 달의 원자력 발전 현황과 소식을 담은 뉴스레터였다.

▪ 일반인과 원전 주민 대상 일본 원전 시찰

1990년 일반인과 원전 지역주민에게 일본 원전 시찰기회를 주어 원자력 발전에 대한 이해를 구했다.

▪ 4개 원전 부지 내 전시관 개방 및 견학

1990년부터 한전은 4개 원전 부지 내 전시관을 일반인에게 개방, 연 2백 10만여 명이 견학할 수 있도록 했고, 한전 본사에는 자료 공개코너를 마련, 누구나 방문하여 문의와 열람을 자유롭게 할 수 있도록 했다.

▪ 전화 123 자동응답장치

일반인이 원자력 발전에 대한 의문사항을 풀 수 있도록 서울, 부산, 제주 지역에 전화 123 자동응답장치를 설치해 놓았다.

▪ 원전 소재 지역주민을 위한 월례 원전운영 설명회

한전에서는 각 원자력 발전소 주관으로 원전 소재 지역인사 및 지방 언론인을 대상으로 월례 원전운영 현황 설명회를 실시했다.

▪ 원전 주변 환경방사능 감시활동에 주민 참여

원전 주변의 환경방사능 감시를 위해 각 원자력 발전소에서는 원전 주변에 환경방사능 감시기를 설치했고 자체 감시를 실시했는데, 여기에 주민을 참여시켜 원전의 안전에 대한 이해를 구하고 주변의 토양과 농작물 등 환경자료를 분석했다.

▪ 원전 주변 지역주민 지원사업

원전 주변 지역주민을 위해 '발전소 주변지역 지원에 관한 법률'이 1990년 1월 1일부터 시행에 들어가 전력 판매수익의 일정률이 주민 소득증대 사업, 공공시설 사업 및 육영사업 등에 쓰이게 되었다. 또한 발전소 건설로 인한 이주자 및 지역주민을 우선적으로 고용하여 취업기회를 주도록 했으며, 이주자 및 생활기반 상실자에게는 소득증대 사업과 장학사업에 우선 지원하도록 했다.

▪ 원자력 백서 발간

1990년에는 국민의 요구에 부응하기 위해 원자력 발전에 관한 정보 및 자료공개 차원에서 《원자력 발전백서》를 발간했다.

5. 안면도 사건의 개요

안면도 주민들은 1990년 11월 3일 신문들이 핵폐기물 영구처리장 건설계획을 처음으로 보도할 때까지 비(非) 공중상태에 머물렀다. 그들은 정부의 안면도를 국제적 종합관광지로 개발하겠다는 약속 때문에 한껏 개발의 꿈에 부풀어 있었다. 그러나 11월 3일부터 '자각적 공중'으로 즉시 돌변하게 되었다. 그들이 직면한 문제가 무엇이라는 것을 파악했고 그 문제의 심각성에 놀랐으며 개발의 꿈에서 깨어났다. 그들은 자각적 공중에서 즉각 '활동적 공중'으로 변했다. 주민대책위원회를 결성하고 반대의사를 표명했다.

자료: 안면도 핵폐기물 처리시설 설치 반대시위(1990.11.8)

그런데도 정부가 핵폐기물 영구처리장을 건설할 방침인 것으로 보도되자 안면도 핵폐기물 처리장 건설 반대투쟁위원회를 결성했다. 이어서 안면읍내 라이온스, 로터리, 청년회의소, 반공청년회, 은우회, 이장, 새마을지도자 등 3백여 명은 11월 5일 안면 읍사무소에 모여 반대서명운동을 전개하기로 결의했다.

11월 6일부터는 주민들과 학생들 수천 명이 반대시위에 나섰다. 상가가 철시되었고 16개 초·중·고생 40%가 등교를 거부했다. 서산-태안 농어민생존권 대책위원회는 진상 요구서한을 관계 당국에 발송했다. 11월 7일에는 수천 명이 결사반대 투쟁결의대회를 열었다. 충남도청의 속임수적 행정에 분노한 이장단 28명과 새마을지도자들은 집단사표를 제출했다.

11월 8일에는 가장 격렬한 시위가 있었다. 초·중·고생 70%가 등교를 거부했고 안면 경찰지서가 불에 탔으며 지서장과 두 명의 다른 경관들이 집단폭행을 당했다. 경찰지서장의 승용차도 불에 전소되었고 소방서에 난입하여 소방차를 탈취했다. 읍사무소를 점거했으며 연륙교를 점거, 교통을 차단했다. 또한 군청직원 5명을 발가벗기고 집단폭행을 했다.

이와 같은 폭력시위는 공권력의 투입으로 더욱 자극을 받았다. 정부는 수천 명의 전경을 투입하여 시위를 진압하는 한편, 11월 8일 주민들이 원치 않을 경우 신규시설을 하지 않겠다고 무마성 발언을 했으며, 11월 9일에는 과학기술처장관을 문책 경질하고 충남도경국장을 직위해제 했다. 이어서 11월 10일에는 계획을 백지화한다고 발표했다. 같은 날 안면도 초·중·고생 등교율은 80%로 회복되었고 안면도 핵폐기물 처리장 건설 반대투쟁위원회는 해체되었다. 안면도는 차차 정상을 되찾기 시작했다.

이로써 11월 3일부터 11월 9일까지 1주일간 계속되던 활동적 공중의 반대투쟁은 자각적 공중의 주시활동으로 바뀌었다. 안면도 주민들은 11월 10일 수습대책위원회를 구성하고 구속자 석방운동에 들어갔다.

6. PR상의 문제점

안면도 사건은 정부당국이 속임수적 밀실행정을 통해서 핵폐기물 영구처리장을 만들려다가 활동적 공중의 조직적이고 격렬한 반대투쟁에 부딪쳐 발생한 주민시위 사건이다.

과학기술처는 핵폐기물 처리장 건설계획을 3급비밀로 분류하여 쌍방적 커뮤니케이션을 통한 공중의 이해와 협조를 구하지 않고 비밀리에 강행하려고 했기 때문에 심각한 한국적 PR 문제를 야기했다. 그런 점에서 안면도 사건은 하나의 훌륭한 PR 사례가 되었다고 할 수 있다. 두말할 필요도 없이 이 PR 사례는 조직과 공중 모두에게 좋은 교훈을 제공한다. 과학기술처는 안면도 사태 등은 과학기술에 대한 대 국민 홍보부족에서 발생한 것으로 판단, 원자력 분야를 포함한 과학기술에 대한 홍보를 강화해 나가고자 '과학문화홍보센터'를 설치했다. 그러나 안면도 주민들이 아직도 정부에 대한 불신을 버리지 않았다면 오랫동안 자각적 혹은 활동적 공중으로 남아 있게 될 것이다.

* 이 사례분석은 박기순 교수가 1991년 언론학회 총회에서 발표한 논문 "한국의 PR 문제: 안면도 사건에 대한 이론적 접근"과 필자가 서강대학교 정책과학대학원 "PR론" 강의시간에서 논의된 내용을 토대로 재구성한 것임.

2. 정치 PR

미국 PR 협회는 정치 PR(*political PR*)을 다음과 같이 규정하고 있다.[5]

- 정당, 위원회, 정치 후보자와 선거쟁점에 대한 투표에 영향을 미치기 위한 상담조언
- 공직자의 상담조언
- 입후보자를 위한 정치 캠페인의 관리 또는 선거쟁점에 대한 관리
- 법률제정 또는 각종 법규에 영향을 미치기 위한 목적으로 후보자나 재임자와 관계를 맺고 있는 PR주(또는 고용주)를 위한 PR 수행
- 정부기관 또는 정부부처(국내 또는 외국)에 대한 상담조언

1) 정당의 PR

정당 PR은 여러 관점에서 여타 사회단체들과는 다른 특성을 지닌다. 정당의 PR은 정치선전으로 악화되거나 선전활동으로 이행하지 않으면 안 될 만큼 언제나 '강요'될 위험에 직면해 있다고 할 수 있다. 바로 이 점 또한 여타 사회적 관심집단의 PR과 성격을 달리하는 점이다. 우리의 정치현실에서도 특히 정당 차원에서 PR은 선전 개념으로 활용되고 있고 일반화되어 수용되는 경향이 있다. 현재 한국의 여·야당의 PR 활동 관할 업무부서가 '홍보국'이 아닌 '선전국'의 명칭으로 편재되어 있는 것은 그 좋은 실례라고 할 것이다. 이 경우 그 '선전' 개념을 가치중립적인 것으로 전체주의적, 부정적 선전개념과는 다름을 알 수 있다.

(1) 정당 PR의 특성

정당 PR이 여타 사회집단의 그것에 비해 특이한 점이 있다.[6]

---

5) S. W. Dunn, *Public Relations : A Contemporary Approach*(Homewood, IL : Irwin, 1986), p. 163에서 재인용.

6) 방정배·최윤희, 앞의 책.

첫째, 정당은 어느 집단보다 그들의 이념과 관심을 관철하기 위한 많은 수단(기술적, 비기술적)을 지녔을 뿐 아니라, 정보전달과 확산의 더 좋은 입지를 지닌다. 정당은 당 기관지를 비롯한 성명서 및 각종 유인물 제작에 필요한 인력과 재력을 동시에 가동할 수 있으며, 전 국민적 정보전달 체계인 언론매체의 접촉 기회가 가장 많다. 더욱이 선거 및 투표행사 같은 정치적 사건이 있을 경우, 엄청난 홍보량을 소화할 수 있는 방송시간을 법적으로 배분받을 수 있는 유리한 PR 기회를 가진다. 이것이 정당만이 갖는 일종의 PR 특권이라 할 수 있다.

둘째, 정당은 다른 조직보다 견고하고 광역적 조직들과 거기에서 근무하는 당원 및 직원들을 PR 요원화할 수 있으며, 특히 의회에 진출한 국회의원을 통한 각종 로비를 벌일 수 있는 장점이 있다. 그뿐 아니라 의회에 진출한 당원으로서의 국회의원은, 한국의 공청회가 많은 '정치스타'를 생산해낸 사실에서 확인되듯, 소속 정당의 이미지 개선이나 성가를 높이는 데 큰 역할을 할 수 있는 PR 요원인 것이다.

셋째, 정당 PR의 목표는 의회 내에서 다수당을 점령하여 권력을 장악하거나 아니면 적어도 지금까지보다는 더 큰 의회의 다수석을 확보하려는 정당의 목적에 기여해야 하기 때문에 "정당의 정치적 입지를 강화하는 것"이 된다. 즉, PR 목적이 권력쟁취와 직결되어 있으며 민의의 산실인 국회와 직결되어 있다는 특성이 있다.

(2) 정당 PR의 공중

따라서 여기서는 정당 PR의 공중인 ① 당원·당 간부 및 책임자들, ② 지지하는 유권자들, ③ 정치적 경쟁자와 경쟁집단(他黨), ④ 정치적 무관심자로 기권하는 공중들을 중심으로 논의해 보기로 한다.

선거승리라는 정당의 최대 목표와 그 목표를 달성하기 위한 PR의 최대 목표는 지지하는 유권자들로 하여금 그 당이 내세운 후보자로부터 좌절이나 실망감을 느끼지 않도록 기존 지지도를 유지하는 것이고, 마음의 결정을 하지 못한 유권자를 자기 당을 지지하고 찬성하는 동조자로 만드는 일이며 무관심한 공중들을 정치에 관심을 갖게 하고 투표소로 끌어내는 것이다. 따라서 정당 PR의 일차적 목표는 유권자 공중을 비추고 있는, 혹은 공중에게 심어져 있는 이미지를 긍정적이고 우호적이도록 관리하는 일이다. 이 말은 자기 당에 이미 우호적인 공중에게는 그 당의 긍정적 이미지가 새롭고 신선한 것으로 느껴질 수 있도록 이미지를 관리하고 비우호적이거나 적대적 혹은 무관심한 유권자에게는 새로운 이미지를 조성해야 함을 의미한다. 새로운 이미지 전달이나 조성은 여론조사를 통해 얻은 공중의 필요와 관심을 충족시켜 줌으로써 가능해지며, 그리고 자당의 강력하고도 끈기 있는 기본 입장을 공중에게 제시함으로써 공당으로서의 강한 이미지와 신뢰를 심을 수 있다.

이 경우 몇 가지 문제가 고려되어야 하는데,[7] 그 하나는 정당이 유권자 공중의 인생관, 세계관 등 정신적, 이념적 필요와 그리고 기호, 물질적 관심들을 충족시키려면 정당의 강령이나 기본 지도노선을 포기해야 할 딜레마에 봉착한다는 점이다. 예컨대 신부나 목사의 방북사건에 대해 유권자 공중이 갖는 관심이나 관점이 다양하게 나타날 수 있는데, 다수의 기독교 신자인 유권자 공중의 진보적 관심을 충족시키고 당에 대한 그들의 호의적 이미지를 조성하기 위해 보수적 정강이나 당의 기본 이념을 포기할 것인가를 두고 정당은 고민하지 않을 수 없다.

그 다음으로 정치적 무관심자 및 투표 자체를 포기하는 시민들이 부쩍 증가하는데 그들을 어떻게 자극하여 그들로 하여금 정치행위자로, 관심자로서 투표소에 나오게끔 할 수 있느냐의 문제가 정당 PR의 큰 과제가 되고 있다. 이것은 하나의 중요한 선거 또는 선거 PR 전략이다. 왜냐하면 15~45%의 유권자가 투표를 하지 않고 포기하는 정치적 무관심 공중임을 고려하고, 총선시 투표율의 3~4% 격차에서 여당과 야당의 갈림길이 결정된다는 사실을 고려한다면 이들 무관심 공중을 동원하는 것의 성패는 곧 선거에서의 성패와 당락을 좌우하는 주요한 사안이다.

세 번째 문제는, 정당의 이미지 메이킹이나 쇄신에 당의 지도부 인

---

7) *Ibid.*

사 및 대표자의 표상과 이미지가 극히 중요한 역할을 담당한다는 사실이다. 그러므로 정당의 이미지 조성에서 결정적 역할을 정하는 당지도부의 인물들을 이념적으로 잘 부각시키는 일이다.

네 번째 문제는, 정당의 목표가 '선거에서 이기는 것'이고 그러므로 PR은 당의 정치이념을 관철하고 실현하여 선거에 참여하는 유권자들을 자당에 유리하게 정신적으로 사로잡는 것이 그 목표이다. 그런데 인간에겐 자기의 의견, 관점, 정신적 성향 등이 평생을 통해 조성되어 하루아침이나 며칠 동안의 단기간에 변화되지 않는 경향이 있다. 이것은 기존의 정치적 의견이나 특정 정당에 대한 우호적 감정이 바뀌는 것은 종교에 있어 개종에 비길 만큼 어렵다는 것을 말해 준다.

2) 정치 후보자 PR

정치 커뮤니케이션이 한 나라의 정치시스템에 영향을 미치는 커뮤니케이션 행위라고 한다면 밑에서부터 시민의 정치의사를 표현하는 발표적 기능(*expressive function*)과 위에서부터 시민의 정치의사를 조직하는 조직적 기능(*canalizing function*)으로 나눌 수 있다.

지난 유신시대, 그 뒤를 잇는 5공화국 시절 우리나라의 정치 커뮤니케이션은 민중의 정치참여가 보편적으로 배제되었다는 점에서 정치의사의 발표기능은 지극히 제한적이었으며 정치의사의 조직기능도 권위주의적이고 강제적이었다. 6·29 선언과 김영삼 정부 이후 국민의 정치참여가 확대되었고 시민의 정치의사 발표기능이 회복되었으며 정치의사의 조직기능도 권위주의적 특성에서 탈피, 민주주의화하는 과정에 있다.

정치광고와 정치 PR은 기본적으로 정당, 후보자, 압력단체, 여론매체 등에 의한 정치조직을 목표로 한다는 점에서 그것은 정치 커뮤니케이션의 조직기능에 속한다.

정치광고와 정치 PR은 자발적 설득 원칙 아래서 정치의사의 조직을 행해야 하기 때문에 행위는 민주주의 정치체제 아래서 가장 잘 발전하기 마련이다. 이렇게 볼 때 1987년 6·29 선언 이후 우리나라 정치체제는 민주화의 길목에 들어섰고, 1991년 상반기에 시행된 지자제 선거는 국민의 정치참여를 본격적으로 부활시켰다는 점에서 정치의 민주적 발전에 큰 전기를 이룸과 더불어 우리나라 정치 커뮤니케이션의 구조적 제한성을 탈피하는 길이 되는 것이다. 다시 말하면 민주주의 정치체제가 발전함과 더불어 정치 PR이 발전하는 환경적 여건에 놓이게 되었다는 말이다.

(1) 정치 컨설턴트

정치 컨설턴트(*political consultant*)란 후보들과 그들의 선거 캠페인을 위해 여론조사, 정치광고, 홍보기획 및 제작 그리고 DM을 통한 모금운동에서 컨설팅과 서비스를 제공하는 일에 전문적으로 종사하는 선거캠페인 전문가들을 말한다. 말하자면 그들은 선거에서 기술과 기법의 판매자이며 또한 창조자들이기도 하다.

사바토(Sabato)는 정치 컨설턴트를 두 유형별로 나누어 설명한다. 하나는 일반 컨설턴트이고 다른 하나는 특별 컨설턴트이다. 전자는 선거운동의 모든 국면에서 후보에게 조언을 해주며, 선거운동에 이용하는 모든 기법을 조정한다. 후자인 특별 컨설턴트는 선거운동의 한두 가지 측면에만 조언을 해주고 한두 가지 기법에 관한 그의 전문지식을 판매한다.[8)]

일반 컨설턴트이든 특별 컨설턴트이든 그들의 일차적 역할은 선거운동을 위해 서비스를 제공한다는 점에서 같다. 이들 컨설턴트들은 여론조사를 한다든지 지역구 조직을 구축하고 관리한다든지 또는 DM 모금운동 등의 일을 한다. 이런 기술적 업무에 못지않게 중요한 일이 컨설턴트의 폭넓은 경험과 명성은 물론 선거운동의 효율적 수행을 위한 전문적 조언이다. 여기서 정치 컨설턴트는 선거의 대 전략가로 군림하게 되는데 선거운동의 방향을 기획하고 감독하며 광고와 홍보를 통합, 조

---

8) L. J. Sabato, *The Rise of Political Consultants : New Ways of Winning Elections*(New York : Basic Books, 1981), pp. 8~10.

정하며 후보자에게 알맞은 이슈를 선택한다.

미국 정치에서 정치컨설팅이 본격적 직업분야로 정착하기 전에 그 일은 보통 법률가들에게 맡겨졌다. 선거운동 관리에 관련된 잡다한 일, 자금염출 및 관리, 유권자들과 접촉하는 일 등이었다. 또한 지역사정에 밝은 언론대행업자들도 한몫 톡톡히 하였다. 그러나 이들 법률가와 언론대행업자들은 정치문제에서 막강한 힘을 휘둘렀던 정당의 보스들에게 견주면 그저 참모역에 불과했다.

현대 정치 컨설턴트들이 큰 영향을 끼치면서 주목받기 시작한 것은 1933년으로 거슬러 올라간다. 그 해 캘리포니아 주의회는 북캘리포니아의 홍수통제 및 관계 시설개발을 위해 법안을 통과시켰는데, 태평양 가스 및 전기회사(PG & E)는 이를 민간 전력기업에 대한 위협으로 간주, 법안통과를 번복하기 위해 표 모으기 운동을 벌였다.

이 법안의 지지자들은 황급히 〈새크라멘토〉의 기자이며 언론대행업자인 클렘 위테커와 여성 PR 컨설턴트인 레온 스미스 백스터를 고용, PG & E 사의 운동을 와해시켰다. 위테커와 백스터는 3만9천 달러라는 제한된 예산으로 이 일을 해냈다. 그 후 PG & E 사는 오히려 이들을 연간계약으로 고용하였고 이들은 '캠페인' 사로, 후에 다시 '위테커와 백스터 캠페인' 사로 발전했으며 부부 정치참모가 되었던 것이다. 이 위테커와 백스터 캠페인 사는 그 후 20년간 순풍에 돛을 단 듯 정치 컨설팅사업을 성공적으로 운영하여 75건의 주요 캠페인에서 성공하기에 이르렀다.[9)]

그 이후 1970년대 초 정치 컨설팅은 미국 전역에 걸쳐 선거 캠페인의 보편적 요건으로 정착을 했다. 연방정부 주요 선거전 및 주정부 주요 선거전 자리는 물론 각종 자치정부 조직 선거직 자리까지도 후보자들은 정치 컨설턴트의 다양한 서비스에 의존하게 되었다. 1970년 조사한 67건의 상원의원 선거 캠페인 중 62건에서 광고사가, 24건에서 여론조사 회사가 고용되었는가 하면 20건에서는 기타 선거운동 관리회사의 지원

---

9) *Ibid.*, p. 11.

을 받았다는 것이다. 1960년대까지 정치컨설팅을 전문적으로 하는 사람은 없었으나 1980년대에 들어와 정치 컨설팅에 종사하는 사람은 수백 명, 여기에 지방정치 광고전문인까지 합치면 수천 명을 헤아리게 되었다.

3) 정치 PR의 가능성과 문제점

정치 PR의 문제점은 여러 가지 조작기법, 허구적 인물조성, 의사사건(*pseudo-events*) 연출 등에서 잘 드러난다. 1964년 캘리포니아 민주당 상원의원 엥글이 뇌수술을 받고 한쪽 팔이 마비되고 실어증에 걸리는 등 인체적 결함에도 불구하고 재출마를 발표하자 그를 담당한 정치 컨설턴트들은 엥글의 건강한 모습을 보여주는 42초짜리 정치광고 등 홍보물을 제작하여 노골적 사기수법을 쓴 일이 있다. 결국 엥글이 예선전 이전에 사망해서 들통나고 말았다.

노골적 사기수법은 아니더라도 가짜 행사를 연출함으로써 매체 측의 주목을 얻는 수법은 자주 등장한다. 이들 매체 전문가들이 벌이는 광고 및 PR은 미국 정치언론의 흐름을 크게 오염시키고 있다는 비판을 받는다. 유권자의 시선을 끌고 호의적 반응을 얻기 위해 그들은 흔히 술수, 헛구호, 연기정치에 의존하고 있기 때문이다. 앞서 인용한 미국의 선구적 정치 컨설턴트 위테커가 "쇼를 연출하라"고 충고한 바 있듯이 신기한, 그러나 내용 없는 쇼를 연출함으로써 유권자의 시선을 끌고 드디어는 표를 모아들이는 데 성공했던 것이다.[10)]

그 기법의 하나가 걷기 운동이다. 1970년대 초 네바다 주의 무명언론인 토마스 메클링은 네바다 주를 걸어서 통과하여 매체의 시선을 끄는 데 성공, 민주당 상원의원 후보 지명전에서 유리한 적수를 물리칠 수가 있었다. 걷기 정치 술수의 첫 주자는 로튼 차일스로 1970년 그는 플로

---

10) 김정기, "정치 커뮤니케이션으로서의 정치광고와 정치 PR의 가능성과 제한점", 한국 PR 협회 PR 교실 강의자료에서 재인용(1991년 2월).

리다 반도를 내리질러 1천 3마일을 걸어냄으로써 '걷는 로튼'이란 별명이 붙었고 드디어 상원의원에 뽑힐 수 있었다. 1972년 같은 수법으로 댄 워커가 일리노이 주지사로, 딕 클락은 아이오와 현역 상원의원을 무찌를 수 있었다.[11]

이렇게 하여 정치 술수가 무제한 선거운동에 동원되어 미국 정치언론은 오염되고 이를 부추기는 광고와 홍보가 춤을 추게 된다. 문자 그대로 수백 명의 후보자들이 부츠를 신고 걷기 경쟁을 하는 '바보들의 행진'을 벌였던 것이다. 그 후 이 걷기 술수는 조깅 술수로 이어지고, 현재 여러 변형이 이어져 오고 있다.

이러한 정치 PR의 조작적 행동을 지양하기 위하여 정치 PR 분야에서 일하는 실무자에게는 몇 가지 지켜야 할 윤리적 지침이 따른다. 여기에 미국 PR 협회(PRSA)가 제창한 윤리지침 중 일부를 소개한다.

① 정치 PR을 수행하는 실무자는 PR 수행과 관련된 각종 법규를 잘 알아야 하고 그 법률을 엄격히 지키는 것은 그 실무자의 책임이다. 여기에는 로비활동, 정치헌금, 선거, 명예훼손 등을 관장하는 각종 법규가 포함된다.

② PR 협회 회원들은 PR주 또는 기업주를 성심껏 대표하며 후보자나 쟁점을 위해서 당파적 변호가 예상되겠지만 회원들은 공공의 이익에 부합하는 행동을 하며 진실과 정확성, 그리고 일반적으로 수용되는 기준에 따라 행동해야 된다.

③ 회원은 책임 있는 사람이 서명하지 않았거나 허위, 오해를 불러일으키는 퍼블리시티 또는 광고를 준비하지도, 이용하지도 말 것이며 그러한 자료를 배포하는 일도 피해야 한다.

④ 정부의 행정처리 과정을 더럽히지 않기 위하여 회원은 구체적인 유권자, 국회의원 또는 공무원의 의사결정에 영향을 미칠 금전거래 또는 그 외의 값진 것을 몰래 선물해서는 안 된다.

---

11) *Ibid.*

⑤ 회원은 직접 또는 제 3자를 통하여 전달된 거짓 또는 오해의 소지가 있는 정보를 이용하여 의도적으로 상대 후보자의 명예에 상처를 입혀서는 안 된다.

제 20 장

국제 PR

1. 국제 PR의 의미

국제 PR은 한 기업, 기관 또는 정부가 타국의 공중들과 상호 호혜적 관계를 수립하기 위한 계획적이고 조직적인 노력으로 규정할 수 있다.[1] 그 공중은 또한 특정 기업, 기관, 정부로부터 영향을 받거나 영향을 미치는 다양한 집단들로서 규정된다.

오늘날 'Public Relations'가 전 세계적으로 동일한 용어로 사용되지는 않지만 무려 100여 국이 이를 채택하여 시행하고 있다. 이런 현상은 전 세계적으로 기술적, 사회적, 경제적, 정치적 변화의 결과이며 PR이 광고, 마케팅 외교의 긴요한 요소라는 인식에서 비롯된 것이다.

기업이 여러 국내·외적 환경요인에 의해 국제화의 물결을 타게 됨에 따라 국제적으로 상호접촉의 기회가 확대되고 있으며, 많은 대기업들이 다국적 기업화하는 경향이 있다. 이와 같이 현대기업이 국제화의 물결에 따라 다국적화 또는 다국적 기업화되는 원인은 해외 원자재의 개발 도입, 제품의 수출입 등과 같은 오랜 역사를 지닌 국제 거래에서 그 원인을 찾을 수 있으며, 오늘날 미국을 위시하여 서유럽·일본·한국 등이 국제기업 활동에 참여함에 따라 다국적 기업의 등장 및 팽창은 여러

1) D. L. Wilcox, P. H. Ault, & W. K. Agee, *Public Relations : Strategies and Tactics* (New York : Harper & Row Publishers, 1986), p. 370.

면에서 지난 수년간에 나타난 세계적 경향들 중 하나라고 할 수 있다. 국제환경은 복잡성(*complexity*), 다원성(*plurality*), 지속성(*continuity*) 등을 그 속성으로 하는 아주 특수한 경영환경이어서, 국내 경영환경에 길들여진 경영자로서는 경쟁과 도전이 격심한 국제환경에의 적응이 쉽지 않은 것이다.

제2차 세계대전이 끝난 이후 각종 국제협약이 무역을 증대시키는 한 방안으로서 유행되다시피 했다. 이러한 협약으로는 관세의 조정, 쿼터제의 폐기, 무역분쟁 조정과 관련된 것 등이 있다. 그 예로 1948년에 제정된 브뤼셀 협약과 유럽협력기구(OEC), 유럽협의회(CE), 유럽공동체(EU), 세계무역기구(WTO), 자유무역협정(FTA) 등의 출현을 들 수 있다.

한편 각국 정부는 세계 무대에서 자국의 위상을 증진시키려는 노력을 늘리면서 이를 위한 도구로 PR을 활용하고 있다. 문화적 유산을 보호하고 일자리를 확보하려는 노력 하에 많은 국가들은 외국기업, 정부기관 및 미디어와 충돌을 빚고 있다. 특히 많은 개발도상국에서는 강력한 민족주의의 대두와 더불어 공정하지 못한 신문·방송의 보도를 이유로 현지 특파원들의 취재활동을 제한하는 조치를 취하기도 한다.

2. 국제 PR의 유형

1) 기업의 국제 PR

수백 개 미국기업들을 비롯해서 대개의 산업국들은 수십 년 동안 국제 PR과 광고를 시행하고 있으며 1970년대와 1980년대 초 전 세계적인 경제불황에도 불구하고 국제시장에서 이들의 참여는 꾸준히 성장하였다. 유럽, 극동 및 남미를 포함한 세계 여러 지역의 생활수준이 향상되고, 문맹률도 낮아지며 많은 국가에서 인쇄 및 방송미디어가 성장하고, 특히 통신위성이 등장함으로써 효율적 마케팅과 커뮤니케이션의 토대가 되고 있다.

아이비엠(IBM), 제너럴 모터스(General Motors), 엑슨(Exxon), 코카콜라(Coca-cola)와 같은 미국기업들과 필립스(Philips), 소니(Sony)와 네슬레(Nestle) 등은 국제기업으로서 오랜 역사를 지니고 있으며 수많은 외국기업들과 경쟁하고 있다. 이 중에서 IBM은 대표적인 다국적 기업으로서 120여 개국에서 기업활동을 벌이며 연간 기업 매출액의 반이 넘는 액수를 미국 밖에서 벌어들이고 있다. 다국적 기업들은 해외시장을 확장하면서 현지의 각종 법규, 문화, 현지인의 가치관 적응 및 대응을 위하여 최근에는 해외지사에 PR 책임자를 고용하고 있다. 그 예로 ITT-Europe은 벨기에 브뤼셀에 공공문제 사무소를 설치하여 유럽에서 진행되는 각종 상황을 모니터링하고 ITT 경영에 필요한 적절한 조치를 제의하는 임무를 수행한다. 그리고 각 기업의 PR 부서, 광고 및 마케팅 부서는 PR 대행사들과 긴밀한 협조 하에 업무를 추진한다.

삼성, LG, SK 등을 포함한 한국 기업들도 기업 이미지 광고, 마케팅, 각종 행사후원을 통해서 해외 PR을 적극적으로 수행하고 있다.

미국과 유럽의 PR 대행사들은 다국적 기업들의 해외 마케팅과 기업활동을 적극 지원한다. 이 분야에서 가장 활발한 대행사로는 버슨 마스텔러(Burson Marsteller), 케첨(Ketchum), 쉔드윅(Shandwick), 힐 앤 놀튼(Hill and Knowlton) 등을 들 수 있다.

2) 국제기구 PR

수많은 비영리 국제기구와 협회가 국제적 지원을 받아 운영되고 있다. 이 중에서도 국제 적십자사, 국제 상공회의소를 비롯한 수많은 재단, 교육기관과 정부 지원기관들은 PR 프로그램을 활발히 시행하고 있다. 이러한 기구와 협회는 효율적 운영을 위해서 자신들의 이미지 관리가 매우 중요한 일이며 일반 영리기업과 마찬가지로 지속적으로 환경을 모니터링하고, 이 기구와 협회가 운영되고 있는 외국의 현지 정부와 공중과의 우호적 관계를 유지해야 한다.

국제 적십자사, 유엔아동기금(UNICEF) 등 각종 국제 구호단체는 주기적으로 PR 캠페인을 통해서 기금과 구호품을 모은다. 여러 국가에 흩어져 있는 유태인 단체들은 1982년에 일어난 레바논 대학살 사건에 이스라엘이 연루되어 있다는 비난에 대응하는 PR 캠페인을 벌인 바 있다. 중동지역의 여러 국가들을 지원하는 시민단체들도 이와 유사한 캠페인을 벌이기 위한 기금을 모았다.

3) 국가간 해외 PR

어느 나라 어떤 정부도 타국이나 타민족이 자국에 대해 우호적 국가 이미지를 갖기를 기대하고 그렇게 되는 것에 관심을 둔다. 따라서 정부의 PR은 상대방 국가의 자국에 대한 기존 이미지나 표상을 계획적인 정보 제공을 통하여 개선하거나 수정하는 것에 그 목적을 둔다. 즉, 외국에서의 자국 이미지 관리가 대외 PR의 최대 관심사라는 것이다. 국가간 PR 활동은 그 장르가 현대국가로 옮겨오면서 크게 확장하고 있는 바 외교행위의 하나로, 문화활동의 하나로 그리고 신문, 방송 등 언론행위의 하나로 그 형태가 분화되어 전개되고 있다.

국가간 홍보활동은 제 1차 세계대전 직후 각국이 국가 이미지 개선과 관계 관리 차원에서 현대적 의미의 국제 PR을 시작한 이래 외교활동의 일환으로서 뿐만 아니라 준 외교조직인 문화원이나 각종 친선봉사 및 사절단 등으로 그 홍보활동 영역이 확대되었고, 방송전파에 의한 국제적 공중(空中) PR 전쟁으로까지 확장되었다.[2] 해외방송 및 국제방송의 경우 국영 및 관영방송의 제도가 적합하다는 것은 이런 점에서도 설득력이 있다고 할 것이다.

오늘날 현대국가가 외국을 상대로 PR해야 하는 이유는 여러 가지가 있겠으나 다음과 같이 몇 가지로 요약할 수 있겠다.[3] 첫째, 신생국들의

---

2) 이상철, 《여론선전론》(범우사, 1986), pp. 249~252.

3) 방정배·최윤희, 《여론과 정치설득》(나남출판, 1989), pp. 312~313.

경우 타국에 대해 우선 자국을 소개해야 하고 자국의 존재를 알려야 하며 지속적 정보제공으로 실제 상황에 합치하는 국가상을 인식시켜야 한다. 그렇지 못할 경우 타국에 잘못 알려지고 오해되기 쉽기 때문이다.

둘째, 기존 국가들의 경우는 어떤 새로운 정책을 개발 추진할 때 타국의 지지와 신의를 얻어야 하기 때문에 필수적으로 국제 PR 활동이 요청된다. 예컨대 정부시스템이 바뀌든지 대통령책임제 등이 내각제로 혹은 연정(聯政)으로 전환할 때 타국의 지지도와 기존의 신뢰유지를 위해 반드시 국제 PR이 필요한 것이다.

셋째, 국가와 정부는 외국의 지지와 묵인 및 신뢰를 필요로 하는 국가 정책문제와 수시로 만나기 때문에 대 외국 PR이 요청된다. 예컨대 한국이 북방정책을 추진하고, 동구국가들과 경제교류를 확대할 경우 미국・일본 등 기존 우호국들의 이해와 지지를 얻기 위해 국제 PR을 하는 것이다.

넷째, 외국의 특정 수용자를 겨냥한 국제 PR 활동의 필요성이 제기된다. 예컨대 우리나라가 IMF를 통하여 자금을 지원받는 과정에서 경험했듯이 자국의 신용도를 타국의 재계・금융계에 널리 이해시켜 차관을 얻어오든지 투자를 유도하는 것 등이 거론될 수 있겠다.

각국의 모든 정부는 국제 커뮤니케이션을 담당하는 부서를 두고 있다. 이러한 부서는 뉴스와 여론, 신문용지와 인쇄기계의 구입, 해외특파원들의 뉴스취재와 배포, 정보를 수집하고 배포하는 통신사, 자국의 국제정보와 선전활동을 비롯해서 방송과 신문에 대한 직・간접 통제를 한다.

공보원 기능이 두드러진 나라가 바로 미국이다. 미국은 지난 1978년 USIS(미국정보센터)라는 대외정책기구를 발족시킨 이래 전 세계 200여 개소에 재외사무소를 두고 있다. 재외사무소는 정보수집, 출판사업, 영화상영 등 다양한 사업을 전개한다. 재외사무소가 수집한 정보는 워싱턴 DC의 본부로 보내지며, 본부는 이를 취합하고 각종 홍보자료를 내보내기도 한다. 이는 정부 예산으로 운영되는 대통령 직속기관이다. 따라서 대외 홍보정책 및 외교정책과의 일관성 유지가 용이해 가장 효율적 형태라는 평가를 받고 있다.

영국 문화원은 1934년 설립된 비영리단체이다. 주요 사업은 영어교육, 도서관 운영, 학술 및 예술교류 등으로 구성된다. 100여 개국에 재외사무소를 두고 있으며 자체 수입으로 예산의 30%를 해결하고 나머지는 연방외무성과 해외개발청의 지원을 받는다.

프랑스의 '알리앙스 프랑세즈'는 잘 알려진 대로 불어교육에 가장 큰 주안점을 두고 있다. 문화성으로부터 약간의 보조금을 받지만 거의 현지 수입으로 재정을 충당한다. 불어교육 외에도 음악회, 전시회, 영화 상영 등 현지인을 상대로 다양한 문화서비스를 펼친다.

1951년 설립된 독일의 비영리기관 '괴테 인스티튜트'도 프랑스의 앙리앙스 프랑세즈와 운영형태가 거의 흡사하다. 다른 점이 있다면 불어가 아닌 독일어를 전파한다는 사실이다. 일본도 42개국에 43개소의 '광보원'을 운영하고 있다. 광보원은 초기에는 공보원 성격이 강했으나 점차 '문화원' 성격으로 옮겨가는 양상이다.

나라마다 성격이 조금씩 다르기는 하지만 선진국 홍보체계의 공통점이 있다면 자국민보다는 주재국 국민을 적극적으로 공략한다는 점과 다양한 수익사업을 통해 운영경비의 일정 부분을 충당한다는 점 등이다. 심지어 문화원에서 커피숍을 운영하는 나라도 있다.

한국은 재외문화원과 재외공보원으로 이원화되어 있는데 전자는 문화체육부, 후자는 공보처에 속해 있다. 문화원은 해외에 한국의 전통문화 소개와 예술교류, 공보원은 국가홍보와 정보수집 등이 주요 업무이다. 선진국가의 해외 PR 체계는 한 기관에서 통합적 기능을 수행하고 있으나 한국은 이처럼 문화원과 공보원이 분리되어 있어 업무가 중복되며 기능이 비효율적이다. 따라서 공보원, 문화원, 무역진흥공사, 관광공사 등 여러 개로 흩어져 있는 해외기관들을 미국정보센터처럼 하나로 통합해서 PR 기능을 극대화해야 한다는 주장이 일고 있다.

4) 한국 해외 PR의 과제

제 2차 세계대전 후 냉전체제가 무너지고 새로운 질서개편이 이루어지는 등 국제정세가 급변하고 있으며 1987년 대통령직선, 1988년 서울올림픽 개최, 2002년 월드컵 개최 등으로 한국에 대한 국제사회의 인식이 바뀌고 있다.

소련 연방의 붕괴, 중국 및 동구 국가들과의 국교수립, 교역확대 등의 관계개선이 남북한 정세에 많은 영향을 미치는 것은 물론 한국이 경제성장으로 국제적 무역국가로 부상됨에 따라 통상마찰이 증대되고 있다.

10여 년 전 외환위기로 IMF의 자금지원을 받고 최근 미국을 포함한 여러 국가들과의 자유무역협정 체결 등 국내외적으로 신속히 변화되는 환경을 전제로 할 때 정부의 대외 PR은 기존의 PR 관행에서 탈피하여 해외 PR의 과학화가 우선적 과제라고 하겠다. 체계적 연구를 통하여 PR 매체의 다원화, PR 효과에 대한 과학적 측정, 타문화의 이해, 새로운 PR 기법의 개발을 비롯하여 유능한 PR 요원의 확보와 훈련이 지속적으로 수행되어야 한다.

3. 국제 PR에서 극복해야 할 장애요인들

국제 PR 수행과정에서 실무자들이 부딪히고 극복해야 할 여러 점들이 대두된다. 정치, 경제, 사회제도는 물론 문화의 차이가 PR관행에 많은 영향을 미친다. 이 장에서는 이러한 여러 요인들 중 문화를 중심으로 살펴보기로 한다.

1) 해외환경 모니터링의 어려움

조사연구를 통해서든 그 외 모니터링을 통해서든 해외시장에 관한 쓸모 있는 정보를 얻기란 매우 어려운 일이다. 많은 경영인들은 해외에서 경영활동을 할 때 제한적이고 흔히 신빙성이 적은 정보에 의존할 경우가 많다. 다국적 기업들이 연구원들을 다수 확보하고 있음에도 불구하고 만족스런 해외연구를 수행하기 어려운데 그 이유를 들면 다음과 같다.

- 연구수행에 필요한 비용의 부족
- 외국, 특히 개발도상국에서 수행된 연구, 수행된 연구의 질에 대한 의구심
- 현지 연구자들 및 응답자들과의 커뮤니케이션의 어려움
- 연구기법이 해외에서 적용될 때, 그 타당성에 대한 의구심
- 많은 경쟁기업들간에 연구로 대결하려는 노력의 부재

키간(W. Keegan)은 외국환경에 관한 정보를 얻기 위한 방법을 〈표 20-1〉과 같이 제시하고 있다.[4)]

〈표 20-1〉 국제환경 진단법

진단법	진단범위
관 찰	외부정보에 대한 일반적 노출로써 관찰자가 탐색 외에는 다른 구체적 목적을 마음속에 지니지 않음
모니터링	적극적 조사가 아닌 외부정보에 특정영역 또는 유형에 집중하는 것
조 사	비교적 제한적이고 비공식적으로 구체적 정보를 추구함
연 구	구체적 목적으로 정보를 찾아내려는 공식적이고 조직화된 노력

4) W. J. Keegan, *Multinational Marketing Management*, 3rd ed. (Englewood Cliffs, NJ : Prentice-Hall, 1984), p. 217.

2) 언론 관계

많은 나라에서 개인의 성공에 관한 보도자료는 보통 뉴스로 받아들여지지만 어떤 나라에서 이러한 보도자료는 광고로 간주되기 때문에 만약 보도된다면 이에 대한 비용을 지불해야 한다. 중동의 일부 지역에서는 신문사에 보도자료가 실리게 되면 이에 대한 비용을 지불해야 한다.

경영자가 외국에서 기자회견을 갖게 되면 기자회견을 갖기 전에 연습하는 일이 중요하다. 경영자는 도전적인 질문에 인내와 사실에 근거한 정보를 답할 수 있도록 준비가 되어 있어야 한다.

언론 관계에서 흔히 저지르는 실수는 보도자료를 그 나라의 언어가 아닌 영어로 배포하는 데서 온다. 또 다른 실수는 기자회견은 사실은 그렇지 않은데도 어느 곳에서나 똑같다는 전제에서 오기 쉽다. 그 예로 홍콩에서 가진 기자회견에 참여한 기자들은 미국과 유럽기자들뿐이었다. 그러나 보도자료가 이미 중국어로 번역되어 배포되었는데도 기자회견이 끝나자마자 중국기자들이 외국기업 경영인에게 몰려와 그가 말한 내용이 무엇인지 설명을 요구했다. 중국기자들은 일반적으로 많은 사람들 앞에서 일어서기를 꺼려한다. 한편 일본 기자회견에서의 침묵은 좀 다른 것을 의미한다. 일본사람들은 대답하기 전에 문제에 대해서 심각하게 생각하는 경향이 있다. 더욱이 일본의 기자회견에서는 '체면'(*face*)이 강조되며 언짢은 대결은 피하는 것이 상례이다.

3) 문화 요인들[5)]

국제 PR 수행시 개인이건 기업이건 가장 필요한 사항은 해외 현지의 문화를 이해하는 일이며, 그 이해를 효과적으로 이용할 수 있는 능력이다. 어떤 나라에서는 손님을 45분 이상이나 기다리게 해도 문제가 되지

---

5) 국제 PR과 문화의 차이에 관한 좀더 상세한 논의는 다음을 참조. 최윤희, 《인터컬처럴 PR》(책과 길, 1996) 또는 《국제 PR》(커뮤니케이션북스, 2007).

않는다. 아프리카와 중동지역에서 상당한 시간 동안 세상 돌아가는 이야기를 하지도 않고 곧바로 비즈니스를 이야기하는 것은 실례로 간주된다. 독일에서는 최고경영자가 사무실에 제일 먼저 출근하여 제일 나중에 퇴근하는 것이 관례로 되어 있다. 이들은 각 사회 문화의 일부분이며 불문율로 되어 있는 몇 가지 예에 불과하지만 때로는 이러한 문화적 차이가 해외에서 PR을 수행하는 데 큰 장애가 된다. PR 실무자는 타 문화권에서 업무수행 중 그 문화에 부합되지 않고 있다는 점을 발견하게 되면 불안해하고 실례를 범하고 있는 것은 아닌지, 또는 할 말을 제대로 전달하고 있는지 의구심을 갖게 된다.

아프리카에서 근무하는 한 서양기업 관리자가 아프리카 현지인 한 명을 채용하겠다는 공고를 냈다. 지원자들이 몰려들어서 여러 번에 걸친 면접을 통하여 가장 적합한 사람을 선정한 후 통보하자 놀랍게도 그 지원자는 관리자에게 일자리를 받아들일 것인지의 여부를 다음날까지 알려 주겠다고 대답했다. 많은 사람들이 그 일자리를 원하고 있노라고 말해줘도 그는 막무가내로 다음 날까지는 결정할 수 없다고 말했다. 관리자는 할 수 없이 이에 동의하고 하루를 더 기다려야 했다. 그 지원자가 후에 설명하기를 그는 자기가 속한 부족 신앙을 따라야 했기 때문에 그날 당장 결정을 하지 못했다는 것이었다.

그러면 PR 실무자들이 부딪히는 문화적 문제는 어떠한 것들이 있는가? 국제경영에 관한 권위자인 번 텁스트라(Vern Terpstra)는 그의 저서에서 다음과 같은 중요한 영역들을 지적한다.[6]

① 언어(국어, 문어, 공식적 언어, 언어적 다원주의, 국제어, 매스미디어)

그리고 문화간 커뮤니케이션에 관한 논의는 다음을 참조. 최윤희 등, 《한국인과 문화간 커뮤니케이션》(커뮤니케이션북스, 2002) 또는 래리 사모바·리처드 포터, *Communication between Culture*, 최윤희 등 옮김, 《문화간 커뮤니케이션》(커뮤니케이션북스, 2007).

6) Vern Terpstra, *The Cultural Environment of International Business* (Cincinnati: South-Western Publishing, 1978).

② 종교(신성시되는 사물, 철학적 체계, 신념, 규범, 금기사항, 공휴일, 의식)
③ 가치관과 태도(시간, 성취, 노동, 부[富], 변화, 과학적 방법)
④ 법(각종 규약, 외국법, 국내법, 국제법)
⑤ 교육(정규교육, 직업훈련, 문자해독 수준, 인간자원 활용계획)
⑥ 사회기관(혈연관계, 사회기구, 이해집단, 사회이동, 사회적 층족, 지위체계)
⑦ 테크놀러지와 물질문화(교통, 에너지 체계, 커뮤니케이션, 도시화, 과학・발명)
⑧ 정치(민족주의, 주권, 제국주의, 군사력, 국가 이익, 이데올로기, 정치적 위험부담)

앞에서 제시한 장애요인들 중에서 문화의 차이에 관한 문제를 좀더 자세히 살펴보자. 우리들이 처한 주위환경 속에서 모든 사물과 일에 대하여 의미를 부여하는 사회적 지각은 커뮤니케이션 과정에서 중요한 요소 중 하나다. 문화간 커뮤니케이션 현상의 하나인 국제 PR 상황에서는 각 사회의 특징적 문화가 사회적 지각의 형성과정에 영향을 미치기 때문에 문화적 요인이 더욱 중요해진다.

〈그림 20-1〉 문화적 상이점

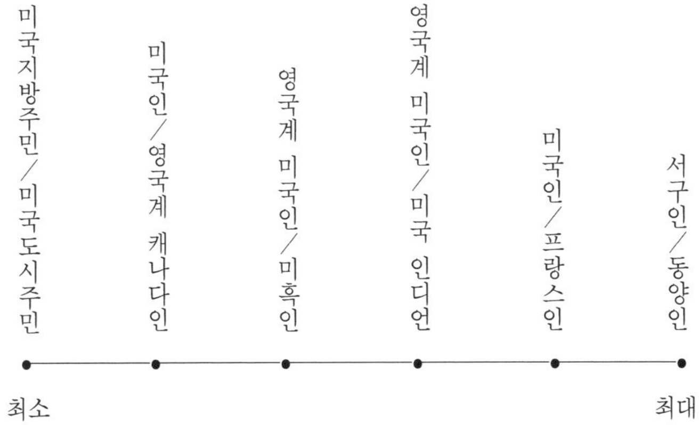

문화간 커뮤니케이션 과정에서 문화에 의하여 가치관이 결정되는 데는 여러 변수가 작용한다. 이 변수는 우리의 지각형성에 영향을 미치고, 대화할 때 사용하는 메시지 의미에 영향을 미친다. 이러한 변수들로는 우리들의 태도, 사회조직, 사고방식, 역할, 언어를 비롯해서 공간의 개념, 시간관념과 같은 비언어적 요인을 들 수 있는데 이들은 서로 상호작용하기 때문에 한 가지 변인만을 독립적으로 다루기는 어렵다.

그러면 여러 가지 사회·문화적 요소들이 어떻게 인간의 지각형성에 영향을 미치는가 살펴보기로 한다.

(1) 신념, 가치의식과 태도

신념(*beliefs*)은 일반적인 어떤 대상(*object*)이나 사건이 어떤 특성을 지닐 것이라는 각 개인의 주관적 개연성으로 볼 수 있다. 우리가 사건이나 대상이 어떤 특성을 지닌다고 믿는 정도는 우리들의 주관적 개연성(*probability*)을 반영하며 결과적으로 신념의 깊이나 강도를 반영한다. 따라서 우리가 어떤 신념에 확신을 갖게 되면 될수록 그 신념의 강도는 커지게 된다.

가치의식(*values*)은 신념과 태도체제의 평가적 측면을 의미한다. 문화적 가치의식은 한 문화권 구성원들에게 무엇이 좋고 나쁘며, 옳고 그르며, 진실이고 거짓인지 또는 긍정적이고 부정적인지를 알려준다. 또한 문화적 가치의식은 한 문화권 내에서 어느 행동이 중요하며 어느 것은 금기시한다는 점을 구체화한다. 문화적 가치의식은 사회 내에서 선택을 위한 규칙이자 갈등을 줄이는 규칙이다.

신념과 가치의식은 우리들의 태도형성에 영향을 미친다. 신념, 가치의식 및 태도의 문화적 편견(*cultural bias*)은 투우의 예에서 찾을 수 있다. 많은 외국인들은 투우에서 소를 죽이는 일은 잔악한 행위로 본다. 따라서 이들은 투우를 부정적 태도로 보고 있으며 투우장에 가기를 꺼리거나 심지어 텔레비전에서도 그러한 장면을 피하려 든다. 사람들 중에는 투우를 금할 것을 주장하는 캠페인을 벌이기도 한다. 그러나 많은 스페인 사람들에게 투우는 사람과 짐승 간의 용기를 겨루는 일로 간주된다. 여기서는 투우가 긍정적으로 평가되고 투우사의 승리는 용기와 기술의 시위로 간주된다.

우리가 갖는 태도 중에서도 자민족 중심주의(*ethnocentrism*)는 문화적 갈등을 불러오는 가장 큰 원인이 되는데 이는 사람들이 무의식중에 자신이 속한 집단의 규범과 관습을 기준으로 타민족을 판단하려는 자세를 의미한다. 자기들 것과 비슷하면 비슷할수록 그들을 가까이 하려 하고 다르면 다를수록 멀리하려 한다. 그들 자신이 속한 집단이나 문화가 세상에서 제일이라고 보고 있으며 가장 도덕적이라고 생각한다. 이런 견해는 그 태도가 옳든 그르든 '우리나라가 최고야'라는 생각을 낳게 된다. 그래서 정치적, 민족적 우월사상에서 나온 태도는 문화배경을 달리한 사람들 사이의 대화에서 가장 큰 장애가 되고 있다.

자민족 중심주의를 낳는 또 다른 원인으로는 종교를 들 수 있다. 세계의 많은 종파는 오로지 그들의 정당성만을 주장하여 타 종파와 엄격히 구별지으려 하며 어떤 이들은 타 종파를 모두 이교도로 간주하기까지 한다. 이런 독단주의는 종교 자체의 문제를 넘어 타 문화에 대한 적대감마저 불러일으킨다. 이러한 적대감은 결국 어느 사회의 습관, 의복, 음식, 예술, 전통 및 민족적 특징에 대한 인식에 크게 영향을 주게 된다.

만일 타 문화권의 관습을 무조건 경시한다면 어떻게 문화배경이 다른 사람들과 성공적으로 대화할 수 있겠는가? 결국 민족적 우월사상은 문화의 장벽을 넘어서 대화하려는 인간의 의도와 욕망을 앗아가는 결과를 가져온다.

(2) 언어

많은 사람들이 타 문화권 사람들과 대화할 때 가장 필요한 것은 통역관이라고 가볍게 여기고 만다. 이런 사고방식은 문화와 언어와의 관계를 이해하지 못한 소치일 것이다. 대체로 언어는 문화의 산물이고 문화 역시 언어의 산물로서 문화와 언어는 불가분의 관계이다. 우리가 무엇을 생각하며 어떻게 생각하느냐는 것이 언어의 직접적 역할이다. 또한 우리가 무엇을 어떻게 생각하느냐는 것은 우리 문화의 본질을 부분적으로 결정짓는 것이다.

언어의 차이에서 발견되는 가장 큰 문제점은 우리의 지각이 이루어지는 과정에서 단어가 작용하는 역할이다. 어떤 사물에 대한 판단과 뜻을 부여하는 일이 지각의 일부인 이상 단어에 관련된 최종적 뜻은 문화와 깊이 관련되어 정해지게 된다.

문화배경이 다른 사람과 접촉할 때 한 단어가 갖는 함축성의 차이로 인하여 대화에 영향을 미칠 것이다. 조상이란 단어를 생각해 보자. 언뜻 보아 아무런 문제를 일으킬 것 같아 보이지 않는다. 그러나 미국사람들에게 조상은 외국에 기반을 둔 먼 친척으로밖에 생각이 안 되며, 콜롬비아인은 조상을 가족 또는 국가의 역사로 간주한다. 한국인은 조상을 신과 같은 초인간적인 신비한 존재로 여긴다.

언어의 또 다른 문제는 의미상의 문제이다. 미국에서 모든 차는 자동차로 인식되지만 중동의 일부 국가에서는 오직 캐딜락만이 자동차로 생각된다고 한다. 이런 점은 그리 중요하지 않는 것 같아 보이나 중동에서 온 사람에게 자기의 차를 사용하도록 편의를 제공한 사람의 경우를 생각해 보자. 그의 차가 캐딜락이라면 문제가 없겠지만 만일 캐딜락이 아닌 현대의 엑셀 승용차였다면 좀 묘한 문제가 일어날 것이다.

가치관은 문화와 커뮤니케이션의 형태를 이루는 데 매우 중요한 요소가 된다고 했다. 식물과 동물 등 어느 문화나 국가에 특유한 사물에 관한 어휘와 함께 다른 사회의 가치관에 관련된 어휘는 번역하기 곤란한 경우가 많다. 그 가치관이란 것 자체가 추상적이며, 사진이나 글로 묘사할 수 없는 것이기 때문에 외국의 어떤 사물을 번역하는 것보다 더 어려운 것이다. 다른 문화의 가치관을 만족스럽게 설명했는가 싶어도 듣는 사람에게는 정확히 이해가 안 되는 법이다. 따라서 가치관을 다른 나라 말로 설명하는 것은 어렵다는 결론에 이른다.

미국 사람들에게 결혼은 평등, 분담, 공동의식과 사랑을 의미하지만 프랑스인에게 결혼은 성과 정열 등의 고정관념을 형성하고 있다. 한편 일본인에게는 결혼이란 단어에는 아이들과 가족에 대한 의무감이 함축되어 있다. 뉴욕, 동경, 파리 또는 그 밖에 어디서든지 결혼을 한다 함은 한 가지 의미를 주지만 결혼에 대한 개개인의 기대나 만족감에 대한 느낌은 각기 다른 것이다.

(3) 비언어 표현

세계적으로 발견된 그 많은 비언어 표현들은 대체로 두 가지 범주로 나누어 볼 수 있다. ① 꼭 같은 비언어 코드(*code*)가 상이한 문화권들에서 상이한 의미를 지니고, ② 상이한 비언어 코드들이 상이한 문화권들에서 같은 의미를 지닌다.

이처럼 코드와 메시지를 전달하기 위한 채널들은 커뮤니케이션 역할에 영향을 미치는 독특한 속성을 지닌다. 이러한 비언어 코드들은 매일매일의 상호작용 과정에서 혼합되어 많은 커뮤니케이션 기능을 수행한다. 우선 몇 가지 중요한 비언어를 소개한 다음 이들이 국제 PR과 어떤 관계가 있는지 살펴보자.

▪ 몸짓

몸의 움직임이 어떠한 의미를 전달하는가에 관한 연구를 동작학(*kinesics*)이라고 부른다. 일반적으로 몸짓은 ① 다른 사람에 대한 우리의 태도, ② 우리의 감성상태, ③ 환경을 통제하고자 하는 욕구(어떤 사람을 가까이 오라고 하는 것은 그와 이야기하고 싶어함을 의미한다)에 관한 메시지를 보낼 수 있는 가시적인 몸의 움직임이다.

이처럼 모든 사람은 몸을 이용하여 의미를 표현하는 한편 문화는 우리들에게 그러한 움직임의 해석 방법을 알려준다. 우리가 보통 미소와 함께 인사말을 나누듯이 대개의 경우 몸의 움직임이 만들어 내는 메시지는 다른 메시지와 함께 배합되어 작용한다.

몸의 움직임 또는 동작에는 전형적으로 손, 발, 머리, 다리, 눈의 형태와 자세가 포함된다. 이마의 주름살, 축 늘어진 어깨, 머리를 기울이는 것 등이 동작학 범위에 들어간다. 여러 형태의 언어 형태가 있듯이 다양한 형태의 비언어 형태도 있다. 어떤 비언어 단서(*cues*)는 매우 구체적이지만 어떤 것은 아주 일반적인 것이다. 비언어적 단서 중 일부는 감성에 관한 정보를 제공하지만 어떤 비언어적 신호는 개인의 개성이나 태도에 관한 정보를 제공한다.

▪ 공간이용

사람이 공간을 이용하고 만드는 것도 우리가 생각해 봐야 할 또 하나의 문화요소다. 문화에 따라 사람과 사람이 두는 거리도 각기 다르다. 즉, 공간은 사람의 목소리처럼 커뮤니케이션의 한몫을 차지한다. 마치 언어처럼 공간도 온화하거나 차가운 느낌을 주며 공적 또는 사적일 수 있고 남성과 여성 사이의 공간이 주는 뜻이 모두 다르다. 미국 사람들의 경우 큰 방에 앉아서 서로 대화할 경우 가장 안락한 거리는 약 1.5미터이며 옆으로 나란히 앉는 것보다 얼굴을 마주보며 앉기를 더 좋아한다.

한편 아랍인이나 남미인이 갖는 공간의 개념은 미국 사람들과는 비교된다. 미국에서는 개인간의 접촉일 경우 얼굴을 마주할 때는 상당한 거리를 두고 대화를 나누지만 아랍이나 남미인들은 매우 가까이 서서 대화하는 모습을 볼 수 있다. 이렇게 문화에 따라 대화를 나누는 사람들이 즐기는 거리가 각각 다른데, 이 거리는 또한 전달하고자 하는 내용에 따라서도 다르다.

사람들은 가장 친숙한 사람과의 접촉할 경우 자기들이 즐기는 공간의 거리를 유지하기 마련이다. 이런 개인의 공간을 침해당할 때 흔히 부정적인 뜻과 함께 거만스러움이나 압도당함을 느끼게 된다.

▪ 시간의 이용

미국의 한 농림성 고위관리가 남미의 한 나라를 방문하여 그 나라의 장관을 만나려고 시간약속을 하려 했다. 그런데 이런저런 이유로 장관으로부터 면회가 허용되지 않다가 여러 번 요구한 후 시간약속이 이루어져서 약속시간에 그 장관의 사무실 앞에 도착하였다. 그러나 5분, 10분, 45분이 지나도록 면회가 허용되지 않아 비서에게 달려가 45분씩이나 밖에서 기다리고 있었노라고 항의하면서 곧 만나게 해달라는 메모를 장관에게 전달했다. 그런데 장관의 대답은 "좀더 기다리십시오"라는 것이었다. 이렇게 두 사람 사이에 어려운 점이 발생한 것은 미국인과 남미인의 시간에 대한 관점의 차이에서 온 것이다. 장관을 방문할 적절한 시간에 대한 인식의 차이는 물론 기다리는 유형에도 차이가 있었던 것이다. 미국인에게 45분 기다리도록 한 것은 하나의 모욕으로 받아들여졌으나 남미인에게 45분이란 시간은 기다림의 끝이 아니라 시작으로 생각되었던 것이다.

이렇게 시간이 인간에게 인식되고 있는 것 자체가 하나의 문화요소가 되고 있는 것이다. 서양에서의 시간은 과거, 현재, 미래로 구분되어 그들이 자유자재로 이용하고, 절약하고, 또 낭비할 수도 있는 중요한 대상의 하나라고 생각된다. 그러나 다른 문화권의 사람들은 시간을 피부로 느껴서 직접적인 것에 더욱 관심을 두고 있다. 불교가 중요한 종교인 동양의 몇몇 국가에서는 시간을 사건이 발생하고 발전하고 사라지는 무한한 늪으로 본다. 거기에는 과거, 현재, 미래의 구분이 없이 오직 현재라는 상황 속의 계속만이 있을 뿐이다.

지금까지 제시된 점들을 전제로 할 때 국제 PR을 수행하는 실무자는 PR대상 국가의 사회, 경제, 법에 관한 지식은 물론 해당국가의 문화에 관한 이해를 바탕으로 한 문화관리자가 되어야 한다. 조직 일선의 협상자로서 또는 문화적으로 민감한 커뮤니케이션 관리자로서 타문화권과의 관계에서 타문화를 그 문화권 상황에서 이해하고 그 문화에 적응하여 이중 문화 내지는 다문화적 사고 및 행동능력을 배양하는 것이 무엇보다 중요하다.

사 례

∷ 미쓰비시 성희롱 사건

1996년 4월 28일, 미 연방 고용균등위원회는 미국 일리노이 주에 있는 미쓰비시 현지법인 생산공장을 성희롱 사건으로 연방법원에 제소했다. 피해를 받았다고 주장하는 여직원들의 수는 전체 여성근로자 9백 명 가운데 3분의 2가 넘는 7백여 명, 피해보상 액수는 2억 달러, 미국 성희롱 사상 최대액수의 소송사건이었다. 매니저 등 관리직을 포함한 이 회사의 남성직원들이 여직원들에 대해 성희롱을 거듭했고 이에 대해 피해 여직원들이 회사 측에 항의를 했는데도 불구하고 회사 측에서 별다른 조치를 취하지 않아 피해사례가 계속 증가했다는 주장이었다.

그리고 일주일 후, 이 회사에 근무하는 28명의 여직원들은 직장 내 성희롱 사건에 대한 개별적 민사소송을 제기하고, 증거 가운데 하나로 지난 2년 동안 이 회사 남성직원들이 공장 내에서 돌려 가면서 즐기던 사진들을 공개했다. 노골적인 그룹섹스 장면이 찍힌 파티사진이었다. 여성직원들은 '근무시간 중에' 남성직원들이 이 사진들을 보여주면서 자신들을 파티에 초대하려고 했으며 이를 회사 측에 알렸는데도 회사 측은 아무런 조치도 취하지 않아 정신적 피해가 계속됐다고 주장했다.

미국의 직장 내에서의 성희롱 사건으로 회사들이 제소당한 것은 종종 있는 일이어서 별로 주목을 끌 만한 일은 아니었지만, 이 사건이 대형사건으로 비화된 것은 바로 미쓰비시 측의 서투른 대처방식 때문이었다. 우선 성희롱 사건이 일반에 알려지면 회사위신이 크게 실추되기 마련이기 때문에 미국 회사들의 경우 여성직원들로부터 불만이 접수되면 즉각적 대처를 한다. 미쓰비시는 우선 이런 초동단계 대처에서부터 실패했다. 직장 내 성희롱이 있어도 알려지는 것이 창피한 일이라고 생각하고 피해 당한 여성들만 혼자서 감수하고 마는 일본 내 직장 분위기에 익숙한 미쓰비시 사는 피해 여성직원들로부터 접수된 불만을 별로 심각하게 받아들이지 않았던 것이다. 성희롱의 경우 사건의 성격상 가해자와 피해자의 주장이 별다른 증거 없이 팽팽하게 맞서기 마련이어서, 일반시민들이 배심원인 미국법원은 대체로 피해자 측에 유리하게 판결을 내리는 경향이 있다. 따라서 미국 회사들은 성희롱 사건을 재판까지 가지 않고 대체로 사전에 금전적 보상으로 해결한다. 기왕 패소할 확률이 높다면 막대한 변호사 비용을 아낀다는 측면에서다.

그런데 미국 미쓰비시는 이러한 법정 밖 해결을 시도하기보다는 일본식의 정면대응 방식을 택했다. 이 회사를 제소한 연방 고용균등위원회 건물로 직원들을 보내서 관제데모를 주도한 것이다. 회사의 구성원들이 회사를 변호하기 위해 자발적으로 데모를 나섰다는 것이지만 회사 측이 50여 대의 차량을 제공했고, 데모대에 참석한 종업원들에게 작업시간을 면제해 주었기 때문에 사실상 관제데모를 주도했다는 혐의를 면하기 어렵다. 더욱이 구성원들이 데모에 나서게 된 배경에는 만약 회사가 이 소송에서 질 경우 매출에 큰 타격을 입게 되어 감원이 불가피하다는 위협성 소문을 은근히 흘렸기 때문이라는 것이다. 이 회사는 또 각 직원들에게 무료 장거리 전화를 제공해 해당지역 상원의원에게 미쓰비시 측의 무죄를 증명하는 전화를 걸도록 유도했다.

그러나 성희롱 사건을 접수한 회사 측이 적절하게 대처했더라면, 문제가 된 당사자들이 견책을 받는 것으로 해결될 것이었으나, 회사에는 책임이 없다는 구성원들의 관제데모는 이 회사를 돕기는커녕 사태를 일파만파로 확산시키고 전 미국언론에 대서특필되는 역효과를 초래했다. 연방정부의 조처에 대해 이렇게 정면으로 반발하고 대응한 사례는 미국 기업소송사건 사상 유례가 없는 일이었기 때문이다. 미국식 직장문화나 사태수습 방식에 익숙하지 못한 동양식 기업문화가 빚어낸 실수였다. 연방 고용균등위원회는 정의로운 업무집행을 방해하고 위협했다는 이유로 이 회사를 추가 고소하겠다고 벼르는가 하면, 각종 여성·소비자 단체들은 미쓰비시 자동차 불매운동을 전국규모로 전개하기 시작했다.

각 신문과 방송들은 일제히 사태의 전말에 대한 보도와 함께 미쓰비시의 서투른 사태처리 방식에 대해 포문을 열었다. 미쓰비시 간판을 단 100여 개 업체들이 이 때문에 곤경에 처했다. 전국적으로 여론이 악화되다 보니 법정 밖에서 조용히 사태를 해결할 길은 사실상 없어지고 말았다.

더욱이 문제가 된 것은 미쓰비시 측에 개별 민사소송을 제기한 여성직원들에게 동료직원들이 위협전화를 하고 화장실에 위협낙서가 게재되는 것을 회사 측에서 방치한 사실이었다. 따라서 소송 여성직원들은 회사 측을 상대로 형사소송까지도 검토하고 있으며, 이들을 대리하는 변호사들도 언론을 상대로 이들의 안전을 우려하는 발언을 계속했다. 당연히 피해를 입은 여성직원들이 동정을 얻게 되었다. 여론의 동정은 당연히 재판결과로 이어진다. 배심원들이 언론의 영향을 받기 때문이다.

사태가 불길처럼 확산되는 데 놀란 일본 미쓰비시 측은 뒤늦게야 관제데모를 주도했던 회사 전담 변호사인 조지 슐츠를 해고하고 전직 미국 노동부장관이었던 린 마틴을 노동문제 컨설턴트로 영입하는 등 사태수습에 나섰지만 이미 엎질러진 물이었다.

미국 경제계의 일본기업 분석가들은 미쓰비시 측의 재앙에 가까운 실수는 경제력만 확장했을 뿐 진정한 미국의 기업문화를 이해하지 못한 일본기업들의 전형적 실수라고 지적하고 있다. 형식적으로는 미국 내에 현지법인을 두고 미국인을 위한 미국인에 의한 미국의 회사를 만들겠다고 하면서도 정작 중요한 결정은 도쿄의 본부에서 내려오고, 따라서 미국 현지법인을 운영하는 미국인 경영진들은 특정사안에 부딪혔을 때 자주성을 상실한 채 어떤 결정이 회사에 유리할지를 생각하기보다는 어떤 결정이 도쿄의 본부의 구미에 맞을지를 먼저 생각한 후 도쿄 측 반응에 맞춰서 의사결정을 내린다는 것이다. 자신의 위치나 연봉이 도쿄 측의 결정에 달려 있기 때문이다.

미국 내 일본기업에 지원하는 최고 경영진의 자질이 다른 미국의 대기업들 경영진에 비해 떨어지는 것도 문제점으로 지적되고 있다. 아무리 높은 연봉을 약속해도 소용없다. 미국의 최고 경영진들은 일본의 미국 현지법인에서 자신들이 줄에 매달린 허수아비밖에 안 된다는 것을 빤히 알기 때문이다.

미쓰비시 사태에서도 이러한 문제점은 극명하게 드러난다. 연방 고용균등위원회가 성희롱 사건을 법원에 제소하자 미쓰비시 측은 회사의 총 고문변호사인 게리 슐츠의 결정에 전적으로 의존했다. 그러나 게리 슐츠는 이처럼 고도로 예민하고 사회적으로 파급효과가 높은 문제를 적절하게 다룰 만한 경험이 없는 사람이었다. 물론 훌륭한 교육적 배경과 엄청나게 높은 수수료를 받는 능력 있는 변호사이긴 했지만 기업 컨설팅을 주로 하는 2인의 법률회사의 공동대표가 그의 경력의 전부였다. 한마디로 복잡하게 문제가 얽혀 있는 사건을 다룬 적이 없는 것이다.

게리 슐츠는 연방 고용균등위원회에 정면으로 반발하는 전투적인 전술을 채택했다. 미국 성희롱 사상 최대액수인 이 사건에서 미쓰비시 측이 패배하면 그 타격으로 많은 다른 구성원들이 직장을 잃을 것이라고 위협해 관제데모를 부추긴 것이다.

문제를 증폭시켰던 것은 게리 슐츠가 이러한 결정을 내리면서 형제회사인 미국 미쓰비시의 전국 판매회사인 MMSA(Mitsubishi Motors Sales of America) 측과 전혀 의논도 하지 않았던 것이다. 판매회사 측으로서는 당연히 소비자들의 감정적 반응을 고려해서 설령 성희롱 사건이 미쓰비시 측의 잘못이 없다고 하더라도 언론에 지나치게 부정적으로 보도되는 것을 고려해 정면대응을 반대했을 것이다.

그러나 판매회사 측 경영진들 역시 자신들의 주장을 생산회사 측에 먼저 제기하기보다는 도쿄에 먼저 보고한 후 도쿄 측의 반응을 떠보겠다는 생각에서 즉각적 항의를 하지 않았다.

도쿄 미쓰비시의 미노루 마키하라 회장이 사태의 심각성을 깨닫게 된 것은 이미 이 사태가 일파만파로 확산되어 모든 미국 언론에 미쓰비시가 얼마나 무책임하고 황당한 회사인가가 보도되고 각 소비자 단체들이 미쓰비시 관련 제품 불매운동을 펴기 시작한 이후였다. 마키하라 회장이 직접 사태 수습에 나섰지만 이미 엎질러진 물이었다.

* 이 사례는 홍은주, 《초국적 시대의 미국기업》(한송, 1996)에서 옮긴 것임.

제 21 장

PR과 뉴테크놀러지

1. 뉴테크놀러지

테크놀러지의 발달로 인하여 상호작용의 증가와 사회적 활동무대의 확대는 경영자와 PR 실무자 모두에게 중요한 관심사가 되었다. 뉴테크놀러지는 PR의 효율성, 윤리, 법적 통제에 많은 영향을 미치고 있다.

대부분의 커뮤니케이션 전문가들은 면 대 면(面對面) 커뮤니케이션을 간과하지 않지만 테크놀러지가 모든 종류의 정보를 수집하고 축적하며 검색하고 전담하는 새로운 과정을 창출했다는 데 동의한다. 사회학자 다니엘 벨(Daniel Bell)은 뉴테크놀러지는 사람간의 커뮤니케이션 양태에 광범위한 재조직화를 불러올 것이라고 예견하기도 했다. 또한 일각에서는 컴퓨터에 의한 비인간화되고, 소외된 사회의 출현을 경고한다.

커뮤니케이션 테크놀러지의 놀랄 만한 발전은 전통적으로 음성, 시각과 그래픽의 각기 독특한 영역을 동시에 전달 가능한 현상으로 변화시켰다. 사람들이 서로 보고 얘기할 수 있고 집이나 사무실을 떠나지 않고도 동일한 보고서와 차트를 공유할 수 있을 때 우리는 이러한 현상을 '지구촌'(*global village*)이라는 용어로 설명한다.

PR 분야에서 새로운 테크놀로지의 적용으로 인한 가장 두드러진 현상은 정보의 수집, 정보의 패키징과 정보의 배포가 되겠다. 그러나 이러한 테크놀러지의 발전과 더불어 PR 실무자들은 여러 가지 역설적 현상에 부딪히게 된다.

커뮤니케이션 전문가들은 테크놀러지가 커뮤니케이션을 쉽게 만들 것이라고 말하는가 하면 일부 전문가들은 테크놀러지가 커뮤니케이션을 더 어렵게 만들 것이라고 예견한다. 뉴테크놀로지가 PR 분야에 미치는 영향은 지금도 진화 중이다. 그러면 테크놀러지의 발전이 PR 업무 수행에 미치는 영향은 어떠한지 컴퓨터와 통신위성을 중심으로 살펴보기로 한다.

2. 뉴테크놀러지의 적용

1) 컴퓨터

컴퓨터는 PR 실무자들에게 데이터와 정보를 축적할 수 있는 길을 활짝 열어 놓았으며 다른 사람들과 데이터를 교환하고 여러 측면에서 데이터의 분석을 가능하게 했다. 컴퓨터는 PR 실무자들에게 여러 가지 유익한 점을 제공한다. 그 중 한 가지는 PR 실무자들이 정보를 신속하고 정확하게 검색할 수 있게 해준다. 데이터는 메인 프레임 컴퓨터에 저장된 다음 여러 터미널에서 찾아 쓸 수 있도록 되어 있다. 컴퓨터 사용자는 데이터를 수집하는 것보다는 분석하는 데 더 많은 시간을 할애할 수 있다.

두 번째 유익한 점으로 컴퓨터는 연구방법을 증진시킨다. 컴퓨터 인터뷰를 통해서 연구자는 응답자가 스크린에서 보고 듣는 것을 통제할 수 있다. 결과적으로 응답자들은 면담원이 보여주고 싶은 질문과 다이어그램만을 보게 되며 들을 필요가 있다고 생각되는 것만 듣게 된다. 응답은 즉각 저장되어 분석될 수 있다.

세 번째, 퍼스널 컴퓨터는 실무자들을 인터넷의 미로로 안내하는 채널 역할을 한다.

(1) 워드 프로세싱

컴퓨터는 기존의 타이프라이터에 비하여 첫째, 언제든지 필요할 때 찾아 쓸 수 있도록 기억장치에 자료를 저장하는 능력이 있고 둘째, 수정할 수 있고, 새로운 자료를 끼워 넣을 수 있으며 서류의 일부를 다른 부분으로 옮길 수 있는 능력이 있다. 타이프라이터로 준비된 카피는 그 내용 중 일부를 변경할 경우 다시 타이프를 쳐야 한다.

① 업무용 서신

워드 프로세서는 컴퓨터를 이용하여 업무용 서신을 만들어 낼 수 있다. 만일 PR 대행사가 10개 PR주들에게 몇 가지 다른 내용을 빼고 거의 동일한 내용의 편지를 발송하고 싶으면 키보드를 사용하여 약간씩 내용을 달리하는 편지를 전달 할 수 있다. 타이프라이터를 이용한다면 10장의 편지를 타이핑하는 데는 많은 시간을 필요로 할 것이다.

② 보도자료 준비

워드 프로세싱은 보도자료를 준비하는 데 매우 값진 것이다. 편지와 마찬가지로 보도자료도 기관지, 일간지, 기업신문과 같은 여러 종류의 간행물에 맞게 컴퓨터로 재편집할 수 있다. 또한 보도자료 초안을 작성 담당자가 저장하게 되면 그것을 검토하고 승인할 감독자가 컴퓨터에서 꺼내 볼 수 있다. 이외에도 전자우편(*electronic mail*)을 통한 문서의 전달, 우편명부의 작성 및 유지와 컴퓨터 그래픽이 PR 실무에 적용되고 있다.

(2) 데이터 베이스

지금까지 제시한 컴퓨터를 적용한 예는 주로 PR 부서 내에서 작성되어 저장된 자료에 관한 것이다. 또한 컴퓨터는 외부 정보원으로부터 정보를 수집하는 값진 기능을 해낸다. 연구도구로서 컴퓨터의 중요성은 데이터 베이스의 수와 규모가 커지고 있기 때문에 급속하게 증대되고 있다. 과거에 연구는 필요한 정보를 찾기 위하여 수많은 책, 보고서 및 유사한 인쇄물을 뒤져보는 일부터 시작함을 의미했다. 물론 이러한 전통적 방법이 기본적인 것이지만 이러한 방법은 컴퓨터 저장시스템으로 크게 보완되고 있다. 컴퓨터 이용자는 통계에서부터 뉴스기사에 이르기까지 다양한 정보를 찾아낼 수 있게 되었다. 데이터 베이스는 컴퓨터 스크린에 목록을 보여주어 이용자로 하여금 원하는 자료를 찾아 쓸 수 있게 한다.

2) 인터넷 활용

PR 실무자들은 인터넷에 관한 몇 가지 중요한 사실을 알아야 한다.

(1) 인터넷의 내용은 도달 범위가 전 세계적이다. 특정 지역을 위한 메시지가 싫든 좋든 기대하지 않은 지역의 주목이 될 수 있다.
(2) 인터넷의 내용은 사실상 통제를 받지 않는다.
(3) 인터넷을 이용하면 쟁점 추적이 훨씬 광범위하고 신속히 이루어진다.

'이제 인터넷을 빼고 비즈니스를 얘기하지 말라'는 말이 더 이상 과장은 아니다. 인터넷 홈페이지는 이미 기업들의 홍보수단을 넘어 점차 통신, 마케팅 등 전 분야에 걸쳐 활동범위가 확대되고 있다.

기업들은 홈페이지에 기업역사와 사업현황, 해외 경영활동, 기업문화 등을 소개한다. 또 새로운 기업뉴스를 전하기도 한다. 이외에도 많은 기업들이 해외홍보에 주력하기 위해 영어를 비롯한 일본어, 독일어, 프랑스어 등으로 정보를 제공하고 있다.

(1) 조직 내 커뮤니케이션

온라인을 통하여 조직 구성원들에게 정보의 배포와 공유가 훨씬 쉬워졌다. 사원들에 대한 공지사항, 기업사보, 경영정책, 종업원들의 건의사항, 경영인의 특별 메시지 등이 온라인으로 배포되고 공유된다.

홈페이지는 인력채용 및 조직 커뮤니케이션의 장으로도 활용되고 있다. 일부 대기업들은 직원 채용 때 지방의 지원자들이 원서접수를 위해 일부러 서울에 와야 하는 번거로움을 덜어주기 위해 인터넷을 통해 서류를 접수하고 있다. 기업 인사담당자들은 인터넷을 통해 기업정보 소개, 서류접수는 물론 추후 합격자도 발표하는 등 인터넷이 제 3의 원서접수 방법으로 널리 이용되고 있다.

(2) 조직 이미지 관리

조직들은 인터넷을 통하여 정보를 제공하고 행정서비스, 의료상담 등 각종 서비스를 제공하여 대외 이미지를 제고시키는 노력을 하고 있다. 공공기관은 인터넷을 통해 행정서비스, 정책홍보 등을 하고 있다. 전국 각 도청과 시청은 PC 통신에 메뉴를 개설해 온라인 민원서비스를 제공하고 있다.

(3) 관계구축

PR의 궁극적 목적이 주요 공중들과의 호의적 관계를 구축하고 유지하는 것이라면 온라인 커뮤니케이션은 긍정적 관계 구축의 선행조건인 명성을 진작시키는 잠재력을 지닌다. 사용자가 조직과의 접촉이 온라인 커뮤니케이션으로만 가능한 경우라면 온라인 관계 구축은 매우 중요한 것이며 오프라인 관계의 유지에도 기여할 수 있다. 웹 커뮤니케이션의 상호 작용적 성격은 쌍방 균형적 또는 대화체 커뮤니케이션으로 이끄는 작용을 한다.

(4) 마케팅 PR에 활용

정보통신과 컴퓨터의 발달이 가져온 새로운 정보 고속도로라는 환경에서 기업은 지금까지와는 다른 시장환경에서 생존을 위한 경쟁을 벌인다. 이와 같은 새로운 경쟁을 가속화하는 것이 바로 사이버 마케팅이라고 할 수 있다. 사이버 마케팅이란 컴퓨터의 네트워킹으로 생겨난 가상공간 속에서 기업과 소비자가 쌍방향 커뮤니케이션을 통해 광고, 이벤트, 정보제공 등의 마케팅활동을 수행하는 것이라고 할 수 있다.[1)]

사이버 마케팅은 현재의 매체 위주의 일방향 통신방식의 한계를 뛰어넘는 쌍방향 커뮤니케이션을 통하여 마케팅활동의 효율성을 혁신적으로 향상시키고 있다. 사이버 마케팅으로 얻을 수 있는 이익들을 《사이버 마케팅》(*Cybermarketing*)의 저자인 렌 킬러(Len Keeler)는 다음과 같이 제시하고 있다.[2)]

① 사이버 마케팅은 마케팅과정에 소요되는 시간 및 단계들을 단축할 수 있다. 사이버 마케팅은 소비자가 필요로 하는 정보를 빠른 시간에 제공할 수 있으며, 전자메일을 통한 피드백이 가능하므로 즉각적인 기업의 반응을 보여 줄 수 있다.

② 사이버 마케팅은 풍부한 정보를 상호작용적으로 제공한다. 어떤 소비자들은 언제나 구매결정시에 정보의 부족을 느끼거나 특별히 분석적이 된다. 그러나 정보의 양을 단순히 늘리는 것만으로는 그들의 필요를 충족시키기 어려우며, 필요로 하는 정보를 얻을 가능성도 낮아질 것이다. 사이버 마케팅은 이러한 소비자들이 필요한 정보에 빠르게 접근할 수 있도록 해준다.

③ 사이버 마케팅은 기업의 비즈니스를 즉각 국제적으로 발전시켜 준다. 인터넷과 같은 온라인 네트워크는 세계를 사이버 스페이스로 통합시켜 주며 사이버 마케팅은 이러한 공간 속에서 기업에게 시간과 공간적 제약을 극복하여 그들의 비즈니스를 국제적으로 가능하게 만들어 준다. 전자메일 시스템의 구축은 기업의 국제적 비즈니스를 완벽하게 지원할 수 있다.

④ 사이버 마케팅은 언제나 이용 가능하다. 온라인 서비스의 가장 큰 장점 중의 하나는 24시간, 365일 이용할 수 있다는 점이다. 인력활용에 따르는 한계, 즉 인건비, 휴가, 불성실한 근무 등을 걱정할 필요가 전혀 없는 새로운 마케팅 환경이 제공되는 것이다.

---

1) 유상윤, "쌍방향 커뮤니케이션으로 기존 마케팅의 한계 극복", 〈광고정보〉(1996년 2월호), p. 71.

2) 위의 책, pp. 73~74.

3) 통신위성

(1) 보도자료의 전송

메시지와 그림이 통신위성을 통하여 몇 초 만에 전 세계로 전달될 수 있다는 점은 PR 커뮤니케이터에게는 획기적인 일이다.

미국기업들 중 꽤 많은 기업들이 전문적으로 보도자료를 배포하는 회사를 이용한다. PR Newswire 사는 통신위성을 통하여 보도자료를 전송하는 최초의 회사이자 가장 규모가 큰 회사이다. PR Newswire 사는 약 7천 5백 개 기업의 보도자료를 언론기관의 편집국 컴퓨터에 직접 전송한다. 이 회사는 일일 평균 150편의 보도자료를 전송한다.

(2) 화상 회의

PR 목적으로 이용되는 위성에 의한 전송 중 가장 두드러진 것은 화상회의(*teleconferencing* 또는 *videoconferencing*)이다. 전통적인 회의는 토의 또는 정보교환을 위하여 정해진 한 장소에 모인 사람들로 구성된다. 참석자들은 먼 곳에서 여행하는 경우도 많아서 여행비가 많이 드는 것은 물론 집과 사무실을 며칠씩 떠나야 한다. 하지만 위성으로 중계되는 텔레비전이 이러한 개념을 완전히 바꾸어 놓았다. 회의 참석자들은 사무실에서 또는 가까운 인근도시에 모여 텔레비전을 통해 회의를 개최할 수 있다. 참석자는 전화로 질문하고 나서 그 질문에 대한 상대방의 대답을 보고 듣는다.

화상회의의 예를 들어보면 미국 라스베이거스 시에서 크라이슬러 자동차회사가 라이브 쇼로 판매특약점(*dealers*)들에 새 모델을 선보였는데 여기서 크라이슬러는 극적인 세팅으로 새 모델을 소개하는 쇼를 연출해 냈다. 전국에 흩어져 있는 특약점들은 22개 도시에 각각 모여서 화상회의를 통하여 동시에 그 쇼를 시청했다. 이러한 방법은 많은 시간과 비용을 들여 지역을 옮기면서 새 모델을 소개하는 기존 관행을 바꾸어 놓은 셈이다. 제너럴 일렉트릭 사는 판매팀의 재조직화를 23개 지역에 모인 1천 6백 명의 구성원들에게 발표했다. 회사 중역이 주재하는 30분간의 화상회의를 시청한 후 각 23개 지역에 참석한 구성원들은 전화회로를 통하여 자유롭게 질문할 수 있었다. 모든 참석자들은 총 52건의 질문에 대한 중역의 대답을 직접 보고 들을 수 있었다.

화상회의를 채택하는 사람들은 화상회의가 새로운 제품의 소개, 판매회의, 새로운 기업정책의 발표와 같은 내용을 많은 구성원들에게 한꺼번에 전달하는 데 매우 효율적이란 점을 강조한다. 그러나 다른 전자 커뮤니케이션 방법의 경우처럼 이 화상회의도 서로 악수를 교환한다든지 마주 앉아 대화를 나누는 데서 오는 인간적 따사로움의 부족이 흠이다.

참고 문헌

권중록, 2002, “공익광고에 나타난 문화적 가치와 표현기법에 관한 연구”, 〈광고연구〉, 가을: 127~159.

김경해, 2003, 《Let's PR》, 매일경제.

김영석, 1996, 《여론과 현대사회》, 나남출판.

김영욱 · 차희원, 2002, “문화와 변화의 충돌 : 한국형 PR의 모색”, 한국언론학회 봄철 정기학술대회 발표논문.

김영욱, 2003, 《PR커뮤니케이션》, 이화여대출판부.

김원수, 1990, 《현대 기업론》, 문음사.

김이환, 1974, “한국 Business Journalism 실태분석”, 서울대학교 신문대학원 석사학위논문.

김정기, 1981, 《새 PR론》, 탐구당.

______, 1987, 《새 PR원론》, 탐구당.

______, 1991년 2월, “정치 커뮤니케이션으로서의 정치광고와 정치PR의 가능성과 제한점”, 한국 PR협회 PR교실 강의자료.

김주호, 2002, “월드컵과 국가 브랜드 가치”, 한국광고홍보학회 논문발표회에서 발표한 논문.

______, 1997, 《이기는 홍보, 성공하는 PR》, 사계절.

대한무역진흥공사, 2002, “월드컵 이후 국가이미지 변화와 시사점”, 대한무역진흥공사 연구보고서.

데니스 디건, 최윤희(역), 2006, 《시민단체 다루기》, 커뮤니케이션북스.

박기순, 1991, “커뮤니케이션의 새로운 연구영역으로서의 기업문화에 관한 고찰”, 〈신문학〉 26.

박기순 외, 2001, 《PR 캠페인》, 한울 아카데미.

박내회, 1990, 《조직행동론》, 박영사.

박영범, 2002, "사보의 Re-Positioning과 전자사보의 활용", 한국사보기자협회와 한국홍보학회가 공동 주최한 기업홍보 심포지엄에서 발표한 논문.

방정배 · 최윤희, 1989, 《여론과 정치설득》, 나남출판.

송해룡, 1997, 《스포츠 광고와 기업 커뮤니케이션》, 한울아카데미.

신수철, 1990, "한국 기업환경의 변화와 기업의 사회적 책임", 제8회 한-독 경제문제 심포지엄 발표논문.

신유근, 1988, 《기업과 사회》, 경문사.

신인섭, 2007, "홍보라는 낱말에 대한 고찰", 한국홍보학회 봄철 정기학술대회발표논문.

신호창 · 이두원, 2002, 《행정PR원론》, 이화여대출판부.

오두범, 1991, 《PR커뮤니케이션론》, 나남출판.

오세영, 1995, 《홍보실 사람들》, 지성사.

우재현, 1989, "한국의 기업문화와 기업윤리", 〈정신문화연구〉 37: 128~1.

유상윤, 1996, "쌍방향 커뮤니케이션으로 기존 마케팅의 한계 극복", 〈광고정보〉 2월호.

윤희중, 1977, 《PR론》, 이화여자대학교 출판부.

윤희중 · 신호창, 1991, "한국 PR실무자들의 역할과 전문화: 현황과 전망", 한국언론학회.

______, 2000, 《PR전략론》, 책과 길.

이상철, 1986, 《여론선전론》, 범우사.

이의용, "한국기업사보의 실태에 관한 연구", 중앙대학교 신문방송대학원 석사학위논문, 1990.

이학종, 1989, 《기업문화론》, 법문사.

정연춘, 1989, "한국 예산결정에서의 시민참여에 관한 연구", 단국대학교박사학위논문.

정해동 · 박기철, 2000, 《MPR: 광고보다 강한 PR》, 커뮤니케이션북스.

제임스 그루닉, 박기순 · 박정순 · 최윤희(역), 2005, 《현대 PR의 이론과 실제》, 커뮤니케이션북스.

최민욱, 2006, "국내 공익광고 현황에 관한 연구", 〈언론과 정보〉, 12.

최윤희, 1991년 5월, "커뮤니케이션과 기업문화관리", 한국언론학회 PR 연구회와 한국사보기자협회 연합심포지엄.

_____, 1994, 《기업의 위기관리와 PR전략》, 한국경제신문사.

_____, 1996, 《사회 캠페인론》, 나남출판.

_____, 1996, 《인터컬처럴 PR》, 책과 길..

_____, 2001, 《PR의 새로운 패러다임 : 관계성의 관리》, 커뮤니케이션북스.

_____, 2003, 《국제 PR》, 커뮤니케이션북스.

_____, 2007, 《PR의 연구와 평가》, 커뮤니케이션북스.

한국능률협회 컨설팅, 1990, 기업문화 전문요원 양성과정.

한정호, 1991, "미국 정부의 PR 활동과 공익광고 캠페인", 〈광고정보〉 5월호: 65~71.

_____, 2000, "방송사의 공중관계성 측정지수 개발에 관한 연구", 한국홍보학회 2000년 가을 정기학술대회 발표논문.

현대경제연구원, 2002, "포스트월드컵의 발전 전략과 정책 과제", 《현대경제연구원 연구총서》.

홍은주, 1996, 《초국적 시대의 미국기업》, 한송.

Anderson, R., 1995, "Cognitive Appraisal of Performance Capability in the Prevention of Drunken Driving", *Journal of Public Relations Research* 7: 205~229.

Barhydt, J., 1987, *The Complete Book of Product Publicity*, New York : Amacon.

Barnard, C., 1938, *The Functions of the Executive*, Cambridge, Mass : Harvard University Press.

Barr, J., 1989, "A Case of an Ounce of Prevention…", *Marketing*, January: 25~280.

Berelson, B. & Steiner, G., 1964, *Human Behavior : An Inventory of Scientific Findings*, New York : Harcourt Brace Jovanovich.

Bernays, E. L., 1955, *The Engineering of Consent*, Norman : University of Oklahoma Press.

Bernstein, D., 1989, *Company Image and Reality : A Critique of Corporate Communications*, London : Cassell.

Bettinghaus, E., 1968, *Persuasive Communication*, New York : Holt, Rinehart and Winston.

Birnhaum, M. & Stegner, S., 1979, "Source Credibility in Social Judgement : Bias, Expertise, and the Judge's Point of View", *Journal of Personality and Social Psychology* 37: 48~74.

Blumer, M., 1966, "The Mass, the Public and Public Opinion", in B. Berelson & M. Janowitz(eds.), *Reader in Public Opinion and Communication*, New York : Free Press.

Boorstin, D., 1962, *The Image*, London : Werdenfeld and Nicolson.

Brembeck, W. & Howell, W., 1952, *Persuasion*, Englewood Cliffs, NJ: Prentice-Hall.

Broom, G., 1977, "Coorientational Measurement of Public Issues", *Public Relations Review* 3.

Broom, G. & Dozier, D., 1990, *Using Research in Public Relations*, Englewood Cliffs, NJ : Prentice Hall.

Bruning, S. & Ledingham, J., 1999, "Relationships between Organizations and Publics : Development of a Multi-dimensional Organization-Public Relationship Scale", *Public Relations Review* 25: 157~170.

Buchholz, R., 1989, *Business Environment and Public Policy*, Englewood Cliffs, NJ: Prentice Hall.

Butterfield, R., 1947, *American Past*, New York : Simon and Shuster.

Cantril, H., 1944, *Gauging Public Opinion*, Princeton, NJ : Princeton University Press.

______, 1947, *Understanding Man's Social Behavior*, Princeton, NJ : Office of Public Opinion Research.

Cartwright, D., 1949, "Some Principles of Mass Persuasion", *Human Relations* 2: 253~267.

Chaffee, S. H., 1981, "Mass Media Effects : New Research Perspectives", in G. C. Wilhoit & H. de Bock(eds.), *Mass Communication Review Yearbook* 2, Beverly Hills : Sage, pp. 242~282.

Chase, W. H., 1977, "Public Issues Management : The New Science", *Public Relations Journal* 33: 25~26.

Childs, H., 1965, *Public Opinion : Nature, Formation, and Role*, Princeton, NJ : D. Van Nostrand Co..

Coombs, W., 1995, "Choosing the Right Words", *Management Communication Quarterly* 8: 447~476.

______, 2005, "Crisis Communication," In I. R. Heath, *Encyclopedia of Public Relations*, London: Sage, p. 721.

Crable, R. & Vibbert, S., 1985, "Managing Issues and Influencing Public Policy", *Public Relations Review* 11: 3~15.

Crozier, M., 1964, *The Bureaucratic Phenomenon*, Chicago : University of Chicago Press.

Culbertson, H., 1983, "How Public Relations Textbooks Handle Honesty and Lying", *Public Relations Review* 9(2): 65~73.

Cutlip, S. M. & Center, A. H., 1952, *Effective Public Relations*, Englewood Cliffs, NJ : Prentice-Hall.

Cutlip, S. M., Center, A. H., & Broom, G. M., 1985, 1994, *Effective Public Relations*, Englewood Cliffs, NJ : Prentice-Hall, Inc..

Day, L., 2003, *Ethics in Mass Communications*, Belmont, CA: Wadsworth/Thomson Learning.

Deegan, D., 2001, *Managing Activism*, London: Kogan Page.

Dewey, J., 1927, *The Public and Its Problems*, Chicago : Swallow.

Downey, S., 1983, "Corporate Identity's Role in Economic Recovery", *PRSA Newsletter* (April/May).

Drucker, P., 1977, *People and Performance*, New York : Harper's College Press.

______, 1968, *The Age of Discontinuity : Guidelines to Our Changing Society*, New York : Harper & Row.

Dunn, S., 1986, *Public Relations : A Contemporary Approach*, Homewood, IL:

Irwin.

Durbin, W. A., 1978, "Managing Issues is Public Relations Responsibility", *PR Reporter* (May 15).

Ferguson, M., 1984, "Building Theory in Public Relations : Interorganizational Relationships", Paper presented at the Annual Conference of the AEJMC, Gainsville, FL.

Festinger, L., 1957, *The Theory of Cognitive Dissonance*, Evanston, Ⅱ : Row Peterson.

Fotheringham, W., 1966, *Perspectives on Persuasion*, Boston : Allyn and Bacon.

Friedman, M., 1970, "The Social Responsibility of Business is to Increase its Profits", *New York Times Magazine*, pp. 122~126.

Fuhrman, C., 1989, *Publicity Stunt! Great Staged Events That Made the News*, San Francisco : Chronicle Books.

Garbett, T., 1981, *Corporate Advertising : The What, the Why and the How*, New York : McGraw Hill.

Gray, J., 1986, *Managing the Corporate Image*, Westport, CT : Quorum Books.

Griswold, G., 1967, "How AT&T Public Relations Policies Developed", *Public Relations Quarterly* 12 : 20~26.

Grunig, J., 1974, "Three Stopping Experiment on the Communication of Science", *Journalism Quarterly* 51 : 399~405.

______, 1976, "Organizations and Public Relations : Testing a Communication Theory", *Journalism Monographs* 46 (November).

______, 1982, "The Message, Attitude, Behavior Relationship : Communication Behaviors of Organizations", *Communication Research* 9 : 163~200.

______, 1983, "Communication Behaviors and Attitudes of Environmental Publics", *Journalism Monographs* 81.

______, 1983, "Basic Research Provides Knowledge That Makes Evaluation Possible", *Public Relations Quarterly* 28 : 28~32.

______, 1990, "Theory and Practice of Interactive Media Relations", *Public Relations Quarterly* 35: 18~23.

______(ed.), 1992, *Excellence in Public Relations and Communication Management*, Hillsdale, NJ : Lawrence Erlbaum Associates.

Grunig, J. & Hunt, T., 1984, *Managing Public Relations*, New York : Holt, Rinehart and Winston.

Grunig, J. & Grunig, L., 1992, "Models of Public Relations and Communication", In J. Grunig(ed.), *Excellence in Public Relations and Communication Management*, Hillsdale, NJ : Lawrence Erlbaum Associates.

Hainsworth, B. & Meng, M., 1988, "How Corporations Define Issues Management", *Public Relations Review* 14(4):18~30.

Hainsworth, B., 1990, "The Distribution of Advantages and Dis-advantages", *Public Relations Review* 16(1):33~39.

Hallahan, K., 2000, "Inactive Publics: The Forgotten Publics in Public Relations", *Public Relations Review* 26: 499~515.

______, 2001, "Strategic Media Planning : Toward an Integrated Public Relations Media Model", In R. Heath(ed.), *Handbook of Public Relations*, Thousand Oaks : Sage, pp. 461~485.

Harlow, R. F., 1976, "Building a Public Relations Definition", *Public Relations Review*(Winter): 40~46.

Harris, T., 1991, *The Marketer's Guide to Public Relations*, New York : Wiley.

Heath, R. & Cousino, K., 1990, "Issues Management : End of First Decade Progress Report", *Public Relations Review* 16(1):8~15.

Heath, R., 1997, *Strategic Issues Management : Organizations and Public Policy Challenges*, Thousand Oaks, CA : Sage.

Hendrix, J., 1988, *Public Relations Cases*, Belmont : Wadsworth Publishing Co..

Hennessy, B., 1981, *Public Opinion*, Monterey, CA : Brooks/Cole.

Huang, Y., 1997, "Public Relations Strategies, Relational Outcomes, and

Conflict Management Strategies", unpublished doctoral dissertation, University of Maryland, College Park, MD.

International Olympic Committee (IOC), 2001, "Olympic Marketing Fact File" (www. olympics. com).

John, W., 1982, *A Guide to Effective Communication*, Keene, NH: Department of Education, Keene State College.

Johnston, D., 1979, "The Management and Measurement of Corporate Social Performance", in *Corporate Social Reporting in the United States and Western Europe*, Washington: Dept. of Commerce, pp. 110~142.

Jones, B. L. & Chase, W. H., 1979, "Managing Public Issues", *Public Relations Review* 5 (Summer): 3~23.

Katz, D. & Kahn, R., 1978, *The Social Psychology of Organizations*, New York: Wiley.

Katz, E. & Lazarsfeld, P., 1955, *Personal Influence*, Glencoe, IL: Free Press.

Keegan, W., 1984, *Multinational Marketing Management* (3rd ed.), Englewood Cliffs, NJ: Prentice-Hall, Inc..

Klapper, J., 1960, *The Effects of Mass Communication*, New York: The Free Press.

Kleinman, P., 1982, "Pushing the Principles instead of the Petrol", *The Guardian* (October 28).

Koten, J., 1984, "IRS Use of Mail-order Lists Concerns Market Researchers", *Wall Street Journal* (March 8): 29.

Kotler, P., 1986, "Megamarketing", *Harvard Business Review* 64 (2): 117~124.

Lazarsfeld, P., Berelson, B., & Gaudet, H., 1948, *The Peoples Choice*, New York: Columbia University Press.

Ledingham, J. & Bruning, S., 1988, "Relationship Management in Public Relations", *Public Relations Review* 24: 55~65.

______, 2000, *Public Relations as Relationship Management*, Mahwah, NJ:

Lawrence Erlbaum.

Lesly, P., 1984, "Winning Public Opinion", *Public Relations Review* 12: 3~9.

______, 1991, "Public Relations in the Turbulent New Human Climate", *Public Relations Review* 17: 1~8.

Levinson, H., 1966, "How to Undermine an Organization", *Public Relations Journal* 22(October): 82~84.

Levitt, T., 1970, "The Morality of Advertising", *Harvard Business Review* (July/August).

Linke, C., 1989, *Crisis-Dealing with the Unexpected*, New York : Longman.

Lippmann, W., 1922, *Public Opinion*, New York : Free Press.

Long, L. W. & Hazelton, V., 1987, "Public Relations : A Theoretical & Practical Response", *Public Relations Review* 13: 3~13.

Lowery, S. & DeFleur, M. L., 1983, *Milestones in Mass Communication Research*, New York : Longman.

Marston, J. E., 1979, *Modern Public Relations*, N.Y. : McGraw-Hill.

Maslow, A., 1970, *Motivation and Personality*, N.Y. : Harper & Row.

McKenna, R., 1992, *Relationship Marketing*, Reading, MA : Addison Wesley.

Merton, R., 1957, *Social Theory and Social Structure*, Glencoe, Il : The Free Press.

Mitchell, C., 2000, *International Business Culture*, Oakland, CA : World Trade Press, p. 152.

Moore, H. F. & Kalupa, F. B., 1985, *Public Relations : Principles, Cases and Problems*, 9th ed., Homewood, IL : Richard D. Irwin.

Mott, F. L., 1950, *American Journalism*, New York : Macmillan.

Murphy, P., 1991, "The Limits of Symmetry", In L. A. Grunig & J. Grunig, eds., *Public Relations Research Annual*, Hillsdale, NJ : Lawrence Erlbaum.

Nager, N. & Allen, T., 1984, *Public Relations Management by Objectives*, New York : Longman.

Newsom, D., Scott, A., & Turk, J. V., 1989, *This is PR : The Realities of Public Relations*, Belmont : Wadsworth Publishing Co..

Newsom, D. & Scott, A., 1993, *This is PR : The Realities of Public Relations*, 3rd ed., Belmont, CA : Wadsworth Publishing Co..

Ogilvy, D., 1981, "Ogilvy on Ad", *Ad Age* (November 16).

Ott, J. S., 1989, *Organizational Culture Perspective*, Chicago : The Dorsey Press.

O'Sullivan, T. et al., 1983, *Key Concepts in Communication*, London : Metheun.

Pavlik, J., 1987, *Public Relations : What Research Tells*, Newbury Park, CA : Sage.

Perrow, C., 1979, *Complex Organization : A Critical Essay*, Glenview, IL: Scott, Foresman.

Plowman, K. D., Briggs, W. G., & Huang, Y., 2001, "Public Relations and Conflict Resolution", In R. L. Heath (ed.), *Handbook of Public Relations*, Thousand Oaks : Sage.

Preston, I., 1975, *The Great American Blow-up*, Madison : University of Wisconsin Press.

Price, V., 1992, *Public Opinion*, Newbury Park, CA : Sage.

Rice, R., 1993, "Media Appropriateness : Using Social Presence Theory to Compare Traditional and New Organization Media", *Human Communication Research* 19: 451~484.

Rogers, E. M. & Rogers, R., 1976, *Communication in Organizations*, New York : Free Press.

Ross, R. D., 1977, *The Management of Public Relations*, New York : Wiley.

Samovar, L.A. & Porter, R.E., 2006, *Communication between Culture*, Belmont, CA: Wadsworth Publishing.

Sabato, L., 1981, *The Rise of Political Consultants : New Ways of Winning Elections*, New York : Basic Books.

Schein, E., 1985, *Organizational Culture and Leadership*, San Francisco :

Jossey-Bass.

Schein, E., 1984, "Coming to a New Awareness of Organizational Culture", *Sloan Management Review.*

Schramm, W., 1971, "The Nature of Communication between Humans", In W. Schramm & D. Roberts(eds.), *The Process & Effects of Mass Communications*, Urbana : University of Illinois Press.

Sethi, S. P., 1975, "Dimensions of Corporate Social Responsibility", *California Management Review* 13(3).

Shibutani, T., 1970, *Society and Personality : An Interactionist Approach to Social Psychology*, Englewood Cliffs : Prentice-Hall, Inc..

Simon, R., 1980, *Public Relations*, Columbus, OH : Grid Publishing, Inc..

______, 1980, *Public Relations : Concepts and Practices*, Columbus, OH : Grid Publishing Co..

Terpstra, V., 1978, *The Cultural Environment of International Business*, Cincinnati: South-Western Publishing.

Theaker, A., 2001, *The Public Relations Handbook*, London : Routledge.

Toffler, A., 1980, *The Third Wave*, New York : William Morrow and Company, Inc..

Toth, E. & Trujillo, N., 1987, "Reinventing Corporate Communications", *Public Relations Review* 13: 42~53.

Wartick, S. & Rude, R., 1986, "Issues Management : Corporate Fad or Corporate Function?", *California Management Review* 24(1): 124~140.

Wilcox, D. L., Ault, P. H., & Agee, W. K., 1986, *Public Relations : Strategies & Tactics*, New York : Harper & Row.

Yale, D., 1991, *The Publicity Handbook : How to Maximize Publicity for Products, Services & Organizations*, Lincolnwood, IL : NTC Publishing Group.

電通 編,《新版 廣告用語辭典》, 東京 : 實業日本社, 1971.

찾아보기

ㄱ

ㅅ

ㅇ

ㅈ · ㅊ

ㅋ·ㅌ

ㅍ·ㅎ

기 타

한국 언론의 품격

현재 한국 언론이 직면한 문제를 기사의 품질, 한국형 기자 제도, 언론의 자기성찰, 언론자유와 법제, 편집과 경영 간 관계 등 5가지로 세분화하여 고찰하였다. 특히 기자와 언론사가 신뢰를 되찾고 공공성을 회복할 수 있는 구체적이고 실천적인 방안에 중점을 두었다. 이것이 언론의 품격을 회복하는 일이다. 현장기자들뿐 아니라 예비 기자들, 언론에 관심이 있는 일반인에게 훌륭한 교과서가 될 것이다.

관훈클럽 기획 | **박재영 · 이재경 · 김세은 · 심석태 · 남시욱** |
신국판 | **374면** | **17,000원**

수용자 진화

신기술과 미디어 수용자의 변화

이 책은 미디어 시장에서 수용자의 힘이 커지는 변화를 감지하고, 그 모습과 흐름을 파악하고자 했다. 급변하는 미디어 환경 속에서 수용자에 대한 이해 방식의 변화와 수용자의 관심을 측정하는 방식이 미디어 시장에 어떠한 변화를 가져오는지 살펴보면서, 경제·사회·정치적 맥락에서 미디어 산업의 이해 당사자들이 어떠한 방식으로 교섭하며 수용자의 의미를 재구성하는지 실제 사례를 통해 보여준다.

필립 M. 나폴리 지음 | **백영민·오현경·강남준 옮김**
신국판 | **376면** | **18,000원**

한국사회 소통의 위기와 미디어

학문과 실천 양 방면에서 활발하게 활동하고 있는 언론학자 윤석민 교수가 심각한 위기의 양상을 보이는 한국사회의 소통과 미디어의 실태를 진단하고, 위기의 구조적 원인 및 극복 방안을 제시한 책이다. 소통 및 소통자의 개념, 이상적 사회 소통의 상태, 미디어의 본질과 변화방향을 소개하고, 미디어 정책의 혼선과 이를 해결하기 위한 미디어 정책의 그랜드 플랜을 제시한다.

윤석민(서울대) | **신국판** | **656면** | **32,000원**

융합과 통섭

다중매체환경에서의 언론학 연구방법

'융합'과 '통섭'의 이름으로 젊은 언론학자 19명이 모였다. 급변하는 다중매체환경 속 인간과 사회를 능동적으로 이해하고 설명하는 것은 언론학 연구의 임무이자 과제다. 이를 위해서는 관례와 고정관념을 탈피하려는 다양한 고민과 시도가 연구방법으로 이어져야 한다. 38대 한국언론학회 기획연구 워크숍 발표자료를 엮은 이 책은 참신하고 다양한 언론학 연구방법을 고민하는 이들에게 소중한 지침서가 될 것이다.

한국언론학회 엮음 | 크라운판 변형 | 520면 | 32,000원

정치적 소통과 SNS

뉴스, 광고, 인간관계에까지 우리 일상 어디에나 SNS가 있다. 그렇다면 과연 우리는 SNS에 대해 얼마나 알고 있을까? 커뮤니케이션 연구와 교육의 최전선에 있는 한국언론학회 필진이 뜻을 모아 집필한 이 책은 SNS에 관한 국내외의 사례와 이론을 폭넓게 아우른다. 왜 우리는 SNS를 사용하게 되었나부터, 어떻게 사용하고 있나, 또 앞으로 어떻게 사용해야 하나까지 과거, 현재, 미래에 대한 통찰이 담겨 있다.

한국언론학회 엮음 | 크라운판 변형 | 456면 | 27,000원

SNS 혁명의 신화와 실제

'토크, 플레이, 러브'의 진화

요즈음 전성기를 구가하고 있는 소셜미디어는 사람들 간 진지한 관계나 대화를 담보할 수 있는가? 인류의 오래된 희망인 관계의 수평화·평등화를 가능케 할 것인가? 이 책은 내로라하는 커뮤니케이션 소장학자들이 발랄하면서도 진지한 작업 끝에 내놓은 결과물이다. 소셜미디어의 모든 것을 분해하고, 다시 종합하는 이 책을 통해 독자들은 소셜미디어 혁명의 허와 실을 간파하게 될 것이다.

김은미(서울대)·이동후(인천대)·임영호(부산대)·정일권(광운대) | 크라운판 변형 | 320면 | 20,000원

사회과학 통계분석
SPSS/PC+ Windows 20.0

문항 간 교차비교분석, t 검증, 일원변량분석, 다원변량분석, 상관관계분석, 단순 회귀분석, 다변인 회귀분석, 가변인 회귀분석, 통로분석, 인자분석, Q 방법론, 판별분석, 로지스틱 회귀분석, 반복측정 ANOVA, MANOVA, LISREL, 군집분석, 다차원척도법, 신뢰도분석 총 30장에 걸쳐 신문방송학에서 주로 쓰이는 통계방법을 총망라했다. 일반 통계분석의 경우 SPSS/PC+ 프로그램의 최신 버전인 20.0(한글판)의 실행방법을 설명했으며, Q 방법론과 LISREL의 경우에는 CENSORT와 SIMPLIS의 실행방법을 설명했다.

최현철(고려대) 지음 | 4×6배판 변형 | 730면 | 35,000원

미디어 효과이론 제3판

이 책은 이용과 충족이론, 의제 설정이론, 문화계발효과이론 등 고전이론의 최신 업데이트된 연구결과를 비롯해 빠르게 진화하는 미디어 세계의 이슈들에 대해서도 다뤘다. 미디어 효과연구 영역을 폭넓게 다룬 포괄적인 참고도서이자 최근의 미디어 효과연구의 진행방향을 정리한 보기 드문 교재로 미디어 이론 연구를 위한 기준을 제공할 것이다.

제닝스 브라이언트 · 메리 베스 올리버 편저 | 김춘식(한국외대) · 양승찬(숙명여대) · 이강형(경북대) · 황용석(건국대) 옮김 | 4×6배판 | 712면 | 38,000원

뉴미디어와 정보사회

이 책은 매스미디어 현상을 일반교양으로 이해하고자 하는 독자들에게 체계적 이해의 틀을 제공한다. 언론학자들과 함께 IT경영학자인 KAIST의 안재현 교수가 공동으로 참여하여 학문적 컨버전스를 이루면서 미디어 빅뱅의 내용을 담아냈다. 특히 최근의 디지털화/멀티미디어화를 통한 뉴미디어의 등장과 방송통신의 융합의 이슈들을 다루었고, E-Journalism을 통해 변화하는 언론의 역할을 조명했다.

오택섭(前 고려대) · 강현두(前 서울대) · 최정호(前 연세대) · 안재현(KAIST) 공저 | 4×6배판 변형 | 444면 | 25,000원

디지털 시대와 미디어 공공성

미디어, 문화, 경제

이 책은 한국사회의 방송 공영성 회복과 관련된 14개의 글을 담고 있다. 머독 교수의 이 책은 오늘날의 방송과 뉴미디어 현상에서 공익성을 최우선으로 강조한다는 점에서 우리에게 중요한 시사점을 던져준다. 그는 방송과 뉴미디어가 사회 공동의 자원으로 공익성을 부여받지만 사적 소유에 의해 왜곡된 현실을 비판하고, 공공성과 공익성을 복원할 것을 주장한다.

그레이엄 머독 | 이진로(영산대) 외 옮김 | 신국판 | 432면 | 22,000원

뉴스론

미디어 사회학적 연구

다미디어·다채널화가 더욱 확대되어 이른바 미디어의 백화제방시대가 도래하였다. 그러면 과연 정보 유통량이 증가한 만큼 '투명한 사회'가 되었는가? 다양한 지식정보를 통해 사람들은 교양 있고, 견문이 넓은 '민주시민'으로 성장하였는가? 시민들 간의 담론이 활발하게 이뤄져서 이른바 '공론장'이 확대되고, '숙의민주주의'가 발전되었는가? 등등 뉴스에 관련된 다양한 이슈들을 폭넓게 다루고 있다.

이강수(前 한양대) | 신국판 | 656면 | 35,000원

현대 신문의 이해

이 책은 신문방송학 전공자를 위한 교과서이자 한국의 신문에 대한 종합건강진단 보고서라고 할 수 있다. 지난 25년간 발행된 신문에 관한 논문과 저술을 체계적으로 정리하고, 풍부한 예시와 사진·도표를 제시하였다. 신문의 기능, 역사에서부터 신문산업의 특징, 취재방식, 기사작성 방식, 편집디자인, 광고, 법제 등 신문과 관련된 다양한 지식들을 담고 있으며, 행간마다 신문이 나아가야 할 방향을 제시한다.

장호순(순천향대 신문방송학과) | 4×6배판 | 384면 | 20,000원

미디어 정책 개혁론

21세기 미국의 미디어 정치학

미국 미디어체제의 본질적 문제들에 천착해온 미국의 대표적 미디어 학자이자 미디어 개혁단체 '자유언론'의 대표인 로버트 맥체스니가 2004년에 펴낸 *The Problem of the Media*를 우리말로 옮긴 책이다. 미국에서 미디어 소유권을 둘러싼 논쟁이 한창 벌어지던 시기에 쓰여진 책으로 최근 우리 사회에 미디어 관련법 문제가 첨예한 갈등적 이슈로 떠오른 시점에서 이 책이 제기하는 주제들은 우리에게 매우 의미심장하다.

로버트 W. 맥체스니 | 오창호(부경대) · 최현철(고려대) 옮김 |
신국판 | 504면 | 25,000원

매스 커뮤니케이션 이론 제5판

제5판(2005년)에서는 특히 인터넷시대의 '뉴미디어'가 출현과 성장 과정 속에서 기존의 매스미디어 이론과 연구결과를 토대로 이야기했던 것을 수정 · 보완하는 데 주력했다. 또한 저자는 변화하는 미디어 환경 속에서 기존 매스 커뮤니케이션이 어떻게 변화할지에 관심을 두고 내용을 전개한다. 새로운 이론적 접근에 대한 소개가 추가되었고, 각 장에서의 이슈는 뉴미디어 현상과 연관하여 다루어진 특징이 있다.

데니스 맥퀘일 | 양승찬(숙명여대) · 이강형(경북대) 공역
크라운판 변형 | 712면 | 28,000원

커뮤니케이션 이론

연구방법과 이론의 활용

매스 커뮤니케이션의 기본개념부터 다양한 이론적 논의와 연구방법, 연구사례에 이르기까지 언론학 전반을 조감해 주는 교과서이다. 이책의 큰 장점은 제반 이론을 소개하면서 과학의 특성인 실용성과 누적성이 절로 드러나도록 하는 뚜렷한 관점을 가지고 있다는 것이다. 우선, 소개되는 이론에 관련한 실제 연구사례들을 수집해 제시한다. 더불어 이론이 등장해 어떻게 비판되고 지지되고 발전되었는지 역사적으로 추적한다.

세버린 · 탠카드 | 박천일 · 강형철 · 안민호(숙명여대) 공역 |
크라운판 | 548면 | 22,000원

디지털 미디어 디바이드

참여와 통합의 디지털 미디어 정책

2012년 12월 31일 아날로그 지상파방송이 중단되고 디지털 방송으로 전환되는데 이는 방송정책과 산업, 그리고 사회 전반에 걸쳐 큰 변화를 가져올 일대 혁신이라고 할 수 있다. 디지털 미디어 디바이드 현상은 단순히 개인 혹은 특정계층의 문제나 산업적·기술적 측면에서 접근할 것이 아니라, 사회문화적 측면에서 국민들의 정보복지 확보를 위해 정부가 적극적으로 해법을 모색해야 한다.

고삼석(중앙대) | 신국판 | 378면 | 19,000원

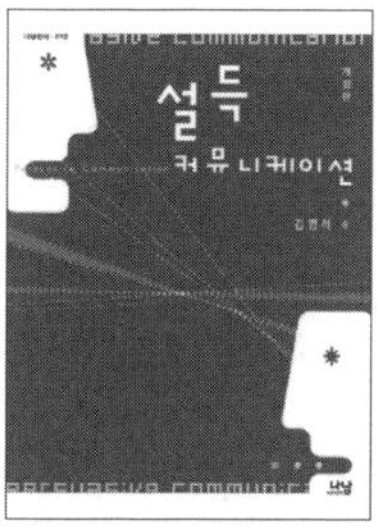

설득커뮤니케이션 개정판

저자는 이 책을 통해 다양한 설득 연구들을 모아 설득의 역사, 심리학적 원리기법들을 커뮤니케이션 관점에서 체계적으로 분석하고 있다. 심리학, 정치학, 사회학, 커뮤니케이션학, 스피치학, 광고홍보학 등의 여러 분야에서 다루는 설득 관련 이론 및 방법을 종합적으로 제시해, 설득의 개별사례들에 대한 단순한 이해가 아니라 이면에 담긴 심리학적 원리를 이론적으로 고찰해 소개하고 있다.

김영석(연세대) | 크라운판 변형 | 600면 | 28,000원

현대언론사상사

이 책은 '밀턴'에서 '맥루한'까지 미국 저널리즘의 근간을 이룬 서구 사상가들을 다루고 있다. 현대언론사상의 백과사전이라고 할 수 있을 정도로 300년간의 서구 사상가와 사상들을 집합시켰다. 저널리즘은 오로지 눈앞의 현실이며 실천일 뿐이라고 믿는 사람들에게 그 현실과 실천의 뿌리를 살펴볼 것을 촉구하고 역사성을 회복하라고 호소하고 있다.

허버트 알철 | 양승목(서울대) 옮김 | 신국판 | 682면 | 35,000원